hänssler

OTTO RIECKER

Das evangelistische Wort

Die Menschen erreichen

Mit einem Nachwort
von Ulrich Parzany:

»Jesus verkündigen in einer
pluralistischen Gesellschaft«

Pfr. Dr. Otto Riecker, 1896-1989 – geb. in Pforzheim
1919-1923 Theologiestudium in Tübingen, Leipzig, Marburg, Berlin
1924-1927 Vikar in Karlsruhe, Weinheim, Pforzheim
1927-1935 Pfarrer in Ahorn-Buch (bei Wertheim)
1935 Promotion an der Universität Heidelberg mit der Arbeit: Das evangelistische
Wort. Pneumatologie und Psychologie der evangelistischen Bewegung, Träger,
Rede und Versammlung (Die Verkündigung von J. Wesley, G. Whitefield, Ch. G.
Finney, D. L. Moody, E. Schrenk, S. Keller und ihre Wirkung auf die Hörer)
1936-1950 Klinikseelsorger in Heidelberg
1947 erschien sein Buch »Die Seelsorgerliche Begegnung« (2. Aufl., Gießen 1986)
1950-1961 Pfarrer in Adelshofen (Baden)
 – 1955 Geistlicher Aufbruch/ Erweckung in der örtlichen Kirchengemeinde
 – 1958 Gründung der »Bibelschule Adelshofen« (heute: Theologisches Seminar
 Adelshofen) aus der sich das »Lebenszentrum Adelshofen« als freies Missions-
 und Glaubenswerk entwickelte
1962 »Ruf an alle – Georg Whitefield« (Biografie des großen Evangelisten); Heraus-
gabe der Liedersammlung »Jesu Name nie verklinget«, Bd. 1 (auch: Bde. 2 und 3)
1971 »Ruf aus Indonesien« (Hg.)
»Mit 60 fing mein Leben an« (Autobiografie), Hänssler Verlag
Weitere Schriften und Artikel über Themen der Erweckung, Erneuerung und des
geistlichen Lebens

hänssler-Paperback
Bestell-Nr. 393.793
ISBN 3-7751-3793-9

© Copyright 2001 by Hänssler Verlag,
D-71087 Holzgerlingen
Internet: www.haenssler.de
E-Mail: info@haenssler.de
Titelfoto: Image Bank
Umschlaggestaltung: Daniel Kocherscheidt
Satz: AbSatz, Klein Nordende
Druck und Bindung: Freiburger Graphische Betriebe, Freiburg
Printed in Germany

INHALT

Dritter Teil: Der Evangelist als Erweckungsträger

Vierter Teil: Die Gotteszeit

Fünfter Teil: **Der evangelistische Redeakt**

LITERATURVERZEICHNIS

Abkürzungen: Wf. = Whitefield; Wl. = Wesley; Fn. = Finney; Md. =
Moody; Schrk. = Schrenk; Kl. = Keller.

I. Allgemeines

Beardsley = F. G. Beardsley, A History of American Revivals, 1912²
Nuelsen = J. L. Nuelsen, Geschichte des Methodismus, 1929²
Townsend, I. II = W. J. Townsend, H. B. Workman and G. Eayrs,
    A New History of Methodism, Bd. I. II, 1909
Dimond = S. G. Dimond, The Psychology of the Methodist Revival,
    1926
Fleisch I = P. Fleisch, Die moderne Gemeinschaftsbewegung in
    Deutschland, Bd. I, 1912
Fleisch II = ders., Bd. II, 1. Teil, 1914
Bruckner = A. Bruckner, Erweckungsbewegungen, 1909
Thimme = L. Thimme, Kirche, Sekte und Gemeinschaftsbewegung,
    1925
Pape = J. Pape, Große Evangelisten, o. J.
Christlieb = Th. Christlieb, Zur methodistischen Frage in Deutsch-
    land, 1882
RE = Hauck, Realenzyklopädie (entsprechende Artikel)
RGG = »Die Religion in Geschichte und Gegenwart« (entspr. Artikel)

II. Whitefield

Ty. Wf. I. II = L. Tyerman, The Life of the Rev. George Whitefield,
    Bd. I. II, 1890
Gledstone = J. P. Gledstone, The Life and Travels of George White-
    field, 1871

Tholuck = A. Tholuck, Das Leben George Whitefields, 1834
Wf. S. = Rev. George Whitefield, Sermons, London 1836

III. Wesley

Ty. Wl. I. II. III = L. Tyerman, The Life and Times of the Rev. John
    Wesley, Bd. I-III, 1876³
Simon = J. E. Simon, Wesley and the Religious Societies, 1921
Rigg = J. Rigg, The Living Wesley, 1891²
Southey-Krum. I.II. = R. Southey, John Wesleys Leben, deutsch von
    F. A. Krummacher, Bd. I. II, 1828
Wl. Jn. II. III = The Journal of the Rev. John Wesley, ed. by N. Cur-
    nock (Standard Edition), Bd. II. III, 1909 ff.
Wl. S. S. I. II. = The Standard Sermons of John Wesley, ed. by E. H.
    Sugden, Bd. I. II, 1921
Wl. Nast I = J. Wesley, Sammlung auserlesener Predigten. Deutsch
    von W. Nast, Bd. I, Bremen 1850
Wl. Nast II = ders., Bd. II, Cincinatti 1856
Nuelsen, Wl. Pdgt. = J. Wesley, Ausgewählte Predigten, deutsch von
    J. L. Nuelsen, 1905

IV. Finney

Fn. M. = C. G. Finney, Memoirs, 1876
Fn. 1879 = Leben und Wirken des Rev. Charles G. Finney, bearbeitet
    von A. H. F., Köln 1879
Fn. 1902 = Lebenserinnerung des Evangelisten C. G. Finney, über-
    setzt von Feilitzsch, 1902
Fn. 1921 = C. G. Finneys Erinnerungen und Reden, übers. von
    Feilitzsch, bearb. von K. Engler, 1921
Fn. L. R. = C. G. Finney, Lectures on Revivals of Religion,
    1835

Fn. 1903 I. II = Charles G. Finney, 22 Reden, übers. von Feilitzsch,
    Bd. I. II, 1903
Fn. G. Th. = Charles G. Finney, Sermons on Gospel Themes (1876),
    o. J.

V. Moody

W. Md. = William R. Moody, D. L. Moody, 1931
Erdman = Charles R. Erdman, D. L. Moody, His Message for
To-Day, 1929?
Md. Kassel = Moody der Evangelist, o. V., Kassel o. J.[3]

Schriften:

Md. Wondr. Love = Wondrous Love, 1875
Md. Faithf. Say. = Faithful Saying, 1875?
Md. Sel. = Select Sermons, 1881
Md. 12 Reden = Zwölf Reden, 1876?
    Heaven, 1880?
Md. Secr. Pow. = Secret Power, 1881
Md. Way to God = The Way to God, 1884
Md. Weg zu Gott = Der Weg zu Gott, 1896[3]
    Prevailing Prayer, 1885
    Das erhörliche Gebet, 1924[6]
Md. Bible Char. = Bible Characters, 1888
Md. Sov. Grace = Sovereign Grace, 1891
Md. Ples. and Prof. = Pleasure and Profit in Bible Study, 1895
Md. Gen. u. Gew. = Genuss und Gewinn für den Bibelsforscher,
    1923[9]
Md. Ov. Live = The Overcoming Life, 1896
Md. Überw. = Dem Überwinder die Krone (1897), 1923[6]
Md. Sow. and Reap. = Sowing and Reaping, 1896

Md. To the Work = To the Work!, 1896
Md. Auf, auf = Auf, auf zur Arbeit!, Berlin o.J.
Md. Weighed = Weighed and Wanting, 1898
Md. Gewogen = Gewogen und zu leicht gefunden!, 1900^2
    Men of the Bible, 1898
    Moody Stories, 1899
    Short Talks, 1900
Md. Lat. S. = Moodys Latest Sermons, 1900
Md. Way Home = The Way Home, 1904
    Lebensbrot, Witten o.J.

VI. Schrenk

Schrk. Pgl. = Elias Schrenk, Pilgerleben (1905), 1920^3
»Bethel« = »Bethel« 1914, »Elias Schrenk«
Z. Th. K. 1897 = »Zeitschrift für Theologie und Kirche«, 1897: »Die
    Evangelisationsvorträge des Predigers Elias Schrenk«, von Grün-
    ber
»Frohe Botschaft« = »Frohe Botschaft«, Kassel 1908 u. 1909

Schriften:

Schrk. Alles = Alles und in Allem Christus (1887), 1904^5
Schrk. Allein = Allein durch den Glauben, 1892
    Wen dürstet, der komme, 1899
Schrk. Dein Wort = Dein Wort ist meines Fußes Leuchte, 1903?
    Mehr Frucht, Bibelstunden, 1913
    Seelsorgerliche Briefe, Bd. I-III, 1909-1911

VII. Keller

Kl. Leben I. II = Samuel Keller, Aus meinem Leben, Bd. I. II, 1922
Weichert = L. Weichert, Samuel Keller – eine Ährenlese, o. J.

Schriften:

Kl. Lebensstrom = Am Lebensstrom (1898), o. J.[8]
Kl. Mschfr. = Menschenfragen und Gottesantworten (1901), 1926[5]
Kl. Furche = In der Furche (1905), 1927[4,5]
Kl. N. Netze = Neue Netze (1912), o. J.[2]
Kl. Mod. Hdpr. Nr. 1-7 = Moderne Heidenpredigt, Heft 1-7, 1923?
    Unter der Last, o. J.
    Der Umgang mit mir selbst, o. J.
Kl. Signale = Signale aus der unsichtbaren Welt!, o. J.
Kl. Schleudersteine = Schleudersteine, 1919

Begbie = Harold Begbie, Feldzug der Liebe – General William Booth,
    deutsch von Tavel, 1929

Der Auftrag bleibt!

Vorwort zur Neuauflage —
Otto Riecker: Das evangelistische Wort

Die Untersuchung zur evangelistischen Predigt von Pfr. Dr. theol. Otto Riecker fiel zum damaligen Zeitpunkt nicht nur wegen ihres Umfangs aus dem Rahmen der üblichen Dissertationen. Otto Riecker nahm sich der bis dahin wissenschaftlich-theologisch nicht bearbeiteten, in Theologenkreisen wenig beachteten bzw. vielfach belächelten und umstrittenen Thematik »Evangelisation« an. Über die grundsätzliche Pionierleistung hinaus bezog er – ganz modern und seiner Zeit voraus – auch psychologische Gesichtspunkte in seine Überlegungen mit ein. In seiner Person trafen ein ausgesprochenes historisches Interesse mit einer Begabung zu praktischem und strukturell-strategischem Denken sowie das persönliche Engagement für die Sache der Erweckung zusammen. All dies macht bis heute auch den bleibenden Wert dieser Untersuchung aus: die gründliche materialreiche Erarbeitung aus den Quellen und die impliziten Folgerungen und Impulse für Verkündigung und Lebenspraxis von Evangelisten, Pastoren und Gemeindeleitern. Nicht umsonst hat sie mehrere Auflagen erlebt und wurde bis in die neuste Zeit immer wieder nachgefragt.[1]

---

[1] Durch die Einrichtung besonderer Forschungszentren vor allem in den USA und die weltweite Entstehung evangelikaler Hochschulen und deren Arbeit hat sich die historische Kenntnis und der Forschungsstand in Sachen Erweckung und Evangelisation wesentlich verbessert. Die gängigen theologischen Lexika der Gegenwart (TRE, RGG, EKL, ELThG) bieten Artikel zur Sache, zu Personen, zu Ländern und Entwicklungen mit weiteren Literaturverweisen . – Hier eine Auswahl weiterführender Literatur zu den von O. Riecker behandelten Evangelisten: A Skevington Wood: The Burning Heart – John Wesley: Evangelist, Exeter 1967.1976; Martin Schmidt: John Wesley, Bd. I: Die Zeit vom 17. Juni 1703 bis 24. Mai 1738, Zürich/

Mit seiner Doktorarbeit brachte O. Riecker der zum damaligen
Zeitpunkt noch stark binnenorientierten deutschen Theologie und
Pfarrerschaft die Welt der anglo-amerikanischen Erweckungsbewegung mit ihrer geschichtlichen und geistlichen Kraft und ihren weit-
reichenden Wirkungen nahe und unterstützte seitdem das Anliegen
von Evangelisation und geistlicher Erneuerung in unserem Land.
Später erlebte er in der eigenen Kirchengemeinde Erweckung
und zog auch aus diesem Geschehen grundsätzliche Folgerungen
für das geistliche Leben und lebendigen Gemeindebau.[2] Eine Frucht
aus seinen geschichtlichen Studien der Erweckungsbewegung und
der evangelistischen Verkündigung war u. a. eine Biografie über
George Whitefield.[3] Inzwischen ist die Entwicklung weitergegangen.
Die aus Evangelisation und Erweckung hervorgegangene evangelikale Bewegung ist zu einem bedeutenden, weltweit wachsenden
Strom der Christenheit geworden. Neue Ströme und Akzente sind
mit der Pfingstbewegung und Charismatischen Bewegung zu diesem
Strom hinzugekommen,[4] wobei Evangelisation und Mission starke
identitätsstiftende und verbindende Elemente in der vielgestaltigen
evangelikalen Bewegung bilden. Viele Impulse für Evangelisation

---

Frankfurt 1953; Bd. II: Das Lebenswerk John Wesleys, Zürich 1966; Henry D.
Rack: Reasonable Enthusiast. John Wesley and the Rise of Methodism, London
1989 – Arnold Dallimore: George Whitefield – The Life and Times of George
Whitefield I + II, Edinburgh 1970.1980; Benedikt Peters: George Whitefield – Der
Erwecker Englands und Amerikas, Bielefeld 1997 - Richard K. Curtis: They called
him Mister Moody, New York 1962; John Pollock: Dwight L. Moody – Vater der
modernen Evangelisation, Konstanz 1973 - Hermann Klemm: Elias Schrenk. Der
Weg eines Evangelisten, Wuppertal 1961.

[2]   Erweckung heute und ihre Botschaft an uns, Wuppertal 1958; Erwecklich singen,
Wetzlar 1967; Liederbuch: Jesu Name nie verklinget; Mission oder Tod, Neuhausen-Stgt. 1968; Herausforderung an die Gemeinde, Neuhausen-Stgt. 1972; Bildung
und Heiliger Geist, Neuhausen-Stgt. 1974.

[3]   Ruf an alle, Wuppertal 1962; 2. Aufl. Bielefeld 1984.

[4]   Gerade hier ist ein geschichtlicher Vergleich über Gemeinsamkeiten und Unterschiede in Verkündigungsinhalten und im Versammlungsablauf interessant. So
war etwa »Heilung« kein (zentrales) Thema und hatte auch keinen Raum im
Ablauf der Versammlungen. Es wird deutlich, dass für die klassischen Evangelisten
die Heilsfrage und stark reformatorische Fragestellungen im Zentrum standen.

und die weltweite evangelikale Bewegung gingen in den letzten Jahrzehnten von Billy Graham und den von ihm initiierten Kongres-
sen aus.[5]

Das Zeitalter der Massenmedien hat zur klassischen Verkündigung neue Formen und Möglichkeiten der Evangelisation hinzugefügt und die Entwicklung schreitet im Internet-Zeitalter weiter
voran. Die globale religiöse Pluralisierung und Synkretisierung, in
der wir stehen, hat inhaltlich und strukturell viele Gemeinsamkeiten
mit dem ersten christlichen Jahrhundert. Stellt sie einerseits eine neue
Herausforderung für unser Zeugnis dar, bietet sie zugleich neue
Chancen und Ansätze der Verkündigung. Diese gilt es mutig aufzu-
nehmen, der massiven Bestreitung des Rechts und der Notwendigkeit von Mission und Evangelisation in den zurückliegenden Jahrzehnten zum Trotz. Dass die Bestreitung nicht nur von humanis-
tisch-säkularer Seite und von Vertretern anderer Religionen ausging
und ausgeht, sondern auch aus dem innersten Raum der Theologie
und Kirche kam und kommt, hat viele verunsichert und blieb bedau-
erlicherweise nicht ohne Wirkung. Auch die evangelikale Welt ist von
diesen Einflüssen nicht unberührt geblieben, sodass eine Neubesin-
nung und Bekräftigung des Auftrags und die Ermutigung zur Evangelisation dringend angezeigt ist.

In Reaktion auf geistesgeschichtliche Veränderungen, auf Denken
und Lebenspraxis des modernen und postmodernen Menschen ver-
sucht man – teilweise aus den eigenen Reihen heftig kritisiert – neue
Ansätze der Evangelisation. In der Diskussion hierüber kann eine
Unterscheidung hilfreich sein, die O. Riecker aus missionarischen
Gründen für grundlegend erachtet hat: die Unterscheidung von
Inhalt und Form. Während der Inhalt der zentralen Botschaft des

---

[5] Alle Welt soll sein Wort hören, Lausanner Dokumente, Bd.1+2, Neuhausen-Stgt.
1974; H. Marquardt / U. Parzany (Hg.): Evangelisation aus Leidenschaft. Berichte
und Impulse vom II. Lausanner Kongress für Weltevangelisation in Manila, Neu-
kirchen 1990; The Work of an Evangelist, Minneapolis 1984 (Evangelisations-
Kongress Amsterdam 1983).

Heils nicht veränderbar ist, wird sich – wie die Geschichte zeigt – Form und Vermittlung je nach Kultur und Situation wandeln, ja wandeln müssen. Das Bemühen um eine angemessene Form für den jeweiligen Zeit- bzw. »Kultur«- und »Subkultur«-Genossen ist eine Herausforderung aber auch ein Gebot der Liebe. Im Streit um Recht, Grenzen und Gefährdungen dieser Bemühungen kann die Arbeit von O. Riecker insofern eine Hilfe sein, als sie die zentralen unaufgebbaren Inhalte der evangelistischen Verkündigung und den geistlichen Charakter des Gesamtgeschehens deutlich herausarbeitet und zur Eindeutigkeit und Entschiedenheit ermutigt. Über der Auseinandersetzung um die Art und Weise der Evangelisation gilt es jegliches ehrliches Bemühen um dieses Zentralgeschehen zu fördern und festzuhalten: Der Auftrag der Evangelisation bleibt, ja er ist in unserer Zeit dringlicher denn je.

Im Blick auf die Neuauflage des »Evangelistischen Wortes« gebührt Frau Irmgard Baumert ein besonderer Dank dafür, dass sie in selbstlosem Einsatz für die Sache den Text neu geschrieben hat, sodass die Arbeit in einem dem heutigen Leser vertrauten Schriftbild erscheinen konnte. Ebenso gehört dem Hänssler Verlag, Holzgerlingen ein herzlicher Dank für die Bereitschaft, eine Neuherausgabe zu wagen. Das Nachwort von Pfr. Ulrich Parzany schlägt die Brücke zu den Rahmenbedingungen evangelistischen Wirkens in der Gegenwart. Auch ihm ein herzliches Dankeschön für diese Anstöße zum Weiterdenken.

Eppingen-Adelshofen, Februar 2001   Dr. Oskar Föller

Erster Teil: Geschichtlicher Überblick

I. Tafel der Erweckungsbewegungen und der beteiligten Evangelisten

Amerika		England		Deutschland	
Erweckungs-bewegung	1. Evangelist	2. Evangelist	Erweckungs-bewegung	Erweckungs-bewegung	3. Evangelist
The Great Awakening 1734-1742	G. Whitefield 1714-1770	G. Whitefield 1714-1770 J. Wesley 1703-1791	Methodistische Erweckung 1739 ff.	Pietismus des 18. Jahrh.	
1792-1825			Evangelikale Bewegung Anfang 19. Jh.		
1826-1832		Ch. G. Finney 1792-1875		Erweckungs-bewegung 1. Hälfte 19. Jh.	
1857-1858			1850 ff.		
1875 ff.		D. L. Moody 1837-1899	1873 ff.	Neue Ge-meinschafts bewegung 1875 ff.	E. Schrenk 1831-1913 S. Keller 1856-1924

II. Tafel der Evangelisten

Name	Geburt	Bekehrung	Beginn der großen Tätigkeit	Höhepunkt der Tätigkeit	Tod
Whitefield	16. 12. 1714	1735 21 J.	1739 25 J.	1739-1740 24-25 J.	30. 9. 1770 55 J.
J. Wesley	17. 6. 1703	24.5. 1738 35 J.	1739 36 J.	1739-1742 36-39 J.	2. 3. 1791 87 J.
Finney	29. 8. 1792	1821 29 J.	1824 32 J.	1830 38 J.	16. 8. 1875 83 J.
Moody	5. 2. 1837	1854 17 J.	1873 36 J.	1873-1877 36-40 J.	22. 12. 1899 62 J.
Schrenk	19. 9. 1831	1854? 23 J.	1886 55 J.	–	21. 10. 1913 82 J.
Keller	15. 3. 1856	18. 2. 1888 32 J.	1898 42 J.	1905-1906 49 J.	14. 11. 1924 68 J.

III. Der Gesamtverlauf

Die Geburtsstunde der Evangelisation schlug am 17. Februar 1739, als George Whitefield[1] auf einem Hügel in Kingswood bei Bristol 200 Kohlearbeitern seine erste Freiansprache hielt.[2] Die tiefe Bewegung, die sich während seiner Predigt unter seinen verwahrlosten Zuhörern kundtat – auf ihren Wangen zeichneten sich weiße Rillen als Spuren

---

[1] Sprich Witfild.
[2] Ty. Wf. I. 179 f.

der Tränen ab –, war das unscheinbare Symbol für den Ausgangspunkt der mächtigsten kirchengeschichtlichen Entwicklung nach
Luther.

John Wesley sah sich von Anfang an in das Werk der Erweckung
gestellt, die nun als altmethodistische Bewegung in den nächsten
Jahrzehnten ganz England und Teile von Schottland und Irland
durcheilte.

In Nordamerika hatte 1734 die »große Erweckung« (The Great
Awakening) unter Jonathan Edwards begonnen. Durch Whitefields
glühende Reden erfuhr sie ihre eigentliche Belebung und erreichte
nach 1742 ihre volle Auswirkung, während Whitefield in Schottland
schon in neuem großen Rahmen arbeitete. Kriegswirren bereiteten
ihr 1744 ein Ende.

Die Wiedererweckung der Siedler des nahen und fernen Westens
für christliches Glaubensleben erfolgte durch Evangelisation; die
methodistischen Pionierprediger, größtenteils Laien, folgten ihnen
auf dem Fuße und bestimmten so das religiöse Gesicht Amerikas
methodistisch. In »camp-meetings« (Lagerversammlungen) wurde
während der Erweckung 1792-1825 die bunte, primitive, weitzer-
streute Pionierbevölkerung vom Evangelium erreicht.

Namhafte Prediger brachte die Erweckung 1826-1832. Charles
Grandison Finney war deren Hauptträger. Neben ihm wirkten
Asahel Nettleton und Edward N. Kirk. Finney arbeitete auch bei der
Erweckung 1857-1858 mit; 1850-1851 war sein Auftreten in England
schon von starker Wirkung begleitet. Die Erweckung Mitte des
19. Jahrhunderts ist eine solche des gesamten englischen Sprach-
gebiets in Europa und Amerika. Außer Finney wirkten in ihr Spurgeon, der große Baptistenprediger, und General William Booth,
Gründer und Leiter der Heilsarmee. Jener entfaltete in seinem Tabernacle in London (1859 erbaut) eine weitreichende Tätigkeit, dieser
nahm die alte Stoßkraft der Methodisten wieder auf und trug auf seinen »Feldzügen« die Botschaft des Evangeliums in die dunkelsten
Kammern nicht nur Englands, sondern der Welt (1850-1864 Evange-

list, 1865 Gründung der Mission Ost-London, ab 1878 »Heilsarmee«
genannt). Anregungen gingen von England zum Teil über Wichern
auch nach Deutschland, wo es allerdings nur zur Hauskolportage
kam. Öffentliche Evangelisation war nun geradezu das Kennzeichen
der Bewegung 1873 ff., die über den gesamten abendländischen
Kulturkreis evangelischen Bekenntnisses sich erstreckte. 1873 begann
Dwight Lyman Moody in England mit Evangelisationen, die 1875
mit dem »campaign« in London ihren Höhepunkt und Abschluss
fanden. Heimgekehrt, war der Evangelist der Träger einer mächtigen
Erweckung in Amerika (1875-1877). Der Feldzug in London fand
sein berühmtes Gegenstück in dem »campaign« während der Weltausstellung von Chicago (1893). Gleichzeitig mit ihm arbeiteten Munhall in Nordamerika und F. B. Meyer und Dr. Baedeker in England,
letzterer auch in Russland.

Parallel der Evangelisationsbewegung lief die »Heiligungsbewegung«, die, von Boardman vertreten und von Pearsall Smith nach
Europa übertragen, in Oxford 1874 und Keswick 1875 starke Aufnahme fand und mit der Evangelisationsbewegung zusammen in
Verschmelzung mit dem Altpietismus in Deutschland ab 1875 zur
neueren Gemeinschaftsbewegung führte. Elias Schrenk evangelisierte erstmals 1884 als freier Arbeiter in Deutschland, nachdem
v. Schlümbach, ein Deutsch-Amerikaner, als Gast schon 1882 in
Berlin evangelistisch tätig war. Neben Schrenk trat 1898 Samuel
Keller, der Deutsch-Russe, dessen Arbeitsbereich gleich dem
Schrenks sich über das ganze Gebiet des deutschen Sprachkreises
erstreckte. Ernst Lohmann, Lepsius, Dammann, P. Paul sind außer
ihnen für jene Periode zu nennen.

Eine neue Phase innerhalb der 1873 beginnenden Erweckung stellt
durch ihre Intensität die Bewegung im ersten Jahrzehnt des neuen
Jahrhunderts dar. R. A. Torrey bereiste Australien, England, Kanada
und wirkte kurz außer in seiner Heimat Nordamerika auch in
Deutschland. Die Erweckung 1905 in Wales (Evan Roberts) gab
gleichfalls Anstoß zu weit greifenden Wirkungen. In Nordamerika

arbeiteten evangelistisch Chapman, »Gipsy« Smith, ein bekehrter Zigeuner, und der frühere Baseballspieler »Billy« Sunday. In Südafrika wirkte A. Murray. Für Deutschland sind in diesem Abschnitt außer den schon angeführten Evangelisten noch Michaelis, Dallmeyer, Modersohn, Henrichs und die Zeltevangelisten Vetter und Binde namhaft zu machen.

Die ganze, durch zwei Jahrhunderte gehende Bewegung soll im Folgenden in ihrer Einheitlichkeit geschaut und in ihren letzten Impulsen begriffen werden. Insbesondere ist es das »evangelistische Wort«, das als Hauptträger dieser Bewegung einen bestimmten Typus christlicher Predigt darstellt und hier im weitesten Sinn als die gesamte mit der Wortverkündigung verbundene Tätigkeit der Bewegung verstanden werden soll. Seine Gestaltung als Predigt soll für uns im Mittelpunkt stehen, jedoch so, dass es nicht herauszulösen ist aus dem Ganzen der Erweckung. Es ist außerdem unabtrennbar von der Tätigkeit seiner klassischen Verkündiger G. Whitefield, J. Wesley, Ch. G. Finney, D. L. Moody in England und Nordamerika, E. Schrenk und S. Keller in Deutschland. Die Gründe für die bevorzugte Auswahl dieser Evangelisten werden auf Seite 116 beschrieben.

Zweiter Teil: Die Bewegung

I. Der geistliche Tiefstand der Zeit

Einer Bewegung steht Unbewegtes gegenüber. Ihre Eigenart ist, dass in ihr ein neuer Impuls Gestalt gewinnt, dass ein neuer Keim, ein neuer Ansatz in die Zeit geworfen wird, ein neues Ferment alles durchdringt, ein neues Prinzip in stürmischem und danach organischem Aufbau eine neue Welt schafft. Ihrem Prinzip werden die Elemente der bis dahin vorhandenen Welt, die an sich ein unbestimmtes oder entgegengesetztes Vorzeichen trugen, angegliedert, das Unbewegte wird bewegt, in passivem wie in aktivem Sinn.

Die Erweckungsbewegungen sind diesem allgemeinen Gesetz der Bewegungen unterzuordnen. Als Gemeinsamkeitsablauf geschichtlicher Mächtigkeit unterstehen sie den Gesetzen diesseitig-menschlicher Allgemeingegebenheit; als Anstoß geistlich-göttlicher Herkunft zeigen sie eigene Tiefe und Struktur. Bei ihnen vollzieht sich das Geschehen am Geistlich-Unbewegten, der pneumatische Impuls trifft auf Unpneumatisches als Gesamterscheinung. Der Erneuerung aus pneumatischer Urgegebenheit entspricht der *geistliche Tiefstand der Zeit.*

Ohne ihn ist umgekehrt die pneumatische Erhobenheit der Erweckung nicht zu verstehen: Erweckung als Phänomen wurzelt hierin. Ist der Gleichstand erreicht, so tritt neue Verfestigung ein; die Welle ist ausgeglichen.

Geschichtlich stellen sich die hierher gehörenden Vorgänge so dar: Die moderne Evangelisationsbewegung entstand im Bereich des durch die Industrialisierung hindurchgegangenen und durch sie tiefgreifend beeinflussten neuzeitlichen Menschentypus. Sie folgte dem

Strom dieser Entwicklung, hatte nicht umsonst ihren Ansatzpunkt im Kohlenrevier Englands, ließ deshalb zunächst den Pietismus des Festlandes unberührt und stellt auch da, wo sie bäuerliche Bevölkerung, wie in Nordamerika und später Europa, ergriff, einen Teil der Auseinandersetzung dar, in die christliches Leben und christlicher Gestaltungswille mit dem sieghaft vorgestoßenen Deismus, Materialismus und später Atheismus der modernen entgötterten Welt eintrat. Sie ist der erste entschlossene Angriff auf diese Welt, der mit religiöser Kraft geführt wurde, ehe theoretische Auseinandersetzung und politische Neugestaltung ihm folgten. Die Wucht dieses Angriffes hat ihren Gegensatz in der Härte des zur Bewältigung gegebenen Materials. Keine Diesseitigkeit konnte geistloser sein als die moderne.

Die Hauptursache des geistlichen Tiefstandes einer Zeit ist in dem sie bestimmenden *Zeitgeist* zu suchen. In einem gemeinsamen Vorgang, der sich geschichtlich als philosophisch oder allgemein-weltanschauende Bewegung abhebt, wird das Zeitbewusstsein in eine von Gott abgelöste Richtung gelenkt und dadurch seine pneumatische Empfänglichkeit und Möglichkeit herabgedrückt, unter Umständen nahezu vernichtet. Der grundsätzlichen Beeinflussung entsprechen die praktischen Auswirkungen in einer Lebensgestaltung, die die pneumatische Zugänglichkeit noch mehr zerstört. Zeitgeist und Zeitsittlichkeit im Ganzen setzen wieder den Gesamtstand der Kirche herab, die als Massenkörper am Zeitgeschehen und an der Zeitlage intensiven Anteil hat. Das ihr von oben eingegebene Prinzip und die in ihr wohnenden Elemente der Erneuerung vermögen in geistlich geschwächter Zeit den ihr ebenso notwendig anhangenden Institutionalismus nicht zu überwinden, sodass ein Mangel an Missionskraft eintritt, der seinerseits wieder zu einem Absinken immer breiterer Volksmassen in das Nichtpneumatische beiträgt. *Es bedarf eines neuen pneumatischen Impulses in gesondertem Ansatz und historisch bestimmter Form*, um diesen Prozess in sein Gegenteil zu wenden und eine Zeit neuer Geöffnetheit und inhaltlicher Erfülltheit heraufzuführen.

Diese Grundzüge bestätigen sich uns für die moderne Evangelisationsperiode. Das England des 18. Jahrhunderts krankte ebenso sehr an dem allgemein verbreiteten Deismus wie das Amerika um und nach 1800 an den Anschauungen der französischen Revolution.[1] Die Erweckung um die Mitte des 19. Jahrhunderts hatte in gleichem Maß zu kämpfen gegen »Philosophen, Skeptiker und Ungläubige«,[2] die Falschgeburten einer neu heraufgekommenen Naturwissenschaft, wie die Erweckungspredigt des ausgehenden 19. Jahrhunderts besonders in Deutschland in Front stand gegen eine Verschwisterung von Ästhetik und Überindividualismus mit grobem Materialismus, dessen Opfer ein seelisch entleerter »moderner Mensch« war.

Die Auswirkungen der weltanschaulichen Erweichung sind in allen Epochen die gleichen: *Entsittlichung*, die in den Predigten sowohl der kirchlichen wie der Erweckungsprediger lebhaft beklagt wurde. Wie trübe malt sich die Lage Englands zur Zeit des Aufstehens der methodistischen Erweckung. Ein im Streben nach Luxus und Geldgewinn versunkener Adel und ebensolches Bürgertum, eine durch das Pfründenwesen entnervte Geistlichkeit, in den unteren Volksschichten Unwissenheit und Rohheit, weit verbreitete Trunksucht und sittliche Leichtfertigkeit.[3] Nicht anders verhält es sich mit dem Amerika vor 1734: Die Verwahrlosung der Ansiedler hielt dem Genussleben in den Hafenstädten die Waage.[4] Finney traf bei seinem ersten Auftreten auf eine weit verbreitete Weltförmigkeit; und die sittliche Entartung, die ihm 1850 in London entgegentrat, war im Reifegrad dieselbe, die nach 1870 im weltstädtischen Berlin das Eingreifen Stöckers herausforderte.[5] Moody deutete um 1900 über dem Ozean die Zeichen der Zeit mit den Worten: »Nach meiner Ansicht wird es sehr dunkel«,[6] und in den Tagen der

---

[1] Beardsley 77 ff.
[2] Md. Men of the Bible 102.
[3] Ty. Wl. I 215. 532; Wl. S. S. I 84.
[4] Nuelsen 405; Beardsley 18.
[5] Fn. 1921, S. 85. 150.
[6] Md. Lat. S. 116.

großen deutschen Evangelisten ward ebenso sehr das Evangelium des Fleisches gepredigt und befolgt.

Sehr ernsthaft wirkte sich das Ich-Prinzip des modernen Menschen in der Unfähigkeit aus, den durch den Industrialismus entstandenen Massen eine soziale Möglichkeit zu geben. Die Zustände im Kohlenviertel von Kingswood, dessen unwissende, brutale und gewalttätige Bewohner bei gelegentlichen Hungermärschen der Schrecken des nahen Bristol waren,[7] entsprechen in der Zeitreife den Wohnungs- und Nahrungsverhältnissen in den Arbeitervierteln des modernen Berlin, die den Nährboden für Atheismus und Kommunismus abgaben.

Die Herabgedrücktheit des Zeitalters wirkt sich wie in weltanschaulicher, sittlicher und sozialer Hinsicht so in *religiöser und kirchlicher* Beziehung aus. Die religiöse Unwissenheit ist erschütternd; ein Siedler in den Urwäldern Nordamerikas konnte auf die Frage: »Kennst du den Herrn Jesus Christus?«, antworten: »Ich weiß nicht, wo der Mann wohnt.«[8] Die Urteile der Evangelisten waren: »Es herrscht wenig Bedürfnis nach Gottes Wort«;[9] »der geistliche Bankrott zieht durchs Land, es weht einen an wie Gerichtsluft.«[10]

Bürokratischer Formalismus und mangelnde Beweglichkeit der Kirchen überließ auf Jahre die Abwanderer nach Übersee und nach den Großstädten ihrem Schicksal. Whitefield musste zu Hunderten die Kinder der Siedler taufen. Booth stieß in den »slums« (Elendsvierteln) Londons auf völliges Neuland. In Berlin kam nach 1870 auf viele Zehntausende eine Kirche.

Die Lehre und Verkündigung der Kirche hat an einem Aufflammen des religiösen Lebens ebenso Anteil, wie sie durch die Einflüsse einer abträglichen Zeitlage geschwächt wird. Die Botschaft verliert

---

[7] Simon 254.
[8] Southey-Krum. 433.
[9] Fn. 1921, S. 146.
[10] Kl. Lebensstrom 34.

durch innere Erweichung oder äußere Erstarrung ihre Kraft. Der
Zeitgeist hat sie getötet. Dieser Prozess kann sich verbinden mit dem
Erlahmen nach einer Hochflut religiösen Lebens.

Als die methodistische Bewegung einsetzte, hatte auf den Kanzeln
Englands der Deismus die Herrschaft. »Die Predigten, die im Allgemeinen vom Pult verlesen wurden, waren langweilige, trockene
Plattheiten, welche die Religion nach der ethischen Seite behandelten.«[11] »Ich habe nicht eine einzige Predigt gehört, die mehr Christentum enthalten hätte als die Schriften Ciceros, und es ist mir unmöglich gewesen, aus dem, was ich hörte, zu entdecken, ob der Prediger
ein Anhänger des Konfuzius oder Mohammeds oder Christi war«,
das ist das Resultat einer Nachforschung, die Blackstone nach 1760
durch alle Kirchen namhafterer Prediger Londons anstellte.[12] Traf die
Erweckung in England auf die rationale Entleerung der christlichen
Predigt, so folgte auf sie in Amerika deren prädestinatianische
Übersteigerung, nachdem hier Edwards, Whitefield und Tennent
ihre Lehre in streng calvinistische Form gefasst hatten. Hiergegen
hatte Finney zu kämpfen. Moody fand eine Neigung amerikanischer
Prediger vor, theologisch-systematische oder ethische Abhandlun-
gen, literarische Essays oder politische Wahlreden zu bieten und
durch Moralismus oder Emotionalismus zu wirken. »Die Einfalt in
Christus fehlt.«[13] Er stieß auch schon auf die Auswirkungen der so
genannten »deutschen Theologie«, das erschütternde Hereinbre-
chen einseitig natur- und geschichtswissenschaftlicher Betrachtungsweise in die Welt der Bibel, die vielfach zu Kritizismus und religiös
schwächendem Relativismus führte. In voller Auseinandersetzung
mit der hier zugrunde liegenden Geisteshaltung befand sich die
neuere Erweckungs- und Gemeinschaftsbewegung in Deutschland, nicht ohne immer eine allzu einseitige Stellungnahme zu

---

[11] Townsend I 132.
[12] Christlieb 18 (zit. S. Ryle, »The Christian Leaders of the last Century«, 1869).
[13] W. Md. 243. 24.

vermeiden. Die Leidenschaftlichkeit dieses Kampfes erklärt sich aus der Beobachtung der Auswirkung dieser Betrachtungsweise im Volksleben, wo sie, oft nur halb verstanden, die Tendenz auf Auflösung aller festen Maßstäbe verstärkte, ohne etwas Neues aufzubauen.

Eine weitere Gefahr auf dem Gebiet der Lehre bildet die auf allen Seiten beobachtbare Neigung, aus der lebendig-pneumatischen Erfülltheit in einen bloß-korrekten Lehrgehalt, eine unlebendige Orthodoxie abzusinken, womit in der Lehre das geschieht, was in der Organisation und im Kult der Institutionalismus bedeutet. Die eigentlich pneumatischen Impulse, die im Einzelnen noch da sind, fehlen im großen Ganzen des Kirchenlebens, Erstarrung ist nach einer Zeit der Lebendigkeit eingetreten. Diesem Schicksal entgingen auch die Kirchen der Erweckten nicht.

Die mangelnde Missionskraft zeigte sich in Amerika in einem Rückgang oder Stillstand der Zahl der – dort freiwilligen – Kirchenmitglieder, in den Staaten mit allgemeiner Kirchenzugehörigkeit in der Bildung von breiten Kreisen kirchlich Entfremdeter, für die weder der Kult noch die Predigt noch das Gemeinschaftsleben mehr eine Anziehungskraft besaß. Ist hier die Schuld auch durchaus nicht allein der Kirche zuzumessen, so gehörte dies Symptom doch mit zu den allgemeinen Kennzeichen der Lage: Die Situation erforderte ein neues Einbrechen geistlich-christlicher Anstöße, die nach der allgemeinen Depravation für weite und weiteste Kreise eine Zeit neuer Höhe, eine Zeit neuer unmittelbarer Realität und Präsenz der göttlichen Welt heraufführten.

II. Das Ganze der Bewegung

1. Die Energie im Ansatz

Für die Bewegungslehre verdient das Phänomen des frühen Methodismus besondere Beachtung. Dieser bildet den reinsten, gesammeltsten, geschichtlich am klarsten herausgestalteten Ansatz der

Evangelisationsbewegung; im Anfang die beste Kraft. Er hat dieser sein Wesen mitgegeben; alle, auch die amerikanische und deutsche Evangelisation ist irgendwie »methodistisch«. Auch steht keine Quelle vom Rang der Tagebücher (Journals) John Wesleys zur Verfügung, die den Charakter der Bewegung als solche und die organische Eingebettetheit der Evangelisationspredigt in sie ähnlich deutlich machen könnte, wie diese Aufzeichnungen ihres Haupthandelnden, und auch unter ihnen stehen Band II und III als Dokumente der Höhezeit beträchtlich über den anderen.

Methodismus ist Praxis. Der Generalanspruch ans Leben wird erhoben und durchgeführt. Heiligkeit, nicht Wiedergeburt, ist das Ziel der Predigt.

Methodismus ist Energieentfaltung. Um Praxis zu schaffen, wird die kühnste Energie eingesetzt. Aggressives Moment ist unablöslich vom Methodismus.

Die Energie im Ansatz, noch tastend und suchend, ist das Kennzeichen des Oxforder Kreises, der jungen Methodisten. Der entscheidende religiöse Ernst, das Dringen aufs Ganze, die äußerste Konsequenz, sich in äußerstem Ritualismus und Werkheiligkeit zeigend, die Verachtung jeglichen Widerstandes sind Ausdruck des Moments, welches das große Durchbrechen in der englischen religiösen Geschichte ergab. Die Art, wie Whitefield, wie Wesley das Heil suchte, konnte als Schwärmerei erscheinen; das härteste Durchstoßen bedeutete den Stahl, der nachher Felsen zerbrach. Die Fahrt der Studenten nach Savannah in romantischem Bekehrungseifer meinte nicht die Indianer, sondern die Tausende, die, noch ungekannt, ihres Werkes harrten.

Niemals hätte die Bewegung in so kurzer Zeit eine so gewaltige Ausdehnung gewinnen können, wenn der erste evangelistische Einsatz nicht von so durchdringender Wucht gewesen wäre. Alarmierend, die Nation zu Widerspruch oder Zustimmung herausfordernd, war ihr erstes Auftreten. Wie Trompetenschall durchtönte »The great call« (der große Ruf) die Gaue Englands. Unerhörte

Szenen spielten sich ab, Tausende lauschten dem Wort, das Volk sah und erkannte Großes. Wenn beim Einzug Whitefields in Bristol 1739 alle Glocken läuteten,[14] so war dies der Widerhall dieser mächtigen Wirkung.

Ihre Intensität entfaltete sich nach verschiedenen Richtungen.

2. Die Freiheit der Formen

Neuer Ansatz bringt neue Formen, neue Notwendigkeiten erfordern neue Maßnahmen. Der Trieb sprengt die Hülle und sucht sich neue Gestaltungen, die ihm und seinem Wesen entsprechen.

Sollten Tausende in kurzer Zeit erreicht werden, so mussten die Ordnungen des geregelten Gottesdienstes verlassen und außerordentliche Versammlungen an außergewöhnlichen Ort gehalten werden, die zugleich Symbol und Feld der Bewegung waren. So war die gegebene Form der altmethodistischen Erweckung die Freiversammlung. Die Kirchen reichten nicht aus oder waren den Predigern verschlossen. »Der Himmel war der Kanzeldeckel« – die Evangelisten empfanden die lebhafte Anlehnung an die Situation der Bergpredigt.[15] Berühmte Orte sind: Hannam Mount (Kingswood Hill), die Stätte, wo Whitefield erstmals im Freien sprach (17. 2. 1739), Sandgateplatz in Newcastle on Tyne, der Ersteroberung Wesleys in Nordengland (28. 5. 1742),[16] die erhöhte Grabplatte im Kirchhof von Epworth, von der aus, auf der Ruhestätte seines Vaters stehend, Wesley acht Tage lang evangelisierte (6.-13. 6. 1742).[17] In Bristol waren es Bowling-Green, ein Rasenplatz inmitten der Stadt, und Rose-Green, in London Moorfields und Kennington Common. Die Wiesen von

---

[14] Ty. Wf. I 258.
[15] Gledstone 108.
[16] Ty. Wl. I 386.
[17] Wl. Jn. III 19-20.

Cambuslang (Westschottland) waren Schauplatz jener großen Abendmahlsfeier, bei der neben Whitefield 13 Geistliche predigend und dienend mitwirkten (15. 8. 1742).[18] Gemeindewiesen, Straßenkreuzungen, Marktplätze, freies Feld, sehr häufig Friedhöfe mussten den durchreisenden Evangelisten zu Predigtstätten dienen. Auf Tischen, Kisten, Stühlen, Treppenaufgängen von Gasthöfen oder Windmühlen stehend, sprachen sie. In Amerika banden die Kolonisten ihre Pferde an die Urwaldbäume in der Nähe des vorher bekannt gegebenen Sammelplatzes, um den Worten Whitefields zu lauschen – später traf man sich bei den Wagenburgen der »camp-meetings« zu längerem Beisammensein unter dem evangelistischen Wort. Booth nannte den freien Himmel »die Kathedrale der Heilsarmee«,[19] und auch Moody hielt noch Versammlungen im Freien, z. B. in Glasgow.[20] Professionelle Freiprediger waren Whitefield und Wesley; Whitefields Schlachtruf war »field-preaching, field-preaching, for ever« (vgl. S. 135, Anm. 89); Wesley tadelte in seinem Alter wieder und wieder das Unterbleiben der Feldpredigt und den Zug in die Kapellen.[21] Seine letzte Freipredigt hielt der 87-Jährige unter einer Esche des Kirchhofs in Winchelsea.[22]

Die neueren Evangelisten fanden mit fortschreitender Technik andere Gelegenheiten, die Massen zu erreichen. Profane Orte wie Ausstellungsräume, Vortragssäle, Stadthallen, Theater, Zirkusse standen ihnen zur Verfügung. Ein modernes Geschlecht scheute die Unbilden der Witterung. In Deutschland vermochte sich die Freipredigt auch aus nationalen Gründen nicht recht einzubürgern – sie widersprach offenbar dem Empfinden des Landes. Wicherns Befürwortung[23] blieb erfolglos, Versuche führten zu Misserfolgen. Die

---

[18] Ty. Wf. II 29.
[19] P. A. Clasen, Der Salutismus, 1913, 44.
[20] Pape 39.
[21] Ty. Wl. II 448. 504.
[22] Ty. Wl. III 626.
[23] Wichern, Denkschrift 69 ff. 104.

Freiversammlungen der neuesten Zeit (Waldpredigt, Hofmission, Evangeliumswagen, Heilsarmee) sind nicht eigentlich das, was jene Riesenhörerschaften des ersten Evangelisationsjahrhunderts als Ausdruck der Erweckung darstellten.

Der Zweck, zu den profanisierten modernen Massen an profanen Orten zu sprechen, wurde auch in oben genannten Örtlichkeiten erreicht. Moodys Wirken in der riesigen Agricultural Hall (Landwirtschaftliche Ausstellungshalle) in London 1875[24] ist unvergessen; – er mietete bei der Weltausstellung in Chicago 1893 für die Vormittage einen Zirkus, in dem nachmittags und abends Vorstellungen gegeben wurden.[25] Keller sprach in Berlin öfters im Zirkus Busch,[26] ebenso arbeitete Schrenk in Frankfurt a. M. u. a. im Zirkus.[27] Die Zeltmission Vetters (ab 1902) weist in die gleiche Richtung. »In allerlei Lokalen – Sälen zweifelhafter Güte, Theatern usw. –« hielt nicht nur Keller seine Ansprachen,[28] am seltensten Schrenk, der die Kirchen vorzog. Der alte Tanzsaal, der in der Morgenfrühe des Sonntags zum Gottesdienst hergerichtet wurde, und das alte Wollmagazin, durch dessen Fenster Steine, Schwärmer und Feuerwerk hereinflogen, waren in London-Ost die Geburtsstätte der Heilsarmee.[29] Hans Nielsen Hauge machte die Bauernstuben zum Ort der Umwandlung Norwegens.[30]

Eine Zwischenform zwischen profanem Saal und sakralem Raum bilden die »Tabernacles«, die Evangelistenkirchen, die im Tabernacle Whitefields ihre Urform haben. Sie wurden den Evangelisten sozusagen als Stammsitz errichtet und waren Ausstrahlungszentren der Erweckung. Wir nennen Whitefields »Tabernacle« auf den Moor-

---

[24] W. Md. 214 ff.
[25] W. Md. 410.
[26] Kl. Leben II 68, 69.
[27] Schrk. Pgl. 178.
[28] Kl. Leben II 71.
[29] Begbie 209.
[30] Günther, Hans Nielsen Hauge 1928, 215 f.

fields in London, eben dort die »Foundery« (Kanonengießerei) und City Road Chapel der Brüder Wesley, Finneys ehemaliges Theater am Broadway in New York,[31] Moodys North Side Tabernacle in Chicago, Spurgeons Tabernacle in London.

In der Geschichte der Evangelisation sind auch die Kirchengebäude von Wichtigkeit. Waren sie auch die Orte, die den gewohnten kirchlichen Rahmen boten, so brachten doch die allabendlichen Versammlungen, die überfüllten Räume, das erweckliche Thema die Menschen zum Sitzen bis an die Kanzeltreppe. Finney und Schrenk sind wohl die, die am häufigsten in Kirchen predigten, doch standen auch Keller, Moody, Whitefield, Wesley – Letzterem im Alter – die Kirchen zu Hunderten offen.

Für die Evangelisationsform ist geradezu bezeichnend die Mengenhaftigkeit. Die kleinste Dorfkirche wird bei echter Evangelisation überfüllt. Die Wucht der eingesetzten Energien, die Gewalt des pneumatischen Gehalts, die tragenden Kräfte der evangelistischen Bewegung wirken sich hier aus. Massenversammlungen sind Wesensform; die Struktur der Arbeit und geschichtlicher Auftrag, Massen zu ergreifen, entsprechen sich.

Das rapide Anwachsen der Whitefield'schen Hörerschaft bei dessen erstem Besuch ist bezeichnend; 200 – 2 000 – 15 000 bis 20 000 in wenigen Wochen. Die Durchschnittsversammlung der damaligen Arbeit Wesleys in Bristol war werktags 2 000, sonntags (Rose Green) 5 000-7 000 Hörer stark. Whitefield, der zahlenmäßig erfolgreichere, zählte in der auf Bristol folgenden Höhezeit des Mai und Juni 1739 auf den Moorfields in London 30 000 Zuhörer, auf dem Kennington Common 50 000 Hörer und 80 Kutschen, bei einer späteren Gelegenheit auf den Moorfields 60 000, ja auf dem Mayfair mit »nahezu 80 000« die Höchstzahl eines Evangelisten, wie sie nur in modernen Großversammlungen im Freien mit Lautsprecher wieder-

---

[31] Fn. 1921, 118.

erscheint. Diese Zahlen sind, wie die meisten Schätzungen des Whitefield'schen Tagebuchs, wohl etwas zu hoch gegriffen,[32] doch ergaben
Nachmessungen und Berechnungen im Gelände die ungefähre Richtigkeit dieser Angaben.[33] Wesleys Versammlungen kamen in jenem
Frühsommer 1739 immerhin auf 15 000 Hörer. Im dünn besiedelten
Amerika scharten sich beim ersten Besuch Whitefields 1740 in Philadelphia 5 000-15 000, beim zweiten 20 000 Menschen um den Evangelisten.[34] Dabei bemerkt er, dass eine Versammlung von 30 000 auf
den Moorfields klein war im Vergleich mit 10 000 auf Society Hill in
Philadelphia.[35] Er war überrascht, 1740 auf einem entlegenen Platz und
nach nur kurzer Ankündigung 12 000 Besucher vorzufinden.[36] Die
Höchstzahl für Amerika wird von ihm beim Abschied von Boston
1740 mit 30 000 genannt.[37] In Cambuslang in Schottland zählte er 1742
30 000-40 000 Hörer und 3 000 Kommunikanten.[38]

Die Besucherzahl der Moody'schen größeren Versammlungen
hielt sich auf ungefähr 15 000-20 000. Noch seine letzte Hörerschaft
in Cansas City umfasste 15 000 Menschen.[39] Über Schrenk liegt aus
dem Straßburger Bericht (1897)[40] eine Zahlenangabe mit 1 500-2 500
Hörern seiner abendlichen Versammlungen, für die Olaikirche in
Reval mit 4 000 Menschen vor. Eine Männerversammlung in St.
Petersburg sah 3 000 Besucher.[41] Schrenk selbst zählte für derartige
Versammlungen 1 200, 1 800, 2 000-3 000 Hörer.[42] Der 7 800 Plätze
fassende Zirkus Busch in Berlin war beim Besuch Kellers (1907) überfüllt.[43]

---

[32] Ty. Wf. I 217.
[33] Ty. Wf. I 271, Anm. 1; 163 f.
[34] Ty. Wf. I 385.
[35] Ty. Wf. I 373.
[36] Ty. Wf. I 386.
[37] Beardsley 401.
[38] Ty. Wf. II 29.
[39] Schrk. Pgl. 194.
[40] Z. Th. K. 1897, 266.
[41] »Bethel« 1914, 151. 150.
[42] Schrk. Pgl. 194.
[43] Kl. Leben II 68.

3. Die Intensität der Einwirkung

Es ist sinnlos, alles vom »Wort« allein zu erwarten. Es ist psychologisch richtig, einer gemeinsamen Aktion Größeres zuzutrauen. Die Geschichte der Evangelisation beweist das. Wo der Evangelist allein stand, hatte er wenig Frucht. Immer wurde der Kräfteeinsatz einiger, ja vieler vereinigt, um einen Durchbruch im Reiche Gottes zu erzielen. Höhezeiten kommen nicht von Einzelnen, sondern von vielen: Die Änderungen in der Gesamtsituation, das Folgenreichste im geschichtlichen Geschehen, haben in der gemeinsamen verborgenen Arbeit der Vielen ihren Grund.

Als Whitefield Wesley zur Ablösung nach Bristol rief, war das Urbild evangelistischer Zusammenarbeit gegeben. Das Feuer, das von den drei Erweckungszentren Bristol, London und Newcastle on Tyne aufsprang, wurde genährt von der Glut sich gegenseitig ergänzenden Wirkens des engeren Kreises um Whitefield und John und Charles Wesley. In Amerika fand Whitefield in Gilbert Tennent einen Mitarbeiter und Nachfolger. Man könnte den »Beter« Clary, der zeitweise Finney begleitete,[44] und die »Evangeliumssänger« Sankey und Alexander, die Gefährten Moodys bzw. Torreys, ebenfalls hierher rechnen. Bekannt ist das gemeinsame Werk der Familie Booth.

Öfters werden die Kräfte zu ganzen »Feldzügen« vereinigt. Der Typus hierfür ist das große Evangelisationswerk Moodys in Chicago 1893. Der Generalstabschef, der Evangelist selbst, leitete von der Operationsbasis, seinem Bibelinstitut, aus mit dessen Insassen und zahlreichen, zum Teil aus dem Ausland herangezogenen Predigern die Arbeit in allen Vierteln der Stadt unter den Vertretern verschiedenster Völker, die zur Weltausstellung zusammengeströmt waren. Er selbst stand in vorderster Front, ähnlich wie früher in London, wo er manchmal an einem Abend an zwei verschiedenen Stellen gesprochen hatte.[45] Auch Finney stellten sich in starkem Maße Theologen

---

[44] Fn. 1921, 107. III.
[45] Beardsley 280-284.

und Laien unterstützend zur Verfügung. Der starke Einsatz von
Laienkräften ist überhaupt für die Bewegung bezeichnend. Als
Großangriff auf die Macht des Unglaubens konnte sie sich nicht mit
wenigen hauptamtlichen Trägern begnügen; und in ihr als Bewegung
erfasste das Feuer leidenschaftlicher Hingabe und heißen Ringens
um die Entfremdeten weite Kreise, die in dem ihnen gegebenen
Bereiche zur aktiven Mitarbeit schritten. Der Einsatz der Geretteten
als Kämpferschar ist altmethodistisches Prinzip und durch die Evangelisationsbewegung weithin im Kirchentum aller Länder durchgedrungen. Die Heilsarmee systematisierte das.

Schon die technische Vorbereitung und Gestaltung der Veranstaltungen, die Einladung, das Chorsingen riefen die Laienwelt auf. Als
Prediger traten immer wieder Laien in die Reihen. Nicht nur, dass
geschichtlich bedeutsame Evangelisten wie Finney, Moody, Schrenk
aus dem Laienstand hervorgingen und ihm angehörten, auch andere
namhafte Prediger entwuchsen der Bewegung. Die Notwendigkeit
der Nacharbeit nach den Evangelisationsversammlungen, und zwar
in Form von Nachversammlungen mit Einzelbesprechung wie von
Hausbesuchen und Gemeinschaftspflege, machte ebenso die Mitarbeit von Laien zum Erfordernis. Dass Evangelisation ohne diese
Mithilfe engerer und weiterer Kreise, besonders ohne deren tragende
Fürbitte (den »Gebetsrücken«, wie Schrenk sich ausdrückte[46]), leicht
ein Schlag ins Wasser ist, ist eine Erkenntnis, die auch bei der Durchführung der deutschen Evangelisation zur positiven Auswirkung
kam.

Die Intensität der Erweckung und die Intensität der Arbeitsleistung
der Hauptträger derselben bedingen sich gegenseitig. Außerordentliche Anstöße erfordern außerordentliche Leistungen; die drängende
und dringende Arbeit erzielt wieder eine Vertiefung der Erweckung.
»Ich habe für alles, was ich bekommen habe, arbeiten müssen, und

---

[46] Schrk. Pgl. 194 ff.

noch dazu recht hart«, hält Booth der ebenso richtigen Beobachtung
entgegen, dass Erweckungen von selbst ausbrechen müssten.[47] Finneys Leben ist zutiefst in die beiden Worte »beten« und »arbeiten« zu
fassen. »Gott hat nun über 1 800 Jahre lang die Gemeinde dahin zu
bringen gesucht, dass sie arbeite«, dies sein Wort[48] wurde von ihm
und seinen Arbeitsgefährten im Übermaß erfüllt.

Der härteste Arbeiter war wohl Wesley. In dem großen Gesamt-
ergebnis seines Lebens trafen sich Lebensdauer, Arbeitsgelegenheit
und Arbeitsenergie. Niemand war wie er von der Kostbarkeit der
Zeit überzeugt. 71-jährig legte er in zweimal 24 Stunden zweimal
140 Meilen zurück, um nach zweistündiger Anwesenheit in Bristol
nach seinem Arbeitsplatz im Norden zurückzukehren.[49] Von 1740 ab
begann er, jeden Morgen um 5 Uhr seinen ersten Gottesdienst zu
halten[50] – das Kennzeichen der Methodisten war es, ihm hierin zu folgen. Er sprach vier-, aber auch fünf- und sechsmal täglich. Lakonisch
bemerkt er, dass ihm nach harter Arbeit die Stimme versagte, abends
in der Gemeinschaftsversammlung wiederkam, er die Versammlung
um 2 Uhr nachts schloss und um ½ 3 Uhr abritt. »3 ½ tea, rode.«[51] Er
schlief auf dem Fußboden, pflückte die Beeren vom Hag und trös-
tete seinen Begleiter das eine Mal damit, dass dieser ja eine noch nicht
wund gelegene Seite habe, und das andere Mal, dass Gott so viele
Brombeeren wachsen lasse in einem Lande, wo man meine, es ließe
sich vom Predigen leben.[52] Mit unerhörter Exaktheit hielt er seine
Verabredungen ein und kämpfte sich selbst durch den Schnee-
sturm zum Ziel.[53] 83-jährig klagte er erstmals über das kalte Gast-
bett, den Feind aller Evangelisten, das ihm den Schlaf raubte.[54] Die

---

[47] Begbie 393.
[48] Fn. 1921, 298.
[49] Ty. Wl. III 165.
[50] Wl. Jn. II 338.
[51] Wl. Jn. II 471.
[52] Southey-Krum. II 51; Ty. Wl. I 418.
[53] Wl. Jn. III 278 f.
[54] Ty. Wl. III 471.

Gründe seiner Frische bezeichnete er beim Eintritt ins 72. Jahr folgendermaßen: Seit 50 Jahren tägliches Aufstehen um 4 Uhr, 5 Uhr Predigt, 4500 Meilen Reiseweg mindestens jährlich.[55] Das sind täglich durchschnittlich 22 km. Die Zahl seiner Predigten beziffert man auf 40 000, durchschnittlich 784 im Jahr. Er wird hierin von keinem Prediger erreicht. Whitefield folgt ihm mit 18 000 Predigten in 34 Jahren.[56] Wesleys Predigtplan der ersten Bristoler Zeit 1739 mutet fantastisch an;[57] er besuchte die Predigtplätze und Außenorte dort zehn Wochen hindurch in regelmäßiger Wiederkehr. – Jährlich im März machte er sich auf und bereiste in regelmäßigem Wechsel im einen Jahr England, im andern Irland, um im Oktober nach London zurückzukehren.

Whitefield überquerte in ein- bis dreimonatlicher Fahrt 13-mal den Atlantischen Ozean. Ebenso oft durchzog er Amerika, 12-mal Schottland, dreimal Irland, und besuchte in England jede Grafschaft. 1748 arbeitete er in Wales während neun Wochen in 13 Grafschaften; während mehrerer Wochen kam er nicht aus den Kleidern.[58] Die Sümpfe und Ströme der Urwälder, die Neger und Indianer der wenig bewohnten südlichen Kolonien der neuen Welt schreckten ihn nicht ab. In 18 Wochen legte er dort 1740 auf seiner großen Bekehrungsreise 1000 Meilen zurück, predigte 200-mal und hatte 14 000 M. Kollekte für sein Waisenhaus.[59] 1741 sprach er in Schottland siebenmal an

---

[55] Ty. Wl. III 170.
[56] Bruckner 110.
[57] Wl. Jn. II 198; Wl. 1739, Bristol. Jeden Morgen las ich in Newgate Gebete und predigte. Jeden Abend legte ich einer oder mehreren der societes (Gemeinschaften) einen Schriftabschnitt aus. Montag nachmittags predigte ich draußen in der Nähe Bristols; dienstags abwechselnd in Bath und Two-Mill-Hill; mittwochs in Baptist Mills; jeden zweiten Donnerstag in der Nähe von Pensford; jeden zweiten Freitag in einem andern Teil des Königswaldes (Kingswood); Samstag nachmittags und Sonntag morgens in Bowling Green (nahezu Stadtmitte); Sonntag 11 Uhr beim Hanham Mount, 2 Uhr in Clifton und 5 Uhr auf Rose Green, und bis zur Stunde hieß es: Wie meine Tage, so meine Kraft.
[58] Ty. Wf. II 202.
[59] Ty. Wf. I 437.

einem Tag, 1752 redete er 28 Tage lang täglich zu 10 000 Hörern und seine letzte Reise sah ihn 1770 vom 4. August bis 29. September zwei Monate hindurch täglich predigen mit Ausnahme von sechs Tagen, worunter fünf Krankheitstage waren.[60]

An Arbeitskraft kam nur Moody Wesley nahe. In vier Monaten predigte er in London (1875) 285-mal.[61] In Chicago sprach er 1876 vier Monate hindurch jeden Abend, sonntags dreimal (8 Uhr, 4 Uhr, 8 Uhr).[62] Sein Tagesplan in London ist ähnlich umfangreich wie der Wesleys.[63]

Schrenk evangelisierte 1885 in Frankfurt a. M. 43 Tage lang. Diese Evangelisation war »eine seiner gesegnetsten«.[64] Die zwölftägige Arbeit in Petersburg hätte eine Fortsetzung verlangt, die physische Kraft reichte hierzu nicht aus. Im Jahre 1906 verzeichnete er nach 22-jähriger Arbeit 93 Städte und 20 Dörfer, in denen er, oft alle zwei Jahre wiederkehrend, gepredigt hatte.[65]

Keller zog 1922 das Ergebnis der Arbeit eines Vierteljahrhunderts mit 6 237 Ansprachen, 24 000 Sprechstundenbesuchen, 70 000 Briefen und etwa 456 400 Reisekilometern. Die Mühsal der Reise, die ihn im Alter manchmal fast seufzend das Köfferchen packen ließ, die Strapazen und Entbehrungen während des Krieges, die körperliche und seelische Beanspruchung durch den Dienst gehen aus diesen Zahlen nicht hervor.[66]

---

[60] Ty. Wf. I 524, II 592.
[61] W. Md. 230.
[62] Erdman, 63.
[63] W. Md. 233 f.; Md. 1875, London. 3 Meilen Fahrt zur 9-Uhr-Versammlung. Mittagessen. 3,30-5 Uhr Bibellesen und Aussprachversammlung (inquiry-meeting). 6,30 Predigt in der Oper, sehr kurze Aussprachversammlung. 3 Meilen Fahrt nach Ostende zur Predigt vor 12 000 um 8,30 Uhr. Aussprachversammlung. 5 oder 6 Meilen Fahrt nach Hause.
[64] Schrk. Pgl. 178. 198.
[65] Ebd. 207.
[66] Kl. Leben II 235. 117. 107.

Die fast normale Folge solchen Einsatzes ist Überanstrengung. Whitefield und Finney führten einen heldenhaften Kampf gegen eintretende Erschöpfungszustände. Schon von 1740 ab hatte jener einen »schwachen Leib« und rang ihm doch das Wunder einer 30-jährigen, rastlosen Tätigkeit ab.[67] Finney entfloh einige Male dem Übermaß von Arbeit durch Reisen ins Ausland zur Wiederherstellung der angegriffenen Gesundheit. Die Herzschwäche, eine Berufskrankheit der Evangelisten, stellte sich bei ihm und in den späteren Jahren auch bei Moody und ebenso Keller ein und führte bei ihnen zu einem verfrühten Tod. Ähnlich starb Whitefield an Asthma. Das Opfer des Lebens ward von allen gebracht; lediglich die Widerstandsfähigkeit des Körpers entschied über frühen oder späten Tod.

Neben dem Kräfteeinsatz des Predigers und seiner Mitarbeiter war es die zeitliche Nähe und Anhäufung der Versammlungen, die der Bewegung Auftrieb und Vorwärtstrieb gab. In einer Anzahl tief beeindruckender und bewegender Veranstaltungen ist die Durchdringung großer Massen mit den Kräften der Bewegung – als einer Schmiede, in der die Streiche Zahl auf Zahl auf das heiße Eisen fallen – viel eher möglich als im lockeren Zusammenhang einzelner Aufrufe. Ja, dies stete Zusammenkommen, dies stets erneute Sichfinden ist geradezu die Voraussetzung einer bewegungsmäßigen Eingliederung vieler in den Körper der Erweckung; hier ergreift das unsichtbare Wehen, biologisch gesprochen der Bazillus der Bewegung, die Einzelnen. Das Außerordentliche eines täglichen Zusammenseins, das Außerordentliche des gemeinsamen Erlebens enthebt den Hörer der Alltäglichkeit und der Vereinzelung und schafft eine Gemeinsamkeit höherer und stärkerer Struktur, den Leib der Versammlung, in dem sich die Intensität der Einwirkung darstellt und verstärkt.

---

[67] Ty. Wf. I 383.

Neben der bewegungsmäßigen Auswirkung hat die Aneinanderreihung der Versammlungen Bedeutung für den Einzelnen. Schrenk beobachtet sehr richtig, dass das Heranreifen einer echten Entscheidung als Folge verschiedener psychologischer Vorgänge Zeit brauche und dass daher erst in der zweiten Woche der Evangelisation bei ihm die Tiefe der Arbeit erreicht wurde.[68] Oft war es ihm ein Schmerz, dann mitten in der Seelsorge abbrechen zu müssen. Eine Gesamtgestalt des inneren Geschehens und ein Erreichen der Tiefenschichten des persönlichen Bewusstseins und Handelns kann die Folge der Akkumulation sein, wie sie einzelne Eindrücke nie zeitigen.

Schrenk gelüstete es schon als Reiseprediger der Basler Mission, nach zwei sonntäglichen Ansprachen acht Tage weiterzupredigen, da er bemerkte, dass die Leute erst jetzt »warm geworden waren«.[69] Die täglichen Versammlungen in Heiden 1866, die sich ungesucht ergaben, bestimmten ihn in dem Entschluss, diese Art der Arbeit zu gegebener Zeit fortzusetzen, und wurden so der selbständige Ausgangspunkt der deutschen Evangelisation.[70] Er widmete dieser psychologischen Seite der »anhaltenden Predigt« seine besondere Aufmerksamkeit[71] und hielt eine 15-tägige Arbeit für das Richtige, evangelisierte aber auch länger, so ähnlich wie in Frankfurt a. M. (S. 43) einen Monat lang in Bremen (1884).[72]

Keller verglich die gesteigerte Darbietung des Worts mit der Überschwemmung des Nils, welche die Flut auch auf die sonst unerreichten Felder, d. h. zu den Entfremdeten, trägt, besonders während der letzten Abende einer Vortragsreihe, wenn diese wirklich kommen.[73]

---

[68] Schrk. Pgl. 198.
[69] Ebd. 154.
[70] Ebd. 98 f.
[71] Schrk. Pgl. 193. Anhaltende, tägliche Predigt hat eine viel weiter reichende Wirkung als eine wöchentliche Predigt. Jeder folgende Tag kann den am vorhergehenden Tag empfangenen Eindruck vertiefen.
[72] »Bethel« (Simsa) 1914, 85.
[73] Kl. Leben II 158.

Die Zeitdauer der einzelnen Arbeiten war bei den Evangelisten verschieden, je nach Ort und Temperament. Finney hatte Arbeitsreihen von drei bis sechs Monaten, von wenigen Wochen und von ganzen Jahren. Seine große Arbeit in Philadelphia währte von Spätherbst 1827 ununterbrochen bis August 1828; viele Monate hindurch sprach er damals in einer überfüllten Kirche mit 3 000 Sitzplätzen; im Ganzen weilte er 1½ Jahre in Philadelphia. In London arbeitete er 1850/51 neun Monate lang, in Rochester 1830 ein halbes Jahr.[74] Er verließ den Ort seines Wirkens nicht, ehe die Erweckung durchgedrungen war.

Moody kannte Feldzüge und Einzelbesuche; neun- und vierzehntägige Tätigkeit wechselte bei ihm mit mehrmonatlichem Einsatz. In London hielt er 1875 in vier Monaten an vier Predigtplätzen je 60 und an einem Platz 45 Versammlungen.[75] Wesley sah den Wert wiederholter Einwirkung und predigte auch bei flüchtigstem Besuch möglichst wenigstens abends und morgens. Stets war sein Grundsatz, »keinen ersten Streich zu tun, wenn ihm nicht ein zweiter folgen könnte«.[76] Whitefield hielt sich 1740 in Philadelphia zweimal neun Tage auf, dazwischen in Boston und Umgebung 24 Tage.[77] Im Übrigen war er wohl der flüchtigste unter den Evangelisten, der Typ des Durchwanderers.

4. Die Macht der Bewegung

In einer Bewegung kämpfen nicht Gedanken ihren Kampf in einem Ideenhimmel oder auf dem Papier, sondern empfindende und handelnde Menschen mit allen psychischen Gegebenheiten werden von einem Höheren ergriffen, verkörpern dies Neue und tragen es

---

[74] Fn. 1921, 91. 92. 148. 109.
[75] W. Md. 230.
[76] Wl. In. III 71; Nuelsen 99.
[77] Ty. Wf. I 407 ff.

weiter. Die von ihnen erfahrene Umwandlung des inneren Lebensstandes ist nicht singulär, sondern allgemein, und vollzieht sich unter
starken seelischen Erscheinungen, die als »Erhobenheit der Zeit«
anzusprechen sind. Die »Macht« der Erweckung ist dieses ganzheit-
liche Phänomen, der geist-leibliche Organismus der Erweckung, der
aus den ergriffenen Menschen, den auf sie einwirkenden und von
ihnen ausstrahlenden Impulsen und allen Äußerungen der seelisch-
erhobenen Gesamtlage in Predigt, Versammlung und Einzelverkehr
besteht.

a) Die Zelle als Träger der Bewegung

Die Evangelisation ist mit Gemeinschaftspflege notwendig verbunden, und zwar nicht nur, um die Erweckten zu pflegen, sondern
auch, um die Bewegung weiterzutragen. Der Missionstrupp (S. 40)
unterscheidet die Gemeinschaftsidee des Methodismus von der des
Pietismus, der in der »ecclesiola« die Sammlung aller derer, die »mit
Ernst Christen sein wollten«, anstrebte. Dieser Schwerpunktsver-
legung ist der ungeheure Fortschritt des Methodismus sowohl in
England als besonders später in Amerika in den neu besiedelten
Gebieten zu verdanken, wo sich die einzelnen Methodisten nicht
so sehr durch Gelehrsamkeit als durch brennenden Missionseifer
auszeichneten und dadurch die Bewegung in die letzten Winkel trugen. Dies erklärt beim Methodismus das Zerfließen der Grenzen
zwischen bestelltem Prediger, Lokalprediger und einzelnem Laien.
Nicht das Amt, auch nicht System und Pflicht, sondern das glühende
Bedürfnis, die »expansive Freude« des Bekehrten, trug sie alle
und »überflutete und eroberte neue Welten im reinen Zauber der
Vitalität«.[78] Ihr Prinzip war das des wachsenden Organismus, nicht
der Abkapselung. Wenn ein Reisender 1875 berichtete, er habe

---

[78] Dimond in »The Methodist Magazine«, Juli 1931, 420.

von Nebraska bis in den Osten der Staaten in einer Ausdehnung von
2 000 Meilen das ganze Land von einem Gebetsnetz überspannt
gefunden, so ist dies dasselbe Phänomen.[79] Ohne große Prediger, mit
Ausnahme von Finney, konnte jene Gebets- und Missionsbewegung
der Laien solchen Umfang annehmen.

So springt die echte Bewegung von Mensch zu Mensch über,
wobei nicht einmal das einzelne Wort und das Verhalten der Menschen die Hauptsache sind, sondern *sie selbst als Träger der Bewegung*,
ihr Vorhandensein, ihr Dasein – ihr Ergriffensein, ihr Ausbreitungs-
wille. Vom Zellen- und Bewegungsgedanken her wird klar, welch
ein unbelebtes Etwas eine reine Pastorenkirche ist, notwendig sein
muss. Pneumatische und statische soziologische Struktur stehen
sich hier gegenüber; pneumatische Gemeinden sind von »wurzelhaft
schlechthin besonderer Art«.[80]

Das Wesen der Bewegung entzündet sich stets neu in der »Bruder-
schaft«, der reinsten Darstellung des der Bewegung eigenen Impulses und zugleich deren stärkster Erneuerungsquelle. Mehr noch als
der Einzelne ist diese auch für Außenstehende »Zeuge«, nämlich des
Vorhandenseins einer Bewegung, und als solche von stärkster Anzie-
hungs- und Werbekraft. Auch aus diesem Grunde musste Evangelisationsbewegung Gemeinschaftsbewegung sein. Jene Gebetsnacht
in der Fetter Lane Society, mit der das entscheidungsreiche Jahr
1739 eingeleitet wurde, erfüllte nicht umsonst die kleine Gruppe
der Methodisten mit der Gewissheit, dass Gott »große Dinge vor-
habe«.[81]

---

[79] Fn. 1921, 159.
[80] Vgl. E. Schaeder, »Das Geistproblem der Theologie«, 1924. 163 f.
[81] Ty. Wf. I 156; Wl. In. II 122 f.

b) Der Enthusiasmus

Ein Vorwurf, der gegen jede Bewegung erhoben wird, ist der der Schwärmerei, der »Trunkenheit«, des Enthusiasmus. Seit Pfingsten traf er jede christliche Erweckung.

Hier muss zwischen wirklicher Schwärmerei und echtem Enthusiasmus unterschieden werden. Für Schwärmerei ist neben sittlicher Laxheit die Minderbewertung der Schriftwahrheit und des Schriftworts und ein entsprechendes Wertlegen auf das Außerordentliche im seelischen Leben bezeichnend. Letzteres ist nicht mehr unbewusstes Phänomen, sondern wird genossen.

Es ist keine Frage, dass die Grenzen zwischen Schwärmerei und echtem Enthusiasmus fließend sind, da beide der Sphäre der seelischen Erhobenheitszustände angehören. Beide sind eine Erscheinung des Durchgangs durch hohe Zeiten, ein Ausdruck der schwebenden Lage und großer Möglichkeiten und können deshalb oft von den zunächst Beteiligten kaum unterschieden werden. Das Schwanken der deutschen Gemeinschaftsbewegung 1905-1910 in der Beurteilung der aufkommenden Zungenbewegung ist hierfür bezeichnend, ebenso die zunächst erwartete Haltung John Wesleys gegenüber den im Gefolge der Perfektionslehre sich herausbildenden Maxfield'schen Unruhen 1762 und seine unkritische Stellung zu jener Lehre, zu den »Vollkommenen« in seiner Bewegung und zu anderen Übertriebenheiten von Anhängern.[82] Die Davonport'sche Schwärmerei mit ihrer Maßlosigkeit in Gefühlen und Intuitionen zusammen mit den körperlich-seelischen Ausartungen der »großen Erweckung« 1742 und den an all das sich anschließende theologischen Auseinandersetzungen brachten der Bewegung 1743 dort ein inneres Ende.[83]

---

[82] Ty. Wl. II 433 ff.
[83] Beardsley 53-58.

Der *gesunde* Enthusiasmus ist nichts Verwerfliches, sondern im Rahmen der Gesamterweckung notwendig. Die Macht derselben besteht gerade in diesem Enthusiasmus; er ist gewissermaßen der Generalnenner, auf den das Seelenleben vieler Einzelner gebracht wird, und ohne den eine allgemeine Umwälzung der Zeiten und der Verhältnisse unmöglich wäre. Die Macht der alltäglichen Gebundenheit und der persönlichen wie allgemein-geschichtlichen Festgelegtheit wäre so groß, dass nichts Neues werden könnte. Die echte Mitgerissenheit, die echte Hingerissenheit ist das Tor zu neuer und bleibender Gestaltung, *wenn dahinter geschichtliches Geschehen und wahre Entscheidung steht.* Umbruchzeiten haben eine Tiefenbeanspruchung und *Tiefenbeteiligung* zur Folge, deren Entsprechung eine *Erhobenheit* des seelischen Lebens ist, welche die *seelische Ausschlagfähigkeit* nach jeder Richtung sehr stark vermehrt und mit der Schlüssel ist für die außerordentlichen Wirkungen des in solcher Lage gesprochenen Wortes. Der Hochstand des seelischen Lebens kommt und geht mit der Bewegung und wird als »hohe Zeit« des Einzel- wie des Gesamtdaseins wohl empfunden, wenn auch erst hernach erkannt.

Nur die Außerhalbstehenden bleiben kalt, beweisen aber dadurch ihre Kritik und Opposition, dass ein Ganzes an sie herangetreten ist. Der *Fanatismus der Ablehnung* entspricht im Grad der Intensität der positiven Beteiligtheit. Mit dem Absterben der Bewegung verlieren sich diese Geballtheiten der Zeit und werden unverständlich.

Die Erhobenheit schafft sich echt und ursprünglich ihre Äußerungsweisen, die mehr sind als Äußerungsweisen, ein Stück der Zeit selbst, unnachahmbar und unwiederholbar. In ihnen findet die Zeit ihren Körper, in ihnen handelt das Höhere, Mächtigere der Zeit. Selbst die Erweckungsversammlung und die Erweckungspredigt können als *enthusiastische Phänomene* verstanden werden; hier seien jedoch nur das Erweckungslied und die überkirchliche Ausbreitung der Erweckung als solche aufgezeigt.

Als gleichzeitiges Handeln vieler und als Gefäß von höchster seelischer Potentialität ist das *Lied* wie nichts geeignet, das Unsagbare einer Zeit zur Äußerung zu bringen. Massengesang ist das stärkste seelische Ausdrucksmittel; in ihm vervielfältigt sich die Energie einer Bewegung für diesen Augenblick; selbst Fernstehende vermögen sich seiner Gewalt nicht zu entziehen. Nicht lediglich unter dem Gesichtspunkt eines technischen Einstimmungsmittels oder gar eines Faktors suggestiver Überwältigung, sondern als Audruck eines *Gemeinsamen*, eines gemeinsamen Glaubens, einer gemeinsamen Hoffnung, eines gemeinsamen *»Drinstehens«* gilt es, den Gesang zu sehen. Der Inhalt kann von höchster Aktivität sein: »Erwach, erwach, du Arm des Herrn«, der »methodistische Schlachtgesang«[84] entfaltete seine Kraft in den Anfangszeiten immer wieder. »Ausbrüche« (outbursts) von Preis, Anbetung und Dank hallten wider von den Wäldern und Bergen Englands und Irlands[85]; der Gesang der Menge war bei Versammlungen Whitefields bis zu zwei Meilen weit hörbar.[86]

Der Frische des Gesanges entspricht ebendieselbe Frische der Produktion; Erweckungszeiten sind immer Dichterzeiten; – die seelische Erhobenheit strömt sich dort beteiligt-reproduktiv, hier produktiv aus. Der altmethodistische Liederfrühling, das Erwachen des »amerikanischen«, fälschlich »englisch« genannten Liedes namentlich durch Sankey, die Wales'sche Singebewegung 1905 und auch die Übertragung des »englischen« Liedes auf die erweckten Kreise in Deutschland 1875 ff. sind Ausdruck der beschwingten und innerlich erhobenen Zeit: Nicht von stilistischen, noch nicht einmal von nationalen, sondern von allgemein-erwecklichen Gesichtspunkten aus sind sie zu betrachten. *Wie weit sie Träger des inneren Rhythmus der Bewegung, Ausdrucksmittel gesteigerter seelischer Affektivität, Werkzeug der inneren Hingabe und Tiefenbeteiligung sein können, ist für sie entscheidend.* Nicht der Gegensatz schön und unschön, sondern

---

[84] Simon 291; Dimond 121-124.
[85] Ty. Wl. I 399; Wl. Jn. III 334.
[86] Gledstone 139.

trocken oder gehalten auf der einen und »brennend« auf einer andern Seite drückt hier das Wesentliche aus. Lieder, die einer anderen seelischen Welt entstammen, werden nicht »aufgenommen« werden. So konnte auf Höhepunkten das altpietistische Lied, das nie in diesem Sinn Bewegungslied war, als weniger »entsprechend« empfunden werden wie das trotz seiner fremden oder trivialen Form im Impuls *ausdrucksfähigere*, vielverpönte englische Lied.

Nicht nur Massen, sondern auch kleinere bewegte Menschengruppen fassen das sie Bewegende in das gemeinsame Lied. Die Brüder Wesley sangen mit ihren Begleitern angesichts der wogenden See, Charles auf den Felsen der Landspitze Südwestenglands (Kap Landsend), John bei der Überfahrt nach den Scilly-Inseln im Fischerboot ihre mutigen und verlangenden Lieder (1743).[87] Whitefield wurde 1739 und ebenso 1756 von einem Trupp Reiter begleitet, die mit ihm zusammen den ganzen 10-12 Meilen langen Weg »Psalmen, Hymnen und geistliche Lieder« sangen. Tyerman hat diese »singende Cavalcade« anziehend beschrieben und ihre Auswirkung richtig erkannt: 6000 Hörer zog diese auffällige, echtem Enthusiasmus entwachsene Erscheinung der »christlichen Reiter« bei der Ankunft in Tewkesbury hinter sich her.[88] Benjamin Franklin beobachtete 1739 den seltsamen Wechsel, der sich durch Whitefield in den Straßen von Philadelphia vollzogen hatte: Wo vorher Gedankenlosigkeit und Gleichgültigkeit geherrscht hatten, konnte man abends von den Familien in jeder Straße Psalmen singen hören.

Das *Überspringen der kirchlichen Einzelgrenzen*, besonders in Ländern mit zahlreichen Benennungen, ist weiterhin für die moderne Evangelisationsbewegung bezeichnend. Die »Wellen« der Erweckung dringen durch den ganzen nationalen Raum ohne Unterschied des Einzelbekenntnisses in stärkerem oder schwächerem Grade.

---

[87] Wl. Jn. III 90 f.
[88] Ty. Wf. I 258; II 381.

Nicht nur das Format der großen Erweckungsträger verbot das
Verharren in enger, teilkirchengebundener Beschränkung, sondern
Redner sowohl wie Hörer handelten unter dem zeitgegebenen un-
mittelbaren Wissen um die verhältnismäßige Belanglosigkeit solcher
Dinge einem großen Geschehen gegenüber.

Whitefield, der Methodist, konnte in den englischen Kolonien
Nordamerikas vor allem den Kongregationalisten, dann den Pres-
byterianern und Baptisten, im geringsten Maße der anglikanischen
Kirche die Früchte seiner Arbeit zuwenden.[89] Finney wirkte überwiegend in presbyterianischen und kongregationalistischen Kreisen
(er selbst war Presbyterianer); sein epochemachendes Werk erreichte
jedoch die weitesten Kreise des Landes mittelbar oder unmittelbar.
Besonders die Erweckung 1857 war ganz interdenominationell.[90]
Moody, der Kongregationalist, erhielt von überall her Einladungen
und folgte ihnen. Seine Feldzüge sahen die einträchtige Zusammenarbeit von Geistlichen verschiedenster Denominationen und bewiesen, dass die Evangelisation »das zuverlässigste Band kirchlicher
Einheit ist«.[91] In Deutschland nahmen die Kreise der Landeskirche
ebenso wie die der kleinen Freikirchen an der Erweckung nach
1875 teil und fanden in der evangelischen Allianz eine Form der
Zusammenarbeit.[92] Elias Schrenk genoss in seiner freien, charismatischen Stellung das Vertrauen der ganzen deutschen Gemeinschaftsbewegung, wie auch Finney und Moody durch ihre evangelistische und erzieherische Tätigkeit und Wesley und Whitefield kraft
ihres prinzipiellen und geschichtlichen Einflusses für die Teilkirchen
der englisch sprechenden Welt von größter einigender Bedeutung
wurden.

---

[89] Beardsley 64-66.
[90] Beardsley 118 Anm., 238.
[91] Erdman 56; Schrk. Pgl. 146.
[92] Fleisch I 280 f.

c) Die Ausbreitung der Erweckung

Die Erweckung knüpft einerseits an geschichtliche Vorarbeit an, steht
in klarer Beziehung zum gepredigten Wort und lässt sich in Art und
Umfang ihres Vorwärtsschreitens auf gewisse Gesetze bringen, aber
andererseits ist es ein Letztes, dem rationalen Verstehen nicht mehr
Zugängliches, was ihr jene in Amerika oft überraschend schnelle
Ausbreitung verschafft und was nach der psychischen Seite als ein
seelischer Einbruch und nach der pneumatischen als das Wehen des
heiligen Geistes zu bezeichnen ist.

Die *Anknüpfungen* persönlicher oder allgemein-geschichtlicher Art,
welche die Erweckungen mit schon vorhandenen Ansätzen oder
Überlieferungen verbinden, weisen diese als echtes geschichtliches
Geschehen aus.

Puritanismus durch elterliche Abstammung und durch das Ken-
nenlernen des Herrnhutertums wiesen Wesley den Weg, der, selbst-
gegangen, sich nach seinem Wesen bilden sollte. Die Bestrebungen
Laws, religiöse Gemeinschaften (societies) zur Hebung des kirchlichen Lebens zu schaffen, wurden in diesen Anfang hineingenommen. Hatten sie noch keinen gestaltungskräftigen Neuansatz bedeutet, so traf Whitefield in Amerika 1739 auf eine schon seit 1734 im
Gang befindliche Bewegung, welche von Northampton (Jonathan
Edwards) ausgehend eine große Zahl Städte erreicht hatte.[93] Whitefield brachte in das religiöse Leben Amerikas den evangelistischen
Grundcharakter. Nach ihm bedeutete der Methodismus als prinzipiell evangelistische Bewegung das zweite Ferment im Gesamtleben
Amerikas, das die Möglichkeiten zu stets neuen »Auflebungen« auf-
bewahrte. Von der Sehnsucht nach neuen Erweckungen, die an die
Erfahrungen und den Segen der alten anknüpfte, waren insbesondere
viele Beter erfüllt, die das Neuheraufkommen eines Tages erwünsch-

---

[93] Beardsley 24-30.

ten und erharrten, was Finney als die wesentlichste Voraussetzung einer Erweckung bezeichnet.[94] Auf deutschem Boden war zweifelsohne der Altpietismus die Voraussetzung der neueren Gemeinschaftsbewegung; an die Kreise der »Stillen im Lande« schloss sich vielfach zunächst die Evangelisation an, bis sie kirchlich anerkannt wurde.

Auch *örtlich* ist die Kraft einer Erweckung vielfach von einer gewissen Vorarbeit abhängig, die, besonders im ausgeglicheneren Deutschland, zumeist in einer lebendigen kirchlichen Gemeindearbeit oder Gemeinschaftsarbeit besteht. Schrenk sagt, der Erfolg des Evangelisten werde in sehr vielen Fällen ein Ernten dessen sein, was andere vor ihm gesät haben; und wo es an Aussaat des lauteren Evangeliums fehle und der Evangelist einen verwüsteten Acker antreffe, werde auch seine Ernte bescheiden sein.[95] Wo es sich um Pionierarbeit handelt, wie beim Aufbruch des Methodismus, beim Erschließen neuer Siedlungs- oder Großstadtgebiete oder solcher Landesteile, die überhaupt noch nie wirklich missionarisch durchdrungen wurden, ist doch die Bedeutung einer, wenn auch äußeren Christianisierung nicht zu unterschätzen. Wo aber traditionsmäßig Keime pneumatischer Gestaltung vorliegen, wird sowohl in einem breiteren Raum wie örtlich das neue Werden in vielleicht jähem Aufschießen diesem Keim entspringen.

Die mächtige Erweckung in Cambuslang hatte z. B. ihren Grund in der Arbeit zweier Geistlicher der Umgebung Glasgows, der Pfarrer von Cambuslang und Kilsith. Das Eintreffen Whitefields 1742 machte dieses Gebiet zum Erweckungszentrum von Westschottland.[96] In Deutschland nahm die Erweckung 1905 von Mühlheim, Barmen und Witten a. d. Ruhr sowie vom Oberbergischen ihren Ausgang, altem Erweckungsboden, wo die Pastoren Girkon, Modersohn, Simsa u. a. in den Linien der Bewegung gearbeitet hatten.[97] Die tiefere, nachhaltigere und gesundere Wirkung der

---

[94] Fn. 1921, 184.
[95] Schrk. Pgl. 209 f.
[96] Ty. Wf. II 2 ff.
[97] Fleisch I 448-456; Modersohn, »Gesegnete Jahre«, 1921 (2), 203.

Evangelisationsbewegung im deutschen Westen und Süden gegenüber dem Norden und Osten hatte in der biblischen Gegründetheit und soziologischen Reife der altüberlieferten Gemeinschaftsarbeit und in der breiteren Wirkung der Kirche ins Volk hier ihren Grund.

Die Bedeutung der eigentlichen evangelistischen *Arbeit*, nämlich der Evangelisationsversammlungen und besonders der Evangelisationspredigt, ist für die Ausbreitung der Bewegung entscheidend. Wir können sagen:

Die Evangelisationsbewegung ist aus der Evangelisationspredigt erwachsen und hat an dieser ihr eigentümliches Merkmal. Hierdurch unterscheidet sie sich von früheren und späteren Bewegungen und erscheint als geschichtliche Einheit (1739 bis etwa 1910). Diese Predigt ist grundsätzlich Massenpredigt und hat ihr Feld in Großversammlungen. Hierdurch wird ihr Charakter, ihre Wirkung und ihre Grenze bestimmt. Sie wird getragen von geschichtlich hiermit beauftragten und hierzu befähigten Persönlichkeiten, die mit dem Aufhören der Bewegung verschwinden.

Den Zusammenhang zwischen Evangelisationstätigkeit und Evangelisationsbewegung im Einzelnen darzustellen, hieße die Geschichte der Bewegung schreiben. Whitefield war in Amerika der »Schrittmacher« (precursor) der Erweckung; »Wesley, der Prediger des Evangeliums, nicht Wesley, der kirchliche Ritualist« wurde zum Begründer des Methodismus; »das Ganze des Methodismus entfaltete sich aus dem evangelistischen Anfang«.[98] Wie abhängig eine schlummernde Bewegung von dem Auftreten eines großen Erweckers war, zeigt die Beobachtung, dass das Fehlen desselben ein Grund ihres Nichtausbrechens war.[99] Nach Whitefield wird die

---

[98] Ty. Wf. I 429; Rigg 148.

[99] Beardsley 38. Es besteht sogar Anlass zu dem Verdacht, dass das Hervortreten (manifestation) einer Erweckung, die schon im Geheimen in den Herzen der Leute im Gange war, für einige Monate durch das allgemeine Gefühl aufgehalten wurde, dass es beim Kommen Whitefields stattfinden würde und nicht früher. – Fn. 1921, 112. Kurz vor meiner Abreise von Auburn kam ein Bote aus Buffalo und bat mich

Reisepredigt mehr in Übung sein, wenn eine allgemeine Erweckung in einem Lande stattfinden soll.[100] Für die Berichte aus der deutschen Erweckung vor 1900 ist geradezu typisch die Wendung: »In N. evangelisierte ...«[101] Fleisch stellt für die ganze Arbeit der Gemeinschaftsbewegung an Außenstehenden in Wortverkündigung und Spezialzweigen fest, dass sie Evangelisationscharakter trug,[102] und Bunke berichtet aus jener Blütezeit der Evangelisation in Deutschland, dass in der Regel mit der Evangelisationstätigkeit an einem Ort eine Erweckung in irgendwelchem Umfange verknüpft war.[103]

Art und Umfang der Ausbreitung war verschieden. In den englisch sprechenden Ländern erhielt die Erweckung den Charakter einer geistlichen Volksbewegung, im deutschen Kulturgebiet ergriff sie nicht in gleichem Maße weiteste Kreise.

Es wurde häufig beobachtet, dass Amerika das Land der »revivals«, der Erweckungen sei. Völkisch und kirchlich ist dies Land »jung«, traditionsmäßig nicht verfestigt, sodass die »Inseln des Widerstandes« schon der Anlage nach gegenüber einer durchgreifenden Bewegung nicht in so starkem Maße vorhanden sind wie in den alten Mutterländern. Man wird aber die geschichtlich erwiesene Form der amerikanischen Erweckungen nicht als einen Sonderfall, sondern als den in den andern Ländern abgewandelten Typ der Bewegung bezeichnen dürfen, da in ihr das eigentlich *Bewegungsmäßige* am klarsten zum Ausdruck kommt, und dieses scheint uns für den Begriff der Erweckung das Wesentliche zu sein. Hierbei sei nicht verkannt, dass die christliche Erweckungsbewegung und innerhalb ihrer die moderne Evangelisationsbewegung eine *Sonderform*

---

dringend um Hilfe, da das Werk dort ebenfalls seinen Anfang genommen, es aber bisher an durchschlagenden Mitteln zu dessen Weiterverbreitung gefehlt habe.

[100] Wf. S. 318.
[101] Fleisch I 199. 229.
[102] Ebd. 227.
[103] Bunke, »Kirchliche Evangelisation« 1899, 16 f.

christlicher Ausbreitung darstellt, die die missionarische, kirchliche
und pädagogische zur Seite tritt.

Finney machte einmal die Beobachtung, dass sich 1830 vom Herd
einer regionalen Bewegung, Rochester, aus dieselbe *»wellenförmig«*
auf die ganze Umgegend verbreitet hatte.[104] Moody äußerte sich ähnlich.[105] Die konzentrisch sich verbreitenden Wellenringe, der Ursprung
eines Flusses, der Herd eines um sich greifenden Feuers bezeichnen dasselbe: Das *Erweckungszentrum* und die *radiale Ausbreitung*.

Nicht nur wegen der erreichbaren großen Menschenmassen, der
Voraussetzung für die eigentliche »große Form« der Evangelisation,
sondern wegen ihrer Eignung als Mittelpunkt eines ganzen Erweckungsgebietes sehen wir die großen Städte immer wieder von den
Evangelisten bevorzugt.[106] Moody widmete die ersten Jahre seiner
Arbeit in Amerika (1875-77) fünf großen Plätzen: Brooklyn, Philadelphia, New York, Chicago und Boston.[107] Der Weg von der Stadt
aufs Land, der zumeist in der modernen Epoche, wenn nicht überhaupt, die entscheidenden geschichtlichen Anstöße vermittelt, wird
auch hier gegangen. Die Industrie- und Handelszentren des alten
England und Schottland wie die des modernen Amerika und Europa
sind so die Einsatzpunkte des Methodismus bzw. der ihm nachfol-
genden Evangelisationsbewegung geworden. Von ihnen aus wurde
die Anregung in die kleinen Städte und Dörfer hinausgetragen.[108] Ein

---

[104]   Fn. 1921, 112.
[105]   W. Md. 249. Wasser fließt den Berg herab und die höchsten Berge sind die großen
        Städte. Wenn es uns gelingt, sie in Bewegung zu bringen, werden wir das ganze
        Land bewegen.
[106]   W. Md. 249. Als Moody seine evangelistische Tätigkeit in seinem Heimatlande
        begann, nahm er gern Einladungen in große Städte an, da er glaubte, wenn er
        große Zentren zuerst erreichte, könnte er leichter die Nation erreichen.
[107]   Beardsley 268-273.
[108]   Wl. Jn. II 68. Eine Menge Menschen war versammelt aus allen benachbarten Städ-
        ten und, was mich fast noch mehr freute, von allen benachbarten Dörfern. –
        Erdman 49; Md. 1873, Edinburgh. Leute kamen von entfernten Städten, um an
        den Versammlungen teilzunehmen, und beauftragte Boten gingen von Edinburgh
        in alle Teile Schottlands, wo sie Gottesdienste hielten und den Geist der Erwe-
        ckung ausbreiteten.

Musterbild einer Erweckung ist die intensive Bewegung in Rochester 1830, die als Auswirkung der Arbeit Finneys das 10 000 Einwohner umfassende Städtchen aufs Tiefste beeinflusste. Ihrer intensiven Kraft entspricht die extensive Macht, mit der die Umgebung in den Bereich der Erweckung hineingezogen wurde. Ebenso ging von Philadelphia und dem 1 ½-jährigen Aufenthalt Finneys dortselbst eine weitreichende Wirkung u. a. auf den »Walddistrikt« am Oberlauf des Delaware aus, wo 5 000 Holzfäller ohne Zutun eines Evangelisten durch die von Philadelphia Kommenden gewonnen wurden.[109] Auch Schrenk und Keller arbeiteten, soweit wir dies feststellen können, mit Vorliebe an den großen Kultur- und Lebensmittelpunkten Deutschlands (S. 43).

Für die *»Wucht«* und *»Macht«* der Erweckung haben die Evangelisten die bezeichnenden Vergleiche der Flamme und der Woge.[110] Offensichtlich handelt es sich hier um *Gesamtvorgänge*, die in das Leben der Einzelnen tief eingreifen und es aufs Stärkste beeinflussen. Man kann von einer Bewegungs-*Ergriffenheit* reden, die zunächst ein rein empirisches, psychologisches Faktum ist und noch ungelöst die *Möglichkeit* einer entscheidungsmäßigen Gestaltung der Einflüsse der Bewegung im Einzelleben enthält. Der Schwerpunkt scheint auf dem seelischen Teil des Erlebnisses, in einer gewissen Affektivität zu liegen, die stark durch das Moment der Massen und der Wucht in der Erscheinung der Versammlungen bedingt ist. Der seelische *Einbruch*

---

[109] Fn. 1921, 101-109. 112. 92.

[110] Erdman 54; Md. 1874, Manchester. Manchester steht in Flammen. Unter allen Städten Englands diejenige, die am schwersten durch irgendetwas außer durch Politik zu entzünden ist, ist es nun völlig ablaze (ein Flammenmeer) und das Feuer bricht nach jeder Richtung aus. – Ty. Wf. 191; Wf. 1739. Das Feuer ist nun im Lande entzündet und alle Teufel der Hölle werden es nicht mehr löschen können. – Beardsley 44. Ganz Neuengland war vom Erweckungseifer entflammt, sodass Ende 1742 kaum eine Pfarrei war, die nicht in gewissem Maße an den Früchten der großen Erweckung teilhatte. – Beardsley 273; Md. 1875. Die bemerkenswerten Erweckungen, die nacheinander Brooklyn, Philadelphia, New York, Chicago und Boston heimgesucht hatten, verursachten eine Evangelisationswoge, die übers Land rauschte und für die Kirche Christi eine große Menschenernte zur Folge hatte.

spiegelt das Erreichtwerden durch die »Welle« der Erweckung individuell wider und bezeichnet ebenso sehr zeitlich das Plötzliche wie
seelisch das Tiefwirkende und Neue des Geschehens. Er ist eine typische Erweckungserscheinung und bezeichnet ein *Gesetz*, nicht die
Entartung der Erweckung als eine Form seelischen Ablaufs, die dem
Auftreten mächtiger geschichtlicher Anstöße entspricht.

Erweckung ist prinzipiell eine *alle Klassen durchdringende religiöse*
Bewegung. Breiteste Schichten werden vom Geist der Erweckung
berührt, wenn auch nicht ohne weiteres bekehrt. In Amerika und
auch in England wurde dies Ziel nach den Berichten[111] in einem für
deutsche Verhältnisse oft staunenswerten Umfang erreicht, obgleich
hier auch skeptische Bedenken anzumelden sind (S. 378). Jedenfalls
besteht für eine »Beugung der *Nation* unter Gottes Herrschaft«

---

[111] Ty. Wl. II 602; Wl. 1767. Ich machte mir mancherlei Gedanken über das Werk
Gottes in unsern Königreichen. Ich war überrascht, dass es sich so weit ausgebreitet hat und dass es sich nicht weiter ausgebreitet hat. Und was war das Hindernis?
Gewiss war es Gottes Absicht, eine Nation unter seine Herrschaft zu beugen; statt
dessen sehen wir immer noch nur hier und da einen Christen, und die übrigen
sind noch immer im Schatten des Todes. – Ty. Wf. II 262; Wf. 1750, Edinburgh.
Wir haben eine große Erweckung unter allen Schichten. – Fn. 1921, 166; Fn. 1860,
Bolton. Die Bewegung zog immer weitere Kreise und ergriff alle Klassen der
Bevölkerung. – Beardsley 227; 1857. Nicht nur die großen Städte fühlten die Pulsschläge dieser mächtigen Bewegung, sondern es gab kaum ein Dorf, einen Weiler,
eine Gemeinde in den nördlichen Staaten, die nicht von Schauern erfrischender
Gnade heimgesucht wurden. Ein göttlicher Einfluss schien das Land zu durchdringen. Das Innere der Menschen war wunderbar bewegt und ihr Herz seltsam
erweicht. Solche, die es nicht gewohnt waren, zu beten oder den Gottesdienst zu
besuchen, wurden tief interessiert und konnten mit leichter Mühe erreicht werden. Es wurde behauptet, es gäbe Städte in Neuengland, wo kaum ein unbekehrter Mensch übrig blieb. – Erdman 45; Md. 1873. Die erste Versammlung (in England) wurde in einem unbekannten Zimmer des Christlichen Vereins Junger
Männer (in York) gehalten; nur acht Leute nahmen daran teil, aber es war der
Anfang einer Bewegung, die bald das religiöse Leben ganz Großbritanniens erfassen sollte. – Beardsley 244; 1861 während des Bürgerkrieges (!). Trotz der nicht
viel versprechenden Vorbedingungen (des Feldlebens) brach eine Erweckung von
ungewöhnlicher Macht aus und dehnte sich von Posten zu Posten, von Feldlager
zu Feldlager aus, bis es kaum ein Regiment oder eine Kompanie in der Armee der
Südstaaten gab, die nicht von ihren segensreichen Einwirkungen ergriffen war.

keine Verheißung (vgl. S. 60, Anm. 111). Immerhin kann auch für Deutschland nach 1875 von einem Zeitalter der Evangelisation gesprochen werden, in dem das Wort in einem vorher nicht gekannten Umfange an die Massen herangetragen wurde.

d) Die öffentliche Anteilnahme

Für eine Bewegung ist es unerlässlich, dass sie öffentliche Teilnahme findet. Je kraftvoller sie ist, eine desto selbstverständlichere Äußerung ihrer inneren Vollmacht wird die Stellungnahme der Öffentlichkeit sein. Dieser »Widerhall« wird ein stärkstes Ausbreitungsmittel sein, da er erst auf die Bewegung aufmerksam macht und durch ihn viele erreicht werden, die der direkten Beeinflussung nicht unterliegen.

Wir finden dieses Gesetz in der Ausbreitung der evangelistischen Erweckung bestätigt. Gewiss haben die unmittelbaren Arbeitsmittel ihre Bedeutung: Die Predigt, die Erweckungsversammlung wirken positiv aufs Stärkste werbend als Ort der »Lehre« und der inneren Eingliederung in Geist und Organismus der Bewegung; das Dasein und die Mitarbeit der »Zellen« zieht viele herbei; zweckbewusste Wendung nach außen durch persönliche Einladung und öffentliche Bekanntmachung in Zeitung und Anschlag bedeutet das ihre; aber die entscheidende Rolle spielt die »fama«, die »Sage« von Mund zu Mund, das Aufmerksammachen und Aufmerksamwerden solcher, die weder beauftragt noch bestimmt sind, funktionell in der Erweckung mitzuwirken.

Der ungeheure Zustrom wäre gar nicht zu erklären ohne diese unkontrollierbare Propaganda. Das Volk hat ein feines Gefühl dafür, wenn »etwas vor sich geht«, und das Auftreten mächtiger Männer führt zum Herbeieilen großer Mengen, ehe die Schriftgelehrten und Pharisäer ihr Urteil gesprochen haben. Das »Gerücht, das in das ganze Land erscholl«, ist der Ausdruck dieses Wissens um die Zeit, ein Vorbote geistlicher Einwirkungen, ein wichtiges Mittel im realen Organismus des Reiches Gottes.

Das Aufmerksamwerden der Öffentlichkeit vollzieht sich unter Umständen sehr schnell. Als Whitefield nach seiner ersten Predigt in London die Kanzel verließ, fragte alles, wer er sei (1736). Niemand wagte mehr, den knabenhaften Prediger zu belächeln. Als sich noch eine Zeitung seiner bemächtigt hatte, stand das Volk in den Kirchen Kopf an Kopf, »sodass man hätte darüber hinweggehen können«, und er musste ein Kutsche nehmen, um den »Hosiannas« der Menge zu entgehen (1737).[112] Moody war, als er 1873 nach England ging, ein unbekannter Mann. Als er von dort zurückkehrte, hatte die Arbeit in Großbritannien seinen Namen auch in den Vereinigten Staaten zu einem allbekannten gemacht.[113] Die öffentliche Aufmerksamkeit empfing ihn und er konnte auf dem Höhepunkt seiner *Popularität* weiterschreiten. »Es kellert« – mit dieser humorvollen Umschreibung bezeichnet Keller einmal das Erfülltsein der Stadtpsyche von Auftreten und Wirken des Evangelisten und vom Eindruck der allabendlichen Versammlungen. Das Ganze ist *Stadtgespräch* geworden.[114] Das Gleiche berichtet Finney von Rochester 1855.[115] Eine starke religiöse Bewegung, die viele ergreift, und von der diese nicht schweigen, wird in der Öffentlichkeit Wellen werfen, handelt es sich doch um die Gesamtauswirkung vieler tief greifender Einzelerlebnisse; dies fällt auf.

In Amerika fanden diese Vorgänge auch das Interesse der *Zeitungen*. Die »New York Tribune« gab nach Finney eine Zeit lang täglich Extrablätter heraus, in denen über den Fortgang der – allerdings auffallenden – großen Erweckung von 1857 im Lande berichtet

---

[112] Ty. Wf. I 55. 84 f.
[113] Beardsley 267.
[114] Kl. Leben II 161.
[115] Fn. 1921, 156 f.; Fn. 1875, Rochester. Schließlich drehte sich alles in der Stadt nur um die Erweckung. Wo man ging und stand, bildete diese den Gegenstand der Unterhaltung; Kaufleute und Handwerker richteten ihre Geschäfte so ein, dass ihre Untergebenen abwechslungsweise die Versammlungen besuchen konnten; sogar in den Eisenbahnwagen, Omnibussen und Postkutschen hörte man fast nur noch von Religion sprechen.

wurde.[116] In England sowohl wie in Amerika stieß die Arbeit Moodys und anderer Evangelisten auf reges öffentliches Interesse; die Zeitungen brachten warme und verständnisvolle Artikel, denen wir mit das Beste über Personen und Art der Bewegung verdanken. Die liberalfreisinnigen Blätter Deutschlands schwiegen demgegenüber ebenso wie die so genannte »neutrale« Presse allabendliche Versammlungen, z. B. Kellers, mit Tausenden von Besuchern schamhaft oder absichtlich tot.[117] Dies ist ein Spiegelbild der anderen öffentlichen Verhältnisse (S. 413 f.).

Ergebnis des öffentlichen Bekanntwerdens einer Bewegung ist der *Massenzustrom* zu den Veranstaltungen derselben. Er ist die positive Form der öffentlichen Anteilnahme, ohne dass dies jedoch schon eine weitergehende bejahende Stellungnahme bedeutete. Immerhin können neben der Befriedigung der Neugierde dem interessanten großen Ereignis gegenüber schon die ersten Anfänge des Ergriffenwerdens vorliegen. Die »Macht« der Bewegung und die Stärke ihres inneren Impulses werden gerade in dieser ihrer Anziehungskraft sichtbar.

Es liegt ein eigenartiges Pathos auf diesem Kommen der Tausende. Der ganze »Zeit«begriff (S. 151 ff.) wird hier Gestalt. Ein Gemeinsames, eben das Gemeinsame der »Zeit« drängt sie. Dumpf gefühlt, ist es doch das Wesentliche, das sich in dieser Massenwanderung ausspricht, in mehr als intellektueller Erkenntnis. Geschichtliches Geschehen wird hier ergriffen und begriffen. Im Handeln liegt die Stärke der Stunde und dies Kommen ist Handeln.

Bei den Erweckungsversammlungen tritt zu diesem Erfasstwerden durch die Zeit noch das Moment eines geistlichen Anstoßes, der die Menschen zur Teilnahme an den Gelegenheiten treibt. »Die Macht Gottes schien selbst Sünder zu veranlassen, herbeizukommen«, schreibt Wesley von einer Versammlung auf den berüchtigten Moor-

---

[116] Fn. 1921, 156.
[117] Kl. Leben II 161 f.

fields (1748),[118] und es gibt Fälle, wo selbst ganz verlorene Existenzen unter einem geheimnisvollen Trieb, oft gemischt mit Opposition, die Evangelisationsversammlungen besuchten. Es sind nicht nur die Gebete ihrer Angehörigen oder Freunde, das Bewusstsein eines Tiefstandes oder der Indifferenz, sondern ein unwiderstehliches Gezogensein, das sie zu ihrem eigenen Erstaunen oder Ärger dorthin lenkt. Dies ist die rettende Macht, die als geistlicher Kern den im Übrigen nach den allgemeinen Bewegungsgesetzen gestalteten evangelistischen Ereignissen unserer Periode zugrunde liegt (vgl. S. 153).

Der Zustrom ist oft erstaunlich. Die Versammlungen der großen Prediger zeigen eine Massenhaftigkeit des Besuches, die, wenn man die Größe der Versammlungen zum Maßstab der Bedeutsamkeit macht, diese Geschehnisse unter die wichtigsten Vorkommnisse des modernen öffentlichen Lebens einreiht (vgl. S. 36 ff.). Die Berichte der Evangelisten oder Zeitgenossen geben Einblick in das Bewegende, Drängende, das hier zum Ausdruck kam.[119]

---

[118] Wl. Jn. III 355.
[119] Ty. Wf. I 84; Wf. 1737. Sonntag morgens, lange vor Tag, hättest du sehen und hören können, wie die Straßen angefüllt waren mit Kirchgängern, die ihre Laternen in der Hand trugen und sich über göttliche Dinge unterhielten. Andere Predigtkirchen in der Nähe füllten sich mit solchen, die nicht dahin kommen konnten, wo ich predigte. – Gledstone 361 f.; Wf. 1747. Die Nachricht seiner Ankunft verbreitete sich von Siedlung zu Siedlung. Und wenn das Frühlicht des frischen Frühlingsmorgens den Himmel rötete, rührten sich Farmer und Pflanzer und rüsteten sich zu einem Ritt nach dem entfernten Predigtplatz. Manch einsamer Waldpfad und Landweg mit seinen abwechselnden Streifen der Schatten großer Bäume und durchfallender Bänder von Sonnenschein war belebt von Gruppen zu Pferd oder Einzelreitern. Einige von ihnen waren Männer mit fest gegründeter Frömmigkeit, die nach religiöser Anregung und Unterweisung verlangten und die nach der offenen Lichtung mit der gleichen Andacht unterwegs waren, wie je David zum Berge Zion emporstieg. Andere waren Männer mit schwerem Herzen und traurigem Gesicht, die dabei waren, ihren ersten Einblick in sich und die Geheimnisse der Religion zu bekommen und ängstlich wurden über den Anlick, der sich bot. Und wieder andere waren Männer von gedankenloser Gesinnung und leichter Lebensauffassung, die der Ansicht waren, dass der Glaube sehr gut für eine ernstere Zeit als die Tage der Gesundheit und Kraft und des warmen Blutes aufgehalten werden könnte, aber die einen Gefallen daran gefunden hatten, den weit berühmten Prediger zu hören. Auch fehlten nicht Frauen und Mädchen

In dem farbenreichen Bericht über die Whitefield Waldversammlung[120] in der vorigen Anmerkung kommt gut die Unterschiedlichkeit der *Kategorien der Hörer* und der Erwartungen zur Geltung, die sie zur Versammlung mitbringen. Die Motive des Kommens sind nicht dieselben, so gleichartig die Menge äußerlich auch scheint. Im übermächtigen Zug zum Zentrum geht doch die Verschiedenheit der inneren Gestaltung nicht verloren: Die *höchst persönliche Voraussetzung*, die auch eine religiöse Großversammlung nie zu einer »Masse« im mechanisch-numerischen Sinn werden lässt und den Adel der religiösen Freiheit ausmacht.

Es ist schon immer aufgefallen, dass ein Großteil der Besucher der Erweckungsversammlungen, besonders auf altem Erweckungsboden, nicht Entfremdete, sondern gerade »*Gläubige*« waren. Moodys Tadel, dass so viele Christen die besten Plätze wegnehmen, anstatt Matrosen und Trunkenbolde herbeizubringen,[121] trifft nicht die Tatsache, dass von den Evangelisationsversammlungen, ihrem Geist und ihrer zentralen Verkündigung auch eine stärkende und

---

im Trupp der Reisenden. Wenn sie ihre wiehernden Pferde an die Bäume und Hecken banden und sich zu einer großen Hörerschaft zusammenfügten, konnte nicht leicht ein Bild malerischer und eindrucksvoller als dieses sein. Alle Herzen waren mehr oder weniger aufnahmebereit für die glühende Beredsamkeit des Evangelisten, der ihnen gegenüber mit Tränen und drängenden Worten die Rechte seines gnadenreichen und erhöhten Herrn auf den Glauben und die Liebe einer jeden Seele geltend machte. Heilige Gedanken wurden von manchem der Weltlichen wie der Frommen mit nach Hause genommen und Farm und Pflanzung begannen Anzeichen davon zu geben, dass ein gottesfürchtender Mann in ihrem ersten Hause lebte. – W. Md. 229; Md. 1875, Camberwell, Südlondon. Alles sagt: Sie kommen immer noch. Von überall her, mit Omnibus, Straßenbahn, Fuhrwerk, Kutsche oder zu Fuß kommen sie: Jung und Alt, Reich und Arm, Geistliche und Laien und Soldaten in Uniform; alles eilt zum Altar Camberwells, Wallfahrer zu Tausenden, um an dem Pfingsten dieser Tage teilzuhaben. Camberwell kennt sich selbst nicht mehr. Der alte Parkwächter steht und staunt über die Ströme von Menschen, die in ruhigem Gleichmaß gegen Herrn Moodys Halle heranfluten. Die Straßenbahnwagen und Omnibusse, die die Aufschrift tragen: »Nach Herrn Moodys und Sankeys Halle«, setzen ihre Ladungen ab.

[120] Vgl. Gledstone 361 f.
[121] W. Md. 224.

reinigende Wirkung auf die schon Gewonnenen ausging, die sie diese Gelegenheiten immer wieder suchen ließ. Moody selbst sprach in seinem Alter in zunehmendem Grade zu diesen Kreisen und stellte sich in seiner Verkündigung danach um.[122] Als tragender Kern jeder Erweckungsversammlung sind sie unentbehrlich.

Schon Beunruhigte – ob sie nun aus kirchlichen oder fern stehenden Kreisen stammen – bildeten ferner einen Hauptteil der normalen Evangelisationsversammlung, besonders solche, die den ganzen Kreis der Veranstaltungen besuchten und bei denen es daher zu vertieften Eindrücken kommen konnte.[123]

Neugierige in großer Menge führte die Lust, etwas zu schauen und zu hören – die Versammlung, den Redner –, stets herzu. Ja, die Evangelisten rechneten geradezu hiermit als mit einer positiven Möglichkeit, viele zu erreichen, die eine Verbindung anderer Art noch nicht kannten.[124]

Auch *Gegner* stellten sich ein, um zu stören, um zu kritisieren oder sich ihr ablehnendes Urteil bestätigen zu lassen. Auch dies wurde öfters Anlass zur Bekehrung.[125] So kam es bei Whitefield einige Male vor, dass Männer, die sich mit Steinen in der Tasche herzudrängten, ihre Absichten ganz vergaßen und unter dem Eindruck des Gehörten eine Wendung erfuhren.[126]

---

[122] W. Md. 400, 516.
[123] Vgl. John Nelsons Bekehrung bei Rigg 131.
[124] Wf. S. 405. Um Zachäus' willen lass uns die Leute nicht ganz verdammen, die aus keinem besseren Grunde als dem der Neugierde unter das Wort kommen. Wer weiß, wie Gott sie zu rufen vermag? Es ist gut, da zu sein, wo der Herr vorbeikommt. – Wl. Jn. III 523; Wl. 1751, Schottland. Neugierde, wenn nichts anderes, brachte eine Unmenge Menschen abends zusammen. – Md. Faithf. Say. 65; Md. Eine große Menge kommt hierher aus Neugierde, um das Singen oder etwas Derartiges zu hören.
[125] Wl. Jn. II 389.
[126] Ty. Wf. II 104. 417.

e) Die Erweckungsversammlung

Einer der stärksten Faktoren der Ausbreitung der Bewegung war die Erweckungsversammlung selbst, und zwar als *ganzheitliches Phänomen*. Nicht als Produkt verschiedener technischer Faktoren, sondern als Ganzes, als *Ereignis* will sie gesehen sein, aus dem erst sich das Einzelne in seiner äußeren und inneren Erscheinungsweise ergibt.

Das Bestimmende am äußeren Eindruck der großen evangelistischen Versammlung ist die Überfülle als Folge des Massenzustroms. Sie bedeutet einen äußerst wirksamen Faktor der Steigerung der Erlebnisbereitschaft und der Erwartungen an die Stunde. Durch sie bekommen die Zuhörer gewissermaßen bescheinigt, dass etwas Außerordentliches im Gange ist, dass sie Zeuge dieses Außerordentlichen sein sollen, dass sie, denen »draußen« gegenüber, berufen sind, am Aktuellen der Zeit teilzuhaben und mittendrin zu stehen im Strom des Geschehens. Wenn, wie es doch oft der Fall war, dieses Massenerscheinen der Ausdruck einer großen inneren Bewegung, einer Sehnsucht und eines weithin unter den Zuhörern herrschenden aufrichtigen geistlichen Verlangens war, welche Unwägbarkeiten mussten im Anblick dieser tausendköpfigen Menge liegen!

Eine häufige Wendung in den Whitefield'schen Berichten ist: »Viele mussten wieder umkehren.«[127] Polizisten hielten am Eingang einer Kirche die Ordnung aufrecht.[128] Der Dunst der Menge schlug sich gleich Regentropfen an den Wänden nieder.[129] Bei Kellers erstem Auftreten im Zirkus Busch äußerte ein Polizeioffizier Besorgnisse, als auch die Arena und sämtliche Gänge von Platzsuchenden besetzt wurden.[130] Wesley musste einmal über die Köpfe der Menge hinweg zur Kanzel getragen werden und öfters predigte er am Fens-

---

[127] Z. B. Ty. Wf. I 73.
[128] Ty. Wf. I 84.
[129] Tholuck 55.
[130] Kl. Leben II 68.

ter einer Kirche oder eines Gasthauses den Zuhörern inner- und
außerhalb.[131] Der einzige Ausweg war sehr oft die Freiversammlung, deren Fassungsvermögen der Reichweite der Stimme entsprach.

Auch der *allgemeine Rahmen*, bei Freiversammlungen besonders
der tageszeitliche oder landschaftliche, hebt die Versammlung über
das Maß des Gewöhnlichen hinaus. Der große Saal – meist waren es
die größten der Stadt, die die Evangelisten benutzten –, das Neuartige
der Umgebung, die vom gewöhnlichen kirchlichen Rahmen abwei-
chende Art der Veranstaltung, die feiernde Menge im weiten Raum,
all das ist ungewöhnlich und auflockernd. Bei Freiversammlungen
bringt der Reiz der umgebenden Landschaft, das Weilen unter freiem
Himmel irgendwie immer auch eine andere seelische Verfassung mit
sich. Klassisch hierfür ist der Bericht Whitefields über seine ersten
Freipredigten in Kingswood,[132] ebenso Wesleys Schilderungen,[133] die

---

[131] Ty. Wl. III 492; II 412.

[132] Gledstone 113; Wf. 1739, Kingswood. Der offene Himmel über mir, die Aussicht
in die benachbarten Gefilde, der Anblick der vielen Tausende, in Kutschen, zu
Pferde, auf den Bäumen, bisweilen alle ergriffen und in Tränen gebadet, wozu oft
noch die feierliche Stille des hereinbrechenden Abends kam: All das war beinahe
zu viel für mich und überwältigte mich ganz. – Ty. Wf. I 191; Wf. 23.2.1739, Kingswood. Die Sonne schien sehr hell und das Volk, das in einer solch heilig-eindrück-
lichen Weise in tiefstem Schweigen um den Berg stand, erfüllte mich mit heiliger
Bewunderung.

[133] Wl. Jn. II 287; Wl. 1739, Stanley. Zwischen 5 und 6 Uhr abends ließ ich an alle, die
in Stanley auf einem kleinen Rasenplatz in der Nähe der Stadt anwesend waren –
gegen 3000 –, die Aufforderung ergehen, Christus als ihre einzige Weisheit,
Gerechtigkeit, Heiligung und Erlösung anzunehmen. Ich erhielt die Kraft, zu
reden wie nie zuvor, und fuhr nahezu zwei Stunden lang zu sprechen fort. Die
Dunkelheit der Nacht und leichtes Blitzen verminderte nicht die Zahl der Hörer,
sondern ließ den Ernst wachsen. – Wl. Jn. III 87; Wl. 1743, Exeter. Von der Kirche
ging ich zum Schloss (Rougemont), wo, wie einige schätzten, die Hälfte der
erwachsenen Bevölkerung der Stadt versammelt war. Es war ein ergreifender
Anblick. Eine so gewaltige Versammlung in diesem feierlichen Amphitheater!
Und alles lautlos still, während ich ausführlich die herrliche Wahrheit auslegte und
nachdrücklich bekräftigte: »Wohl denen, denen die Übertretungen vergeben sind
und denen die Sünde bedeckt ist.« – Wl. Jn. III 372; Wl. 1748, Heptonstall Bank.

gleichzeitig einen guten Begriff von Tau und Frische der frühmetho-
distischen Erweckung geben.

Alle diese Momente machten auf die Teilnehmer, besonders auf
neu hinzukommende, einen gewaltigen *Eindruck*. Cornelius Winter,
ein späterer Begleiter Whitefields, kam als dreizehnjähriger eltern-
loser Junge voller Vorurteile zu einer Versammlung desselben und
wurde besonders getroffen durch deren Größe, durch die Feierlichkeit, die auf ihr ruhte, die Melodie des Gesanges und die Erscheinung
und den Ernst des Redners.[134] Wesley berichtet von einer Reise in
Wales (1750), dass dort auch der Teil einer Versammlung, der nicht
englisch verstand, doch tief ergriffen wurde.[135] Dies ist wohl der Auswirkung ihres ganzen Eindrucks zuzuschreiben, der meist
unbewusst, aber deshalb nicht minder stark ist.

Die Erwartung eines Außerordentlichen, wie sie dem Äußeren
und der »Atmosphäre« der großen Erweckungsversammlung, dem
vielen Unausgesprochenen, das in der »Luft« liegt, entspringt, bedingt eine *Auflockerung der seelischen Haltung,* die diese der Alltäglichkeit entnimmt (S. 44). Die Auflockerung ist vorwiegend
affektiv, wie jede Durchbrechung der rational festgelegten Alltags-
form des *Erlebens* zunächst nach großen Gefühlen geht (S. 257). Das
Erlebnis wird gesucht, irgendeines, unbestimmt oder dogmatisch
umschrieben; – die große Person, das große Wort, die große
Stunde, ganz zentral: die Begegnung mit Gott. Die Aspekte verschieben sich, das Große wird klein, das Gewohnte unbedeutend, das Ver-
schmähte begehrt, das Unmögliche möglich, das Bezeugte bejaht.
Die innere Verfassung ist schwebend, ein »Schritt heraus« ist ge-

---

Der Platz, an dem ich predigte, war eine ovale Stelle im Gelände, von zerstreuten
Bäumen umgeben, die sozusagen aus dem Hang des Berges ausgeschufelt war,
der ringsum wie ein Theater anstieg. Die Versammlung war ähnlich der in Leeds;
aber solch eine feierliche und ersthafte Aufmerksamkeit! Es stützte mir die
Hände, sodass ich predigte wie noch selten in meinem Leben.

[134]   Ty. Wf. II 346.
[135]   Wl. Jn. III 459.

macht, die Distanz vom Bisherigen gewonnen. Man ist bereiter für jene letzte neutestamentliche Umgestaltung, deren Voraussetzung seelisch ein Aufbrechen der inneren Härten und Verfestigungen ist.[136]

Was sich affektuell als Lockerung und Aufnahmebereitschaft auswirkt, äußert sich strebungsmäßig als »Bereitschaft zu«. Im Ja zum Gang in die Evangelisationsversammlung liegt, wenn auch versteckt, uneingestanden, in geringstem Maße, ein Ja zu dem Ziel derselben. Dieses Ja wird durch die »große Bereitschaft«, die im Erscheinen der Tausende liegt, gestärkt erweitert, innerlich »ermöglicht«: Die Ermutigung tritt ein. Freilich handelt es sich hier um etwas Fremd-Seelisches, wenn auch nicht unbedingt im Sinn der seelischen Übertragung »Übertragenes«. Es wird nicht genügend Stütze sein, um ein ganzes Leben darauf zu bauen; aber die Werbe- und Zeugniskraft jedes Daseins von Gemeinde, wie sie auch ein Teil des Phänomens Erweckungsversammlung ist, wird ihre stärkende Wirkung auch auf den Neuling nicht verfehlen: *Gemeinsam* bereit sein ist leichter als allein bereit sein, wenn Letzterem auch die größere Tiefe zukommt. Mit dieser Bereitschaft kann der Evangelist rechnen, sie ist eine wesentliche Voraussetzung der Wirkung der Predigt auf viele gleichzeitig (S. 374 f.).

Zu diesen gesamtseelischen Dispositionen tritt in den meisten Fällen eine bewusste oder unbewusste, ausgedehntere oder bescheidenere *Versammlungstechnik* vonseiten der Leiter und Träger der Veranstaltungen hinzu, die in intuitivem Einfühlen namentlich in Richtung einer Stärkung dieser Lockerung und Bereitschaft geht. Die *Musik* hat sich hier als einflussreiches Mittel erwiesen; von ihr wurde

---

[136] Fn. 1921, 172. Gott hat es für nötig erachtet, sich die natürliche Erregbarkeit der Menschen zunutze zu machen, um sie in eine Gemütsverfassung zu bringen, die sie zum Gehorsam willig macht. Die Menschen sind so gleichgültig und es gibt der Dinge so viele, die ihre Gedanken vom Glauben ablenken und die Wirkung des Evangeliums abschwächen, dass es eines gewaltigen Anstoßes von außen bedarf, der, einer Hochflut gleich, imstande ist, die Hindernisse hinwegzuschwemmen.

in Form von Allgemeingesang,[137] Einzelgesang, Chorliedern und
später auch Instrumentalmusik (Heilsarmee) Gebrauch gemacht. In
der Frühzeit sind die Formen noch schlicht. Neben der Rede kannte
die methodistische Versammlung nur gemeinsamen Gesang. Besonders Moody erkannte die Bedeutung der Musik, namentlich des
Sologesanges,[138] und hatte dafür den »Evangeliumssänger« Sankey
gewonnen, von dem Schrenk – wohl unzutreffend – annahm, er
habe so viel gewirkt wie Moody.[139] Moody war Meister in der *Ein-
stimmung* von Versammlungen.[140] – Als sehr wirkungsvoll zeigte sich
auch das Auftreten von Chören, von denen Schrenk und Füllkrug
mit Recht fordern, dass sie in Einheit des Geistes mit dem Prediger in
evangelistischem Dienst und ohne Ansprüche auf einen hier doch
wirkungslosen, ja hemmenden »Kunstgesang« singen.[141] Die Gefahr
des Letzteren, wie überhaupt der Technisierung und Mechanisierung
der Hilfen liegt nahe und wurde, namentlich bei rückläufiger Bewegung, nicht immer vermieden.

---

[137] Nuelsen 84. Die ersten Methodisten waren ein sangesfrohes Volk. Sie besaßen in
ihren Liedern, die aus der Tiefe lebendiger Erfahrung hervorquollen und mit der
Inbrunst frommer und froher Begeisterung gesungen wurden, einen mächtigen
Hebel, um die Gemüter zu beeinflussen.

[138] W. Md. 198. Moody bevorzugte bei seinen Missionen sehr das Singen, weil er
glaubte, dass es seine Hörer auf die Predigt vorbereitete, indem es eine empfäng-
liche Gemütsverfassung schuf.

[139] Schrk. Pgl. 191.

[140] Erdman 96. Moody war ein Meister der Versammlungen und keiner wusste
besser, wie eine Eröffnungsversammlung zu leiten war, um die Zuhörerschaft für
die Predigt vorzubereiten. Er war immer auf dem Posten, sagte Lieder an, las aus
der Bibel vor, legte Zeiten des Gebets ein, machte kurze Zwischenbemerkungen,
verlangte Solos, bis der Sinn der großen Massen in eins verschmolzen auf den
Redner als Brennpunkt gerichtet und bereit war, auf jedes Wort zu lauschen, das
er äußern würde.

[141] Schrk. Pgl. 191; Füllkrug, Brennende Fragen der Volksmission 1922, 61.

5. Die Macht des Predigers

Im Bewegungsganzen zeigen einige massenpsychologische Erschei-
nungen, wie fest die Stellung des großen Evangelisten in ihm ist. Eine
Unzahl Zuhörer treten in ein nahes, persönliches Verhältnis zu dem
Redner, dem sie selbst unbekannt bleiben. *Dieser Redner gewinnt für
sie Bedeutung, und zwar einzigartige Bedeutung.* Dies stellt sowohl das
Gewicht der großen geschichtlichen Persönlichkeit wie ein eigenarti-
ges, versammlungspsychologisches Gesetz ans Licht, das der festen
Zuordnung der Augenblickshörerschaft zu dem betreffenden
Redner, wie es pathologisch seine Parallele im Verhältnis der »Hörig-
keit« und des »Verfallenseins« hat und dem Erweckungsprediger die
Stellung der »Macht« verleiht.

Dies findet seinen Ausdruck in der Erscheinung des *»Nachwanderns«.* Man begnügt sich nicht mit dem regelmäßigen Besuch aller
Ansprachen des Redners am Ort, sondern »sucht jede Gelegenheit,
ihn zu hören«,[142] und folgt ihm über oft große Entfernungen.
Bezeichnend hierfür ist die Episode mit Gouverneur Belcher von
Neu-England, der »sich nicht helfen konnte«, Whitefield 50 Meilen
weit außerhalb Bostons zu folgen, ihn in der eigenen Kutsche von
Ort zu Ort fuhr, ihn beim Abschied selbst in das Boot brachte,
küsste, sich seiner Fürbitte empfahl und ihm mit Tränen in den
Augen Lebewohl sagte (1740).[143] Demselben packenden Redner folgten damals Bewohner Philadelphias zu Fuß bis in eine Entfernung
von 60 Meilen![144] Ein schlichtes Bibelwort, seine Wünsche für die
Hörer in sich fassend, aber auf eine Weise und mit einem Pathos ausgesprochen, dass es die Hörer durchschauerte, veranlasste als Schluss
einer Rede noch 1770 eine große Zahl von Menschen, ihm

---

[142] Ty. Wf. II 346.
[143] Ty. Wf. I 418. 421. 426.
[144] Ty. Wf. I 377.

für eine Reihe von Tagen in die nahe gelegenen Städte des amerikanischen Ostens das Geleit zu geben.[145]

Ebenso kommen die Hörer aus weiten Entfernungen zu dem Predigtplatz des Evangelisten; dies »Wandern«, besonders auch der frommen Leute, ist für Erweckungszeiten bezeichnend. Der Redner »zieht«.

Hiermit hängt das Moment der *Verehrung* aufs Engste zusammen, die dem Redner entgegengebracht wird. Sie ist das innere Ja der sich persönlich berufen Wissenden zur schicksalsmäßigen Gesandtheit dieses Erkorenen. Das starke Moment geistlicher *Dankbarkeit* und Erkenntnis hebt sie gegenüber dem Verfallensein aus Massensuggestion auf eine geläuterte Stufe. In der Verehrung herrscht die Ich-Beziehung, und zwar stark gefühlsbetont, vor (das »Herz« wird darin »geschenkt«), während beim Vertrauen (S. 75) der Ton auf der Erkenntnis der *objektiven* Bedeutung und Werte liegt.

Als typische Beispiele seien die *Abschiede* der Evangelisten genannt, in denen sich bei den dem Redner innig verbundenen, ja ergebenen Volksmengen all das Bahn brach, was sich in den Wochen der Arbeit an Liebe und Verehrung angehäuft hatte.[146] Besonders

---

[145] Ty. Wf. II 591.
[146] Ty. Wf. I 86 f.; Wf. 1737, London. Weihnachten kam nun näher. Es wurde mir mitgeteilt, dass die Soldaten mit ihren Vorbereitungen zur Einschiffung nach Georgia nahezu fertig wären, und ich entschloss mich, mitzugehen. Je näher die Zeit meiner Abreise herankam, desto größer wurde die Zuneigung des Volkes. Am Anfang der Weihnachtswoche nahm ich Abschied; aber o welch Seufzen und Stöhnen ward hörbar, als ich sagte: »Und nun, Brüder, lebt wohl!« In der Great St. Helen (= Kirche) war the cry (Aufschrei) erstaunlich. Ich brauchte nahezu eine halbe Stunde, um zur Tür hinauszugehen. Tausende und Abertausende von Gebeten stiegen für mich empor. Sie schickten an, herbeizueilen, mich in den Gängen aufzuhalten, mich in ihre Arme zu schließen, und folgten mir mit sehnsüchtigen Blicken. – Wl. Jn. III 60; Wl. 1742, Newcastle. Um 11 Uhr hielt ich meine Abschiedspredigt auf dem Hospitalfeld. Ich sah nie zuvor dort eine so große Versammlung, noch sprach ich je so tief gehend. Ich vermochte nicht

tritt dies in England und ebenso in Amerika hervor, wo offenbar die
Volksart dieses freie sich Äußern mehr ermöglicht als in Deutschland. Ob aber in den oft sehr bewegten Schlussversammlungen

---

früher als um 1 Uhr zu schließen; und dann hing sich alles, Männer, Frauen und
Kinder, an mich, sodass ich nicht wusste, wie mich befreien. Nach einiger Zeit
ging ich zum Tor und stieg zu Pferde. Aber selbst dann hielt sich ein »verrücktes
Weib«, wie einer sehr ärgerlich sagte, fest und rannte an der Seite des Pferdes
durch dick und dünn bis zum Sandgate. – Wl. Jn. III 352; Wl. 1748; Irland. Nur
mit großer Mühe riss ich mich los von diesem maßlos liebenden Volke und auch
das nicht so schnell, als ich gedacht hatte; denn als wir uns ungefähr eine Meile vor
der Stadt einem Schlagbaum näherten, wartete eine Volksmenge auf uns auf der
Spitze eines Hügels. Sie wichen nach beiden Seiten zurück, um uns Platz zu
machen, dann umringten sie uns und schlossen uns ein. Nachdem wir zwei oder
drei Verse gesungen hatten, setzte ich meinen Weg fort, als ich plötzlich von einem
solchen Schrei von Männern, Frauen und Kindern überrascht wurde, wie ich ihn
zuvor noch nicht gehört hatte. – Ty. Wl. III 578; Wl. 1789, letzter Abschied von
Irland. Schließlich sagte er am 12. Juli den Gestaden von Irland für immer Lebewohl. Es war eine ergreifende Szene. Große Mengen folgten ihm zum Schiff.
Bevor er an Bord ging, stimmte er eine Hymne an, und die Volksmenge, so weit es
ihre Bewegung zuließ, vereinigte sich mit dem ehrwürdigen Patriarchen im
Gesang. Dann fiel er auf die Knie und bat Gott, sie, ihre Familien, die Kirche und
Irland zu segnen. Hände schütteln folgte; einige weinten fassungslos und nicht
wenige fielen dem alten Mann um den Hals und küssten ihn. Er bestieg das Deck;
das Schiff setzte sich in Bewegung. Dann entführten ihn, der noch immer seine
Hände im Gebet erhoben hatte, die himmlischen Winde von einer Insel, die er
zärtlich geliebt hatte, und die warmherzigen irischen Methodisten »sahen ein
Angesicht nicht wieder«. – Fn. 1879, S. 262 f.; Fn. 1902; S. 297; Fn. 1851 (Abschied
von England). Da der Tag seiner Abreise von London bekannt geworden war, so
versammelte sich eine ungeheure Menschenmenge auf der Werft, um ihm Lebewohl zu sagen. Die große Mehrzahl derselben hatte durch sein Wirken den Frieden gefunden. – Das Schiff, mit welchem Finney zu fahren gedachte, war ein großer Paketdampfer und musste, um abfahren zu können, die Flut erwarten. Es
währte somit einige Stunden, nachdem Finney mit seiner Frau an Bord gegangen
war, bis der Augenblick des Scheidens kam. Auf dem Deck des Schiffes stehend,
sahen die beiden zu der Menge hinüber, die am Ufer auf und nieder wogte, Grüße
und Wünsche mit ihnen wechselnd. Endlich setzte sich das Schiff in Bewegung.
Den Beweisen von so viel Liebe gegenüber konnte Frau Finney sich nicht länger
beherrschen, sie eilte hinab in den Schiffsraum, um den Ausbruch ihrer Gefühle
zu verbergen. Finney dagegen blieb an seiner Stelle und schaute nach all den Lieben hinüber, die er verließ. Noch lange sah er unzählige Taschentücher in der Luft
wehen, bis endlich das Schiff eine Wendung machte und er den Landungsplatz
aus dem Auge verlor.

der deutschen Erweckung nicht auch neben dem Blick auf das große Erleben dieser Tage auch die inzwischen gewonnene herzliche Beziehung zu dem letztmals sprechenden Redner mitschwang? Die Verehrung des »geistlichen Vaters« und gesegneten Seelsorgers kam wohl auch in der Bildung einer über ganz Deutschland verbreiteten »Keller-Gemeinde« zum Ausdruck.

Wie groß die verehrungsvolle Hingabe an einen Redner sein konnte, zeigte das Echo der ersten Abendpredigt Wesleys in Newcastle 1742, wo das Volk ihn »außer sich vor Liebe und Zuneigung hätte unter die Füße treten können«.[147] Ein Neubekehrter folgte Whitefield durch die Straßen und konnte sich kaum enthalten, »seine Fußspuren zu küssen, so unbeschreiblich war seine Liebe zu Mr. Whitefield«.[148] Bei der Beerdigung Wesleys und auch Whitefields rief die Anwendung der Bezeichnung »Vater« auf sie bei Geistlichen und Laien einen Ausbruch unaussprechlichen Schmerzes hervor.[149] »Gewiss ist es«, sagt Southey, »wenigen Menschen so oft und auf so ergreifende Weise durch die Huldigungen inniger Dankbarkeit, unbegrenzten Vertrauens und ehrender Liebe klar geworden, wie viel Gutes sie unmittelbar stifteten, als John Wesley.«[150]

Das *Vertrauen* in den Redner ist meist das Ergebnis mehrerer Berührungen mit demselben, wenn auch das »unmittelbare Vertrauen« auf Grund eines mächtigen Eindrucks da sein kann. So wurden Whitefield bei der Rückkehr von der »Schlacht« auf den Moorfields (1742) die Taschen mit Zetteln gefüllt, auf denen über tausend Personen ihrer inneren Getroffenheit Ausdruck gaben.[151] Das hierin liegende *Vertrauen zum Seelsorger im Prediger*, die Ursache eines ausgedehnten Briefwechsels, aktualisiert sich im Moment der Rede zu einer

---

[147] Wl. Jn. III 14.
[148] Ty. Wf. II 205.
[149] Ty. Wf. II 600; Nuelsen 194.
[150] Southey-Krum. II 52.
[151] Ty. Wf. I 556.

»Atmosphäre des Vertrauens«, die den Redner trägt und jedem seiner Worte einen Wert beimisst, wie ihn der Ideengehalt derselben an
sich niemals besessen hätte.

6. Die Macht des Wortes

Die gewaltige *Anziehungskraft* des evangelistischen Wortes ist eine
Gabe, die in diese Art Wortverkündigung hineingelegt wurde.
Die Fähigkeit, Menschen unmittelbar anzusprechen und sie in ihrer
Totalität zu erfassen, verleiht der erwecklichen Wortverkündigung
eine Durchschlagskraft und majestätische Macht besonderer Art und
ist das Geheimnis des Erscheinens so großer Mengen. Das »große
Wort« sucht sich seine große Folie (S. 29 ff.).

Die fast unwiderstehliche Anziehungskraft erwecklicher Wortverkündigung, die Southey von der »Zauberei« der Methodisten,
Bunke von »magnetischer Gewalt« reden ließ,[152] erklärt sich *geschichtlich* aus dem Wiedererkennen der alten christlichen Botschaft von der Rettung des Sünders nach einer Zeit der moralisti-
schen oder rationalistischen Unterbietung derselben und *grundsätzlich* aus der Gesamtlage der Seele, der geistlichen Existenznotwendigkeit (S. 260), durch welche die erweckliche Botschaft erfordert
wird. Wo dem Verlangen nach Änderung der negativen Lage nicht
Genüge getan wird, entsteht ein latenter »Hunger und Durst« nach
dem Evangelium, der sich sofort als lebhaftes Ausschlagen äußert,
sobald die rettende Botschaft von Christus den geistlich Toten in ihrer
ganzen Macht dargeboten wird. Dies meinte wohl Moody, wenn
er sagte: »Wo man Christus predigt, da fehlt es nie an zahlreicher

---

[152] Southey-Krum. II 87. Die Methodisten treiben fürwahr Zauberei; denn wer sie
einmal gehört hat, den kann keine Seele wieder von ihnen zurückbringen. –
Bunke, Innerkirchliche Evangelisation 53. Mag das Wort manchen im Innersten
verletzen und zum Widerspruch reizen, es zieht ihn mit magnetischer Gewalt
wieder zu den Füßen des Evangelisten.

Zuhörerschaft.«[153] Das Wort sammelt sich seine Hörer. Keller hatte in zwei Jahrzehnten seiner Arbeit mit drei oder vier Ausnahmen nie über den Zulauf zu seinen Abendversammlungen zu klagen und konnte feststellen, dass das Verlangen nach volkstümlicher Evangelisation in Deutschland sehr rege sei.[154] Ein Bericht Bunkes aus der Arbeit Kellers, der von allgemeiner erweckungspsychologischer Wichtigkeit ist, bestätigt, wie sich die Menschen »in unerhörter Weise um das Wort Gottes drängten«.[155]

Der Ausdruck eines nunmehr erfüllten inneren Mangels ist ein tiefstes »In-Beschlag-genommen-werden«, ein Gefesseltsein durch das Wort, eine *Hingegebenheit* der Hörer an dasselbe, die als Aufmerksamkeit, Unersättlichkeit und Unbeirrbarkeit beim Hören des Worts zutage tritt.

In oft überraschender Weise hingen die Volksmassen an dem Munde der Evangelisten.[156] Es war die Konzentration einer tiefengebundenen Aufmerksamkeit, die sie alles um sie her vergessen ließ.

---

[153] Md. 12 Reden 164.

[154] Kl. Leben II 162.

[155] Weichert 153; Kl. 1899, Strehlen (Bunke). Meine persönliche Bekanntschaft geht auf das Jahr 1899 zurück. Er war in Breslau gewesen und hatte dort unter gewaltigem Zulauf gesprochen. Dann kam er nach Strehlen in meine Nachbarstadt. Dort sah ich zum ersten Mal, wie sich die Menschen um Gottes Wort in unerhörter Weise drängten. Im Jahr vorher hatte ich den Zudrang zur Evangelisation von Prediger Schrenk in Mühlheim a. d. Ruhr erlebt. Im Winter danach hatten Pastor Schmidt und ich die kirchliche Evangelisation angefangen und waren beide tief bewegt von der Anziehungskraft des Wortes Gottes, wenn es in den Evangelisationsversammlungen dargeboten wurde. Was ich aber in Strehlen erlebte, überwog die bisherigen Eindrücke bei weitem. In der Kleinstadt hatte die Evangelisation eine so durchschlagende Wirkung, wie sie in der Großstadt auch nicht annähernd möglich ist. Die ganze Stadt war in Aufregung. Der ganze Umkreis geriet in Bewegung. Die große Stadtkirche mit ihren drei Chören war unheimlich voll und die Menschenmassen drängten herein. Männer, die nie im Gotteshaus zu sehen waren, erschienen Tag für Tag, die Honoratioren der Kleinstadt und die Herrschaften vom Lande ebenso wie die kleinen Leute vom Handwerk, von der Fabrik und vom Steinbruch.

[156] Ty. Wf. I 84; Wf. 1737, London. Sie waren voller Aufmerksamkeit und hörten zu, als ob es um ihre Seligkeit ginge (like people hearing for eternity). – Ty. Wl. III

Ein unersättliches Verlangen veranlasste die Volksmengen besonders in der ersten Zeit des Methodismus, öfters nach der Aussprache
der Evangelisten unerschütterlich zu »stehen«, sodass diese von
neuem beginnen mussten oder als Erste weggingen.[157] Nie bekamen
die Evangelisten Ungeduld zu spüren, sondern nur den Wunsch nach
mehr, den sie jedoch nicht immer befriedigen konnten. Nach jener
ersten Abendpredigt in Newcastle (S. 73 f.) eilten einige Hörer, während Wesley sich aus dem Gedränge freimachte, zu seinem Gasthof
voraus und bestürmten ihn dort mit Bitten, noch mehrere Tage oder
doch wenigstens einen Tag bei ihnen zu bleiben. Da er sich schon
anderwärts festgelegt hatte, war ihm dies nicht möglich. Die oft langen Arbeitsperioden der Evangelisten (S. 46) sind ohne eine solche
Unermüdlichkeit im Hören nicht denkbar.

In die gleiche Richtung weist das *Beharren der Hörer* beim Wort
trotz schwieriger Verhältnisse oder Zwischenfälle. Die Freiversammlungen der Frühzeit waren durch keine Unbilden der Witterung

---

474; Wl. 1786, Barnsley. Sie schienen jedes Wort in sich zu trinken. – Ty. Wf. I
428; Wf. 1740, Northampton (Bericht von Frau J. Edwards). Es ist wundervoll zu
sehen, welchen Zauber er auf eine Hörerschaft ausübt, indem er die einfachsten
Wahrheiten der Bibel verkündigt. Ich sah mehr als tausend Menschen in atemloser
Stille an seinen Lippen hängen, dann und wann nur unterbrochen von einem
halb unterdrückten Seufzer. – Wl. Jn. III 362; Wl. 1748, Widdrington. Das Volk
strömte von allen Seiten herbei. Es war ein entzückender Abend und ein entzückender Platz im Schatten hoher Bäume. Und jedermann hing am Wort; keiner
rührte seinen Kopf oder seine Hand oder schaute links oder rechts, währenddem
ich in nachdrücklichen Worten die Gnade unseres Herrn Jesu Christi verkündigte. – W. Md. 259; Md. 1875, Philadelphia. Seine Ansprache ward mit hingeris-
sener Aufmerksamkeit von der gewaltigen Zuhörermenge angehört.

157 Ty. Wf. I 324; Wf. 1739, Philadelphia. Ich setzte meine Predigt von der Gasthof-
treppe über eine Stunde lang fort. Als ich geendet hatte, schien das Volk so wenig
willens zu sein, zu gehen, dass ich nochmals zu beten begann. – Wl. Jn. III 373;
Wl. 1748, Rossendale. Als ich meine Predigt beendet hatte, und selbst, als ich den
Segen gesprochen hatte, machte auch nicht ein Einziger Miene wegzugehen, sondern jedes, Mann, Frau und Kind, blieb genau da stehen, wo es stand, bis ich selbst
zuerst wegging.

(Wind, Regen, Frost, Dunkelheit) zu beeinträchtigen.[158] Selbst Störungen durch Gegner vermochten gelegentlich weder Redner noch Hörer zu beirren, wenn auch bei groben Angriffen die Versammlungen meist still entlassen wurden. Als die Inhaber der Budenstadt Moorfields 1742 den Mob gegen Whitefield mobil gemacht hatten und dieser durch Werfen von Steinen, Schmutz, faulen Eiern und toten Katzen und durch Bedrohen des Redners mit einer Stoßstange und durch Erschütterung seiner luftigen Feldkanzel die Versammlung zu stören versuchte, ja ein gedungener Werbesergeant mit seiner Truppe mitten durch die Menge marschierte und eine unglaubliche Schamlosigkeit den Ernst der Menge beeinträchtigen sollte, blieb der größte Teil der sonst unruhigen Zuhörer still und schien »in Lämmer verwandelt«.[159] Selbst andere Störungen, wie das plötzliche Nachgeben des Fußbodens überlasteter Lokale, das andauernde Schwanken eines Versammlungsgebäudes im Sturm, der unvermutete Einsturz einer Mauer samt den Daraufsitzenden und anderes vermochte die

---

[158] Wl. Jn. II 461; Wl. 1741, Charles Square. Ein heftiger Regensturm begann etwa um die Mitte unserer Predigt, aber solche Dinge vermögen die nicht zu rühren, die den Herrn suchen. Um so mehr war seine Macht zu heilen gegenwärtig, sodass die Herzen Vieler hüpften vor Freude und den »herrlichen Gott rühmten, der es donnern lässt«. – Wl. Jn. III 52; Wl. 1742, Newcastle. Es regnete die ganze Zeit. Aber das störte weder mich noch die Versammlung. – Wl. Jn. III 59; Wl. 1742, Horsley. Ich ritt nach Horsley. Da das Haus zu klein war, war ich wieder gezwungen, im Freien zu predigen. Aber solch einen wütenden Sturm habe ich selten gesehen. Der Wind drang wie ein Wirbelsturm auf uns ein mit Stößen von Ost, West, Nord und Süd. Das Stroh und die Bedachung flog uns rund um unsere Köpfe, sodass man meinen konnte, es könnte nicht mehr lange dauern, bis das Haus nachfolgen müsste. Aber kaum einer ließ sich stören, sehr wenige nur gingen weg, bis ich sie mit dem Frieden Gottes entließ. – Ty. Wl. III 472; Wl. 1786 (83-jährig!), Lane End (bei Dunkelheit und schneidend kaltem Wind). Ich war gezwungen, auf der Straße zu predigen. Und niemand von uns schien das Wetter zu beachten, denn Gott wärmte uns das Herz. – Ty. Wf. I 418; Wf. 1740, Cambridge (Neu-England). Ich ging wieder nach Cambridge und predigte unter der Tür des Versammlungshauses zu einer großen Volksmenge, die sehr aufmerksam dastand, obwohl es regnete, und sehr ergriffen war.
[159] Ty. Wf. I 545 ff.

Aufmerksamkeit der Hörerschaft nicht wesentlich zu beeinträchtigen oder die Fortführung der Versammlung zu verhindern.[160]

7. Die Rückwirkung auf den Prediger

Wurde bisher die Stellung des Predigers innerhalb der Erweckungsbewegung nach dem Verhältnis der Hörer zu ihm untersucht, so ist nun die psychologische Rückwirkung der Bewegung, sowohl der einzelnen Versammlung wie des Ganzen des Werks, auf ihn zu behandeln. Es besteht ein wechselseitiges Verhältnis, bei dem die größere Aktivität auf der Seite des Redners, von Empfänglichkeit, Gestaltet- und Bestimmtwerden bei der Hörerschaft liegt, jedoch auch ein gewisses Maß von Energie, Anstoß und Beflügelung von ihr auf jenen übergeht. *Es ist das Werk, das den Gestalter trägt, so wie der Erwecker das Werk weckt.*

---

[160]   Wl. Jn. II 180. 283. 399. – Wl. Jn. III 294; Wl. 1747, Stonesay Gate. Die sehr große Menge füllte den Friedhof und die Straße auf eine beträchtliche Entfernung und Viele saßen auf einer langen, angrenzenden Mauer, die, aus losen Steinen errichtet, mit einem Mal mitten in der Predigt ganz zusammenbrach. Ich habe so etwas noch nie wieder gesehen, noch gehört, noch gelesen. Die ganze Mauer samt den darauf sitzenden Personen sank zusammen, wobei niemand von ihnen aufschrie und nur sehr wenige ihre Haltung änderten. Und nicht einer von ihnen allen ward verletzt, sondern sie schienen auf dem Boden geradeso zu sitzen, wie auf der Höhe. Auch gab es keinerlei Unterbrechung, weder meines Sprechens noch der Aufmerksamkeit der Hörer. – Ty. Wl. II 420; Wl. 1761, Robinhord's Bay. In der Mitte seiner Predigt sprang eine große Katze, aus einer Kammer aufgescheucht, auf den Kopf einer Frau und stürzte über die Schultern einiger anderer davon. Aber so angespannt war ihre Aufmerksamkeit auf die Wahrheiten gerichtet, denen sie lauschten, »dass nicht einer von ihnen sich rührte oder aufschrie, nicht anders, als ob die Katze ein Schmetterling gewesen wäre« (Wl.).

a) Die Rückwirkung der *Versammlung* auf den Redner

Das bezeichnende Wort für den *gefühlsmäßigen Eindruck* ist
»awful«.[161] Es ist etwa mit »hochfeierlich, mit Ehrfurcht erfüllend,
erhaben, ergreifend« wiederzugeben. Es muss in der Tat ein ergreifender, tief überwältigender (s. S. 68, Anm. 132) und zur Anbetung
stimmender Anblick gewesen sein, Zehntausende und Zehntausende
in stummer Feierlichkeit unter freiem Himmel oder Kopf an Kopf in
gespannter Erwartung in einem Saal vor sich zu sehen, des einen har-
rend, der man selber ist. Solch eine Versammlung war das gewaltige
Sprachrohr der Zeit, ihrer Not und ihrer Hoffnung, besonders aber
ihrer Erwartung an den Redner. Ehrfürchtige Scheu, heiliges Mitleid
und das Bewusstsein der großen Verantwortung mussten die Motive
sein, die hieraus dem Redner zukamen.

Diese offensichtliche »Unentbehrlichkeit« bedeutete für den Redner
eine große *Verpflichtung*, zu reden, ja mit aller Hingabe zu reden und
hierin, wenn es nötig war, auch das gewöhnliche Maß zu über-
schreiten.

Es begegnete Whitefield und Wesley öfters, dass irgendwo unvor-
hergesehenerweise eine Menge ihrer harrte oder sich um ihre Her-
berge versammelte oder den Wunsch nach Einschiebung einer weiteren Versammlung äußerte. Obwohl übermüdet, wagten die Prediger
selten solche Arbeitsgelegenheiten abzuweisen, weil sie ihnen durch
den Anblick der Menge zu Arbeitsnotwendigkeiten wurden.[162]

---

161 Ty. Wf. I 191; Wf. 1739, Rose Green (Bristol). Solche Mengen in solch ehrfürchti-
     gem Schweigen um uns stehen zu sehen und das Echo ihres Singens zu hören, ist
     sehr feierlich und überraschend. Meine Predigt dauerte fast 1 ½ Stunden.

162 Wl. Jn. II 422; Wl. 1741, London. Als ich vom Gottesdienst in St. Lucas kam, fand
     ich unser Haus so von einer Volksmenge umringt, dass die Leute im Begriff
     waren, aufeinander zu treten. Ich hatte nicht beabsichtigt, zu predigen. Aber als
     ich solch eine Versammlung sah, konnte ich mir nicht denken, dass es recht sei, sie
     leer wegzuschicken, und deshalb legte ich das Gleichnis vom unfruchtbaren
     Feigenbaum aus.

Ebenso war die Überfülle von Evangelisationswochen, welche die
Prediger der späteren Zeit auf sich nahmen, wohl größtenteils diesem
drängenden Charakter der Arbeit entsprungen, der Schrenk, Keller
und andere nach Mitarbeitern seufzen ließ. Im Kampf zwischen
Kraft und Anspruch siegte die Verpflichtung, zu reden und die stets
sich neu einstellenden Menschenmassen nicht zu enttäuschen.

Die Erwartungen der Versammelten und die Verpflichtung der
Stunde veranlasste die Evangelisten zu einer *Hingabe* an die Volksmenge, die sie *aus übervollem Herzen sprechen* ließ. Besonders Whitefield versicherte seine Zuhörer immer wieder, wie »weit« sein Herz
ihnen gegenüber sei (»Sinners, my heart is enlarged towards you«[163]),
er »muss sprechen« oder er »wird bersten«.[164] Auch Wesley kannte
diese Hingerissenheit.[165]

Diese aus der Situation stammende Erfülltheit war die psychologische Voraussetzung für die rednerische Fülle (S. 197 f.) wie für die
gelegentlichen *Dauerpredigten* der Evangelisten. Die Prediger »konnten nicht schließen«, sondern waren oft innerlich gedrungen, ihre
Rede weiter fortzusetzen, sei es, dass die Größe der Versammlung,
deren Aufmerksamkeit, eine Abschiedsstunde, der besondere Segen,
den Gott ausgoss, oder eine innere Weisung dies veranlasste.[166]
So kam es bei Wesley, der auch sonst nicht allzu kurz predigte,

---

163   Wf. S. 390.
164   Wf. S. 267.
165   Wl. Jn. II 296; Wl. 1739, Cardiff. Um 6 Uhr kam, wie man mir sagte, beinahe die
      ganze Stadt zusammen, denen ich die sechs letzten Seligpreisungen auslegte. Aber
      mein Herz war so voll, dass ich nicht wusste, wie aufhören, und wir drei Stunden
      fortfuhren. – Wl. Jn. III 363; Wl. 1748, Berwick. Um sieben Uhr predigte ich einer
      weit größeren Versammlung als bisher. Und nun war das Wort Gottes wie ein
      Feuer und ein Hammer. Ich begann wieder und wieder, nachdem ich gedacht
      hatte, ich sei fertig. Und die späteren Worte waren immer noch kraftvoller als die
      früheren, sodass ich nicht überrascht war über die Zahl von Menschen, die
      anderen Morgens anwesend waren, wo wir noch eine freudvolle, feierliche
      Stunde hatten. Dies war der laute Ruf an die Einwohnerschaft von Berwick, ob
      sie den Tag ihrer Heimsuchung erkennen wollten.
166   Vgl. S. 87, Anm. 161; S. 88, Anm. 165; Wl. Jn. II 486, III 16. 24. 174.

zu zweieinhalb- bis dreistündigen Predigten.[167] Mit dem Wesen der Freiversammlung und ihrem außerordentlichen Rahmen, vielleicht auch mit der Predigtweise ihrer Zeit hängt es zusammen, dass diese Erscheinung nur bei Wesley und Whitefield zu verzeichnen ist.

Der Gemeinsamkeitseindruck einer Versammlung auf den Redner in seiner *stärkenden Rückwirkung* wird von Keller einmal sehr lebhaft in folgende Momente gefasst[168] : Die Liebe und Verehrung, die den Redner trägt (S. 73 ff.), die Resonanz der Wärme, die ebenso wie der Anblick des von Menschen »wattierten« Lokals nicht unwesentlich zum Gelingen der Rede beiträgt, und die Kräfteausstrahlung der Versammlung, die eine Hebung der Freudigkeit und eine psychische Kräftevermittlung mit sich bringt. Unbedingt geht von einer großen Versammlung ein ermutigender Eindruck auf den aus, der mit entsprechendem Format und Auftrag vor sie tritt. Er findet sich in diesen seinem Auftrag bestätigt und die großen Möglichkeiten, die ihm die Stunde in der Anwesenheit vieler Tausender und in dem Gerichtetsein der Aufmerksamkeit aller auf ihn gibt, müssen in ihm einen Strom seelischer Erhebung hervorrufen, der sich in Kraft umsetzt. So war der bloße Anblick einer beträchtlich angewachsenen Menge auf den Moorfields 1748 für Wesley »sehr tröstlich«.[169] Aus diesem massenpsychologischen Moment zusammen mit einem pneumatischen

---

[167] Vgl. Rigg 139-146.
[168] Kl. Leben I 207. Schön, überaus schön war es doch, von der Liebe all dieser vielen Menschen getragen zu sein, und das allein schafft Gedanken und Stimmung zum Reden, die durch keine Vorbereitung und Meditation vorher ersetzt werden kann. Nicht nur der Redner beherrscht mit seiner Persönlichkeit, seinen Augen und seiner Stimme eine so große, gespannt lauschende Menge, sondern seine Zuhörerschaft selbst strahlt Kraft und Anstrengung aus auf den, der zu ihnen redet. Daher ist mir bis auf den heutigen Tag nur bange vor einem großen Lokal, wenn es nicht mit Menschen »wattiert« ist. Lieber in einem etwas kleineren Saal, der aber gesteckt voll ist, reden, als in einem halbleeren großen. Es fehlt die Resonanz und die Wärme! Und das ist sicher mehr als Einbildung und Eitelkeit, wenn wir vor leeren Bänken schlechter sprechen als vor voll besetzten.
[169] Wl. Jn. III 356.

folgt die parresia, die Redefreudigkeit und -freiheit (S. 179 f.). Dies freudige Stehen vor der Zuhörerschaft im Bewusstsein, ihnen die rettende Botschaft bringen zu können, macht wohl den Evangelistendienst neben aller seiner Schwere zu einem der schönsten, wenn nicht dem schönsten der Kirche.

Die *Rückstrahlung von Kräften* belebender und erhebender Art aus der Versammlung wirkt unmittelbar anfeuernd und tragend.[170] Von überfüllten, d. h. mit Menschen restlos angefüllten Räumen (vgl. S. 83, Anm. 168), »geht etwas aus«, das sich in seiner Wirkung schwer umschreiben und in seinen Gründen kaum fassen lässt. Die tausendfach parallel laufende intentionale Richtung muss für den Redner etwas Anspornendes, *alle Fähigkeiten Aufrufendes und selbst positive Kräfte Mitteilendes* haben. Kein Wunder, dass leere Bänke angähnen und lähmen (vgl. ebd.). Die lebendige Beziehung fehlt, wenn auch nur zu einem Teil des Raumes, welcher die Schale der Versammlung ist, und verhindert oder erschwert das Einswerden des Redners mit dieser, wie andererseits die »Wärme« dieses Verhältnisses mit durch den Raum bedingt ist.

Ähnlich wie sich die freudige seelische Erhebung mit der pneumatischen Gabe des Augenblicks zur Redefreudigkeit verbindet (s. o.), so ergibt dies »Stehen im Werk« mit der Kräftevermittlung von oben die geistlich-psychische Restauration (S. 166 f.).

---

[170] Kl. Leben II 78. Da war im November (1907) die große, fast zwei Wochen umfassende Arbeit in Posen. Was für ein Zudrang in den Abendversammlungen in der Kreuzkirche! Wie hob einen beim Reden das unsichtbare Beeinflussen von Tausenden von Augenpaaren, die gespannt auf einen gerichtet sind. – Kl. Leben I 209; Südrussland. Die Unmittelbarkeit der Menschen, die Stellung zum Herrn der Mission selbst, die Verbindung mit Mission und Bekehrungspredigt – vielleicht mein eigenes stürmisches Drängen, das sofort Eindruck machte – das kam alles zusammen, um Energien auszulösen, die sonst und anderswo herbeizuzaubern nicht in unserer Macht steht.

b) Die Rückwirkung der *Bewegung* auf den Prediger

Ebenso wie vom Geschehen der Stunde, von dem Stehen vor der Versammlung geht vom Leben und Weben der gesamten Bewegung, von dem Eingeordnetsein ins große Werk eine belebende und mächtig fördernde Wirkung aus. Die strukturell-organische Einbezogenheit äußert sich also ähnlich in der Wirkung wie die aktual-rednerische.

Das In-Gang-Kommen der Bewegung, der Zustrom der Massen, die allgemeine Beachtung, die dem Prediger und dem Wort von den Hörenden geschenkt wird, die Bekehrung vieler, die Gründung von Gemeinschaften und Gruppen der Gewonnenen ist so offenbares Ereignis, dass dem Prediger die innere Berufung ebenso wie die Notwendigkeit und Wichtigkeit und Zukunft des Werkes über alles sicher wird. Die tausend Fäden, die zu ihm laufen, sind so organisch, dass er diese Verbundenheit und gegenseitige Kraftvermittlung nicht als etwas Ideelles, sondern als etwas höchst Reales werten muss. Da er gezwungen ist, in dem großen Geschehen, das sich ihm manifestiert, Gottes Werk zu sehen, steht er in anbetender Verwunderung, wie sie sich bei Whitefield oft äußert, vor dieser Möglichkeit des Eingreifens, vor dieser »offenen Tür« und vor dem Segen, den Gott auf das Wort legt. Was Wesley über August Hermann Francke sagt: »So kann Gott, wenn es ihm gefällt, *einen* Mann befähigen, sein Werk durch eine ganze Nation zu erwecken«,[171] gilt in vermehrtem Maße von ihm selbst. Er sah und kannte diese Möglichkeit und bejahte sie für sich und sein Volk: »Auf diese nationale Erweckung war sein Herz aus.«[172] Die frohe Hoffnung, die den Evangelisten aus dem Werk wurde, ist eine Voraussetzung ihres Dienstes. Moody gab dem Ausdruck: »Es ist sehr wichtig, Hoffnung in der Kirche zu haben.« »Verzagtheit hindert den geringsten Erfolg in der Arbeit.«[173] Für ihre

---

[171] Wl. Jn. III 347.
[172] Simon 306.
[173] Md. Secr. Pow. 24, To the Work 49.

große Arbeit erhielten die großen Evangelisten eine große Ausrüstung: Da sie Großes sahen, fiel ihnen auch ein großer *Glaube* zu.

Das wachsende Werk ruft alle Kräfte auf. Mit dem Werk *wächst* der
Mann. Das angeborene Format erhält seine Ausgestaltung, die
Gaben ihre Übung, die Begriffe werden weiter, der Stil wird an-
gemessen. Die Einbezogenheit, die »Verschlucktheit« (s. u.; S. 87,
Anm. 176) durch das Werk hat eine mächtige Entfaltung aller Energien zur Folge, die an den Hindernissen und Aufgaben nur wachsen.
Als Prediger und als Führer erhält der Mann internationale Bedeutung, weil seine Aufgabe international wird. Die aufsteigende Kurve
der Leistungen und der Fähigkeiten erreicht meist nicht sehr lange
nach dem energischen Anfang nach außen hin ihren Höhepunkt
(S. 92. 96); die Übung selbst wächst zeitlebens und bewirkt je
nach der Weichheit und Widerstandskraft des Charakters eine
zähe Möglichkeit außerordentlicher Leistungen bis ins Alter hinein
oder, bei schwindenden Kräften, doch eine Reife und Sicherheit des
Werkes.[174]

Hohe Zeiten beflügeln. Seelische Energien werden ausgelöst, die
sonst gebunden schlummerten oder nicht in die Existenz gerufen
worden wären. Namentlich die Freude, und zwar die *Freude durchs
Ganze*, ist ein solches erweckliches Element in doppeltem Sinne: Sie
entspringt der Erweckung und erweckt Kräfte, die mit zu den bele-

---

[174] Vgl. Rigg 139. Dies war Wesley der Prediger in der Blüte seiner Kraft, als hitziger
Widerstand mit vorsehungsmäßigem Ruf und Gelegenheit dazu wetteiferten, alle
seine Fähigkeiten und Energien zu wecken und zu entzünden für das größte
Werk, das Gott einen Menschen zu tun berufen kann. – W. Md. 414 f.; Md. 1893,
Chicago. So groß einige seiner campaigns im evangelistischen Werk in früheren
Jahren gewesen waren, diese sechs Monate in Chicago übertragen alle Erfahrun-
gen sowohl hinsichtlich der erreichten Zahlen als der Beanspruchung der Kräfte.
Aber eine schwierige Aufgabe lockte Moody. Hindernisse waren ihm eine will-
kommene Herausforderung. Wenn er sich einmal darüber klar war, dass es eine
Sache wert sei, so warf er sich mit Enthusiasmus auf sie und arbeitete mit wahrem
Behagen. Widerstand rief seine Kräfte bis zum Äußersten auf, wobei er sich
ebenso genial wie frei von jeder persönlicher Empfindlichkeit zeigte.

bendsten und mächtigsten des Menschenlebens gehören. Sie ist ein
Grundmotiv auch des Enthusiasmus (S. 49 ff.), der »Bewegungs-
freude«, wie man diesen geradezu nennen könnte. Ein »seelischer
Aufschwung« als Allgemeinphänomen ist Voraussetzung für das
Durchdringen einer Bewegung. Dieser Aufschwung stellt sich mit
dem gelingenden Werk ein. Aus diesem »Kräftebecken« gewissermaßen einer Bewegung entnimmt auch der Evangelist wesentliche
Anstöße, eine *Beflügelung* des ganzen Wesens und Arbeitens, die ihn
zu neuen Leistungen befähigt und Glück und Eifer des Stehens in
einem gesegneten Werk mit sich bringt.

Das Glück der Tätigkeit findet bei Whitefield den sprechendsten
Ausdruck. Oft sprengt das ungeheure Erleben, dessen Zeuge und
Mittelpunkt er ist, fast die seelische Fassungskraft des stark empfindenden Mannes und sucht sich in Ausrufen und Tränen, in Überwäl-
tigtsein auch vor der Versammlung seinen Ausweg. Gleich brünstig
in der Hingabe wie im Durchzittern der Stunden, kennt er kein anderes Glück als das Glück der Tausende, den Weg zum Himmelreich
offen zu finden, und ihnen diesen Weg weisen zu dürfen. Müde und
matt, »aber sehr glücklich und fröhlich«, sinkt er nach einem Tag
ununterbrochener Beanspruchung mit vier Ritten, vier Predigten, je
einer Abendmahlsfeier und Gemeinschaftsstunde um Mitternacht
auf sein Lager.[175] Die Absorption, das »Aufgeschlucktsein« in Gott
ist bei ihm gleichbedeutend mit dem Verschlungenwerden von der
Arbeit für die »Beförderung des allgemeinen Heiles«.[176]

Ohne die große Arbeitsgelegenheit und ohne die täglich erfahrene
Dringlichkeit ihres Auftrags hätten die Evangelisten nicht den gewal-

---

[175] Gledstone Wf. 305; Wf. 1743, Wales. Meine Seele war Jesus ganz nahe, meine körperliche Kraft erneuerte sich und ich ging um Mitternacht sehr fröhlich und sehr
glücklich zu Bett.
[176] Ty. Wf. II 343; Wf. 1755, London. Welch eine gesegnete Woche hatten wir! Sünder
kamen gleich einer Wolke und gleich Tauben, die zu den Fenstern hereinfliegen.
Welch ein Glück ist es, in Gott aufgezehrt und verschlungen zu sein! Keine Sche-
mata, keine theologischen Gesichtspunkte zu haben, sondern nur das allgemeine
Heil zu befördern! Dies sei mein glücklich Los!

tigen *Arbeitseifer* entwickelt, der das Kennzeichen dieser »Vielbeschäftigten« und das Geheimnis ihrer Fruchtbarkeit ist. Ihre Stellung in der Bewegung nötigte ihnen diesen Einsatz ab und spornte sie zu solcher Leistung an. Sie vermochten sich nicht zu schonen »in einer Zeit wie dieser«.[177]

Mit dem Wirken im Ganzen der Bewegung stellt sich eine freudige Getragenheit des ganzen Tuns ein und verleiht Schwingen. Das rasche Tempo des Von-Ort-zu-Ort-Ziehens ist ein Ausdruck dieses *»inneren Tempos«*; es entspricht nicht dem Stil, lang am Ort zu verharren. Und auch wo mehrmonatliches Bleiben an einem Platz die Kräfte bannt, ist doch die Intensität der Arbeit und der nimmermüde Einsatz Ausdruck des *Schwungs*, der das Ganze durchzieht und das Erweckungsmäßig-Dynamische gegenüber dem Philiströs-Bürgerlichen darstellt. »Crescit eundo.«[178]

8. Die Kurve der Erweckung

Als ein pneumatisches Gebilde mit eigenen Lebensgesetzen und eigenen Abläufen, als eine Zeiterscheinung komprimierter und erhöhter Art, als ein reicher, nach starken Impulsen sich aufbauender und ausbreitender Organismus, als Träger mannigfacher innewohnender »Macht« ist Erweckung als Bewegung einem Werden und Vergehen unterworfen, das sie deutlich als *Höhenphänomen* ausweist gleich

---

[177] Wl. Jn. III 352; Wl. 1748, Irland. Viele rieten mir, auf den Abend nicht mehr aus dem Haus zu gehen, da der Wind außerordentlich kalt und heftig war. Aber ich konnte in keiner Weise damit übereinstimmen, mich zu schonen in einer Zeit wie dieser. Ich predigte über: »Kommet her zu mir, die ihr mühselig und beladen seid«, und befand mich zuletzt ebenso wohl, als ich geschlossen hatte, wie bevor ich begonnen hatte.

[178] Ty. Wf. II 270; Wf. 1750, Kendal (Brief). »Crescit eundo« (er wächst im Vorwärtsschreiten) muss Ihr und mein Wahlspruch sein. Es gibt nichts, was dem gleichkäme, die Räder durch Tätigkeit geölt zu halten. Je mehr wir tun, desto mehr können wir. Jeder Tag stärkt die Gewohnheit und die beste Vorbereitung für die Sonntagspredigt ist, jeden Wochentag zu predigen.

allen gewaltigen Bewegungen. Selbst ihr tragender, christlich-pneu-
matischer Charakter vermag die morphologischen Grundgesetze,
die vorwiegend gemeinschafts-psychologischer Natur sind, nicht
abzuschwächen, sondern nur den Inhalt der Bewegung zu bestimmen. Die Bewegung kommt und stirbt, allerdings nicht ohne den
Keim neuen Ansatzes zurückzulassen.

Wenn eine *Kurve der Erweckung* aufgestellt werden kann, so kann
als Maßstab hierfür nur der Grad ihrer Intensität ihrer Beschwingt-
heit, ihres akuten Stadiums dienen, wie er sich – mehr fühlbar als
wägbar – in der Gesamterscheinung und in einzelnen Merkmalen,
die zu Symptomen werden, äußert. Das Maß des Echos, des Besuchs
der Versammlungen, der Popularität der Redner ist ein Gradmesser
zweiten Ranges.

Innerhalb der *Kurve der Einzelbewegungen* fällt das Durchbruchs-
stadium der *altmethodistischen Bewegung* in die Jahre 1739-1743. 1739
und 1742, Bristol und London einerseits, Nord- und Mittelengland
und Schottland andererseits treten daraus hervor. Die Aufstände in
Staffordshire (1743) beweisen noch den akuten Abschnitt. Ab 1744
findet sich bei Wesley ein Wechsel der Texte, der den Blick auf längere Zeiträume hinaus erkennen lässt.[179] 1745 wird von ihm erstmals
Anerkennung festgestellt (s. S. 99, Anm. 202). 1748-1752 zeigen die
Berichte Wesleys und Whitefields für die britischen Inseln einen
zweiten Höhepunkt; in der Höhenlage ist er niedriger als der erste.
Dr. Gillies beurteilt dies für das Wirken Whitefields in Schottland
1752 selbst so.[180] 1755 ist für Wesley und den Methodismus ein Jahr der
Krise. Ebenso ist die Perfektionsbewegung 1761 eine Krisenerschei-
nung, die Wesley zuerst noch als eine »Ausgießung des heiligen Geistes« erscheint, »wie wir sie seit 20 Jahren (1741!) nicht mehr erlebt
haben«.[181] Whitefield beklagt – wohl um jene Zeit – das Auf-

---

[179] Wl. Jn. III 112 f. 115.
[180] Ty. Wf. II 284.
[181] Ty. Wf. II 425.

treten einer neuen Generation, die »nicht mehr das Kreuz, sondern seidene Krawatten trägt«.[182] Die Freipredigt tritt zurück, man versammelt sich in den Kapellen.

Der Verlauf der *amerikanischen Erweckungen* wurde S. 23 f. geschildert. Die Jahre 1740 (Auftreten Whitefields), 1741-1742 (Nacharbeit Tennents u. a.) können für die »große Erweckung«, die von 1831, 1857 und 1875 für die Erweckungen des 19. Jahrhunderts als »große Jahre« gelten.

Nachdem England um 1860 ein starkes Neuaufleben erfahren hatte, brachten die Jahre 1875 bis etwa 1910 für die ganze protestantische Welt in der *neueren Evangelisations- und Heiligungsbewegung* starke Antriebe. 1888-1902 sehen in Deutschland den gesunden Anstieg bis zur Spitze (1902). 1903 stellt Lepsius fest, dass »die enthusiastische Periode der Gemeinschaftsbewegung ihren Höhepunkt überschritten« habe.[183] Die neuen Höhepunkte 1905 und 1907 sind schon Erscheinungen des abfallenden Astes. Die Ausbreitung der darbystischen Auswahlgedanken ist mitveranlasst von einer gewissen »Enttäuschung über den Erfolg der Massenevangelisation«.[184] Auch in Amerika ist vor 1910 ein Nachlassen der Kräfte und eine Entartung in Routine festzustellen, die das Ende anzeigt.[185]

Eng eingebettet in die Kurve der Erweckungen ist die *Kurve der Erweckungsträger.* Zwei Faktoren sind für ihre Gestaltung entscheidend: Die Stellung in der Bewegung und das Maß der körperlichen Leistungsfähigkeit.

Wo der Evangelist im Zentrum der Erweckung steht, fällt die Höhe seiner Tätigkeit, unter Umständen die seines ganzen Lebens, mit der Höhe der Erweckung zusammen: Diese gibt ihm Arbeits- und Entfaltungsmöglichkeit und ist andererseits mit sein Werk. Ist

---

[182]   Wf. S. 648.
[183]   Fleisch I 297.
[184]   Fleisch I 440.
[185]   Beardsley 332. 346.

der Evangelist, wie z. B. Keller, etwas isolierter von den tragenden Kreisen der Erweckung, so gestaltet sich seine individuelle Lebenslinie etwas freier, doch nimmt auch sie am allgemeinen Verlauf teil.[186]

Bei Whitefield springt deutlich in die Augen, wie sehr das Alter und die Lebensfrische mitspricht; meist liegen die Höhepunkte der Evangelisten in frühen Jahren. Noch ehe sie bekannt werden oder im Sturm der ersten Popularität und Anfeindung zeigt sich bei ihnen verkündigungs- und arbeitsmäßig eine Kernzeit, eine Höhe erster Manneskraft, in der ihr Wesen zusammengedrängt in Erscheinung tritt, so z. B. bei Wesley und ebenso bei Booth (Mission Ost). Diese *Katakombenperiode* erster Herausbildung bei schon vorhandenem Prinzip ist für jede Bewegung und jeden Bewegungsträger wichtig und bezeichnend.

Auffallend ist die Verschiedenheit in der *Stetigkeit der Kurve.* Wo die Kräfte lange vorhalten, wie z. B. bei Wesley und Schrenk, ist ein ganz gleichmäßiges Verlaufen bis zum Ende festzustellen, unterbrochen nur durch die Einwirkungen der öffentlichen Lage, welche Abhebungen gesamtzeitlicher, nicht individueller Art schaffen. Wo die Gesundheit nicht zuverlässig ist, ergeben sich Schwankungen unter Umständen ein stetiges Absteigen nach anfänglicher Spitzenlage, unterbrochen in der Gesamtrichtung durch äußere Gegebenheiten der Arbeitslage oder ein Neuaufflackern der Kräfte, wofür die Lebenslinie Whitefields neben der Finneys besonders deutlich ist.

Wir geben zur Veranschaulichung dessen eine Lebenskurve Whitefields:

---

[186] Vgl. Tafel der Evangelisten S. 27.

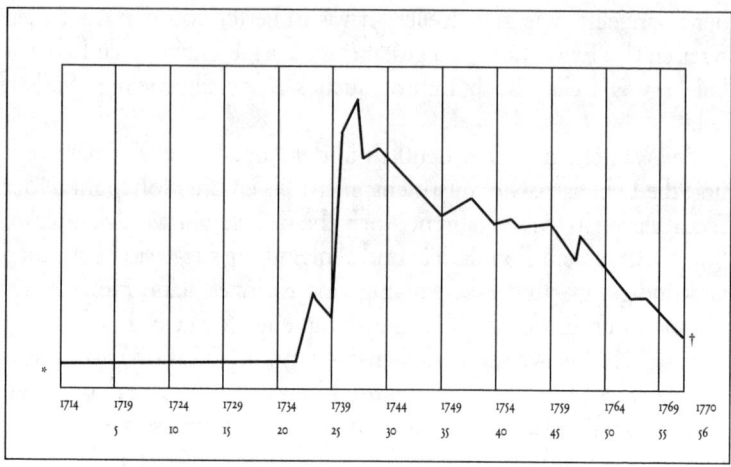

1714	1719	1724	1729	1734	1739	1744	1749	1754	1759	1764	1769	1770
	5	10	15	20	25	30	35	40	45	50	55	56

Ein Jahr nach seiner Bekehrung wurde *George Whitefield* mit 22 Jahren ein schwindelnder Aufstieg zu den Höhen der Volkstümlichkeit
und Berühmtheit und weit reichender Wirksamkeit beschieden. Der
Vorstufe von London 1737 folgte die große Epoche im 24. und 25.
Lebensjahr des Predigers (1739 Bristol-London, 1740 Amerika) und
1741/42 eine weitere Höhe in England und Schottland. Durch früh-
zeitig (1740) einsetzendes Leiden wurde der Ast abfallend. Verhältnismäßige, aber niederere Aufschwünge der auch dann noch machtvollen und gesegneten Arbeit brachten die Jahre 1749/51 (England,
Wales, Schottland), 1754 (Amerika), 1756/57 (England). Wenn Tyerman den Zenit seines Wirkens in die zuletzt genannten Jahre legt,[187]

---

[187] Ty. Wf. II 466. So endigten Whitefields achtjährige Wanderungen im Vereinigten
       Königreich Großbritannien und Irland (1756-1763). In diesem Zeitraum hatte er
       den Scheitelpunkt seiner Nützlichkeit und seines Ruhmes erreicht. Jetzt war seine
       Gesundheit gebrochen, und obwohl er noch sieben Jahre lebte, war er doch, ver-
       gleichsweise gesprochen, das, was Wesley ihn genannt hatte: Ein verbrauchter
       Mann (worn out, abgetragen).

so ist dies wohl ein Irrtum: Die Individualität 1761 bewies das langsame Sich-zu-Ende-Neigen der Lebenskraft.

John Wesley wurde 36-jährig in der großen englischen Erweckung
führend und blieb als Prediger und Organisator maßgebend bis ins
88. Lebensjahr. 1739, 1742, 1748 bezeichneten bei ihm Höhepunkte
gleichfalls fallender Richtung, die hier bewegungsmäßig bedingt war.

Charles G. Finney erhielt durch die Erweckung von Rom (1825)
nationalen Ruf. Mit Philadelphia (1827/29) und Rochester (1830)
erreichte er mit 39 Jahren die Höhe seiner Lebensleistung. Die
Übersiedelung nach New York 1832 stellte den äußeren Abschluss
der ersten großen Periode und zugleich jener Erweckung dar. Nach
einer Vorstufe 1849 in London brachte das Jahr 1857 dem 65-Jährigen
durch die Größe der Gesamterweckung einen zweiten Höhepunkt
seines Dienstes, der quantitativ, wenn auch nicht der Frische und
Konzentration nach, dem von 1831 nahe kam.

Bei *Dwight Lyman Moody* fiel im 38. Lebensjahr die Erweckung
1873/75 in England und 1875/77 in Amerika mit der hohen Zeit seines Lebens zusammen. Sein Wirken war der Anlass für jene. Der
56-Jährige erwies mit dem großen evangelistischen Werk von Chicago 1893 seine Leistungskraft und unverminderte Hingabe. 1899
starb er 62-jährig in den Sielen.

Erst im Alter von 56 Jahren trat der bisherige Missionar, Missionsreise- und Gemeinschaftsprediger *Elias Schrenk* 1886 ins ersehnte
Werk der Evangelisation. Bis zum 83. Jahr (1913) setzte er es fort, ohne
besondere Höhepunkte, in Stetigkeit des Wesens und der Arbeit.

Die Jahre 1898-1903 brachten *Samuel Keller* ein volles Evangelistenamt und 1905/08 den Höhepunkt seiner Tätigkeit. Er bezeichnet
selbst das Arbeitsjahr 1905/06 als »Rekordjahr«,[188] dem noch zwei
ähnlich bewegte folgten, bis 1910 zunehmende Krankheit ihn zwang,
die Arbeit einzuschränken. Der Scheitel der Lebenskurve liegt später
als derjenige der Bewegung (1902). Der großen Zahl der nach 1919 an

---

[188] Kl. Leben II 61.

ihn ergehenden Rufe vermochte er wegen Alters und Erkrankung nicht entfernt zu entsprechen.[189]

Die *Auswirkung der Erweckungs- und Lebenskurve auf die Predigt* der Evangelisten ist für Whitefield deutlich festzustellen. Das Feuer und die erschütternde Andringlichkeit seiner ersten Predigten geht später etwas verloren,[190] seine lebensvolle Theologie wird akademischer und die Erwecklichkeit matter. Es schimmert etwas von Technik, von langer Gewöhnung durch – die Routine, die Gefahr der Evangelisten, stellt sich ein. Auch redseliger und innerlich und äußerlich nicht mehr so straff konzentriert wird die Predigt, ein Zeichen der Ermüdung und des Entferntseins vom Anfang.[191]

Ein Beurteiler Moodys bezeichnet bei dessen neuem Besuch in England 1881 den Wandel gegenüber den Jahren 1873/75, also vom 37- zum 45-Jährigen, als Vervollkommnung, aber auch als Farbloserwerden. Er vermisst das Unausgeglichene und Reizvolle der früheren Redeweise und ein anderer stellt fest, dass »sein Werk nicht so powerful (machtvoll) war, wie das acht Jahre vorher, es wurde aber mehr tatsächliche Arbeit geleistet«.[192] Beide Bemerkungen weisen in die Richtung des langsamen Sichentfernens vom ersten persönlichen und bewegungsmäßigen Höhepunkt in das Bescheiden schlichter Arbeit hinein.

Die Altersgabe Kellers, die »Moderne Heidenpredigt«, zeigt ihn noch in großer Frische; sein sprudelndes Temperament verbindet sich mit größerer Ausgereiftheit, Weiträumigkeit und Rücksichtnahme. Lediglich die vermehrte apologetische Wendung gibt ihr eine etwas blassere Färbung.[193]

---

189 Ebd. 114.
190 Wf. S. etwa ab Nr. 41.
191 Vgl. Ty. Wf. II 567.
192 W. Md. 335. 338.
193 Vgl. Weichert 193.

Bei Schrenk finden sich die evangelistisch stärksten Ansprachen in seinen beiden ersten Predigtbändchen.[194]

Nach der Darstellung des äußeren, geschichtlichen Verlaufs sei nunmehr nach der inneren *Gestalt* gefragt. Die hier bestimmenden Faktoren sind zugleich Kennzeichen des inneren Standes wie Hinweise auf die tragenden oder zersetzenden Kräfte. Die lebendige Einheit der Bewegung wird nochmals deutlich, nun in ihrem Aufstieg, in ihrer Höhe, in ihrem Niedergang, in ihrem Zerfall. Wie immer, kann es sich hier nicht um eine tadelnde oder lobende, auch nicht um eine mechanistisch-morphologische Betrachtungsweise handeln, sondern nur um ein Nachspüren des inneren Werdens und Vergehens der Bewegung und deren Gesetze, in denen bei aller menschlichen Bedingtheit doch der Gestalt und Geschichte schaffende göttliche Wille in Erscheinung trat.

Das jähe Aufschnellen der Whitefield'schen Lebenskurve (S. 92), so persönlich sie bedingt ist, spiegelt doch ein allgemeines Gesetz der Gestalt wider: Es liegt im Wesen des Impulses, des starken Anstoßes, dass derselbe *rasch* durchbricht, sodass die hochrund aufgesteilte Form der Kurve die gegen Widerstände aufgestaute und andrängende Kraft wie die in sich rein und rund vorhandene Fülle der Bewegung darstellt; diese verbreitet sich rasch. Der wirkliche Durchbruch der Bewegung führt dann ins zweite Stadium, das der Höhe. Der Verlauf auf altem und neuem Erweckungsboden ist hierbei verschieden. Wo es sich um einen völligen Umbruch handelt, vollzieht sich der Vorgang gewaltsamer, heftiger, eruptiver, bis hinein in die psychischen Einzelheiten (altmethodistische, ostdeutsche Erweckung). Wo die geschichtliche Anknüpfung stärker gegeben ist, ist auch der Prozess langsamer ausschwingend, stetiger (Bewegungen des 19. Jahrhunderts in England und nach 1873 in Süd- und Westdeutschland). Überall, wo Wesley und seine Mitarbeiter bei lang-

---

[194] Schrenk, »Alles und in allem Christus«, 1887; »Allein durch den Glauben«, 1892.

samem Vordringen neue Gebiete (Nordengland, Schottland, Irland)
in Angriff nahmen, wiederholten sich die alten Phänomene der
Anfangszeit örtlich, ohne dass dies ein Neuaufflammen der Bewegung als Ganzer bedeutet hätte, die vielmehr in den schon gewonnenen Gebieten in andere Formen hinüberschritt. Die Pionierpredigt in
neuem Raum oder in neuer Schicht wird immer revolutionierenden
Charakter haben, alte Götter stürzen, während die Erneuerung der
Erweckungspredigt innerhalb der lebendigen Raumtradition wechselnder Generationen oder in einer einzelnen Bewegung sanftere
Vorbedingungen und Formen trifft und schafft.

Der Scheitelpunkt der Kurve stellt die eigentliche *»Höhezeit«* der
Bewegung dar (S. 151 ff.). Alle großen Gegebenheiten sind hier vereinigt, alle Möglichkeiten offen, die Bewegung ist überall im Vordringen. Sie ist schon bekannt genug, um allenthalben Bedeutung zu
erlangen, aber noch nicht anerkannt genug, um ohne erbitterte
Feindschaft zu sein. Der seelische Schwung ist erhalten, ja auf seiner
Höhe: Alle Phänomene des Enthusiasmus, des unbedingten Einsatzes und der unbedingten Hingabe, wie sie unter »Macht« der Bewegung, des Predigers und des Wortes (S. 46-80) gekennzeichnet wurden, sind im Schwange. Die frische Kraft, das Neue der Bewegung
wird noch wohl empfunden; noch nicht abhängig von Lob und Tadel
der Menschen oder eigener Reflexion, in pneumatischer Unmittelbarkeit, steht sie, menschlich gesprochen, in freier Schönheit da. Ihre
Stoß- und Werbekraft ist noch akut, ihre Zuversicht noch nicht
gebrochen, man rechnet noch mit mächtigen Dingen: So im alten
Methodismus mit dem unmittelbaren Eingreifen Gottes, mit Gerich-
ten an Gegnern, mit sichtbaren Bewahrungen der Versammlungen,
mit »Zeichen und Wundern« in denselben.

Die erbitterte Verfolgung durch den aufgeputschten Pöbel wurde
für die Evangelisten gleichzeitig zu einer »Kette von Bewahrungen«
(providences).[195] Dem Redner zugedachte Steine trafen die Gegner,

---

[195] Wl. Jn. III 100.

Schläge erreichten nicht das Ziel, anrückende Haufen wurden unter sich uneinig.[196] Wesley entkam im Aufruhr von Walsall (1743) wie durch ein Wunder höchster Gefahr und kehrte, »aussehend wie ein Soldat Christi«, mit zerfetzten Kleidern zu seinen Freunden zurück.[197] Ähnlich wurden Anschläge auf das Leben Whitefields, Moodys, Schrenks und Kellers zunichte.[198]

Wesley fand es nicht wunderbar, dass zu Beginn einer Freiversammlung der Regen aufhörte und nach ihrem Abschluss wieder einsetzte oder dass ein Regenfall in der Nachbarschaft sie nicht erreichte.[199]

Ein Eingreifen Gottes wurde von Whitefield auch darin gesehen, dass während einer Predigt über das Wort: »Es ist dem Menschen gesetzt zu sterben, danach aber das Gericht«, die Versammlung zweimal durch plötzliche Todesfälle in ihr unter ungeheurem Eindruck unterbrochen werden musste.[200] Der Tod eines Gegners auf der Kanzel oder fünfmalige Zwischenfälle an Bänken und Bühne während einer den Methodismus verspottenden Theateraufführung wurden von Wesley ebenso gedeutet (1743).[201]

Selbst die tägliche Bekehrung vieler Zuhörer wurde von Wesley schließlich nicht mehr als ungewöhnlich empfunden, worüber sich dieser im Zurückdenken an die Anfangszeit und ihre Freude über jeden einzelnen Gewonnenen selbst verwunderte. Der *große Stil der Zeit* war ihm und seinen Mitarbeitern vertraut geworden.

An sämtlichen in unserem Berichtsraum liegenden Bewegungen ist nach dem meist nur ein oder mehrere Jahre umfassenden Höhepunkt ein rascher *Abstieg und Ausgang* (Amerika) oder ein ruhigerer,

---

[196] Ebd. 373.
[197] Ebd. 98 ff.; Nuelsen 104 ff.
[198] Ty. Wf. I 557, II 101. 396; Schrk. Pgl. 170; Weichert 154.
[199] Wl. Jn. III 379, II 179.
[200] Gledstone 485 f.
[201] Wl. Jn. III 84. 110.

aber nicht mehr auf der Höhe der Entstehungs- und Durchbruchs-
zeit liegender *gleichzeitig* evangelistischer und organisatorisch ver-
festigter Teil der Bewegungsentwicklung und damit auch ein Ende
des akuten Stadiums, der eigentlichen »Bewegung«, festzustellen (alter Methodismus; Welt-Evangelisationsbewegung nach 1873). Ähnlich wie das Tempo des Aufstiegs hängt die Gestaltung auch dieses
abfallenden Teiles von den nationalen (vgl. die eben genannten Namen) und religiösen Voraussetzungen eines Landes bzw. einer Epoche ab.

Für diesen Abschnitt der Erweckung treten einige *äußerliche* und
innerliche Symptome hervor, die ihn bezeichnen und zum Teil erklären. – Die Grenze des Abstiegs nach dem Endstadium, dem Verfall,
ist fließend; vieles bahnt sich dort innerlich an, was hier äußerlich in
Erscheinung tritt.

Als Erstes der äußeren Symptome ist das der *Sättigung* zu nennen.
Die Bewegung hat ihre Grenzen erreicht. Der ihr zugängliche Menschenkreis – *niemals ist ein Volk in seinem ganzen Umfange in vollem
Sinne einer echten Bewegung zugänglich* – ist entweder in die Bewegung einbezogen oder stark beeinflusst. Die Außenstehenden kennen sie entweder nicht und werden sie nicht kennen oder sie treten
trotz Kenntnis in kein politisches Verhältnis. *Die Entscheidungstatsa-
che, die als echtes Moment jeder Bewegung innewohnt, macht wesens-
mäßig eine allgemeine Verbreitung unmöglich.* Was auf staatlichem
Gebiet durch die Herrschaft der Bewegungsschicht möglich ist, eine
Angleichung und Ausgleichung des Gesamtlebens in der Richtung
des Bewegungszieles auch für die der Bewegung eigentlich nicht
Angehörenden hat zwar innerhalb der Volkskirche eine gewisse
Parallele des Gesetzlichen. Aber der Entscheidungscharakter des
Christlichen erträgt in seiner *letzten* Totalität weder Zwang noch
Gesetz. So findet der Strom der Bewegung, der bisher weithin neues
Gelände überflutete, sein Bett und fließt nun nach festen Normen –
die Zeit stürmischer Ausbreitung ist vorbei. Was dem Wesen nach
von Anfang an nötig war, die Sicherung und weitere Durchdringung
der Gewonnenen, tritt nun mehr und mehr in den Vordergrund –

kommt zu festen Gemeinschaftsformen. Aus der Zelle als dem *Träger der Bewegung* wird die *Heimstätte* derselben. Der Schritt zum Gehäuse ist gemacht; folgt auf die Sättigung das Sattwerden, so ist das Ende da.

Die beginnende *Anerkennung in der Öffentlichkeit* ist ein weiterer Beweis dessen, dass die Höhe des akuten Stadiums überschritten ist. *Sie ist nicht die Liebe der Freunde, sondern das Friedenmachen der Außenstehenden.* Damit ist der Prozess beendet oder abgeschwächt, der in Gärung alles durchdringen sollte.

Wesley war überrascht, als er zum ersten Mal auf Anerkennung stieß, und auch später noch wunderte er sich über sie.[202]

Ihm wäre Gegnerschaft als normale Auswirkung des Gegensatzes und der Stellungnahme für und wider lieber gewesen. Er fragte sich ernstlich, ob der Grund hierfür bei ihm liege und etwa der Anstoß des Kreuzes aus seiner Predigt gewichen sei. Dies war tatsächlich nicht der Fall: Der geschichtliche Standort war weiter vorgerückt, die von ihm geführte Bewegung hatte sich, auch bei den Gegnern, »durchgesetzt«. Ist während des Aufstiegs und der Höhe der Bewegung die Gegnerschaft erbittert, schwebt beim Übergang zum Verfestigungsstadium Kritik und Anerkennung in gleicher Höhe, so ist das Neue nun geschichtlich rezipiert und damit ein weiteres Symp-

---

[202] Wl. Jn. III 195; Wl. 1745, Fonmon. Wir waren hier wie in einer neuen Welt, in Friede, Ehre und Überfluss. Wie bald würde ich in diesem Sonnenschein dahinschmelzen! – Wl. Jn. III 356; Wl. 1748, London. Wie seltsam hat sich die Szene verändert! Welch Gelächter und Tumult herrschte unter den Besten der Gemeinde, als wir vor zehn Jahren in einer Londoner Kirche predigten. Und nun sind alle ruhig und still-aufmerksam vom Einfachsten bis zum Vornehmsten. – Wl. Jn. III 511; Wl. 1751, Oxford. Ich war sehr überrascht über die Höflichkeit der Leute, wohin ich ging, der Vornehmen wie der Übrigen. Kein Deuten, kein Namennennen wie früher, noch nicht einmal Lachen. Was mag das bedeuten? Bin ich ein Menschenknecht geworden oder hat der Anstoß des Kreuzes aufgehört? – Wl. Jn. III 518; Wl. 1751, Birmingham. Wie hat sich das Bild verändert! Als ich das letzte Mal in Birmingham predigte, flogen die Steine von allen Seiten. Wenn jetzt jemand eine Störung verursacht hätte, wäre der Ruhestörer in größere Gefahr geraten als der Prediger. – Ty. Wl. III 236; Wl. 1777, London. Es scheint, ich werde ein geehrter Mann.

tom des Herausrückens aus der enthusiastischen Periode und ihren akuten Zuspitzungen gegeben.

Auch die deutsche Erweckung und ihre Evangelisten mussten durch manche Verhöhnung und Verkennung, bis ihr Einfluss, ähnlich wie beim Methodismus Englands, bis weit in die kirchlichen Kreise hineinreichte und sich auswirkte; und auch hier ist diese kirchliche Rezeption ein Symbol des erfüllten Auftrags und des Abklingens der Bewegung (kirchliche Volksmission).

Neben diesen in der Haltung der Umwelt liegenden Gründen verursacht ein inneres Gesetz der Bewegung selbst das *Nachlassen der Bewegungsspannung*. Die Hochspannung der Höhenperiode ist nicht auf die Dauer festzuhalten, das Herausgehobensein aus der Alltäglichkeit, die bewegungsmäßige Ergriffenheit und der große Stil des Empfindens lassen sich nicht verewigen. Nachdem die hohe Zeit als eine besondere Form des seelischen Lebens eine Neubildung des Lebensinhalts mit sich gebracht hat, wird dieser auf normaler Höhe *unter anderen kirchlichen und persönlichen Gestaltungen* beibehalten. Dieser Vorgang ist nach psychologischen Gesetzen unvermeidlich, wenn er auch die Bewegung *als akutes Phänomen* abschließt.

Er äußert sich für die Erweckungsbewegung als Ganzes als Nachlassen des geschlossenen Impulses, der pneumatischen Unmittelbarkeit, der aufs Große und Hauptsächliche hin konzentrierten und einigenden Kraft. Örtlich zeigt er sich in einem deutlich spürbaren Rückgang der Hochflut der Erweckung und Übergang in ruhigere Geleise.[203] Ebenso ist beim Einzelnen ein Rückgang der Erscheinun-

---

[203] Fleisch I 450. – Beardsley 234, von der großen Erweckung 1857 in Amerika. Unmerkbar beinahe begann die Erweckung; in zunehmendem Maße gewann sie an Interesse und Macht, bis die ganze Nation und selbst fremde Länder ihren gnadenreichen Einfluss gespürt hatten. Sie erreichte die Höhe ihres Einflusses und dann nahm sie still, beinahe unmerklich wieder ab. – Fleisch I 455, aus der Erweckung im Oberbergischen 1905. Sobald übrigens die Hochflut der Erweckung vorüber war, trat auch das Gebet der Frauen und Kinder in den allgemeinen Versammlungen wieder zurück. – Fleisch I 458, Hamburg 1905. Mitte September jedoch war es, als dieser ungewöhnliche Segensstrom nachzulassen begann. –

gen hochgespannten Seelenlebens zu verzeichnen, der durchaus nicht mit Rückfall zu verwechseln ist, sondern nach dem Überwiegen der Erlebnisseite nunmehr der *Glaubensseite* der religiösen Vorgänge den Vorrang gibt.

Das Ende auch nach außen hin wird oft noch beschleunigt durch *ablenkende öffentliche Vorgänge*, die dem schon erlahmenden Bewegungswillen einen übermächtigen, auf ein anderes Gebiet hinüberlenkenden Anstoß entgegensetzen. Solche Vorkommnisse waren Kriege (1744 Amerika, 1861 nordamerikanischer Bürgerkrieg, 1914 Weltkrieg), die Öffentlichkeit erregende Fragen (1857 Sklavenfrage in Amerika; Deutschland in und nach dem Weltkrieg), Wirtschaftsentwicklung und Wirtschaftskrise (Industrialismus nach 1900).

Der Ausklang einer Bewegung hat eine positive und eine negative Seite. Unter den wertvollen und gesunden Teilen derselben wird eine echt *konservierende Tendenz* entbunden, der wir in der *Überlieferungsmöglichkeit* der Kernzellen einer Erweckung schon begegneten (S. 54 ff.). Mit dem Aufhören der Bewegung als Ganzes ist ja das geistliche Leben vieler Zellen und Einzelpersonen nicht erloschen *und behält seinen Erweckungscharakter, dem es entsprungen ist.* Es ist der »Erweckungsboden«, der sich familien-, gemeinde- und landschaftsmäßig erhält als Ansatzpunkt späterer Neubelebungen und als tragender Grund der Kirche.

Das Nachlassen der Bewegungseinheit stellt neben der konservierenden die *zersetzende Tendenz* der stets vorhandenen zentrifugalen Kräfte stärker heraus, die in allerlei Sonderaktionen das entschwindende Leben zu halten und – künstlich – weiter zu verkörpern sich bemühen. Repristinationsversuche, wie sie wohl die unbesehene Übertragung der Wales'schen Erweckung 1905 nach dem ganz anders gelagerten und an einem andern Punkt der Erweckungskurve stehenden Deutschland und die zur Pfingstbewegung führenden

---

Kl. Mschr. 239. Bei Erweckungszeiten, die eine Gemeinde oder eine Gegend überfluten, pflegt es wohl so zu sein, dass man über kurz oder lang sagen muss: »Das Geschehen hört wieder auf, neue Erweckungen finden nicht mehr statt.«

Vorgänge sowie diese Letztere selbst darstellten, vermochten die gesunden Zeiten nicht wiederzuholen, sondern beschleunigten das Ende durch Krisis und Zerfall. Die im Abschwingen von Erweckungsbewegungen einsetzenden Spaltungen (z. B. in der methodistischen Kirche des 19. Jahrhunderts) konnten ebenso wenig ein allgemeines Wiederaufleben und eine echte Wiederaufnahme des ursprünglichen Impulses herbeiführen. *Alle Grüppchenbildung geht an der Nichtwiederholbarkeit der Zeit vorbei.* Auch das krampfhafte Beibehalten der evangelistischen Formen bei erloschenem Inhalt, Anlass und Auftrag hat seinen Sinn verloren. *Die Bewegungsformen lassen sich nicht auf Zeiten ruhiger Form übertragen, sondern Letztere fordern eigene Formen.* Dies gilt z. B. für das Lied, die Versammlungs- und Predigtgestaltung. Die Zeiten kleiner Dinge ertragen nicht die Stiefel großer Dinge. Schließlich hat es am allerwenigsten Sinn, durch eine üblen *Mechanismus* das fehlende Leben ersetzen oder herbeizaubern zu wollen, wie ihn vielfach die rein technisch angesetzten Evangelisationen der späteren Zeit und besonders der nicht beauftragten und persönlich oft ungeeigneten so genannten »wilden« Evangelisten darstellten. Damit bereitete sich die Evangelisation stimmungsmäßig ihr Ende in einem größeren Umfange, als dies notwendig gewesen wäre. Nichts erträgt weniger die Anwendung äußerer Kunstgriffe und das Klappern eines Apparats als der Einsatz von Kräften und Formen, die zum Tiefsten, was es gibt, zur *Bekehrung* führen sollen. Hier ist das göttliche Geleit und das göttliche Geschehen, das uns noch weiterhin vor Augen stehen soll, alles, menschliches Machen dagegen nichts oder weniger als nichts. Das Abgleiten in die Routine ist somit die letzte Ausflucht eines geschichtlich seines Rechtes beraubten Repristinationswillens, der Ausfluss eines Mangels an Einsicht in die Grundgesetze von Erweckung und Bewegung.

Diese wurden im Vorstehenden besonders nach ihrer mit der allgemeinen Bewegungslehre übereinstimmenden allgemeinen Seite dargestellt. Ihr pneumatischer Kern wird im Folgenden noch klarer heraustreten.

Dritter Teil: Der Erweckungsträger (Der Evangelist)

In anderem Sinne als in der Zeit des Genie- und Individualitätskultes ergibt sich uns die Bedeutung des großen Werkzeuges: Nicht isoliert, sondern eingebettet in eine Bewegung, nicht sich selbst ausgestaltend und dienend, sondern ein, wenn auch mächtiges Glied im Ganzen des Organismus, nicht eigene Ehre, Kraft und Vollkommenheit versinnbildlichend, sondern in demütiger Bescheidenheit aus letzten Gnaden lebend: So steht wie immer in der Geschichte und besonders in der Geschichte des Reiches Gottes der große Anfänger, der große Ausgestalter, der große Vollender eines Werkes da: Unentbehrlich für den geschichtlichen Verlauf, »entbehrlich« in den Augen Gottes, der sich lediglich ein menschliches Werkzeug erwählte und statt seiner hätte auch ein anderes nehmen können. Diese letzten Größen des Evangelistenberufes und der wirklich Großen – durch Gnade und Leistung Großen – gilt es zu sehen, wenn wir uns nun dem Faktor in der Erweckungsbewegung zuwenden, dessen Bedeutung bisher nur berührt werden konnte: dem Prediger und Erwecker.

Die Stellung der großen Persönlichkeit in der Geschichte der evangelistischen Bewegung liegt klar zutage. Die von uns behandelten sechs großen Evangelisten wurden nicht nur als Typen evangelistischen Dienstes, sondern auch als historisch wichtige Träger ausgewählt. Gewiss wirkten neben ihnen noch eine Fülle anderer Evangelisten mittleren und kleineren Grades, deren Arbeit für die Geschichte der Evangelisation von größter Wichtigkeit war, doch wäre ebenso Letztere in den einzelnen Ländern ohne diese sechs Namen undenkbar.

Die Spuren und Anstöße transzendenten Geschehens, die schon im Werk der Bewegung durchschimmerten, werden auch in der *Sendung* und *Ausrüstung* der Evangelisten sichtbar. Die Sendung im

allgemeinsten Sinne zeigt uns eine grundsätzliche, pneumatische
Seite, die Sendung von Gott, und eine geschichtliche, den bestimmt
umgrenzten Auftrag sowie die biografische Berufung ins Werk. Die
Verwirklichung der Sendung im Augenblick des Sprechens ist die
Vollmacht, die in nahem Zusammenhang mit dem »Zeit«-Begriff
steht.

Die Ausrüstung des Evangelisten umschließt die allgemeinen,
pneumatischen Voraussetzungen des christlichen Predigers und die
besondere Begabung zum evangelistischen Dienst. Die Tatbestände
und Wirkungsweisen des persönlich-geistlichen Innenlebens und die
Arbeitsmotive als allgemeine Voraussetzungen können dem Durch-
schnittsmaß der Prediger gegenüber gesteigert sein. Die spezielle
evangelistische Begabung, das Charisma, hat bei den großen Evangelisten ebenso wie das Format der Persönlichkeit ein besonders
umfangreiches Ausmaß.

I. Die Sendung

1. Die Sendung als pneumatische Gegebenheit

Im Wirken der Evangelisten findet sich ein Moment, das schlechtweg
bestimmend für Umfang, Art und Frucht desselben war: die Sendung. Die himmlische Autorität, mit der sie sprachen, hatte ihren
Grund in diesem Gesandtsein im eigentlichen Sinne, dieser Ableitung
ihres Amtes und ihres Werkes aus letzten Herkünften, mit der es
stand und fiel. Sollte dieser Charakter einer höchsten vocatio jedem
Verkündigungsamt der Kirche, jeder vocatio nach menschlicher
Ordnung zugrunde liegen und ihr Sinn und Inhalt geben, so tritt
doch gerade bei den Evangelisten die Unentbehrlichkeit dieser letzten
Bestimmtheit des Lebens klar hervor. In der unmittelbaren Herlei-
tung ihrer Sendung, wie sie sich in dem ihnen gegebenen besonderen
Charisma und Arbeitsgebiet sinnfällig ausdrückt, sind sie ähnlich den
Propheten auch äußerlich von den beamteten Trägern der geistlichen

Arbeit abgehoben und machen so die Ursprünglichkeit göttlicher Sendung in ihrer geschichtsbildenden Macht deutlicher sichtbar, als dies beim gewöhnlichen Gemeindeamt der Fall ist.

Als Setzung göttlichen Willens ist die Sendung an keine *Voraussetzungen* gebunden. Die natürliche Art, die Begabung, das Herkommen und die Bildung eines Menschen sind nicht Bedingung, sondern Folge der Sendung: Die Artung färbt und trägt das Werk, eine Stufe hinter ihr aber liegt die Sendung, der sie entsprang.

Das *Bewusstsein* dieser Sendung war bei den großen Arbeitern wohl im Stillen vorhanden als Auffassung von der Größe und Wichtigkeit ihres Lebenswerkes, sprach aber mehr aus ihrem Auftreten und ihrer Weise, sich zu geben, als aus bestimmten Worten. Ein Beurteiler Schrenks konnte es als persönliche Überheblichkeit missverstehen.[1] Wesleys berühmtes Wort, er schaue auf die Welt als auf seine Pfarrei,[2] war wohl zunächst auf das pneumatisch-dynamische Recht der Bewegung gegenüber institutionell-amtlichen Grenzen bezogen, birgt aber in der Weite des Blickes doch wohl auch ein Bewusstsein geschichtlicher Sendung. Ob dieses für die Evangelisten im Einzelnen ein hochgemutes, zuversichtliches Stehen im Werk (vgl. S. 105,

---

[1]　Z. Th. K. 1897, 283; 1897, Straßburg, Grünberg über Schrenk. Er behandelte die Zeit seines Auftretens als eine besondere Gnadenzeit, die jeder auskaufen müsse; und wenn er so angelegentlich hervorhob, er bleibe jetzt nur noch drei oder zwei Tage am Ort, so musste eben dadurch in den Zuhörern die Meinung, und durch die ganze Art, wie er von seiner Tätigkeit redete, der Anschein erweckt werden, als ob nach Schrenks Fortgang etwas Wesentliches, wo nicht die Hauptsache fehle, als ob seine Tätigkeit spezifisch anders und höher zu werten sei als die anderer Prediger.

[2]　Wl. Jn. 218; Wl. 1739, Bristol. Erlauben Sie, dass ich Ihnen meine Grundsätze in dieser Frage (der Einhaltung der Pfarrsprengel) sage. Ich schaue auf die ganze Welt als auf meinen Pfarrsprengel, insofern als ich der Ansicht bin, dass, in welchem ihrer Teile ich bin, ich es für gegeben, richtig und für meine gewiesene Pflicht halte, allen, die es hören wollen, die frohe Botschaft des Heils zu verkündigen. Dies ist das Werk, zu dem, wie ich weiß, Gott mich berufen hat; und ich bin sicher, dass sein Segen es begleitet. Ich habe deshalb große Zuversicht, voll Glauben das Werk zu vollführen, das er mir zu tun gab.

Anm. 2), das Gefühl tiefer Unwürdigkeit,[3] die Nötigung eines Zwan-
ges[4] oder ein verwirrtes Erstaunen über so viel Auswirkung des eigenen kleinen Lebens[5] bedeutete: Eins stand diesen Männern fest, dass
ihr Tun in seinen Ursprüngen ganz außerhalb ihrer selbst, in ihrer
Sendung läge.

Die *Anerkennung* der Sendung durch die Zuhörer, das Ja des Volkes zu ihr, äußerte sich im Zustrom, Vertrauen und der Verehrung
ihnen gegenüber und ist die Voraussetzung ihres mit oft geradezu
prophetischer Vollmacht erfolgenden Auftretens, besonders der
»Identifikation«, der Selbstgleichsetzung des Redners mit biblischen
Personen, die ohne Gefahr des Lächerlichwerdens sonst innerlich
nicht gut möglich gewesen wäre (S. 174 f.). Ein Schwager Wesleys
fühlte diese prophetische Sendung, wenn er sie auch nicht verstand.[6]
Auch wo der im Stillen erhobene Anspruch auf besonderes Gehört-
und Ernstgenommenwerden verwundert oder ärgerlich abgelehnt
wurde, so durch den Beurteiler Schrenks in Straßburg (vgl. S. 105,
Anm. 1) oder bei der letzten Universitätspredigt Wesleys in Oxford

---

[3] Wf. S. 168. Wer bin ich, dass ich es unternehmen könnte, den gelobten Jesus anderen Menschen anzuempfehlen, der ich selbst ganz und gar unwert bin, seinen heiligen Namen auf meine unreinen Lippen zu nehmen? Ja, Brüder, ich achte mich
selbst nicht einer solchen Ehre wert. Aber da es ihm gefallen hat, in dem alle Fülle
wohnt, mich würdig zu erachten und mich ins Predigtamt zu stellen, würden selbst
Steine gegen mich schreien, wenn ich nicht doch sein Lob verkündigte und nicht
ernstlich den ewig gelobten Jesus einem jeden empfehlen würde. – Kl. Leben II 56;
Kl. 1905, Jerusalem. Was ist's, wozu mich der Herr so hin und her treibt? ... Ein
Vierteljahrhundert Sämannsarbeit an einer Viertelmillion Menschenherzen. Herr,
wer bin ich, dass du mich gewürdigt hast, dein Wort in den Mund zu nehmen!

[4] Vgl. in der vorigen Anmerkung Wf. S. 168.

[5] W. Md. 277; Md. 1877, Chicago. Sichtlich war er sich nicht bewusst, dass seine Persönlichkeit ein Faktor war. Wenn er bei seinen unausgesetzten Arbeiten überhaupt
an sich selbst dachte, so geschah es mit einem Gefühl beinahe verwirrten Erstau-
nens, dass ihm mit allen seinen Schranken ein solches Vorrecht des Dienstes
gewährt worden war.

[6] Ty. Wl. I 389; (John Whitelamb 1742 an Wesley). Deine Erscheinung ruft eine heilige Ehrfurcht hervor, wie wenn du ein Einwohner einer anderen Welt wärst. Ich
kann nicht denken wie du; aber ich hege die höchste Verehrung und Liebe für dich.
Dein Anblick bewegt mich seltsam.

1744[7], ist dies Verhalten doch ein Beweis dafür, dass er empfunden wurde.

Zwischen wahrem innerem Auftrag und geistlicher Fruchtbarkeit besteht eine tiefe Beziehung. In der starken Auswirkung der Tätigkeit der Evangelisten wie überhaupt eines Predigers darf eine *Legitimation*, eine göttliche Bestätigung ihrer Sendung erblickt werden. Moody urteilte wohl von daher, wenn er der Ansicht war, dass es »das Vorrecht der Kinder Gottes sei, 365 Tage im Jahr die Frucht ihrer Arbeit zu ernten«,[8] und ebenso ist es wohl von der eigenen Erfahrung aus gesprochen, wenn Schrenk als Voraussetzung für den Eintritt ins evangelistische Amt forderte, dass schon in der Arbeit vorher die göttliche Legitimation ersichtlich gewesen sein müsse.[9]

Eine weitere Auswirkung der Sendung ist in der *Erhaltung des Bewegungstyps* zu suchen. Es ist eine auffallende Erscheinung, dass die geistige Art von Bewegungen, ihr ihnen innewohnender Impuls und ihre Gestaltungsweise, durch viele Glieder und Generationen hindurch eine rein herausschälbare Erscheinung darstellt, und zwar tragen diese Gesamtwesen, seien es die großen Weltreligionen, die einzelnen Konfessionen, große kirchengeschichtliche Bewegungen oder auch starke politische Bildungen *das Bild ihres Stifters.* So trägt die moderne Evangelisationsbewegung im Grunde die Züge Wesleys. Selbst Booth, ein Original, der der Heilsarmee Maß und Feuer einprägte, war mit ihr ein Kind des Methodismus und »sprach bis an sein Ende von den Brüdern Wesley und den Methodisten mit einer tiefen, fast sehnsüchtigen Neigung«.[10] Der deutsche Pietismus, ein Abbild Speners und A. H. Franckes, erlebte durch die Einbeziehung in die moderne Evangelisationsbewegung eine tief gehende Umgestaltung (S. 402 ff. 409 f.), und die Kraft des Bewegungstyps blieb auch für die deutschen Evangelisten nicht ohne Folgen (S. 367. 415).

---

[7] Wl. Jn. III 147.
[8] Md. Ov. Life 113, Überw. 141.
[9] Fleisch I 92.
[10] Begbie 49.

Dieses Beharrungs- und Bildungsvermögen des Typus hat seinen Grund wohl nicht nur im menschlichen Konservatismus und in der Beschränktheit aller geschichtlichen Formung, sondern in der Eindrücklichkeit und Tiefengründigkeit des anhebenden Gestalters, in dem Sendung und Stiftung nach ursprünglich ihr mitgegebenem Maß ins Leben tragt.

2. Der Auftrag

Die Sendung tritt stets in Verbindung *mit einem bestimmten Auftrag* auf. Was sich theologisch trennen lässt, ist tatsächlich eine Einheit: *Die Sendung bedeutet Auftrag zu einem geschichtlich gesehen, klar abgegrenzten Werk, das sich im Tun herausstellt und erfüllt.*[11] Fällt nunmehr der Blick auch mehr auf den menschlichen Träger, so ist doch die Bezogenheit auf bestimmte Verhältnisse und Aufgaben Ausfluss des Willens, der Änderung dieser Verhältnisse und Erfüllung *dieser* Aufgabe.

Hierbei sind zwei Momente zu sondern, welche den Umfang des Auftrags und die Gestaltung seiner Erfüllung bestimmen: Der Zusammenhang zwischen dem bürgerlichen und kirchlichen Herkommen und den späteren Schichten des Wirkens sowie das anlagemäßig mitgegebene Maß des Auftrags für Länder und Zeiten, das dem Evangelisten seinen Rang unter seinen Arbeitsgefährten anweist.

Die *bürgerliche Umwelt* eines Mannes in der Jugend und sein *berufliches Herkommen* sind von großem Einfluss auf seine gesamte Lebensartung und damit auf den späteren Wirkungsbereich. Whitefield, der Gastwirtssohn, aus unsicheren Verhältnissen stammend,

---

[11] Ty. Wf. I 94. Er hatte einen Ruf, der nur ihm zu Eigen war, und wohl ward er erfüllt. Er war unfähig, das Werk zu vollbringen, das Wesley tat. Aber es gab für ihn eine andere Art von Werk, in dem er unerreicht dazustehen scheint. – Erdman 94. Der Evangelist war dazu berufen, ein besonderes Werk zu einer bestimmten Zeit zu tun und war nur das menschliche Werkzeug, das Gott verwandte. . . . Er war ein göttlich erwählter Beauftragter für eine besondere Aufgabe.

im Lebenskampf eines sich selbst schulenden und emporringenden Menschen aufgewachsen, behielt zeitlebens die nahe Fühlung mit den Volksmassen. Die schwankende Fantastik seines Heraufwachsens und Fühlens machte ihn besonders geeignet zum fantasievoll ansprechenden Volksmann, der nie der umlagernden Volksmassen entbehrte. Wesley, aus gesichertem Hause hervorgegangen, konnte sich vom Pastorensohn zum Kirchenvater entwickeln, der, mit der logischen Schärfe und dem Wissen des akademischen Lehrers und der straffen Zucht eines wahrhaft Gelehrten, das große Werk des Gemeindeaufbaus und der Gemeindeführung vollenden und so die Früchte seiner Erweckungspredigt ernten konnte. Finney, der Advokatengehilfe, verharrte auch weiterhin im juristischen Denken und war ein Freund der Juristen wie überhaupt der praktisch tätigen gehobenen Schicht, der Kaufleute und Geschäftsleute, der hohen Beamten und Studenten. Moody, gleich Finney ein Bauernsohn, war stets der Selfmademan, ein volksnaher Prediger, mitten im schlichten Leben stehend, der Jugend besonders verbunden, ein Volksmann gleich Whitefield, aber untheologischer, moderner. Schrenk, der Ladengehilfe und Missionskaufmann, bürgerlich-bäuerlich geprägt, blieb zeit seines Lebens ein Mann der kleinen Kreise, des mittelständischen Gemeinschaftschristentums und seiner Ausstrahlungen. Keller, die Weiträumigkeit baltischer Verhältnisse und südrussischer Steppen gewohnt, konnte sich aus dem Herrentum und Wildwest-Charakter seiner ersten Tätigkeit nie rückbilden und blieb denen interessant, die nicht gemäßigte Stille, sondern sprudelndes Leben und scharfe, mitunter auch gebrochene Konturen liebten. Die Außenseiter suchten diesen Mann des Nichtherkömmlichen, dessen Kolonistenenergie auch geistlich-zeitnahes Neuland entdeckte und bearbeitete. – Selbst die Unebenheiten in Sprechweise und Benehmen Whitefields musste Wesley als gerade für die Menschen anziehend anerkennen, denen mit einer korrekten Redeweise nicht gedient gewesen wäre.[12] So entsprach die Eignung dem Auftrag und

---

[12] Wl. Jn. III 452.

der Auftrag der Eignung in gegenseitiger Ergänzung der Gaben und Bestimmung.

Ähnlich verhält es sich mit dem *kirchlichen* Herkommen. Kreise öffnen und verschließen sich dem Evangelisten je nach der Ausprägung seines Christentums. Diese hat sich, meist in heißen Kämpfen, zu einer stark persönlichen Eigenart entwickelt.

Whitefield erreichte vorwiegend die reformierten Kreise Amerikas, Schottlands und Englands, adelige und bürgerliche Schichten. Wesley ergänzte ihn mit seinem Wirken innerhalb der anglikanischen Staatskirche. Finney hatte sich aus der kalten Orthodoxie deterministischer Kreise hart herausgekämpft und verfocht ihnen gegenüber, solange er lebte, die Freiheit und Entscheidungsmächtigkeit des Willens. Gleich dem folgenreichen Ernst des ritualistischen Kreises um die jungen Wesley und Whitefield (S. 33) wurde die Form seines religiösen Durchbruchs (S. 117 ff.) von bleibender Wichtigkeit als ein bestimmendes Element seiner ganzen Theologie. Schrenks Herkommen aus dem schwäbischen Pietismus bezeichnete ihn und seine Freunde ein Leben lang; er wurde, war und blieb Prohpet und Patriarch der innerkirchlichen Gemeinschaftsbewegung. Kellers lutherisch-pietistische und zugleich weltoffene Prägung verschloss ihm in diesen Kreisen viele Türen (vgl. deren Verhalten auf seine »Sieben Bitten«),[13] verschaffte ihm aber das Vertrauen weiter, auch ferner stehender kirchlicher Schichten besonders auch der Gebildeten.

Es gibt in der Geschichte der Evangelisation nach dem Worte Moodys[14] »Generale, deren Name mehr wert ist als eine ganze Armee«, »Sterne erster Ordnung«. Ihr Maß war ihnen als ein ganz Großes eingeboren; nicht das Genie »macht« die Geschichte, sondern die Sendung schafft das Genie samt Auftrag, Gaben und Werk.

Der *Maßstab* der »*Größe*« eines Evangelisten ist der Wirkungsbereich, und zwar hinsichtlich seiner räumlich-intensiven Ausdeh-

[13]　Fleisch I 302.
[14]　Md. To the Work 53; Auf, auf, Nr. 267, S. 15.

nung wie nach seiner kirchengeschichtlich-epochemäßigen Bedeutung. Hier sind nun die Gründe zu geben, weshalb die sechs Evangelisten Whitefield, Finney, Moody, Schrenk und Keller, und nur diese, in den engeren Bereich der Aufmerksamkeit gezogen wurden. Als Maßstab wird festgelegt: Das »große« Werkzeug muss mindestens für sein Heimatvolk, möglichst aber für einen noch weiteren Kreis Allgemeinbedeutung bekommen haben. Wer nur für bestimmte Gegenden oder einzelne Gruppen wichtig ist, scheidet aus der Reihe der typen- und geschichtsbildenden Führer aus, er ist Mitträger, nicht Träger.

Ein gewisser Maßstab ist auch die »Berühmtheit«, der »Name«, den ein Evangelist erlangte. Das Maß der Volkstümlichkeit entspricht meist dem Maß der Auswirkung ins Volk.[15]

Ferner ist die Gesundheit der Lehre und der Auffassung für die Beurteilung maßgebend. Die Geschichte trifft selbst ihre Auswahl, indem sie – bei allem Spielraum für persönliche Eigenart, ja selbst Einseitigkeit und Überbetonung – das im *Grund* Verkehrte und seine dauernde, fruchtbare Auswirkung bringt oder das bleibende Ergebnis wesentlich einschränkt.

Schließlich muss ein Erweckungsprediger »Evangelist« im besonderen Sinne sein, wofür der Charakter seiner Arbeit als *Reisetätigkeit* bestimmend ist.

Nach diesen Maßstäben gemessen, sind George Whitefield, John Wesley, Charles G. Finney, Dwight L. Moody die ganz Großen, die Klassiker der Evangelisation. Sie sind *Männer der Kontinente.* Mit Ausnahme Wesleys arbeiteten sie sowohl in Europa (Britische Inseln) wie in Nordamerika. Wesleys Einfluss überragte sie alle.

Samuel Keller und Elias Schrenk gehörten ganz Deutschland und dem deutschen Kulturkreis darüber hinaus. Das Baltikum, die Schweiz und andere Nachbarländer Deutschlands sahen sie. Sie waren eine deutsche Berühmtheit, wenn auch nicht, entsprechend dem kleineren Rahmen Deutschlands und seiner verminderteren

---

15 Vgl. W. Lange-Eichbaum, »Das Genieproblem«, 1931, 2. Hauptteil.

Bedeutung für das Ganze der Evangelisation, von Weltruf wie jene. Im Vergleich mit den vier Erstgenannten entsprächen ihnen die im Stil wohl noch größeren Evangelisten Booth und Torrey in ihrer Bedeutung für das englische Sprachgebiet und vielleicht Munhall (geb. 1843) und Chapman (tätig um 1908) für Nordamerika.[16] Schrenk und Keller wurden wegen ihrer nationalen Bedeutung und als Darsteller eines gesonderten Typs »deutscher Evangelisation« in den engeren Kreis der Betrachtung gezogen. Ersterer besitzt als Bahnbrecher der Evangelisation für Deutschland ähnliches Gewicht wie Wesley und Whitefield für die englische Arbeit.

Die übrigen in dem geschichtlichen Überblick (S. 22 ff.) erwähnten Evangelisten sind, bei verschiedenem Format und nationalem Interesse sowie fließenden Grenzen der vorhergehenden Stufe gegenüber, noch namhaft. Ihnen folgen eine große Zahl nicht aufgeführter Berufsarbeiter von mehr lokaler Bedeutung.

General *Booth* ist zwar der geboren Evangelist und tritt wegen seines bezeichnenden Impulses des öfteren in den Kreis unserer Betrachtung, kann aber trotzdem nicht unter die eigentlich »großen« Evangelisten gerechnet werden, da er kein wirklich großer Redner war und den sprechendsten Teil seines Lebenswerkes bildend und führend in der Heilsarmee niedergelegt hat.

Ebenso sind hier die Gründe zu erwähnen, die von der Aufnahme *Spurgeons* (1834-1892) Abstand nehmen ließen. Er ist wohl in weiterem Sinne Evangelist, seine Predigten sind aber einem überwiegend stationären Wirken entsprungen und für den Rahmen einer doch verhältnismäßig konsistenten Gemeinde bestimmt. Hiermit zusammenhängend und dadurch ermöglicht sind sie von stark ästhetischer Form und haben nicht das Typische und damit für uns Ausschlaggebende des Wirkens jener großen Vorkämpfer des reisenden Evangelistendienstes, das für die Gestaltung der Arbeit so wichtig war (S. 132 ff.). Ein für unseren Blickpunkt nicht zentral gelagertes

---

[16] Beardsley 276. 311 ff. 321 ff.

Material würde aber bei der Überfülle des ohnedies schon gegebenen nur erschwerend wirken.

In der Wirkung kam Schrenk und Keller in Deutschland vielleicht Jakob *Vetter* nahe. Doch ist seine Arbeit in der Zeltmission keine Ausprägung des besonderen deutschen Elements und deshalb für uns nicht von gleichem Interesse. Fr. *Binde* reicht trotz seiner Bedeutung im Format nicht an jene beiden größten deutschen Evangelisten heran (vgl. seine Predigten).

Es sei bemerkt, dass mit »den Evangelisten« in unserem Zusammenhange stets jene sechs Hauptvertreter der Evangelisation gemeint sind.

3. Die Berufung

Die Berufung ist die Aktualisierung der Sendung ins auftragsgegebene Werk im bestimmten Lebensaugenblick. In der Regel geht ihr das Moment der Bekehrung und der Zurüstung fürs Werk voraus, doch kann sie mit ersterer auch zusammenfallen.

Die Evangelisten empfingen innerlich und äußerlich wohl *vorbereitet* den Ruf ins große Werk. Sie gingen aus einer kleineren Arbeit, in der sich aber doch schon die großen Linien auf später abzeichneten, hervor. Whitefield erhielt durch seine Predigertätigkeit in London, Wesley als Seelsorger des Oxforder Kreises,[17] Finney als Erweckungsprediger im engeren Rahmen seiner Kirche, Moody durch seine Sonntagsschul- und Soldatenarbeit, Schrenk in der Mission und im einheimischen Reisedienst, Keller als Kolonisten- und Großstadtpfarrer die beste Ausrüstung für ihr Werk.

Mit dem *Eintritt in dasselbe* tritt die große Wendung im Leben der Evangelisten ein: Der Adler erhebt seine Schwingen, der große Stil

---

[17] Ty. Wl. III 39; Wl. 1769. Ich verbrachte eine tröstliche und nützliche Stunde mit Herrn Whitefield, indem wir uns die früheren Zeiten und die Orte ins Gedächtnis zurückriefen, wie Gott uns für ein Werk vorbereitete, wie es uns damals noch nicht in Herz und Sinn gekommen war.

wird gefunden, der weite Raum erreicht und beschritten. Die Vorkommnisse, die mit dieser Wendung zusammenhängen, sind meist
bescheiden und höchst persönlich, aber durch ihre Folgen von großer Bedeutung. Sie bringen dem Evangelisten die Unbeirrbarkeit seines Weges, die Gewissheit der Berufung, die ihn wie ein Stern durch
das Dunkel des Anfangsweges leitet.[18]

Am deutlichsten hebt sich die Berufung da ab, wo ihr eine Zeit der
Spannung und der aufhaltenden Hindernisse vorangeht. Hierfür
typisch ist Schrenk, der einen vieljährigen Kampf um die Herausge-
staltung des evangelistischen Moments schon in seinen früheren
Lebensberufen führte und sich elf Jahre mit dem Gedanken der
Evangelisation in Deutschland trug, ehe er 1884 den Schritt in die
Praxis tat. Auch hier bedurfte es noch eines auslösenden Moments,
des Rufes Christliebs in die deutsche Arbeit und des Gelingens meh-
rer Versuche, bis er nach letztem zweijährigem Bedenken die Berner
Stellung aufgab und das Wagnis ausschließlich evangelistischer Tätigkeit auf sich nahm.[19] Einen ähnlichen Weg ging Keller. Auch ihn
sollte die Berufung in der menschlichen Vermittlung des Mahnwortes
seines Freundes Johannes Müller erreichen, das mit anderen Umständen zusammen seinem zweijährigen Kampf und Bangen ein Ende
machte und ihm den Mut gab, 1898 in den Beruf des freien Evangelisten zu springen.[20] Dem Begründer der »evangelischen Gemeinschaft«, Jakob Albrecht, kostete das Widerstreben gegen den, wie
Keller für sich sagt, »klar erkannten Ruf« in die evangelistische Arbeit
schwere Krankheit und innere Lähmung, bis auch er den Entschluss
fasste, zu gehorchen. Über beide kam damit »der Friede wie ein
Strom«.[21]

Für Moody wurde ein Erlebnis entscheidend, das ihn zum Zeugen
des Abschieds einer Mädchenklasse seiner Sonntagsschule von deren

---

[18] Begbie 113. 145.
[19] Schrk. Pgl. 177-180.
[20] Kl. Leben I 286-190.
[21] R. Jäckel, »Jak. Albrecht und seine Mitarbeiter«, 1880, 35 ff.

Lehrer machte. Es bestimmte ihn zum Übergang aus der Kaufmannsstellung in den volksmissionarischen Beruf. Nach innerem Kampf entschloss er sich, den lockenden Geldverdienst und eine aussichtsreiche Laufbahn aufzugeben, »dem Auftrag getreu, den er, wie er fest glaubte, von oben empfangen hatte«.[22]

Andere Evangelisten wurden nicht durch besondere Erlebnisse, sondern durch die Erfordernisse der Lage ins Werk gestellt. So kam an W. Booth der Ruf, »nicht in auffallender Weise und plötzlich, sondern als wiederholter und bestimmter Befehl«, und zwar aus dem Anblick der Verwahrlosung in Ost-London.[23]

Auch Whitefield und Wesley veranlasste nicht ein besonderer Beschluss, sondern die große geistliche Not ihrer Zeit und besonders der Verkommenen in Kingswood zur Aufnahme ihres Werkes. »Gott sei Dank, das Eis ist gebrochen« – dieser Ausruf Whitefields beweist, dass nach einer Zeit der Hemmungen und Hinderungen der Schritt in die Arbeit getan wurde, ohne dass über die Berechtigung dazu nachgedacht werden musste.[24]

Eine Vorausnahme dieses Rufes aus Erlebnis oder Situation ist die mit der Bekehrung in einigen Fällen unmittelbar verbundene Erkenntnis von der Notwendigkeit der Aufnahme geistlicher Arbeit. Finney wusste, wenn er sich bekehrte, werde er ein Prediger des Evangeliums, und ging dann nebenberuflich sofort ans Werk.[25]

---

[22] W. Md. 65 ff; Md. Kassel 34 f.

[23] Vgl. Begbie 61 f.; – Begbie 62; Booth 1849, London. Wie kann jemand, der nicht geistlich blind ist, sagen, er habe keine Berufung, wenn er inmitten solcher Menschenmengen lebt, die nie ein Wort über Gott hören und es auch nicht hören wollen? ... Kann jemand in seinem Herzen richtig stehen, der das alles mit ansieht und sich doch drückt, angeblich um auf einen »Ruf« zum Predigen zu warten? ... Ich übersehe nicht, dass trotz alledem an Einzelne ein besonderer, unmittelbarer Ruf ergeht ... Aber ich glaube, es hat viele sehr heilige und im Segen wirkende Männer gegeben, die nie einen solchen Ruf erhalten haben.

[24] Gledstone 108.

[25] Fn. 1921, 18; Fn. 1821, Adams. Bald triebe es mich aus dem Büro, hin zu den Leuten, um mit ihnen über ihr Seelenheil zu reden. Ich hatte den Eindruck, Gott wolle, dass ich das Evangelium verkündige, und zwar ohne Verzug. Ich hätte nicht sagen

Ebenso fühlte sich Wesley nach seiner Bekehrung als Erstes gedrungen, »mit aller Macht für seine Feinde zu beten«.[26]

II. Die Ausrüstung

1. Der pneumatische Lebensstand

Innerhalb der *Begabung zum Werk* ist die erste Voraussetzung, die Grundvoraussetzung jedes geistlichen Wirkens überhaupt, der *pneumatische Stand des Trägers. Das Werkzeug ist nur dann ein zureichendes Vermittlungsorgan des reichen Maßes pneumatischer Lebens- und Gestaltungsauswirkungen, wenn es selbst dem Wirken des Pneuma untersteht und in seinem Leben und Tun bestimmend von diesem getragen ist.*

Der pneumatische Lebensstand hat seine Grundlegung in der schöpferischen Neugestaltung in der tief greifenden Änderung, die den Empfang des Geistes und den Glaubensakt begleitet, findet seine Vertiefung in späteren pneumatischen Geschehnissen und schließt in sich die Haltung der Demut und Beugung, die im Gebet ihren tiefsten Ausdruck findet.

Das Maß der natürlichen Gaben kann bei dem Einzelnen schwanken, die *Gabe des Pneuma* muss vorhanden sein. Glänzender Veranlagung bleibt bei ihrem Fehlen die geistliche Fruchtbarkeit verschlossen; bescheidene Gaben können sich mit ihr hervorragend entwickeln. Als Durchgangspunkt und Ausgangspunkt so vielfacher menschlicher und geistlicher Beziehungen muss der Redner selbst pneumatisch bestimmt sein. Der Geist wirkt wohl auch außerhalb des Redners und unabhängig von ihm; er wirkt aber, wenn geredet wird, nicht ohne pneumatischen Träger.

---

     können, woher mir diese Überzeugung kam; aber die Sache war mir unumstößlich gewiss.

[26] Wl. Jn. I 4765 – die Aufgabe wurde energisch erfasst und angefasst.

Die Notwendigkeit dieser Lebensvoraussetzung war den Evangelisten für sich und andere klar. War auch das »wie« des Geistempf-
fangs verschieden, das »dass« war ihnen als grundlegende Heilserfah-
rung zur Pforte des neuen Lebens geworden, dessen Spuren im
Selbstzeugnis der Prediger (S. 313 ff.) durchleuchten.

Auch dem Außenstehenden wird der Wandel in der Redeweise
vor und nach dem grundlegenden geistlichen Geschehnis z. B. bei
Wesley deutlich,[27] wenn er die Predigten von Savannah und Oxford
1736[28] mit dem »ersten Trompetenstoß der evangelischen Erweckung« vor der Universität Oxford, 18 Tage nach der entscheidenden
Erkenntnis des 24. Mai 1738,[29] vergleicht. Dort das Humpeln eines
Lahmen, reflektiert, gelehrt, verhalten, ohne Gewissheit (»Jetzt emp-

---

[27] Rigg 134. Weder sein Oxforder Ritualismus noch seine höchsten und besten
Gedanken als hochkirchlicher Moralist konnten Wesley mit irgendwelchen Ideen
oder Motiven versehen, mittels derer geistliche Wahrheit und die Erkenntnis Gottes in Christus den Seelen seiner Hörer nahe zu bringen war. Hierin bestand also
die große Inspiration Wesleys des Evangelisten: Er hatte aus eigener Erfahrung
gelernt, dass die Lehre des Evangeliums, in der Seele durch einen lebendigen Glauben empfangen, den Gläubigen zu einer »neuen Kreatur in Christus Jesus« macht;
und er hatte demgemäß erfasst, dass diese vergessene Lehre zu predigen, dies lang
verborgene und vernachlässigte »Geheimnis Christi« in den Gesichtskreis der Kirche und der Welt zu bringen, hinfort die Aufgabe seines Lebens sein musste. Aber
noch mehr: Wenn er begann, diese Wahrheit des Evangeliums zu predigen, fühlte
er – und alle, die ihn hörten, fühlten es auch –, dass seiner Predigt neues Leben und
neue Kraft eingeflößt worden war. Nun zum ersten Mal war der ganze Mann entzündet und inspiriert von einer göttlichen Überzeugung und Kraft. Alle Fähigkeiten und Neigungen des Leibes, der Seele und des Geistes waren vereinigt und ausgeglichen zu höchster Intensität und vollkommenster Entfaltung und fanden Ausdruck, konzentriertesten Ausdruck in seiner Predigt. Vor diesem Lebensabschnitt
war er auf seine Art und über bestimmte Gebiete ein ausgezeichneter Prediger
gewesen. Aber sein Bereich war begrenzt. In Bezug auf die höchste Sphäre geistlicher Wirklichkeiten – die Wirklichkeiten geistlicher Erfahrung – hatte er keine Einsicht, keine Kraft: Er war »schwach wie andere Menschen«. Aber nun »war der
Geist des Herrn auf ihm« und er predigte wie ein Inspirierter, besonders wenn
dunkle und umnachtete Tausende ihn umstanden und mit barer Verwunderung
und unbestimmter Erwartung auf sein hingerissenes und feierliches Gesicht
schauten.

[28] Wl. Nast II, Nr. 34 u. 35.

[29] Wl. S. S. Nr. 1, besonders 3. Teil.

fangen wir den heiligen Geist nur teilweise«),[30] hier der Höhenflug
eines Adlers, ein Strom, der, befreit, ansprechend, in unmittelbarer
Diktion und Gewissheit daherrauscht.

Jeder unserer sechs Evangelisten hatte eine im Leben klar um-
grenzte Zeit entscheidender Einwurzelung in die jenseitige Welt, eine
Zeit des Umschwungs und Durchbruchs, die in der herkömmlichen
Sprache »Bekehrung« genannt wird. Whitefield, Wesley und Finney
kamen nach einer Zeit schwerster Beunruhigung und – bei Whitefield – selbst körperlich erschöpfenden Kampfes zur pneumatischen
Klarheit, während Moody, Schrenk und Keller wohl auch durch
innere Unruhen gingen, der Zustand aber nicht so scharf und krisen-
haft wurde und der Durchbruch nicht zugespitzt auf eine Stunde
erfolgte, sondern mehr glaubens- und erkenntnismäßig ruhig ver-
lief.

Whitefield erlebt etwa im Mai 1735 in Oxford als erster der Oxforder Methodisten die »völlig genügende Freude der Kinder Gottes«.[31]
John Wesley folgte seinem Bruder Charles um drei Tage im Erfassen
der Rechtfertigung durch den Glauben. Während er in einer Versammlung in der Aldersgate Street in London am Abend des 24. Mai
1738 nach einer erschütternden Vorbereitung desselben Tages dem
Vorlesen der Vorrede Luthers zum Römerbrief anwohnte, fühlte er
sein Herz eigentümlich »durchwärmt« und konnte an Christus und
sein Heil allein glauben.[32] *Finney* kam an einem Herbsttag des Jahres
1821[33] als 29-Jähriger in einem Wäldchen bei Adams zum rettenden
Glauben an die Treue Gottes in seinem Wort, das auch ihm galt.
Am Abend desselben Tages erlebte er die Fortsetzung in einer intensiven Geistestaufe, die sich andern Abends wiederholte und in der
Erkenntnis der Rechtfertigung durch den Glauben ausmündete.[34]

---

[30] Wl. Nast II 360.
[31] Ty. Wf. 25; Tholuck 12 f.
[32] Ty. Wl. I 180; Wl. Jn. I 475 f.
[33] Fn. 1921, 12 schreibt fälschlich 1824.
[34] Fn. 1921, 15; Thimme 194 ff.

Moody fand 1854 in Boston 17-jährig durch die Aufforderung eines
älteren Freundes den Entschluss, der, schwach und unfertig, doch die
richtunggebende Antwort seines Lebens auf den gehörten Ruf
Gottes werden sollte.[35] *Schrenk* legt in die Freiburger Zeit 1853/54 die
Begründung der Jüngerschaft und das Kommen zum lebendigen
Glauben, in den Aufenthalt in der Basler Voranstalt Biersfeld die
Erkenntnis von der Kraft des Blutes Christi, in das Weilen im Mis-
sionshaus selbst die Bestätigung und Erneuerung der Glaubens-
erkenntnis im Wort, die er als Versiegelung mit dem heiligen Geist
auffasste.[36] *Keller* bezeichnet die geistliche Erfahrung des 18. Febr.
1881 als einen Wendepunkt in seinem Leben, dem nachher noch mehrere ähnliche erschütternde Erlebnisse gefolgt seien. Wir können sie
trotzdem als *die* Wende in seinem Leben betrachten, den von ihm
selbst gegebenen Kennzeichen und den Auswirkungen, besonders in
der Predigt, nach.[37]

Die Tatsache, dass die Einsetzung ins unmittelbare Verhältnis zu
Gott durchweg früh, zumeist in den zwanziger und nur bei Wesley in
den dreißiger Jahren erfolgte (vgl. Tafel der Evangelisten S. 21), war
für die Gestaltung des Lebensganges von großer Bedeutung: Auf der
gegebenen Voraussetzung konnte nur so das gewaltige Lebenswerk
aufgebaut werden, das Gott diesen Männern gab.

Das grundlegende geistliche Geschehen im Leben der Evangelisten ist weder biografisch noch prinzipiell als isolierter Vorgang zu
betrachten. Eine »plötzliche«, d. h. unorganisch und unvermittelt im
Leben stehende Bekehrung – wenn es eine solche überhaupt gibt –
war die ihre jedenfalls nicht. Sie war bei ihnen wie in den meisten
Fällen Krisenpunkt und Durchgang, ein Zusammenschließen verschiedener Faktoren und eine Reife der Zeit, ein Eingreifen Gottes,
»die Gotteszeit« im persönlichen Leben. Innerlichste Beschäftigung
mit dem Wort und eine lange persönliche Geschichte gingen ihr meist

---

[35] W. Md. 33, 35.
[36] Schrk. Pgl. 38. 44. 48.
[37] Kl. Leben I 88-94.

voraus. Nur der – sehr junge – Moody kennt die Frühentscheidung, die ohne sichtbare stärkere Anknüpfung das Rechte erwählt. Bei Finney und Schrenk begegnen wir einem gewissermaßen stufenweisen Herannahen des heiligen Geistes und seiner erleuchtenden Wirkung. Dies findet seine Entsprechung in *späteren geistlichen Erfahrungen*, die wie alle diese Umstände die unschematische Anlage und personelle Einheit des geistlichen Lebens beweisen.

Whitefield berichtet aus der Zeit seines Vikariats in Stonehouse (1737) von Vorgängen, die sehr den von Finney für seine Bekehrung geschilderten (s. o.) ähneln. Zwei Jahre nach jenem ersten Mal, da seine Freude gleich einem Meer »über alle Ufer sprang«, erlebte er neue Höhen geistlicher Verbundenheit und geistlichen Heimgesuchtwerdens.[38] Auch Finney erfuhr während seiner Rückfahrt von England 1834, sowie in seinem letzten Winter in New York und während seiner Arbeit in Boston 1843 eine Neubelebung und Stärkung seines ganzen inneren Menschen im Zusammenhang mit einer tief gehenden Reinigung und neuer Erfassung der göttlichen Liebe. Eine Zeit vertieften Wirkens folgte, das sich allerdings nach dem Erlebnis von 1838 auch in perfektionistischer Richtung bewegte.[39] Moody erhielt 1871 in New York in der Wallstreet gehend als Antwort auf sein Sich-Strecken nach mehr geistlicher Vollmacht eine mächtige Offenbarung der Liebe Gottes, die er als »seine Geistestaufe« auffaßte und die sich in seinen Predigten auswirkte und wohl auch als neue Ausrüstung zum Dienst die Vorbereitung zu seiner Großtätigkeit 1873-1877 war.[40] Schrenk, den die Heiligungsfrage 1882 nach London geführt hatte, wurde dort in der Stille neu durch Gottes Geist beschenkt und tief gesegnet. Eine Erweckung im Kanton Bern und der erste Versuch mit der deutschen Arbeit 1884 waren die Folge.[41] Für Wesley ist uns von solchen Vorgängen nichts bekannt.

---

[38] Ty. Wf. I 25 Anm., 76.
[39] Fn. 1921, 120. 126. 135.
[40] W. Md. 130; Erdman 43.
[41] Schrk. Pgl. 166; »Bethel« (Simsa) 1914, 84. III.

Solche meist unter die Bezeichnung »*zweiter Segen*« gefasste Erfahrungen stellen keine Parallele oder gar eine übergeordnete Stufe dem eigentlichen Geistempfang gegenüber dar, sondern eine persönliche Gabe und vertiefte Zurüstung zum Dienst an den Evangelisten. Unmöglich kann, wie es durch die Heiligungsbewegung am Anfang des 20. Jahrhunderts z. T. geschah, eine Drei-Stufen-Lehre aufgestellt werden (Bekehrung – fälschlich davon getrennt: Heiligung – zweiter Segen), wodurch der Zusammenhang des geistlichen Lebens und seine biografische Begründung aufgelöst und das Leben in eine Reihe einzelner Akte und womöglich ichbetonter Segnungen und Würden zerspalten würde; dies nennt Schrenk 1910 mit Recht »durch und durch unbiblisch und durch und durch undeutsch«.[42]

Tief verknüpft mit dem Wirken und Tun der Evangelisten war die Kraft einer *geheiligten Persönlichkeit*. Es ist zu vermuten, dass vom innersten Ich eines Menschen Strahlen oder Wellen ausgehen, die das Bild und die Wirkung seiner Rede wesentlich mitbestimmen, und dass der Grad ihrer Reinheit von dem Grad der Heiligung und vom praktischen Wandel des Redners abhängt. Als Handeln eines so und so gearteten Subjekts setzt geistliches Reden göttliche Innenbestimmtheit voraus.[43] Keller kennt das aufmerksame Ohr, welches »das Klirren der zerrissenen Saite während des Redens« heraushört,[44] und ein Freund Whitefields mahnte diesen mit tiefem Verständnis für dessen eigenes Streben, der Welt darzutun, dass er

---

[42] Fleisch II 156.
[43] Md. Secr. Pow. 46. Gott wird die Kraft aus der Höhe nicht einem ungeduldigen Mann geben. Er wird sie nicht einem selbstsüchtigen Mann geben, noch wird er sie einem ehrgeizigen Mann geben, dessen Ziel selbstsüchtig ist, ehe er nicht von sich selbst leer geworden ist, leer von Stolz und allen weltlichen Gedanken. – »Bethel« 1914, 114; Schrenk. Evangelisation ist eine Schlacht in voller Waffenrüstung. Da braucht man nicht etwa Leute, die nur reden können, dass es »läuft«, sondern solche, die gegen die Macht der Finsternis stehen können unter der Deckung des Blutes Christi, Leute, die in das Wespennest des Feindes greifen können; Leute, die keinen Dreck am Stecken haben.
[44] Kl. Leben II 226.

selbst unter den »happy« (schönen, gesegneten) Einflüssen stehe, die
er zu verbreiten suche.[45]

Diese »Heiligkeit« stammte bei den Evangelisten aus letzten Tiefen, aus dem Stehen vor Gott. Mit ihrer ganzen Arbeit, mit ihrer gan-
zen Existenz wussten sie sich vor Gott gestellt. Dies aktivierte sie im
Gebet. Die Evangelisten waren Beter. Sowohl im Blick auf die Reinigung und eigene Ausrüstung als im Blick auf die zu versetzenden
Berge, als in der Fürbitte für viele Menschen war hier die geheime
Zentrale der Tätigkeit. Whitefield »triumphierte auf der Kanzel, weil
er vorher am Gnadenthron triumphiert hatte«, und die Beurteiler
Finneys und Moodys sowohl wie Kellers finden den Schlüssel zum
Geheimnis ihrer Persönlichkeit wie der Frucht ihrer Arbeit in ihrem
beharrlichen Gebet.[46] Schrenk hielt »Kniearbeit« für unumgänglich
und ging betend auf die Kanzel.[47]

Das Stehen und Sich-Gestelltwissen vor Gott wirkte sich aus im
numinos-pneumatischen Charakter der Persönlichkeit. Er ist im Leben
der Evangelisten als etwas Eigentümliches zu beobachten, was sich in
der Furcht, der Angst, der Scheu, dem »heiligen Respekt« der Mitmenschen vor ihnen kundtat und sie als etwas Unbeschreibliches
umwitterte. Es ist das aus letzten Tiefen stammende Göttliche an
ihrer Erscheinung und dem von ihr ausgehenden Einfluss, das die
Evangelisten bei aller Wahrung ihrer Menschlichkeit und gerade in
Verbindung mit einer ihr entsprechenden Demut zum Transparent
des göttlichen Willens werden ließ. Trotz der Flecken und Mängel
der Persönlichkeit war dieser pneumatische Grundcharakter den
Lebenden eindrücklich und machte z. B. den Aufenthalt Wesleys
oder Moodys in einem Hause zu einer Gnade und Ehre; ihre bloße
Anwesenheit war ein Segen.[48]

---

[45] Ty. Wf. I 92.
[46] Beardsley 342 f.; Weichert 191.
[47] Schrk. Pgl. 47.
[48] Southey-Krum. II 52; W. Md. 460.

Schrenks Eindruck auf der Kanzel war der einer »hehren Persönlichkeit«, was, bei aller Schlichtheit des Dienstes, das eigentliche Geheimnis seiner Wirksamkeit und ihres tiefen Einflusses war. Finneys »Heiligkeit« muss, schon den Bildern nach zu urteilen, geradezu Furcht erregend gewesen sein; dass vielleicht die tiefsten persönlichen Wirkungen unter allen Evangelisten von ihrem ausgingen, hängt wohl mit ihr zusammen. Selbst die Freundlichkeit Wesleys und Moodys, die Leutseligkeit Kellers und die Jugend Whitefields konnten nicht über diese numinose Beschattung ihres Lebens hinwegtäuschen.

Der Eindruck einer Heiligkeit letzter Herkünfte konnte sich umso mehr auswirken, je weniger er durch Nebenklänge von Stolz und Eitelkeit beeinträchtigt wurde. Das Wissen um den Werkzeugcharakter des eigenen Lebens ergibt sich vielleicht gerade aus der göttlichen Gesamtbestimmtheit desselben und aus der Nähe göttlicher Mächtigkeiten. Der Grad der Selbstlosigkeit und der Bereitschaft zur Abwehr selbstgefälliger Anwandlungen ist für den Dienst entscheidend; sie war bei den Evangelisten in hohem Maße vorhanden. So unterschrieb Whitefield seinen letzten Brief (1770) mit »weniger als der Letzte von allen«, ließ sich fröhlich »an enthusiastic babbler, a boy, a madman« (einen schwärmerischen Schwätzer, einen Knaben, einen Wahnsinnigen) nennen und wusste sich trotzdem als Gottes Werkzeug.[49] Moody wollte kein »großer Evangelist«, sondern »nur eine Stimme«, nicht eine »Brechstange«, sondern ein »Wurm« sein, »mit dem Gott den Berg in Stücke zerbröckelt«, sein Schein sollte erlöschen wie der des Morgensterns vor der aufgehenden Sonne.[50] Nicht Gaben und glänzenden Erfolg hielt Schrenk für die Hauptsache, sondern »die selige Gewissheit, dass man bei Gott in Gnaden ist«.[51] Das machte demütig.

---

[49] Ty. Wf. II 594; Wf. S. 372.
[50] Md. Ov. Life 83; 12 Reden 4; Bible Char. 119.
[51] »Frohe Botschaft«, 1908, 127.

Neben der Heiligung des Innenlebens war es die *Lauterkeit* des moralischen Wesens und Handelns, die eine Voraussetzung der großen Wirkung der Evangelisten war.

Sie bedeutet nicht sittliche Vollkommenheit, so wenig pneumatische Heiligkeit absolute Göttlichkeit bedeutet. Für Whitefield steht das Vorhandensein eines herrischen, wenig geduldigen Zuges in seinem Charakter und die Gefahr eines allzu überschäumenden, schwärmerischen Temperamentes fest.[52] An Finney sehen wir einen übergroßen, zu ausschließlichem Ernst, fast Strenge, an Keller ein gelegentliches Sich-Gehen-Lassen ins Saloppe und Geistreichelnde, ein Sich-Fühlen, das von ihm wohl naiv als Stehen im großen Format, von anderen unter Umständen als Einbildung empfunden wurde.[53] Wesley beging die Torheit einer übereilten, widerspruchsvollen Heirat, der Dissonanz seines Lebens.[54] Der originale Schrenk musste sich vor Brüdern der »Ansteckung durch starke Persönlichkeiten« zeihen.[55]

Trotz solcher und wohl noch anderer Fehler unterschieden sich die Evangelisten sehr deutlich von Persönlichkeiten, die vielleicht weitergingen als sie und den Anspruch auf Vollkommenheit erhoben, aber keineswegs diesem Anspruch genügten wie Pearsall Smith und Pastor Paul.[56] Sie bewiesen sich in den Gefahren ihres Berufes.

Durch die Hände der Evangelisten gingen große Geldbeträge, zum Teil Millionen.[57] Whitefield sammelte für sein Waisenhaus in Georgia, Wesley verwaltete die Einnahmen aus seiner Schriftstellerei treuhänderisch, Moody unterstützte große Werke, z. B. den Y.M.C.A. (Christlicher Verein Junger Männer) mit Sammlungen in seinen Evangelisationen – nie konnte ihre Untadeligkeit infrage gestellt werden. Sie suchten nicht Geld, sondern Menschen. Wesley

---

[52] Ty. Wf. II 513-515 (C. Winter).
[53] Weichert 147 ff.
[54] Wl. Jn. III 515.
[55] Fleisch II 162.
[56] Fleisch I 25.
[57] W. Md. 389 ff. 426 ff.; Kl. Leben II 236.

verbrauchte, solange er lebte, nur den Betrag seines ersten Jahreseinkommens (28 Pfd. = 560 M.), und blieb dem Grundsatz treu, alles
andere zu verschenken, auch als er jährlich 1000 Pfd. hierfür auszugeben hatte.[58] Keiner dieser Weitgereisten und Vielbegehrten hinterließ
reiche Erben.

Ein Kennzeichen der Unantastbarkeit ihres Charakters war es auch,
dass ihnen trotz der Verehrung durch Tausende auch weiblichen
Geschlechts und des umfangreichen seelsorgerlichen Dienstes nie ein
Fehltritt auch nur vorzuwerfen war. Keller konnte schwärmerisch
veranlagten Personen »mit göttlicher Grobheit begegnen«, ähnlich
Schrenk;[59] Whitefields Predigt war vor seinen »jungen Schwestern«
über Christus als den besten Gatten, atmet trotz aller naiv-verfänglichen Parallelen den Geruch innerster Heiligkeit.[60]

2. Die evangelistischen Motive

Die Handlungen der Evangelisten geschahen aus einer Kraft der
Motive, die imstande war, alle Schwierigkeiten und Hindernisse des
zum Teil Neubruch darstellenden Arbeitsbereiches zu überwinden,
die Tätigkeit mit Feuer und Hauch zu erfüllen und das Retterwerk
nach Tiefe und Umfang zu einer Tat großen Stils zu machen. Diese
Motive stammen einesteils aus unmittelbarem Gesetztsein mit dem
religiösen Urakt selbst und leiten doch hinein in energischste Tätigkeit.

Als Antriebe allgemein-christlicher Art sind sie im Leben und
Werk jedes christlichen Arbeiters vorhanden, erfahren aber bei den
Evangelisten eine dem Auftrag entsprechende Steigerung der Eindringlichkeit und Kraft.

---

[58] Nuelsen 201 f.
[59] Weichert 157; Henrichs »Etliche zu Evangelisten«, 1922, 237.
[60] Wf. S. Nr. 5, S. 77 ff.

Sie sind in lebendiger Einheit unter sich dreifach ausgerichtet: die
Intention auf *Gott* und Christus in Form der Hingabe, Dankbarkeit
und Verantwortung; das Erfülltsein des *eigenen Innern* mit Liebe
und Erbarmen dem Volk gegenüber; und der evangelistische Drang
nach Gewinnung und Rettung der Menschen.

Das große Vorbild der *Hingabe* an Gott war Whitefield. Von
Natur schon seinem Temperament nach zu grenzenlosem Einsatz
und glühender Aufopferung geschaffen, erreichte sein Dienstwille
für Jesus die Reinheit eines weißglühenden Lichtes, in der erschütternden Kraft reinster christlicher Gestaltung. Immer von neuem
bricht aus seinen Tagebüchern, Briefen und Äußerungen eine
brennende Liebe zu Jesus und die Sehnsucht, sich vervielfachen
und ihm noch viel besser dienen zu können als mit seinem »armseligen« Werk.[61] Er kämpfte einen unablässigen Kampf mit zuneh-
mender Müdigkeit, dem gerade bezeichnende Ausdrücke dieser
letzten Hingabe entsprangen.[62] Mit prophetischer Voraussage seines

---

[61] Ty. Wf. II 253; Wf. 1750, Redruth (Wales) (Brief an Lady Huntingdon). Ich
wünschte mir mehr Zungen, mehr Leiber, mehr Seelen für den Herrn Jesus. Hätte
ich zehntausend, er sollte sie alle haben. – Ty. Wf. II 518; Wf. 1767, Gloucester. O,
wann werde ich beginnen für Jesus zu leben, wie ich möchte? Ich wünschte eine
Feuerflamme zu sein. – Ty. Wf. II 337; Wf. 1754, Bohemia. Ich bin heute 40 Jahre alt
und würde diesen Tag gern in Zurückgezogenheit und tiefer Beugung vor diesem
Jesus verbringen, für den ich so wenig getan habe und der so viel für mich getan und
gelitten hat. – Ty. Wf. II 498; Wf. 1766; London. Hätte ich Flügel, ich würde mit
Freuden von Pol zu Pol fliegen; aber sie sind gebrochen durch die schwachen
Arbeiten von 30 Jahren.

[62] Ty. Wf. II 333; Wf. 1754, New York. Willkommen, Müdigkeit für Jesus! – Ty. Wf. II
443; Wf. 1761, Bristol. Jesus lives when ministers die (Jesus lebt, wenn seine Diener
sterben). – Ty. Wf. II 172; Wf. 1747, Philadelphia. Gegenwärtig scheint meine ganze
Natur erschüttert zu sein. Ich hatte verschiedene Wiederholungen meiner Krämpfe
und habe beinahe immer heißes Fieber. Meinen Freunden zuliebe und mit großem
Bedauern habe ich einen Abend das Predigen ausfallen lassen und habe vor, es noch
einmal zu tun, damit sie mir nicht Schuld geben können, ich bringe mich selbst um.
Aber ich hoffe noch auf der Kanzel zu sterben oder gleich nachdem ich sie verlassen habe. – Ty. Wf. II 596; Wf. 1770, Exeter. In Exeter wurde er dazu bewogen, den
Leuten dort eine Predigt zu halten. Ein Freund sagte zu ihm: »Herr, es wäre für Sie
besser, ins Bett zu gehen als zu predigen.« »Gewiß«, antwortete Whitefield. Dann
klatschte er in die Hände, schaute zum Himmel auf und fügte hinzu: »Herr Jesus,

Todes[63] hielt er seine letzte, zweistündige Predigt auf freiem Felde, zuerst schwach, dann laut und mit hochrotem Kopf; sie »hätte genügt, ihn zu töten«. Er fuhr dann mit einem Boote nach Newbury Post, vermochte sich aber dort kaum zu erholen. Trotzdem hielt er vor dem Zubettgehen dem Volke, das sich bis in den Innenraum des Gasthauses gedrängt hatte, von dem Absatz der Treppe vor seinem Schlafzimmer eine Ansprache, die erst dann endigte, als die Kerze, die er in der Hand hielt, symbolhaft erlosch und »in der Hülse versank«. In der Nacht erwiderte er auf die Vorstellungen, er möge doch nicht so oft predigen, um Atem ringend: »I had rather wear out, than rust out« (Ich will mich lieber verbrauchen als verrosten). Er widmete noch der hinter und vor ihm liegenden Arbeit seine letzten Gebete, dann machte ein zweiter Asthmaanfall seinem Leben ein Ende.[64]

In ähnlicher, selbstbezwingender Hingabe brachte Wesley die Liebe zu Grace Murray seinem Dienst zum Opfer, als er durch Schnee und Sturm dem Ruf zur Arbeit folgte, obgleich er wusste, dass nach Whitehaven statt nach Newcastle reisen, »alles aufgeben« hieß.[65]

Wenn die Evangelisten ihren Dienst nicht nur aus Gottes Hand nahmen, sondern ihn auch für Gott taten, so war es namentlich das Motiv der *Dankbarkeit*, besonders für die Rettertat Gottes in Christus,[66] die sie beseelte, ebenso wie eine *heilige Verantwortlichkeit*. Nur das letzte Urteil Gottes über sein Wirken konnte dem Prediger des Kreuzes maßgebend sein, nicht der Geschmack der Menge oder zu befürchtende Schwierigkeiten.[67]

---

ich bin müde in deinem Werke, aber nicht deines Werkes. (I am weary in Thy work, but not of it.) Wenn ich meinen Lauf noch nicht vollendet habe, so lass mich gehen und noch einmal für dich auf den Feldern predigen, deine Wahrheit besiegeln und heimgehen und sterben!«

[63] Vgl. Ty. Wf. II 596 in der vorigen Anmerkung.
[64] Ty. Wf. II 597 ff.
[65] Wl. Jn. III 433.
[66] Vgl. S. 99, A. 1 Ty. Wf. II 337.
[67] »Frohe Botschaft« 1909, 406 (Schrk.).

Das stärkste der affektualen Motive ist das evangelistische *Erbarmen*. Es hat seine Wurzel in der *Liebe*, die pneumatischer Art und aus der Liebe Gottes herausgestaltet, das Verhältnis des Evangelisten zu seiner Umwelt bestimmt (vgl. S. 129, Anm. 71). Sie äußert sich einerseits im Mitleid mit dem leiblichen und geistlichen Elend der Hörer, wie es aus den Reden Whitefields so ergreifend spricht, andererseits in einem Erbarmen, das einige Stufen tiefer liegt und durch den heiligen Ernst bestimmt wird, mit dem der Evangelist die Welt und das Verhältnis der Menschen zu Gott sieht. Das Schicksal der *Verlorenheit* bringt in seine Stellung zur Masse jene ergriffene Anteilnahme und heilige Mitverantwortung, die dann in der Rede als Tiefton des Ringens um die dem Geschick der Verdammnis mit Recht Verfallenen diese mit heiligem Erbarmen ansprechen lässt.[68]

Aus der großen Hingabe an Gott, das heißt aber an das gottgewollte Ziel, und aus dem heiligen Erbarmen mit Not und Schicksal der Schuldigen folgt der *evangelistische Drang*, in rastloser Arbeit allen Menschen Gutes zu tun und ihnen nach Möglichkeit zu helfen, vor allem aber jenes Schicksal abzuwenden und sie zu einem gläubigen gottgehörigen Leben zu führen. Die erzieherischen und sozialen Werke eines Moody, Finney, Wesley und Whitefield sind bemerkenswert; aber hier, im geistlichen Retterdasein, hat ihre Tätigkeit doch ihren Herzpunkt. So jagte Whitefield, wie er sagte, »hinter armen, verlorenen Sündern in dieser evangeliumslosen Wildnis ein-

---

[68] Wl. S. S. I 332; Nast II 17. Die Kinder Gottes tragen Leid über die Sünden und das Elend der Menschenkinder. Allezeit haben sie ein schauderndes Gefühl hierfür, was einen tiefen Ernst auf ihren Geist bringt; ein Ernst, der nicht wenig wächst, seit die Augen ihres Verständnisses geöffnet wurden, wenn sie ständig den weiten Ozean der Ewigkeit vor sich sehen ohne Grund und Ufer, der schon Millionen und Abermillionen verschlungen hat und sich öffnet, um auch noch die Überlebenden zu verschlingen. Sie sehen hier das Haus Gottes auf ewig in den Himmeln; dort Hölle und Verderben ohne eine Deckung; so müssen sie die Bedeutung des Augenblicks fühlen, der gerade erscheint und dann für ewig vergangen ist. – Md. Way Home 81; Md. 1904. Wenn ich glaubte, es gäbe keine Hölle, würdet ihr mich nicht von Stadt zu Stadt gehen und Tag und Nacht damit verbringen sehen, zu predigen und das Evangelium zu verkündigen und die Menschen zu nötigen, der höllischen Verdammnis zu entfliehen. Ich würde die Dinge leicht nehmen.

her«,[69] und glich darin Booth, der, mit anderem Bild, »das Heil der Menschen suchte, so wie ein Liebender den Spuren seiner Geliebten nachgeht«.[70] Dieses innere Muss zur Arbeit erfüllte auch Keller;[71] es war so groß, dass er weinend auf seinem Bett saß, als ihm während der Berliner Übergangszeit (1891) die Möglichkeit zu predigen verschlossen war, und zu Gott betete: »Ich kann nicht leben, ohne zu predigen.«[72] Die Not des unterdrückten Predigtverlangens kannte auch Schrenk aus Afrika.[73]

Vom evangelistischen Drang kann geradezu als von einem *»Seelenhunger«* gesprochen werden.[74] Er wirkt sich aus in seinem *Arbeitseifer* (S. 88), wie er es Moody als Pflicht bezeichnen ließ, »jederzeit in roter Glut zu stehen, wenn es zu arbeiten gilt«,[75] und Finney veranlasste, etwa vor Antritt der Reise nach Utika (1825) »Tag und Nacht um das Heil der Seelen mit Gott zu ringen«.[76]

---

[69] Ty. Wf. II 178.
[70] Begbie 483 (Begbie).
[71] Kl. Leben I 93; (Keller über den 18. Februar 1881). Das Gefühl stieg übermächtig in mir auf: Jetzt bist du großartig beschenkt worden und andere gehen noch dahin in den Wurmgängen ihrer Verirrungen und in den Höhlen ihrer Armut. Darum musst du ihr Helfer werden. Nachher ließ mich Gott einige tausend Mal das Werkzeug an anderen werden, ihnen Lasten von der Seele zu nehmen oder ihnen die Brücken schlagen zu helfen aus der Schuldverhaftung zum Gnadenbewusstsein. Das aber war ein so großes Glück für mich selbst, dass es gewissermaßen meine Passion, mein Auftrag, mein Geschick, mein Lebensziel und Lebensinhalt geworden ist, solche seelische Arbeit an andern zu treiben.
[72] Kl. Leben I 235.
[73] Schrk. Pgl. 70.
[74] Begbie 344; Booth 1897, Irland (Tagebuch). Seelen! Seelen! Seelen! Mein Herz hungert nach Seelen! – W. Md. 335; über Moody 1881, Großbritannien. Er scheint immer auf der Suche nach Seelen, nein, hungernd nach ihnen.
[75] Md. To the Work 76; Auf, auf, Nr. 269, 12.
[76] Fn. 1921, 66.

3. Das Charisma

Den pneumatischen Voraussetzungen des Evangelistenberufes in Lebensstand und Motiven geht die spezielle Ausrüstung für diesen Dienst zur Seite, die sein eigentliches *Charisma*, die besondere gabenmäßige Eignung, ausmacht.

Für die erweckliche Redegabe wurde diese besondere Voraussetzung schon häufig festgestellt.[77] Sie umfasst aber die ganze Persönlichkeit, deren Zuschnitt, Charakter, Auftreten, Geistesart. »Der Evangelist«, ob haupt- oder nebenamtlich, ist ein bestimmter Typ, der in seiner geistigen und geistlichen Struktur bei aller Erhaltung des Reichtums an Individualitäten eine gottgegebene Auswahl und Möglichkeit zeigt, den erwecklichen Dienst in besonderem Maße zu tun.

Moodys Gebet war es durch Jahre, dass ihn Gott sterben lassen möge, wenn der *Geist der Erweckung* aus seinem Herzen aussterbe.[78] Dieser ist wohl ebenso sehr das unmittelbare Einwirken Gottes in Richtung der erwecklichen Tätigkeit als das Eingeordnetsein des Evangelisten in das lebendige Gesamtgeschehen der Bewegung. Er ist die ursprüngliche, momentane Tatsache, der frische Kern und Keim, dem die einzelnen Handlungen entspringen, der Kontakt mit dem transzendenten und zeitlichen Geschehen.

Die teilweise außerordentlich schnelle Ausbreitung der Erweckung (S. 57 ff.) hat als Grund außer den dort angezeigten Faktoren noch ein starkes personelles Moment: Die ansteckende Kraft der *erwecklichen Persönlichkeit*. Ihre Wirkung wurde oft mit Suggestion, Willensübertragung und Überwältigung gleichgesetzt, liegt aber nicht so sehr auf dem nervös-hysterischen, als auf dem gabenmäßigen und pneumatischen Gebiet. Eine gewisse natürliche Eignung und »Durchschlagskraft« der Persönlichkeit muss gegeben sein, wie

---

[77] Fleisch I 92 (Schrk.).
[78] Md. Faithf. Say. 32; Weg zu Gott 124.

sie den Großen der Geschichte zukommt. Diese ist aber bei den Evangelisten aufs Engste vereinigt mit ihrer *geistlichen Ausbreitungskraft (expansive Kraft)*, die als Gnade ihrem Lebensgeschick zuteil ward. *Der Evangelist ist Erwecker.* Es ist auffallend, wie sein Erscheinen oft einem Siegeszuge gleicht, der mit fast vorauszusehender Sicherheit Stadt für Stadt den Durchschlag bringt und ganze Bezirke ergreift. Ganz ausgeprägt war dies z. B. bei Finney der Fall.[79] Dies muss in einer erwecklichen Gabe liegen, die die Menschen unmittelbar anspricht und Tausende, die sich sonst nicht bestimmen lassen, zur freiwilligen Bejahung des vom Evangelisten Gebrachten veranlasst. Insofern ist hier »Ansteckung« nicht psychisch, sondern charismatisch als Gabe der Öffnung sonst verschlossener Türen und des leichten Eingangs, der besseren Möglichkeit der Übertragung des eigenen pneumatischen Anstoßes auf weite Kreise zu verstehen. Sie erklärt sich nicht restlos aus der Sendung und dem Format des Evangelisten, sondern stellt ein eigenes Moment in dessen Tätigkeit dar. Bruckner schreibt sie z. B. Whitefield in stärkerem Maße zu als Wesley.[80] Was John Newton von jenem in seiner Gedächtnisrede sagte: »Er scheint niemals vergeblich gepredigt zu haben«,[81] ist richtig: Im Vorbeigehen sozusagen rief Whitefield 1738 in Gibraltar eine Erweckung hervor und noch durch die Nachricht von seinem Tod und die damit verbundene lebhafte Rückerinnerung an das von ihm Gesagte wurde Benjamin Randall, der Begründer der Free Will Baptist Church (S. 397) zur Entscheidung gebracht.[82] Dies ist wohl auch mit der Grund, dass der Evangelist bis in sein Alter »gesucht« blieb.

Außer dieser weit greifenden, erfassenden Kraft muss den großen Evangelisten eine *anziehende*, um sich sammelnde Kraft zu Eigen gewesen sein. Es gab schon immer Persönlichkeiten, die diese Gabe in besonderem Maße besaßen; in der Volkssage begegnen wir einer

---

[79] Vgl. seine Anfangserfolge in Adams, Henderson u. a., Fn. 1921, 19. 21.
[80] Bruckner 103.
[81] Tholuck 191.
[82] Ty. Wf. I 121, II 601.

solchen in der Gestalt des Rattenfängers von Hameln. Ein gewisser *Magnetismus* geht von ihnen aus, der die Menschen unbedingt an sie kettet, sie in Scharen gewinnt, den Träger dieser Gabe mit Leichtigkeit zum Bewegungshaupt oder Haupt einer Sekte macht. Der Erscheinung des Nachwanderns und der glühenden Verehrung (S. 72 ff.) mag dieser Zug auch bei den Evangelisten ungeläutert und zugrunde gelegen haben, ebenso der des Massenzustroms (S. 63 f.).

Whitefield, Moody und Keller besaßen diesen natürlichen Magnetismus wohl in etwas stärkerem Maße als die übrigen Evangelisten.[83] Vielleicht steht dies in Verbindung mit der »helleren« Färbung ihres Charakters, mit der mehr zur Schau tretenden Liebenswürdigkeit und Offenheit fürs Publikum und dem größeren Reiz ihrer Persönlichkeit nach außen hin. Letztlich aber handelt es sich hier um etwas nicht rational aus dem Verhalten Ableitbares, um eine naturhafte Gegebenheit, die z. B. auch von Hans Nielsen Hauge als eine »beinahe magische Kraft« ausging.[84] Bei den Evangelisten konnte sie nur als Hilfe im Werk, nie aber als Mittel zum Zweck ihre Bedeutung haben.

Die *erweckliche Redegabe* ist derjenige Teil des Charismas, der am deutlichsten hervortritt. Die erweckliche Predigt unterscheidet sich ja schon rein äußerlich von anderen Predigttypen und es lässt zu vermuten nahe, dass diese bestimmte Redeweise mit einer dafür vorhandenen besonderen Begabung in Beziehung stehen musste. Auch hier ist es jedoch notwendig, tiefer zu gehen und das Spezifische nicht im Formalen, sondern im Pneumatischen zu suchen. *Die erweckliche Redegabe ist ein geistliches Charisma und besteht in der Gabe, mit Frucht anfassend und glaubenerweckend zu predigen.* Sie steht insofern in nahem Zusammenhang mit der erwecklichen Gabe überhaupt (S. 130 f.), die sich ja im Leben der Evangelisten vorwiegend im

---

[83] Townsend I 273; W. Md. 231.
[84] Günther, »Hans Nielsen Hauge«, 1928, 214.

Reden aktiviert. Die Tatsache des Vorhandenseins oder Nichtvor-
handenseins dieser Gabe beim Redner ist im Einzelnen unableitbar
und beruht auf der allgemeinen Verteilung der Charismen nach Auftrag und Arbeitsnotwendigkeiten. In ausgeprägtem Maße ist sie bei
den großen Evangelisten vorhanden und als Forderung für jeden
hauptamtlich evangelistisch Arbeitenden auszusprechen, grenzt sich
jedoch gegenüber den übrigen Teilen der Ausrüstung eines Predigers
nicht so scharf ab, wie zunächst anzunehmen scheint, und ist in
einem gewissen Umfang auch für den Träger des Gemeindepfarr-
amts fast als Norm zu bezeichnen.

Die evangelistische Redegabe und die Beredsamkeit (S. 144 f.) sind
meist, besonders bei den Großen, zusammen vorhanden, doch hat
nicht jeder Beredte die erweckliche Gabe und mancher Erwecker war
eigentümlich stark in der Wirkung, aber nicht in der Form und rein
rednerischer Kraft der Rede (z. B. Booth, S. 112).

Dass Evangelist-sein eine eigene Gabe ist, wird auch daran ersichtlich, dass das, was anderen schwere Bürde und auf die Dauer fast
nicht leistbare Aufgabe ist, ihnen Bedürfnis und Lebenselement
bedeutet: die unausgesetzte *Reisetätigkeit. Sie sind die geborenen
Reiseprediger.*

Biografisch schälte sich diese Bestimmung unter manchmal fast
humoristisch anmutenden Begleiterscheinungen heraus. Dass Keller
nicht in die – relativ großzügigen – Gemeindeverhältnisse in Düssel-
dorf passte und dort in der Zusammenarbeit mit den Amtsgenossen
überall mit den Ellenbogen anstieß, ergab sich aus seiner Eignung für
einen weiteren Rahmen und gerade nicht für das Pastorat.[85] Whitefield bekleidete jahrelang das Pfarramt in Savannah, bis er dem Strom
des Geschehens nachgab, der ihn stets von neuem in andere Arbeiten
riss, und einen kaum versehenen Dienst – in drei Jahren war er nur
29 Wochen im Bezirk seiner Pfarrei tätig gewesen – Ende 1740 mit

---

[85] Kl. Leben I 261.

Erleichterung und Dank gegen Gott Lebewohl sagte, um nunmehr »frei überallhin zu gehen, wohin es dem Herrn gefiele, ihn zu rufen«. Sein Beruf schien es ihm zu sein, als »presbyter at large« (Ältester ohne Gemeindeamt), d. h. sinngemäß »ins Weite«, zu evangelisieren.[86]

Die lokale Bindung wurde von sämtlichen sechs Evangelisten grundsätzlich aufgegeben und nur vorübergehend wieder gesucht, etwa als Stützpunkt für den Winter (Wesley, London), zur Erholung (Finney, New York 1832-1835) oder als Ausgangspunkt für die Reisetätigkeit, der mit örtlicher Erziehungsarbeit verbunden wurde (Finney, Oberlin ab 1835, Moody, Northfield ab 1879).[87] Das Leben dieser Männer war ein äußerlich gesehen ruheloses, innerlich befriedigtes Wanderdasein, von dem die mit Notizen über Zeit und Ort des Gebrauchs überdeckten Materialsammelkuverts Moodys, die Ortsangaben in den Tagebüchern Wesleys und in den Biografien Whitefields und Finneys und die Namenlisten der Jahreszusammenstellungen Kellers ein eindrucksvolles Zeugnis geben.

Dieser stete Wechsel des Aufenthalts hatte sachlich bestimmte Gründe. Art und Wirkung der evangelistischen Predigt sind stark durch das Wanderprinzip bedingt. Das Verbleiben bei *einem* großen Gegenstand, die offene Kennzeichnung der Schwächen und Sünden der Zuhörer, der persönliche Angriff auf dieselben, die bevollmächtigte Stellung und der Anspruch auf Gehorsam, die drastische Sprechweise und andere Züge der evangelistischen Predigt (s. u.) sind einem am Ort befindlichen Prediger in diesem Ausmaße nicht möglich und erfordern und begünstigen das Eingreifen eines Redners von auswärts und dessen Weggang nach vollbrachter Arbeit. Außerdem bietet die Reisetätigkeit den stark belasteten Evangelisten die Möglichkeit einer Ersparnis an Kraft und Wiederholung der Themen an anderen Orten (S. 338).

---

[86] Ty. Wf. I 446. 448; Nuelsen 96.
[87] Fn. 1921, 115. 122; W. Md. 307.

Für diese sachlichen Notwendigkeiten finden sich die dafür zuge-
schnittenen Persönlichkeiten, die das örtliche Verkündigungs- und
Hirtenamt gar nicht mit Gewinn übernehmen könnten, sondern sich
nur in diesem Element wohl und am Platz fühlen. Keller sollte häufig
an andere Stellen gerufen werden (Professor der praktischen Theologie, Generalsuperintendent, Schulung von Volksmissionaren u. a.),
lehnte jedoch alle derartigen Angebote ab, weil sie »doch zu einer
gewissen Bindung in seiner Tätigkeit geführt hätten«. Sein »heißer
Freiheitsdrang« ließ ihn davor zurückschrecken.[88] Auch Whitefield
betont mehr als einmal die Notwendigkeit, »von Ort zu Ort fliegen
zu können«.[89] Nur Finney unterließ von 1860 ab während der letzten
15 Jahre seines Lebens aus gesundheitlichen Gründen die Reisearbeit;
alle andern blieben ihr bis zum Ende treu.

4. Das Format

Hatten die großen Evangelisten die Voraussetzung des pneumatischen Lebensstandes mit dem christlichen Prediger, die des Charismas mit den übrigen Evangelisten gemein, so stellt sie das *große*

---

[88] Weichert, 161 f.
[89] Ty. Wf. I 495; Wf. 1741, Goggeshall, England (Brief). Gott lässt mich mehr und
mehr sehen, dass ich evangelisieren muss. Ich finde, Sie sind für Sesshaftigkeit
geschaffen. Handeln Sie, wie Gott Sie weist: Ich bin zum Gleichen bereit ... Ich
habe dazu Freiheit, unter alle Denominationen zu gehen. Ich kann mich an keine
einzelne anschließen, sodass ich an irgendeinen bestimmten Ort gebunden wäre.
Jeder hat seine eigene Gabe. Field-preaching (Feldpredigt) ist mein Platz. Hierbei
werde ich auf Adlers Flügeln getragen. Gott bereite mir überall den Weg. – Ty. Wf.
II 78; Wf. 1743, Bideford, England. So wenig ich daran denke, in London zu nisten,
so sehr bin ich in wachsendem Maße davon überzeugt, dass ich von Ort zu Ort
gehen soll. – Ty. Wf. II 254; Wf. 1750; Exeter, England. Montag Abend kam ich
nach Exeter und soll mich zu meinem großen Bedauern bis Freitag hier aufhalten;
denn ich achte jeden Tag für verloren, der nicht mit Feld-Predigt ausgefüllt ist. – Ty.
Wf. II 560; Wf. 1769, Rodborough, England. Ich war imstande, fünfmal in dieser
Woche zu predigen. Es ist gut, an die Landstraßen und Zäune zu gehen. Feld-Predigt, Feld-Predigt für immer!

Format in die Reihe der großen geschichtlichen Persönlichkeiten. *Ohne großes Format kein großes geschichtliches Werk.* Es zeigte sich bei den Evangelisten in der Größe ihres Charakters wie ihrer natürlichen Fähigkeiten, alles mit Beziehung auf ihr spezielles evangelistisches Werk.

Bezeichnend für große Menschen und die *Größe* ihres *Charakters* ist die *Weiträumigkeit der Seele.* Sie machte die Evangelisten den verschiedenen Verhältnissen gewachsen und erhielt sie wandlungsfähig bis ins Alter. Trotz aller Sorgfalt nicht pedantisch, waren sie ebenso zu kleinen wie zu großen Taten fähig. Eine Urgewalt wohnte in ihnen, die Kraft der *»großen Seele«.*[90] Katharina Mumforth, die Braut und später so bedeutende Gattin William Booths, schaute an diesem hinauf als an einem »Mann des Schicksals«, als »an einer *höheren Gewalt«.*[91] Auch Moody erschien den Zeitgenossen »wie ein großes Naturphänomen, wie eine elementare Macht«, ein Mann voll »Demut und gigantischer Stärke«.[92] Weichert bezeichnet Keller als einen *»ungewöhnlichen Mann«,* und dieser sagt selbst von sich: »Ich wäre Räuberhauptmann geworden, wenn ich nicht Jesu Knecht geworden wäre.«[93] Damit ist das *Ausmaß* der Persönlichkeit gekennzeichnet, das sich ins Ungewöhnliche entwickelte und diese Männer zu »champions of God«,[94] Helden Gottes machte. Etwas *Prophetisches* haftete ihnen an, das Wesley (!) in der Predigt über den heim-

---

[90] Townsend I 273 (Townsend über Whitefield). Er war eine Stimme, und zwar eine mächtige Stimme, und je mehr man die alten Berichte durchforscht, desto mehr stellt sich heraus, dass hinter der Predigt eine große Seele stand. – W. Md. 145 (F. B. Meyer über Moody). Welche Inspiration, als diese große, adelige Seele zum ersten Mal in mein Leben brach. – Begbie 63. Seine (Booths) Geschichte ist für die nächsten zwanzig Jahre die tragische Irrfahrt einer starken und urwüchsigen Seele, die ihrem Stern auf dem festgetretenen Weg der Autorität zu folgen versuchte.

[91] Begbie 88.

[92] W. Md. 446 (Dr. Goß), 337.

[93] Weichert 149, 25.

[94] Wl. S. S. II 522 (Wesley über Whitefield).

gegangenen Whitefield zu dem Ausruf veranlasste:»O, lass den Mantel deines Propheten auf uns fallen!«[95] Und Tyerman erfasste das Eigentümliche der geschlossenen, großen Persönlichkeit bei Wesley mit den Worten:»Es war eine *Ganzheit* um den Mann, wie sie selten zu sehen ist.«[96]

Die sich früh entwickelnde große Natur äußert sich in einem *Ehrgeiz*, der hier nicht Merkmal der kleinen, sondern der großen Seele ist, und der sich nicht zurechtfinden kann in den kleinen Verhältnissen. Sowohl von Booth wie von Moody wird dieser Ehrgeiz berichtet und Wesley wird er vorgeworfen.[97] Es handelt sich um die Auswirkung eines Temperaments, das fürs Herrschen, nicht fürs Dienen geboren war.

Dem großen Zug des Menschen entspricht seine *Originalität*. Die Evangelisten stehen als scharf umrissene Persönlichkeiten vor uns. Ihr Charakterbild, wie es aus der unter systematischen Gesichtspunkten gegebenen Gesamtdarstellung des evangelistischen Werkes zunehmend deutlich wird, hat bei jedem Einzelnen in Person und Arbeit eine eigene Klangfarbe, die wir durch alle Äußerungen des Wesens hindurch verfolgen können. Nach der Art des Vorgehens könnten wir Whitefield den brünstig Werbenden, Wesley den systematisch Aufbauenden, Finney den eindringlich Überzeugenden, Moody den liebreich Rufenden, Schrenk den heilig Kündenden, Keller den geistreich Nachgehenden nennen. Der hierin zum Ausdruck kommende Grundton im Charakter Whitefields war Erbarmen, bei Wesley Heiligung, bei Finney Ernst und bei Moody Liebe.

Diese den Evangelisten gegebene Originalität bedeutete für sie Gabe und Grenze zugleich. Ihre große Anziehungskraft begründete sich vielfach auf ihr; es war ein Schauspiel, diesen Mann zu sehen, und eine Gabe, ihn zu hören. Auch ergab sich die Kraft ursprüng-

95 Wl. S. S. II 526.
96 Ty. Wl. III 660.
97 Begbie 50; W. Md. 23; Southey-Krum. II 201 und oft.

licher Produktivität aus dieser Erhaltung des eigenen Wuchses. Dessen war sich Schrenk genau bewusst, der es mehr als einmal aussprach: »Ich darf nichts anderes sein als der Schrenk unter göttlicher Leitung und göttlichem Einfluss.«[98] Ähnlich hielt Finney den Charakter seiner Redeweise als ihm von Gott gegeben unbeirrbar fest[99] und Keller erklärte die ganze Art seiner Evangelistenarbeit für »die einzig ihm liegende und ihm mögliche«.[100] Gerade *so* ist er »von Gottes Gnaden der gewaltige Keller«, wie Weichert das Gesamturteil über ihn zusammenfasst.[101]

Die naturgegebene Eigenart eines Menschen ist der dritte Faktor neben dem beruflichen und religiös-kirchlichen Herkommen, der seiner Reichweite die Grenze setzt. Sein Teilauftrag wird wesentlich durch sie bestimmt. So erkannte z. B. Keller deutlich die »heilige Einseitigkeit« in Schrenks Person und Methode im Vergleich mit seiner eigenen apologetisch gewendeten Art und umgekehrt auch Schrenk. Keller setzt Interessierte, Schrenk Angefasste voraus. Der eine ist ein Mann der Interessen, der andere – im engeren Sinne – ein Mann der Bibel.[102]

Die Grenze der Persönlichkeit ist noch deutlicher als für den Einzelnen den anderen neben ihm gesetzt. *Wie die Evangelisten niemand nachmachen können, sind sie unnachahmbar.*[103] Höchstens ganz ähnliche innere Veranlagungen, wie sie etwa bei Vetter und Finney vorliegen mögen, rechtfertigen eine Übernahme der Methoden und Wesensart. Was bei dem einen heilig-natürliche Originalität ist, kann bei der Kopie schädlich wirken. Auftrag, Werk und Ausrüstung sind in keinem Fall die gleichen, ebenso wenig wie Situation und Zeit.

---

[98]   Schrk. »Seelsorgerliche Briefe«, I. Bd. 1909, 123; Fleisch II 162.
[99]   Fn. 1902, 63; 1921, 44.
[100] Kl. Leben II 169.
[101] Weichert 48.
[102] Kl. Leben II 167; Weichert 150.
[103] Vgl. Ty. Wf. II 625 (J. Newton über Whitefield).

Neben dieser Gesamtgestalt des Wesens bestimmt die spezielle Artung des Gemüts- und Willenslebens das *Temperament*, das Sonderbild der Evangelisten, und bildet durch Lebhaftigkeit der Empfindung und Energie der Gestaltung mit das große Format. Die Intensität und Gesamtrichtung des Temperaments ist verschieden. Whitefield wie Keller waren Feuergeister, Männer von überschäumender Gemütsart, wozu bei Whitefield eine Überschwänglichkeit und Gefühlsgetränktheit des Empfindens kam, welche die mit vielen »Ohs! Hallelujas! Blessed be God! Grace!« versehenen Jugendtagebücher von vielen spöttisch belächeln ließ. Natürliche Güte und Großherzigkeit waren ihm ebenso wie Wesley, Moody und Keller zu Eigen. Wesleys gewinnende Liebenswürdigkeit entwaffnete oft Gegner, die in ihm alles andere als einen »noble gentleman« anzutreffen erwartet hatten, und machte den Greis mit den Silberlocken zu einer viel verehrten Gestalt (S. 148). Seine tatkräftige Natur ließ ihn jedoch »rough« und »earnest« (rau und ernst) – bei ihm sehr beliebt Worte – reden und handeln, sodass er selbst einmal von einer Predigt, die 50 Pfund Kollekte einbrachte, die Bemerkung machte, eine so »raue Barmherzigkeitspredigt« sei wohl noch kaum gehört worden.[104] Finneys ganze Charakteranlage geht, wie schon erwähnt, nach der Seite eines tief dringenden Ernstes, der die Kraft seiner Predigt ausmachte, aber nur bei ihm dem großen Charakter, in dieser Ausschließlichkeit tragbar war. Moody war eine Frohnatur, »der bei jedem Sonntagsschulausflug der Fröhlichste und voller Spiele und Einfälle gewesen wäre«, und dessen Heiterkeit und Freudigkeit ansteckend und in ihrer Unmittelbarkeit in der Versammlung durchschlagend war. Zartheit und Liebe waren ihm wie selten jemand eigen, dazu eine große, ernste Überzeugtheit und Hingabe.[105] Schrenk war wie seine Rede kernig, gedrungen, markig, »ein ganz und gar männlicher Pietist«,[106] von großer Nüchternheit und ausgeprägtem Wirklich-

---

104 Wl. Jn. III 66.
105 W. Md. 219. 283. 489.
106 Henrichs »Etliche zu Evangelisten« 239 f.

keitssinn. Keller, im Übrigen mehr eine Künstlernatur, besaß Letzteren in ebenso hervorragendem Maße.[107]

Nach der *Willensseite* im Charakter war wohl Wesley am stärksten veranlagt. Seine Tagebücher erzählen schlicht und sachlich Großtaten unbeugsamer Energie, »promptness« und Hindernisüberwindung.[108] Diese Entschlossenheit und Zielstrebigkeit, die sich bei ihm in unablässigem Reisen kundtat, erstand bei Finney wieder in der Energie, mit der dieser in der Predigt und in der Behandlung der Menschen auf ein Ziel losging. Beide waren ausgeprägte Willensmenschen, die Taten und Wirkungen suchten. Wesleys Streben war »glühend, aber nicht fanatisch«,[109] Finneys Gefühlsleben scheint vom Verstand geleitet, stark abrupt und – ähnlich dem Whitefields – sehr intensiv, mit stärksten Ausschlägen und stärkster Zucht (S. 119 f.).

Eine Summe *natürlicher Gaben* ist die Voraussetzung des großen Werkes. Dieses ist keineswegs »Glückssache«; der Erfolg ist vielmehr Ergebnis der Gnade, der Arbeitsausrüstung und der Arbeitsleistung.[110] Meist weisen die großen Werkzeuge ein erstaunliches Beieinander von großen Gaben auf, deren eine schon genügte, dieses Leben über den Durchschnitt zu erheben. Die *Vielseitigkeit* der Veranlagung ist nicht immer gleich und nie ohne Sinn, d. h. ohne Beziehung auf das aufgetragene Werk, während die *Größe* der Veranlagung bei allen festzustellen ist.

Unter dem *Erbgut* bestimmt nicht nur die biologische Erbmasse, sondern auch die geistige Haltung des Elternhauses das Schicksal des Werdenden. Dass Wesley aus einem Pfarrhaus stammte, in Whitefields Familie ein Großvater und zwei Onkel Pfarrer und zwei Tanten Pfarrfrauen waren, Keller aus einem geistig beweglichen, frommen

---

[107] Weichert 217.
[108] Wl. Jn. III 278 f. 348. 351.
[109] Ty. Wl. III 29.
[110] Vgl. Gledstone 373.

Lehrerhause auf der Insel Ösel und mütterlicherseits aus alter Pasto-
renfamilie hervorging, Moody einer puritanischen Familie entwuchs
und Schrenk bibelerfahrene Großeltern und einen rationalistisch-
frommen Vater hatte, war für ihr Werden und die Gestaltung ihres
Lebenswerkes von großer Bedeutung.[111] Lediglich auf Finney wirkten keine religiösen Einflüsse von Jugend auf ein, da sein Elternhaus
gleich dem der meisten Kolonisten ungepflegt war.[112] Eine gewisse
Summe natürlicher Begabungen ist aber ebenso vorhanden, deren
Linie sich vielfach in die Leistungen und Veranlagungen der Voreltern
zurückverfolgen lässt. So berichtet Keller sehr lebhaft von des streng-
gläubigen Vaters Auffassungskraft, Energie und Humor und von der
Mutter Fantasie, Gemütsleben und Redegewandtheit – was sich alles
in ihm selbst später spiegelte.[113] Ein schönes Denkmal setzt Simon der
außerordentlich reich veranlagten und verstandesklaren »Mutter des
Methodismus«, Susanna Annesley,[114] der Lebensgefährtin des dich-
tenden Epworther Pfarrers Samuel Wesley, der Enkelin eines großen
Rechtsgelehrten und Tochter eines bedeutenden Predigers, Mutter
eines Kirchenhaupts und Liederfürsten, des Gründers und Dichters
des Methodismus, John und Charles Wesley. – Auch Schrenk zeigte
starke Erbanlagen. Sein Vater, ein »begabter, unternehmender und
gottesfürchtiger Mann«, hatte viel von der Welt gesehen und 13 Jahre
in der Armee gedient, auch unter Napoleon gekämpft. Er betrieb
Schneiderei, Ackerbau und eine Gemischtwarenhandlung – alles
Dinge, die dazu angetan waren, eine Atmosphäre des Weitblicks, der
Energie und Lebensbemeisterung auch für den heranwachsenden
Knaben zu schaffen. Sie begleitete ihn, wie der »heroische Charakter« der Mutter blut- und gestaltungsmäßig Moody bestimmte.[115]

---

[111] Ty. Wf. I 3; Kl. Leben I 9 ff.; W. Md. 11 f.; Schrk. Pgl. 7 f.
[112] Fn. 1921, 8.
[113] Kl. Leben I 9 f.
[114] Simon 56.
[115] Schrk. Pgl. 7; Md. Kassel 8.

Das Erbgut zeigt sich deutlich im unentwickelten, noch nicht durch Einflüsse von außerhalb hindurchgegangenen Kind und Jugendlichen. Keller erzählt sehr unterhaltend von den frühen Regungen der Naturanlage, von seinem »Kneifzangengedächtnis«, seiner lebhaften Fantasie, dem Sinn für Humor, der dramatischen Begabung, dem vielseitigen Interesse, der angeborenen Befähigung zum Unterrichten – all das machte ihn zu einem ersten, aber oft auch nachlässigen Schüler.[116] Auch Schrenk nahm fast immer den ersten Platz in der Schule ein.[117] Wie bei Keller so regten sich auch bei Whitefield schon früh die Neigungen eines dramatischen Naturells im Lesen und Aufführen von Schauspielen.[118] Die Führeranlage machte Wesley und Moody schon in der Schulzeit zum Haupt eines Kreises von Jüngeren.[119]

Der Einfluss der Bildung ist nicht für das Vorhandensein aber für die Entwicklung der Erbanlagen bedeutsam. Wesley besaß etwa Whitefield gegenüber nicht nur eine Reihe wohldisziplinierter Vorfahren, sondern stellte selbst den Typ des feingegliederten Edelboy alter angelsächsischer Kultur dar, der, durch die besten Schulen des Landes gegangen, über alle Voraussetzungen einer glänzenden Laufbahn verfügte. Die edle Wohlgepflegtheit des auf dem Pferde griechische Klassiker lesenden Evangelisten bildet ein merkwürdiges Gegenstück zur wahlloseren Art des im Format gleich großen Whitefield.

Im Range vor der intellektuellen und künstlerischen Gabe steht die *Führergabe*. Sie besteht in der *Kraft des Handelns*, d. h. in dem Vermögen, *das für eine Gesamtheit Notwendige zu erkennen, zu veranlassen und durchzuführen*.

---

116 Kl. Leben I 12-24.
117 Schrk. Pgl. 10.
118 Ty. Wf. I 5, 13.
119 Nuelsen 20; W. Md. 20.

Die Predigt der Evangelisten war in stärkstem Maße führendes, leitendes, veranlassendes Handeln, eine Gestaltungstätigkeit größten Stils vor Massen, ein Beweis besten Könnens.

Ohne Rücksicht auf das Herkömmliche taten sie den Schritt ins Freie oder brachen der Evangelisation in unerschlossenen Ländern Bahn und erfassten so die notwendigen Wandlungen der Arbeitsform.

In der Versammlungspraxis selbst bewährte sich ihr Führertum in der Beherrschung und Leitung der Großversammlungen, in der natürlichen Eignung, als Mittelpunkt und Durchgangspunkt der zahllosen Fäden geistiger und technischer Art zu dienen, die den komplizierten Organismus derselben ausmachen. Selbst Whitefield, dem die Gabe des Organisierens abgesprochen wird, bewies sich doch als Meister der Versammlung, indem er einen Riesenschwarm von Menschen hinter sich herzog, sie innerlich und äußerlich gestaltete und damit Geschichte machte.

Die organisatorische Kraft, ein wesentliches Teilstück der Führerbegabung, zeigte sich in der Vorbereitung und Durchführung der Veranstaltungen sowie diese nicht mehr selbstgegebener Ausdruck der Zeit, sondern ein anhebendes Mittel der Arbeit geworden waren (spätere Epoche der Evangelisation). Moodys »Genie im Lenken von Kräften« war anerkannt. Schon als junger Mensch verstand er es, in seiner »Leibgarde« unter den »Arabern« Chicagos »Rekruten« für sein Werk »zusammenzutrommeln« und 1500 unbändige Kinder seiner selbstgegründeten »Sonntagsschule« im Zaum zu halten. »Die Dinge in Bewegung zu erhalten«, war auch später seine Vorliebe.[120] – Ein Führer von größtem Format, den Macauly hierin neben Richelieu stellt, war John Wesley, »the master builder« (der große Baumeister), wie ihn Simon nennt.[121] Seine Bedeutung und Unentbehrlichkeit wurde von ihm selbst, halb humoristisch,

---

[120] W. Md. 414. 51. 459.

[121] Ty. Wl. III 660; Simon, »John Wesley, The Master-Builder«, 1927.

erkannt.[122] Er vereinigte in sich ein seltenes Maß von Beherrschtheit, Wille, Glaube, Mut, Geistesgegenwart, Erkenntnis der Situation, blitzschnellem Handeln[123] und in dem allem die Gabe des geborenen Führers, die *Gabe zu veranlassen.*

Es ist nicht verwunderlich, wenn die Führerbefähigung und die *Beredsamkeit* in engem Zusammenhang stehen und in der Geschichte oft vereinigt vorkommen. Die Gabe zu veranlassen umfasst ebenso wohl Energie wie Mittel zur Ausführung, deren Größtes die Rede ist. Diese bei ihnen in abgestuftem Maße vorhandene Rednergabe teilten die Evangelisten mit allen *»geborenen Rednern«* auch des nicht-religiösen und nicht-erwecklichen Redegebietes. Whitefield hätte es, wie Tyerman urteilt, mit der Verwendung dieser Gabe in einem weltlichen Beruf zu Ruhm und Reichtum gebracht[124] und von Keller äußerte nach dessen erstem Auftreten als Sittlichkeitsredner in Berlin 1891 eine sozialdemokratische Zeitung verständnisvoll, dies »sei das Holz, aus dem man Volksredner schnitzen könnte«.[125] Hiermit ist das in gutem Sinn »Demagogische« bezeichnet, das, durch das Pneuma geheiligt, die Kraft dieser Redner vor dem breiten Volke und ein weiterer Grund ihrer anziehenden Wirkung auf die Massen war.

Der ausgesprochenste »Redner« war Whitefield, »ein hinreißender Spieler auf einem unerreichten Instrument volkstümlicher

---

[122] Southey-Krum. 200. »Das Ansehen, welches ich habe, suche ich nie«, sagte Wesley (zu seinen Predigern), »unerwartet und ungewünscht ging es aus dem Werk hervor, welches ich nach dem Willen des Herrn zustande brachte. Hundertmals habe ich mich bemüht, meine Gewalt auf andere zu übertragen; allein bis jetzt kann ich es nicht. Ich muss also fortfahren, die Last auf meinen Schultern zu behalten, bis sich jemand findet, der mich von ihr befreit.«

[123] Wl. Jn. III 160; Wl. 1745. Ich hatte mich oft im Stillen darüber gewundert und es auch andern gegenüber manchmal zum Ausdruck gebracht, dass zehntausend Sorgen verschiedenster Art meinem Geist nicht mehr Last und Bürde bedeuteten als zehntausend Haare auf meinem Kopf. – Ty. Wl. III 471; Wl. 1786. Ich lasse mich sehr selten durch Eindrücke leiten, sondern im Allgemeinen durch die Vernunft und durch die Schrift. Ich sehe unendlich viel mehr, als ich fühle.

[124] Ty. Wf. II 627 f.

[125] Kl. Leben I 236.

Beredsamkeit«.[126] Der Strom seiner Rede kam hernieder wie ein »Sturzbach aus der Höhe«, gleich einem »aufschäumenden Quell.«[127] Selbst das gedruckte Wort gibt hiervon noch einen Begriff, wenn es auch die Wirklichkeit nicht zu erreichen vermag. Seine Redegabe war so sehr ein Stück seines Lebens, dass er »nicht natürlich sein konnte, ohne sie zu gebrauchen, und dass es Ziererei gewesen wäre, sie beiseite zu lassen«.[128]

Wesleys Beredsamkeit war anders als die Whitefields, scharf, schlagartig, aber nicht minder von Wirkung. Gleich ihm erhoben sich Finney und Moody zu Höhen der Redekunst, die aus großer ursprünglicher Begabung kam. Wie Spurgeon besaßen sie eine »Leichtigkeit in der Handhabung des Worts«,[129] die sie zu den ganz großen Rednern stellt. Selbst Schrenk hat eine naturhafte, edle Einfachheit der Sätze, die ein Bild klarer, ursprünglicher Begabung bietet.

Auch die *intellektuelle und künstlerische Befähigung* der Evangelisten wies Überdurchschnittshöhe auf. Es ist kein Zweifel, dass sie sehr »kluge« Leute waren. Ihre Gabe der Menschenkenntnis, ihr Überblicken der Situation, ihr einfühlendes Verstehen zeugt von einer hohen divinatorischen Veranlagung, der Fähigkeit des geistlichen Erratens und Durchblickens, die mit zur Führerausrüstung gehört. Finney – und wohl nicht nur er – besaß die durch langjährige Übung entwickelte Gabe, die innere Situation einer Gemeinde, die er täglich um sich versammelt sah, klar zu durchschauen, und vermochte deshalb an verschiedenen Orten nie den gleichen Gang seiner Arbeit einzuhalten.[130] Dieser *»evangelistische Blick«* ist für die umherreisenden Prediger eine notwendige Ausrüstung natürlicher und pneumatischer Art. Wesley las »mit scharf unterscheidendem Auge im Innern

---

[126] Rigg 129.
[127] Ty. Wf. I 429; Southey-Krum. II 231.
[128] Ty. Wf. I 306.
[129] Weichert 219 (über Keller).
[130] Fn. 1879, 256; 1921, 267.

derer, die sich ihm näherten«.[131] Schrenk, der als Ladengehilfe die
Grundzüge psychologischer Physiognomie erlernt hatte, war ein
Meister der Seelsorge.[132] Eine erstaunliche *psychologische Begabung*
spricht aus den Reden der Evangelisten, besonders Wesleys und
Finneys.[133] Ihre Meisterstücke psychologischer Beobachtung sind
wohl aus der seelsorgerlichen Praxis geschöpft und stellen besonders
in der Psychologie der Bekehrung eine Vorstufe neuerer Bemühungen (James, Starbuck) dar. Ebenso bringt Keller, geleitet von einem
feinen, aus Gabe und Liebe geborenen Einfühlungsvermögen, gut
gezeichnete Umreißungen moderner seelischer Lagen und Vorgänge.[134]

Die *denkende Verarbeitung des Lebens* findet sich ebenso bei
den weit gereisten Evangelisten, die unzähligen Verhältnissen und
Menschen begegneten und in ihren Nachversammlungen und
Sprechstunden Einblicke taten wie selten jemand. Die unnachahm-
bare realistische Färbung ihrer Darlegung setzt die Einreihung dieser
Beobachtungen in das Gesamtbild des Lebens und die Heranziehung
der verschiedensten Geschehnisse in den Zusammenhang des verkündigten Worts und damit einen denkbegabten Menschen voraus.

Erst in letzter Linie kommt innerhalb der intellektuellen Begabung
das rein *logische Denk- und Gestaltungsvermögen*. Es ist nicht un-
wichtig für die Arbeit der Evangelisten; der rationale Faktor darf aber
gegenüber den charismatischen und selbst den eben gekennzeichne-
ten personell-aktiven Momenten nicht überschätzt werden.

Über besondere logische Kraft verfügten Wesley und Finney.
Wesley ist der Logiker Kat'exochen. Die Nummern in seinen
Predigten, die nach Abschnitten und Unterabschnitten durchbezif-
fert sind, sind typische Beweise. Diese Logik ist echt gewachsen,

---

[131]   Southey-Krum. II 110.
[132]   Schrk. Pgl. 17.
[133]   Z. B. Wl. S. S. I, Nr. 9 (Geist der Knechtschaft und Kindschaft), Nr. 12 (Gnaden-
        mittel); Fn. G. Th., Nr. 5 (Ausreden der Sünder).
[134]   Vgl. Kl. Furche 168. 196; Mod. Hdpr., Nr. 4, S. 7.

streng durchgeführt, machtvoll geordnet. Die Form des Denkens und die Logik der Sache bilden eine wundervolle Einheit in gleich großer Genauigkeit und Sauberkeit. Diese innerliche Reinlichkeit gab der Predigt mit die Gewalt.

Anderer Art ist Finneys Logik. Sie ist einlinig final, nicht konstruktiv; beweisend, nicht aufbauend; nominal-logisch und nicht schöpferisch. Er ist der stärkste Rationalist unter den Evangelisten, mit einer besonderen Gabe für sein so denkendes und so empfindendes Zeitalter.

Das Gegenstück zu diesen beiden Logikern sind die beiden Poeten Whitefield und Moody. Sie denken nicht in Unterordnungen, sondern in Nebenordnungen, und überzeugen mehr durch Inbrunst ihres Impulses als durch zwingende Beweisführung. Dass eine gewisse Kraft der Logik, als für jeden Redner nötig, bei allen Evangelisten vorhanden war, versteht sich von selbst.

Schließlich gehört in diesen Zusammenhang die glänzende *Allgemeinbegabung* mancher Evangelisten, z. B. Wesleys und Kellers.[135] Wesley lernte während seines kurzen Aufenthalts in Amerika 1735/37 auf der Hinfahrt Deutsch und dort Spanisch und Italienisch und verfasste für die Schule in Kingswood eine englische, lateinische, griechische, hebräische und französische Grammatik. Auch stellte er für seine Prediger eine ganze Bibliothek allgemeinen Wissens zusammen. Dass Finney und Moody zugleich Leiter großer Erziehungswerke waren, beweist die gleiche, umfangreiche Veranlagung.

Die große schöpferische Produktion der Evangelisten in ihren Reden erfordert *künstlerische Begabung. Die Gestaltung aus dem Ursprünglichen* der Seele sowohl als des Moments (S. 182-210) ist eine eminent künstlerische Leistung, noch vor aller Formgebung im Einzelnen. Hierin erwiesen sich alle Evangelisten als Künstler, d. h. als Könner und Schaffer. Dieses ihr Künstlertum prägte sich dann aber auch

---

[135]   Weichert 227 f.

aus in der *großen Redegestalt* (S. 210-310) und in *speziell* künstlerischen Zügen der Darstellung, wie Farbigkeit, Anschaulichkeit, dichterischer Form, besonders auch dramatischer Erhöhung der Rede (S. 310-340).

Auch in der *körperlichen Ausrüstung* erwies sich das große Werkzeug als ein Organon, ein Arbeitsmittel von besonderem Ausmaß.

Schon die *äußere Erscheinung* war zum Teil von bedeutender Wirkung. In ihr kam die Persönlichkeit und all ihr Unwägbares und Einmaliges zum Ausdruck.

Ein milder Hauch von Autorität umschwebte schon den jungen Wesley. Sein schwarzes, sorgfältig gescheiteltes Haar, der ruhende Ernst seines Gesichts, sein ganzes Auftreten machten ihn auch für den ihm keineswegs wohlgeneigten Kennicott zu einem »ungewöhnlichen Mann« (S. 135). Seine Gestalt beschreibt Rigg als »obwohl klein, doch ebenmäßig, elegant und männlich« und Southey gibt eine Schilderung des »wunderbaren Greises« mit den weißen Haaren und der Adlernase, der in königlicher Haltung, stets eilig, da seine Zeit knapp bemessen, durch die Straßen Londons ging.[136] Auch Kellers Persönlichkeit wirkte unmittelbar autoritativ und Schrenk war, wenn auch in anderer Weise, »eine würdevolle Erscheinung«.[137]

Die Gewalt der *Augen*, bei der Rede und Seelsorge von nicht zu unterschätzender Bedeutung, wird für Wesley, Whitefield und Keller ausdrücklich erwähnt. Ebenso wird die »reine Transparenz« des »hellen *Gesichtes*« und der beredte Ausdruck der Züge Wesleys hervorgehoben; dieses ist mit seinem »Schein« Durchbruchsstelle transzendenter Kräfte.[138] Unersetzlich ist für die Rede auch die Gebärdensprache und der Ausdruck der Stimme (S. 188-192), mit deren Bezeichnung als »Organ« schon ihr Bestimmtsein zum Werkzeug

---

[136]   Rigg 126 f.; Wl. S. S. I 89, vgl. auch Titelbild in Townsend I; Southey-Krum. II 526.
[137]   Weichert 186; Z. Th. K. 1897, 272 (Grünberg).
[138]   Rigg 127; Wf. S. 796; Weichert 184.

und Vermittler höherer Anstöße bei den geistlichen Rednern angedeutet ist.

Der Körper ist in der Rede nicht nur, wie eben geschildert *Symbol*,
sondern auch *Arbeitsmittel*. Bei der ungewöhnlichen Beanspruchung
der Evangelisten war für sie ein besonderes Maß von *Leistungsfähigkeit* Voraussetzung. Wesley bestritt die Arbeit von »einem halben
Dutzend gewöhnlicher Menschen«, war noch als 80-Jähriger ein
Wunder von Arbeitskraft und stapfte als 82-Jähriger durch Sumpf
und Schnee der Straßen Londons auf Bittgängen für seine Armen.[139]
Moodys erstaunliche Ausdauer wurde auf sein kindlich-gläubiges
Freisein von Arbeitsskrupeln, auf seine Gabe, jederzeit schlafen zu
können, und eine gewisse weise Beschränkung auf das ihm Erreich-
bare und Gemäße, besonders aber auf seine körperliche Konstitution
zurückgeführt, die erst nach 55 Lebensjahren ähnlich der Kellers die
ersten Spuren der Ermüdung zeigte.[140]

Besondere Anforderungen werden außer an Herz und Nerven
durch den Evangelistenberuf an die *Stimme* gestellt. Bis zu siebenmal
an einem Tage zu sprechen und dazwischen unausgesetzt in Anspruch genommen zu sein, erfordert eine unverwüstliche Kraft des
Organs. Und für Zehntausende noch verständlich zu sein, selbst im
Freien und bei ungünstigem Wind, beweist eine stimmliche Leistungsfähigkeit, die besonders bei Whitefield erstaunlich ist. Sein
wundervoller Bass rollte über die größte Menschenmenge dahin und
war noch an deren Außengrenze verständlich. Seine Stimme soll auf
eine Entfernung von einer oder gar zwei Meilen hörbar gewesen sein.
Noch bei seiner letzten Predigt schwoll sie zu ihrer alten, »löwen-
gleichen Stärke« an.[141]

---

[139] Ty. Wl. II 514, III 405. 458.
[140] W. Md. 184. 234. 400.
[141] Ty. Wf. I 271. 375, II 596; Gledstone 139.

Vierter Teil: Die Gotteszeit

I. Die Kategorie des Handelns

Nicht der Gedankengehalt, sondern der Aktgehalt (Akt im Sinne von actio) *entscheidet über Sinn und Recht eines geschichtlichen Phänomens.* Das Aktwerden ist geradezu die Erfüllung des Gedankens, ohne das er ein leerer Schemen bleibt. Die ganze Geschichte der Evangelisation trägt Handlungscharakter, vom Handeln Gottes an bis zum Handeln des Menschen im beauftragten Wirken und im geöffneten Hören. Echtes Geschehen setzt echtes Handeln voraus; ohne Handeln kein Geschehen. Hochgeschichte ist hohes Handeln. Pneumatisches Geschehen, letzter Kern der Geschichtsgetragenheit der Vorgänge, die wir hier – handelnd – betrachten, hat seine Voraussetzung im höchsten Willen und Tun.

II. Die Gotteszeit als Gesamtphänomen

Im weiteren Sinn ist jede Zeit Gotteszeit, in der er handelt. Im engeren Sinn ist Gotteszeit die Zeit, in der sein Handeln einen Höhepunkt, ein geschichtlich gewaltiges Geschehen erreicht und heraufführt, im Reich Gottes die großen, richtunggebenden Durchbruchs- und Gestaltungszeiten.

»Zeit« in diesem Sinne ist ein Gesamtgeschehen. Nicht eine zufällige Summe von vielleicht gesteigerten Einzelvorgängen, sondern ein komplexes Gebilde starker Eigenrichtung und Gesamtausprägung. Der Komplex stellt eine organische Einheit dar und ist als Gesamtgestalt höherwertig als die Einzelglieder zusammen, nicht im Sinne der schöpferischen Synthese, sondern als ein Gebilde höherer Lebensordnung, als der Träger und Inbegriff höheren Geschehens. Ob ein Willensanstoß »Zeit«-gestalt erreicht, ist entscheidend für seine Wertigkeit.

Die »Zeit« als ein komplexes Gebilde umfasst die menschlichen Voraussetzungen und den unmittelbaren, göttlichen – im geschichtsphilosophischen Sinne schicksalsmäßigen – Anstoß. In den irdischen Gegebenheiten wirkt sich das göttliche Handeln geradeso aus wie im pneumatischen Anstoß der Stunde.

Das reich gegliederte Werden, die vielfältigen menschlichen Beziehungen und die organische Einheit der Bewegung, ferner die Großphänomene der Versammlungen und der durch ganze Länder gehenden Erweckungen sind als überindividuelles und vom Einzelnen gar nicht produzierbares Geschehen ebenso sehr dem menschlichen Belieben entrückt als das Erscheinen großer, geschichtsbildender Persönlichkeiten. Charisma, Format, Berufung und Ausrüstung der Letzteren zeigen eine solche Fülle von Einzelgegebenheiten göttlichen Wirkens, dass bei ihnen wie bei allen diesen »Trägern« pneumatischen Geschehens von einer göttlichen Voraussetzung gesprochen werden muss.

Von besonderer Wichtigkeit ist die Gleichzeitigkeit, *die gleichzeitige Gegebenheit dieser Voraussetzungen*. Es ist ein Zusammenschießen der Faktoren, das stattfindet (S. 120), ein gemeinsames Vorhandensein wertvollster, reichster Gaben und Kräfte, ein bedeutendes Ausmaß auch der unmittelbaren, pneumatischen Anstöße. Ohne dieses Zusammenbestehen, das z. B. im zugerüsteten Bereitsein des 55-jährigen Schrenk beim Einsetzen des akuten Abschnitts der deutschen Erweckungsbewegung zum Ausdruck kommt, wäre das gewaltige Geschehen, die »Lawine« der Erweckung, nicht denkbar. Sie ist insofern kein »wunderbares«, sondern ein reich differenziertes und geschichtlich-organisch auftretendes Gebilde. Die Zeit ist »erfüllt«.

Von diesem Eingeordnetsein in das Gesamtphänomen der »Zeit« erhalten die Einzelphänomene ihr Recht, ihren Sinn und ihr Verständnis.

Neben den »Trägern« des Zeitgeschehens, der Bewegung und dem Organon, erfordert der unmittelbare pneumatische Impuls unsere Aufmerksamkeit. Und zwar betrachten wir ihn hier hinsichtlich der *pneumatischen Gesamtgetragenheit der Zeit*, noch nicht in seiner Auswirkung im Augenblick (S. 154 f.).

Es gibt offensichtlich neben, in und über den irdischen Trägern und geschichtlich fest umrissenen Begebenheiten der Erweckungen Dinge und Vorgänge, die, meist nur in Bildern auszudrücken, ein letztes Walten Gottes vom Himmel darstellen, das dem Augenblick erst seinen ungeheuren Anstoß und seine Mächtigkeit gibt. Wenn in den Berichten von dem »tiefen Donner der Moody'schen Bewegung« die Rede ist, der »übers Land rollt«, von den »erfrischenden Schauern«, dem »Mairegen«, den »aufgebrochenen Brunnen der großen Tiefe«, den »geöffneten Schleusen (Fenstern) des Himmels« oder dem über die Zuhörer ausgeschütteten Segen[1], so ist dies gemeint. Es ist ein Geschehen jenseits des Menschen, das als Erfasstheit der Zeit von oben den Beteiligten zum Bewusstsein kommt, sich überall ausdrückt und nirgends eigentlich greifbar ist, eben das Wirken des Geistes. Es ist das, was ein Erweckungslied auf seine Weise ausspricht:

Wenn Gottes Winde wehen
vom Thron der Herrlichkeit
und durch die Lande gehen,
dann ist es sel'ge Zeit.

Eine sichtbare Erscheinung und Einkleidung dieses pneumatischen Geschehens der »Gotteszeit« ist die Erweckungsbewegung (S. 101 f.). Ohne diesen Kern ist eine Erscheinung ohnmächtig, es »geschieht nichts«.[2]

Im Wirken der Evangelisten drückt sich dies so aus: Sie stehen unter dem Bewusstsein »*Gott ist mit uns!*«. Und dies als allgemeines Erweckungssymptom, nicht nur als persönliche Gabe. Ihr Werk, als Zeit-Werk, steht unter Gottes förderndem Einfluss. Wesley hatte hier

---

[1] W. Md. 281; Beardsley 234. 113. 231; Wl. Jn. III 174.
[2] Begbie 65.

wirklich recht, wenn er auf dem Totenbett ausrief: »Und das Beste von allem: Gott war mit uns!«[3] Dies spricht als Eindruck seines Lebens und Wirkens subjektiv und objektiv aus seinen Tagebüchern. Daher kommt es, dass die Evangelisten in einer »solchen Zeit« »in einem Monat mehr wirken« konnten »als sonst in einem Jahr«.[4]

III. Die Gotteszeit als Augenblicksgegebenheit

Die Faktoren der Bewegung, der Träger und des transzendent-pneumatischen Geschehens umfassen die *allgemeinen* Voraussetzungen der Zeit, zu denen im Aktwerden der Gotteszeit, in deren Erfüllung im *Einzelnen*, ein neues Moment, das *»Jetzt und Hier«*, tritt. Nicht nur *dass* Bewegungen, Redner, höhere Vorgänge da sind, sondern dass an *diesem* Ort zu *dieser* Zeit durch *diesen* Redner zu *dieser* Versammlung unter *dieser* göttlichen Bestätigung gesprochen und gehandelt wird, ist hier wesentlich.

Wir stoßen hier auf den Begriff der Situation, der Führung und der Stunde.

Die *Situation* ergibt sich aus der Allgemeinbestimmtheit durch die Zeit, dem speziellen Mitgebrachten der Einzelnen und dem Begegnen mit diesem Redner. Es sind durchaus keine *anonymen* Massen, sondern Menschen mit speziellem Schicksal, ihren Hinderungen und Voraussetzungen, die zusammenkommen (S. 65 f.). Die Bewegung befindet sich jeweils nicht am selben Punkt der Kurve. Der Redner wird je nach seiner Persönlichkeit verschieden wirken. Die Atmosphäre der Versammlung als Gesamterscheinung (S. 67 ff.) wird sich nicht überall gleich herausgestalten. Die Situation ist *gegeben*, aber nicht *gleich*.

---

[3]   Ty. Wl. III 654.
[4]   W. Md. 233. – Vgl. »Frohe Botschft« 1909, 23 (Schrk.). Wer ähnliche Geistesbewegungen erlebt hat, der kann sich völlig hineindenken in jene Segenstage des Täufers. Zu solchen Zeiten ist der Himmel offen und es geschieht in kurzer Zeit mehr an den Menschenherzen als sonst in Jahren.

Genauso ist für die Redner trotz aller scheinbaren Zufälligkeiten in der örtlichen und zeitlichen Bestimmtheit ihrer Arbeit eine *Führung im Werk* da, die sich aus dessen Wachstum und Notwendigkeiten, aus planmäßigen Überlegungen, aber auch aus unmittelbaren pneumatischen Eingebungen herausstellt. Die Evangelisten erkannten den ihnen augenblicklich gegebenen Einsatzpunkt, so etwa Whitefield, wenn er 1740 statt in sein örtliches Pfarramt in die Arbeit innerhalb des neu entstandenen Erweckungsgebietes in den nördlichen Kolonien Amerikas eintrat oder es sich 1754 versagen musste, die geplante Reise nach England auszuführen, da sein Werk in Amerika für diesmal nur erst halb getan sei, und seine 1 600 Meilen Reise nach dem Süden antrat.[5] Sachliche Erwägung veranlasste offenbar Wesley zu seinem zweijährigen Reiseturnus (S. 42 f.). Finney bekam durch speziellen Hinweis 1825 die großen Möglichkeiten für eine Stadt namens Gouverneur und seinen Ruf dorthin mitgeteilt.[6] Der großen und gewinnreichen Arbeit in Rochester 1830 ging bei ihm ein eigene Widerstände überwindender, klärender Kampf voraus und auch die dritte Erweckung in Rochester 1855 ließ ihn, der wieder gezögert hatte, erkennen, dass er »an der Stelle sei, wo Gott ihn haben wollte«.[7]

Aus dieser Gegebenheit der Situation und Führung erwächst die »*Stunde*« mit ihrem »Jetzt und Hier« und ihrer Vollmacht. Sie ist ein Ergebnis der vorhergehenden Geschichte, die selbst wieder Ereignis gewesen ist, deren den Augenblick füllender Mächtigkeit und des unmittelbaren, pneumatischen Geschehens »jetzt«, der »Gegenwart« in doppeltem Sinne.

Die Tatsache der »Gottesstunde«, die »jetzt« »schlägt«, ist die Voraussetzung für die *homiletische* Kategorie des »*Jetzt*« (S. 291 ff.) wie der *Vollmacht* (S. 170 ff.).

---

[5] Ty. Wf. II 336.
[6] Fn. 1921, 57. Auf welche Weise und aus welchem Grunde mir der Geist Gottes klarmachte, kann ich nicht sagen; aber dass es mir Gott selbst im Gebet kundtat, wusste ich damals aufs Allerbestimmteste.
[7] Fn. 1921, 102. 156.

Fünfter Teil: Der evangelistische Redeakt

Nachdem die Vorgänge und Tatsachen geschildert sind, die das geistliche Gesamtbild der Evangelisationsbewegung bestimmen, rückt nun der Ort in den Vordergrund der Aufmerksamkeit, der in besonderem Maße die Begegnungsstätte des Menschen mit Gott und Gottes mit den Menschen in ihr darstellt: die evangelistische Rede.

Wir werden dieselbe nicht nach den Kategorien der Form und der Logik, sondern des Handelns und der Beziehungen darstellen. Hieraus ergibt sich sofort, dass die Rede nicht als Ansammlung von Gedankeninhalten, sondern als ganzheitliches Handeln in Einheit des Redners, des Wortes und der Hörer zu fassen ist. Sowohl nach der rednerischen wie nach der pneumatischen Seite ist hierin das Wesentliche zu erblicken.

A. Die Einheit des Redeakts

Echte Rede umschließt Redner, Wort und Hörer mit einer harten Gemeinschaft. Sie treten in ein festes Verhältnis, in eine irgendwie klar gestaltete Beziehung selbst negativer Art, sie bilden entgegen der isolierenden Auffassung von Rede ein Gesamtwesen, das nicht eine Summe von drei Einzelteilen, sondern in dieser Stunde ihrer Existenz gegenüber primäres Ganzes ausmacht. *Daher* erklären sich die starken Wirkungen der Rede, die beherrschende Bestimmtheit von Redner, Rede und Versammlung durch den Redevollzug. In dieser »Umklammerung« liegen die lebendigen Spannungen, die nicht nach mechanischem Ausgleich, sondern nach aktuellem Verbinden und In-Beziehung-Setzen verlangen. Der Redner ist nicht ohne Beziehung, ja im Moment des Redens schlechtweg einzige und ausschließliche Beziehung zum Wort wie zu den Hörern, das Wort nicht ohne Abhängigkeit von dem Redenden und der Gemeinschaft, die Angesprochenen nicht ohne stärkstes Verhältnis zu Ansprache, Sprecher und – Anspruch.

Die Formgestalt der Rede ist das weniger Wesentliche. Ihr Wollen, ihr Aktgehalt ist das Wesentliche. In jener *vollzieht* sich dieser. *Rede ist Form mitgeteilten Geschehens* oder sie ist nicht Rede. Geschehen ist aber auf dem Gebiet des Glaubens ein Handeln irgendeiner Art zwischen Gott und Menschen.

In dieser Akteinheit liegt das formale Bestimmtsein der religiösen Rede für das Wirken des *Geistes*. Wie die Handlung eine ist, ist auch der Geist einer. Er kann nie in »Teile« »zerfallen«; sein Handeln geschieht in Akteinheit, nicht in Seinskategorien; die Akteinheit der Rede ist das gegebene Gefäß für ihn – sein Wirken ist die pneumatische Innenseite der rednerischen Einheit.

So widerstrebt das geistliche Geschehen der Stunde der Lokalisierung in die einzelnen Träger des Geschehens. *Der Geist im Redner ist der Geist im Wort und der Geist in den Hörern.* Stellt auch die Tätigkeit des Predigers einen eigenen Bezirk innerhalb des Gesamtgeschehens der Rede dar (S. 160 ff.), so sind doch ihre pneumatischen Gegebenheiten wieder von Einfluss auf das Wort und weiter, von Redner und Wort her, auf die Hörer. Ebenso ist zwischen dem Wirken des Geistes im ganzen Redeakt und im vermittelnden Wort selbst (S. 210 ff.), dem unanschaulichen Faktor, kaum ein Unterschied zu machen. Es ist unmöglich festzustellen, ob die »Kraft Gottes« im Redner, im Wort oder im Hörer mehr oder anders lebendig sei, es ist *ein* Wirken.

Keller erfasst dies wunderbare Ineinander aller beteiligten Faktoren sehr gut[1] und auch Finney betont das Ineinsgesetztsein gött-

---

[1]   Kl. Furche 5. Wunderbarer Gott, dass du unser gesprochenes Wort zum Träger deines Geistes berufen hast! Schallwellen fluten vom Mund des Redners zum Ohr des Hörers – vom Ausfalltor der einen Geistesburg bis hin zum Eingangstor der

lichen und menschlichen Wirkens bei der Evangelisation.[2] Gleichwohl ist eine Schau der einzelnen pneumatischen Gestaltungen wohl möglich.

Im Begriff des Handelns ist der Begriff der Kraft enthalten – ebenso ein Moment der Einheit wie jener. Es ist *eine* Kraft, die sich als *Kraft des Gotteswirkens*, als »power from on high«, Kraft aus der Höhe, offenbart, die das Wort begleitet, ihm seine Wirkung verleiht und Geschehen schafft.

Die »Kraft Gottes«, »power of God«, findet in den evangelistischen Äußerungen und Berichten häufig Erwähnung.[3] Als »power of God in the midst« (Kraft Gottes in der Mitte) wurde sie nicht nur mit der Gegenwart Gottes unterm Wort (S. 378 ff.) zusammen erfahren, sondern auch unmittelbar als Gegenwärtig- und Eindrücklichwerden höchster Potenzen in der Rede selbst. Es ist der »Beweis des Geistes und der Kraft«,[4] der diese begleitet und ihr unentbehrlich ist. Lady Huntingdon, die Gönnerin Whitefields, beobachtete im Wirken dieses Evangelisten jene Kraft, der auch Moody den Erfolg aller seiner Arbeiten zuschreibt.[5]

---

andern! – Und auf diesen unsichtbaren Wellen gleitet, schießt dahin der unsichtbare Kahn, das Wort, darin der Himmelsgast, der Geist, gefahren kommt!

[2] Fn. 1921, 265; 1903, I 256 f. Gott greift tatkräftig, freiwillig, mächtig ein, um eine Sinnesänderung im Sünder zu bewirken, aber er ist nicht der einzige handelnde Teil. Derjenige, der ihm die Wahrheit nahe bringt, tut ebenfalls etwas zur Sache als ein freiwillig handelnder Beteiligter. Nicht nur der Prediger ruft »Halt«, sondern auch der Geist Gottes durch den Mund des Predigers; er lässt den Warnungsruf mit solcher Macht in die Seele des Sünders dringen, dass er umkehrt. So kann man mit vollem Recht sagen, dass der Geist ihn bekehrt hat. Ebenso richtig ist es zu sagen: Die Wahrheit hat ihn bekehrt.

[3] Vgl. Wl. Jn. II 290. 303, III 5 u. a.

[4] Ty. Wf. I 89, II 628.

[5] Ty. Wf. II 265. Die Predigten und Ansprachen des lieben Herrn Whitefield waren bündig, tief dringend, aus Erfahrung gesprochen, heilig und erwecklich. Sicherlich war Gott mit ihm. Er schien von geistlichen und göttlichen Dingen als von heiligen Realitäten zu sprechen. Viele von uns konnten die Wahrheit dessen bezeugen, was er äußerte. Seine Ansprachen in den Kirchen der Umgebung waren von Kraft aus der Höhe begleitet und das Reich der Finsternis zitterte vor dem Evangelium Christi. – W. Md. 460.

Der negative Beweis, das Fehlen des Geistes, stellt die Bedeutung desselben für das verkündigte Wort erst recht ans Licht; alle Eloquenz kann ihn nicht ersetzen. Sie vermag die »Totengebeine nicht zum Leben zu bringen«.[6] Ohne den heiligen Geist und seine Kraft wäre nach Keller selbst das Zeugnis der Apostel eine bloße Aufzählung von Heilstatsachen gewesen, so unentbehrlich deren Bezeugung wiederum für das Wirken des Geistes ist.[7] Selbst *gesunder* Lehre fehlt ohne das Pneuma die durchschlagende Kraft[8] und nicht neue Arbeitsmittel, sondern die alte apostolische Kraft bringt letztlich der Kirche das Leben.[9] Die Verbundenheit wie auch die Scheidung von Geist und Inhalt der Rede wird durch Äußerung Schrenks besonders deutlich, in der er die Predigt durch Dolmetscher ein »armes Ding« nennt, »weil man den Geist nicht übersetzen kann«.[10] Der Inhalt wird übermittelt, der Geist nicht, dieser beweist also sein Zugehören zu *dieser* Rede und zu *diesem* Redner.

In den Reden Whitefields begegnet uns sehr oft das Wort »efficacious, efficacy, effectual«. Mit ihm ist das *Wirkungsvolle* bezeichnet, das dem Geist eigen ist, »das gesegnete Werk der wirksamen Gnade

---

[6]   W. Md. Secr. Pow 13. – Schrk. Dein Wort 119. Ob wir öffentlich reden oder eine Predigt schreiben, ob wir eine Predigt hören oder lesen, so muss der Herr durch seinen heiligen Geist auf den, der redet oder schreibt, und auf die, welche hören oder lesen, wirken; nur dann kommt es zu einer Frucht für die Ewigkeit. Das pikanteste Thema, die glänzendste Redekunst, die größte »Begeisterung« ersetzt in keiner Weise den Geist Gottes, sondern ist ohne ihn lauter Dunst. – Kl. Furche 102. Die Wirkung des Wortes liegt nicht an der Begabung des Redners. Die allerbegabtesten Redner ohne Zeugnis des heiligen Geistes können keinen Hund hinter dem Ofen hervorlocken. Das, was zündet und bekehrt, was eine Wirkung der unsichtbaren Welt auf die Erde bringt, das Stück Ewigkeit liegt nicht in menschlicher Begabung. Das ist eine Darreichung Gottes aus der Höhe und Gott kann das nur da tun, wo man sein Zeugnis, wie es vor Gott gemeint ist, in diesem Sinn der Wirklichkeit der Schrift entsprechend verkündigt und wo der Hörer so weit entgegenkommt, dass er gern was erleben möchte. Was man nicht will, kann man nicht erleben.
[7]   Kl. Neue Netze 239.
[8]   Fn. 1921, 228.
[9]   Md. Secr. Pow. 37.
[10] Schrk. Pgl. 69.

Gottes«. Es begleitet die »powerful operations of the holy Ghost«
(das mächtige Schaffen des heiligen Geistes) und gleicht der öster-
lichen Kraft, mit der Lazarus auferweckt wurde.[11] Es ist die Ursache
der Penetranz, der Tiefenwirkung des Wortes (S. 357 ff.).

Fast belustigend berührt es, einen kritischen Beobachter Moodys
nach dem Grund der eigentümlichen Helle und Wärme, der fesseln-
den, unmittelbar ansprechenden und tief bezwingenden Macht seiner Rede nachforschen und diesen vergeblich in dem Gedankengehalt oder in der Person des Redners suchen zu sehen. Da er, wie er
sich Moody gegenüber ausdrückte, keine Beziehung von ihnen zur
Größe des Werkes zu finden vermochte, kam er zum Schluss, das
Werk müsse offenbar von Gott sein, was Moody mit fröhlichem
Auflachen bejahte. Die Bevorzugung dieses Evangelisten durch den
Zustrom Tausender gegenüber »glänzenderen Rednern« versteht
sein Begleiter Sankey als die Auswirkung »eines gewissen Etwas, wir
nennen es den heiligen Geist«.[12] Dies ist die der Rede mitgeteilte
Wirksamkeit, das pneumatische Prinzip in Reinheit. Auch Keller
erkannte dieses Besondere sehr klar.[13]

Die Wirksamkeit des Wortes äußert sich in der *Kraft des Geschehens.*
Als »Geschehen von oben« bezeichnet es Keller als »Tätigkeit des
Herrn, die in, mit und unter unserer Predigt« statthaben soll, im
Sinne eines die Gemeinde vermehrenden und fördernden Handelns.[14] Nach ihm bleiben die schönsten Worte Worte, wenn nichts
geschieht, aber welche Freude, wenn etwas geschieht! Die Berechtigung der evangelistischen Verkündigung höre früher oder später auf,

---

[11] Wf. S. 355. 410. 469. 550. 456. Kl. N. Netze 125.
[12] W. Md. 194; Überw. 3.
[13] Kl. Furche 16. Wichtiger als alles Übrige ist, dass während und unter dem Zeugnis
der heilige Geist mitzeugt. Wer heiligen Geist hat und seine Wirksamkeit beim
Beten und Sinnen in der Studierstube ebenso empfunden hat wie auf der Kanzel,
der weiß längst, dass das die Hauptsache für die Wirksamkeit der Predigt ist. Die
schwäbischen Stundenleute hatten dafür den Ausdruck: »Es geischtet (es geistet)!«
Wenn es nur menschelt und nicht geistet, ist all unser Reden und Hören umsonst.
[14] Kl. Leben I 170; Furche 13.

wenn sich nichts an den Seelen ereigne, sei es Buße oder Bekehrung, sei es Aufrüttelung Laugewordener oder Anfeuerung matter Christen.[15] Wie dieses »Herabkommen« des Geistes ins »Fleisch« der Rede und des Geschehens unterm Wort sich vollzieht, wie (nach Keller) die unsichtbare höhere Kraft sich mit der niederen Kraft verbindet, was Gott und was der Mensch dabei tut, »hat die Theologie noch nie feststellen können; in der Praxis kann man es tausendmal beobachten«.[16]

Die *christologische Voraussetzung* ist die Grundlage der geistesmächtigen Botschaft der Evangelisten. Sie sei hier ausdrücklich genannt und betont. Sie ist es, die den hier sich auswirkenden Kraftbegriff weit über jede mechanische Energie hinaus- und von ihr abhebt: *Die Macht des Geschehens in der Predigt ist an die Predigt von Christus gebunden und eine Auswirkung dieses Christus selbst.* Nicht psychische, sondern personelle Beziehungen gestalten das Bild der Predigt inhaltlich und aktuell; die Beziehung zu und von der zweiten Person der Gottheit trägt das Tun der dritten Person. Die biblische Bezeichnung Christi als des »Wortes« liegt hier ganz nahe; in der Selbstmitteilung Gottes in der handelnden Selbstbekundung, die Christus – der geschichtliche und pneumatische – ist, erfolgt ein Reden dieses Christus selbst zu uns im Wort der Bibel und im biblisch bestimmten *Wort der Predigt,* das lebendig erfahrene Tatsächlichkeit ist (S. 369 f.).[17]

Die Kraft der Predigt ist *die Kraft des Wortes vom Kreuz* (S. 264 ff.).

---

[15] Kl. Mschfr. 235. 239; Leben II 230.

[16] Kl. Furche 102 f.

[17] Md. Secr. Pow. 62. Was wir nötig haben, ist Christus zu predigen und ihn einer zugrunde gehenden Welt darzustellen. Tausende und Abertausende sitzen in Finsternis, ohne Kenntnis von diesem großen Licht, aber wenn wir beginnen, Christus ehrlich, gläubig, ernstlich und treulich zu predigen – wenn wir ihn erheben und nicht uns, Christus erhöhen und nicht unsere Theorien, Christus darbieten und nicht unsere Meinungen, Christus verteidigen und nicht irgendeine falsche Lehre, dann wird der heilige Geist kommen und Zeugnis geben. – Kl. Lebensstrom 204. Sobald er nicht spricht, geschieht nichts. Wenn Jesus nicht spricht, sondern Hinz oder Kunz, so wird nichts dabei gewirkt, denn Hinz oder Kunz nützen uns nichts; sie können uns unser Elend nicht vom Herzen heruntersprechen, sie können uns

B. Der Redner im Redeakt

Das Wirken des Pneuma ist für das Tun des Predigers das konstitutive Prinzip. Seine große, herausgehobene Stellung, die Ursprünglichkeit, Frische und plastische Gestaltung der Rede ergibt sich nicht aus physischen oder oratorischen Momenten, sondern aus jener letzten Getragenheit des Redenden durch geistliche Kräfte, die der Nähe des Himmels und dem Leben in einer transzendenten Welt entspringt. Es sind sehr deutliche Vorgänge, die wir beobachten können, und die das Eingehen des Geistes in die geschichtlichen Gegebenheiten von neuem beleuchten und das Moment der Unmittelbarkeit aus dem Geist in vielen Einzelzügen darstellen.

I. Das pneumatische Näheverhältnis

Die *pneumatische Nähe* äußert sich in einem Nahegerücktsein der himmlischen Realitäten dem irdischen Träger gegenüber wie in einem – letztlich hiermit identischen – Näheverhältnis des Organons zum Geschehen der oberen Welt. Sie vermittelt dem Redner einen Stand der Herausgehobenheit und Autorität und ihm und den Hörern den wechselseitigen, geistlichen Kontakt.

1. Die Nähe der göttlichen Sphäre

Etwas »vom Himmel« begleitete das Leben und Wirken der Evangelisten. Es entstammte nicht nur der Sendung und dem pneumatischen Lebensstand, sondern einer stets sich erneuernden unmittel-

---

Gottes Kraft nicht vom Himmel in die Seele hineinsprechen. – Kl. Lebensstrom 207. ... Jesus spricht da nicht in seiner Predigt zu ihnen. Ach, wer lehrt uns dieses geheimnisvolle Etwas, dieses Tatsächliche, diese Gegenwart Christi, sein Fortwirken unter uns? Wir beten darum, wir sehnen uns danach, aber machen können wir es nicht.

baren Beziehung zur unsichtbaren realitas. Ihre Umgebung stand
stark unter diesem Eindruck, und das umso mehr, wenn, wie bei
Wesley, die »tief gewurzelte, intensive, kraftvolle und triebkräftige
Überzeugung von den erhabenen Realitäten einer unsichtbaren
Welt« im Gegensatz stand zur flachen Auffassung der Zeit.[18] Selbst
die fromme Lady Huntingdon staunte darüber, wie Whitefield »von
göttlichen und geistlichen Dingen als von einer Realität« sprach
(S. 159, Anm. 5); er glich einem Seraph, der unter den Menschen verkündigte, »was er droben gesehen und gehört hatte«.[19] *Diese Menschen schauten, was sie glaubten, und glaubten, was sie sagten.* Aus diesem unmittelbaren Gegenwärtigsein der oberen Welt, dem Verkehr
mit ihr, dem Leben aus ihr, dem Leben für sie, stammte jene Über-
zeugungskraft, jene »hausbackene Realität« der Worte, die bei
Schrenk in einem Falle einem Philosophen zu fester Glaubensstel-
lung verhalf.[20] Christus war ihm »bis in die letzten Winkel seines Herzens hinein keine Streitfrage, sondern unerschütterliche Wirklichkeit«. Wenn Keller betete, so war das kein Knien vor einem Unsichtbaren, sondern man hatte das Empfinden, dass dieser Mann »mit seinem inwendigen Auge Gottes heilige Gestalt und sein Vaterherz
schaute und mit seinem Heiland Jesus Christus in einer Verbindung
lebte, die jenseits alles Begriffsvermögens stand«.[21] Für Moody war
die obere Welt nicht Theorie, sondern »brennende Realität«,[22]

---

[18] Ty. Wl. III 11.
[19] Wf. S. 796.
[20] »Bethel« 1914, 15. 18 (Buddeberg).
[21] Weichert 187.
[22] W. Md. 489. Die Dinge, die für die meisten von uns reine Theorien oder Hoffnun-
gen sind, waren für Moody brennende Realitäten. Sie glühten vor seiner Einbildungskraft auf wie Feuer, anstatt mit dem schwachen Strahl des Phosphors zu
glimmen. Wir stehen unwiderstehlich gebannt vor dem Problem dieser Kraft, einer
Kraft, welche die Menschen im Zentrum ihres Seins erschütterte und plötzlich eine
andere Welt eröffnete, stumpfe Gewissen in Bewegung setzte, schlummernde
Gefühle erweckte, tote Erinnerungen zum Leben brachte und die Menschen mit
einem Gefühl der Wirklichkeit von Dingen erfüllte, von welchen sie bis dahin
gedacht hatten, dass es nur Träume seien.

und der Ausruf Wesleys:[23] »*Gott und die Ewigkeit sind wesentliche Dinge*«, kennzeichnet die ganze unerhörte Realistik dieser Evangelisten, die wie ein Gewitter in die armseligen Niederungen bloßmenschlichen Denkens und hochmeinender Vorurteile einbrach und etwas von der Gewalt Gottes enthüllte, die noch immer sich selbst dartut und bezeugt (S. 347 f.).

Mit diesem *Stehen in der Realität* ist für den Redner in manchen Lagen die Erfahrung einer ihm persönlich zuteil werdenden und ihn erhebenden Nähe pneumatisch-innerweltlicher Art verbunden.

Sie wird dem Evangelisten als *begleitende* Nähe während eines ganzen Tages oder während einer Rede geschenkt[24] (vgl. S. 87, Anm. 175). Die *erhebende* Nähe widerfährt ihm in der Form einer überwältigenden Gegenwart während des Redens oder des Gebets, die fast den Rahmen des körperlichen Daseins sprengt und ihn aus zeitlichen und örtlichen Schranken heraushebt.[25] Die *stärkende* Nähe äußert

---

[23] Wl. S. S. I 333.

[24] Wl. Jn. III 157; Wl. 1744, Snowfields. Während ich abends in Snowfields Gebete las, erhielt ich solch ein Licht und eine Kraft, wie ich sie zuvor gehabt zu haben mich nicht erinnern kann. Ich sah jeden Gedanken, sei es eine Tat oder ein Wort, gerade so, wie er in meinem Herzen aufstand; und ob er recht vor Gott oder mit Stolz und Selbstsucht befleckt war. Ich wusste vorher, das heißt bis zu dieser Zeit, nicht, was das ist: »still sein vor Gott.« Am nächsten Tag erwachte ich durch Gottes Gnade im selben Geist und um 8 Uhr, als ich mit zwei oder drei Gläubigen in Jesus zusammen war, fühlte ich solch ein heiliges und zartes Gefühl der Gegenwart Gottes, dass es mich sehr hierin bestärkte, sodass Gott den ganzen Tag lang vor mir war. Ich suchte und fand Ihn an jedem Ort und konnte wirklich sagen, als ich mich abends niederlegte: Jetzt habe ich einen Tag lang *gelebt*. – Wf. S. 292. Ich weiß gewiss, ich fühle etwas von dieser verborgenen aber machtvollen Gegenwart Christi, während dem ich euch predige. Ja, sie ist süß, sie ist über die Maßen tröstlich.

[25] Wl. Jn. III 25; Wl. 1742, Barley Hall. Ich begann um 5 Uhr über die Gerechtigkeit aus Glauben zu predigen. Aber ich hatte meine Ansprache noch nicht zur Hälfte beendet, als ich gezwungen war, mitten darin abzubrechen, so erfüllt war unser Herz mit einem Gefühl der Liebe Gottes und unser Mund mit Dank und Preis. Als wir uns hieran etwas genug getan hatten, fuhr ich fort, Sünder zum geoffenbarten Heil zu rufen. – Ty. Wf. II 311; Wf. 1753, Newcastle. Einige Male habe ich kaum gewusst, ob ich im Himmel oder auf Erden war. – Ty. Wf. I 411; Wf. 1740, Boston. O, wie das Wort lief! Ich konnte mich kaum enthalten, auszurufen: Hier ist nichts anderes denn Gottes Haus und hier ist die Pforte des Himmels! – Ty. Wf. II 30.

sich in einem Herabkommen des Geistes auf den Evangelisten und auf das Wort, das diesem Nachdruck verleiht und dem Redner Freiheit und Fülle der Rede mitteilt.[26] Bis ins körperliche Leben hinein geht die Reichweite der pneumatischen Mitteilung. Zu der Tatsache der psychischen Restauration, der belebenden Rückwirkung der Massen auf den Redner (S. 84) kommt das Moment des *Kräftezuflusses von oben* hinzu, wie er der Berührung mit der oberen Welt bzw. dem Herabneigen derselben zum Redner entspringt und besonders durch die Ausführung des Redeakts vermittelt wird. Er stellt eine rein geistige Gabe dar, die sich zunächst auf den artgleichen, d. h. ebenfalls immateriellen seelischen Bezirk und von diesem auf das körperliche Gebiet auswirkt. Dieser Zusammenhang bedeutet aber weder zeitliche noch kausale Ausdehnung und Abhängigkeit, sondern ist unmittelbare pneumatische Gegebenheit. Die pneumatische Kräftemitteilung widerspricht dem Energieprinzip nur dann, wenn nur eine physisch-materielle Energie anerkannt wird.

Whitefield berichtet von dieser Tatsache am häufigsten. Er lebte am nächsten der oberen Welt, stets sterbebereit, und am meisten abhängig von dieser »in den Schwachen mächtigen« Kraft. Er bezeichnet sein Leben und Arbeiten, eben aus dieser Erwägung heraus, als ein »Wunder«.[27] »Predigen« ist ihm »Medizin«, sein »Uni-

---

[26] Fn. 1921, 51; Fn. 1824, Antwerp. Da (während des Gebetes vor der Ansprache) kam der Geist Gottes mit Macht über mich und neue Lebenskraft durchströmte mich nach Leib, Seele und Geist. – Ty. Wf. II 54; Wf. 1743, Dursley. Das Wort kam mit einer ganz herrlich überzeugenden Macht. – Gledstone 113; Wf. 1739, Kingswood. Da mir der Anblick (der im Freien versammelten Menge) ganz neu war und ich erst damit begonnen hatte, ein Extempore-(Stegreif-)Prediger zu werden, hatte ich oft innere Konflikte. Manchmal, wenn zwanzigtausend Menschen vor mir standen, hatte ich nach meiner Meinung kein Wort zu sagen, weder zu Gott noch zu ihnen. Aber ich wurde nie vollständig verlassen und es wurde mir häufig – es leugnen hieße gegen Gott lügen – ein solcher Beistand zuteil, dass ich aus glücklicher Erfahrung wusste, was unser Herr damit meinte, wenn er sagte: »Von seinem Leib werden Ströme lebendigen Wassers fließen« (Fortsetzung S. 43, A. 6 Gledstone 113).

[27] Tholuck 133.

versalmittel«; wenn es einmal fehlschlägt, »dann wird es aus mit ihm sein«. Er »fühlt sich nie wohler, als wenn er in vollem Zuge für Gott ist«.[28] Noch seine letzte Predigt (S. 126 f.) war ein Aufflammen erlöschender Energien, eine Wiederholung der Erfahrung, dass ihm im Reden Kräfte zuwuchsen. Diese entstammen nicht nur der seelischen und daher körperlichen Belebung durch die mobilisierende Spannung und Beanspruchung des Augenblicks, sondern der Hingegebenheit ans göttliche Werk, die pneumatisch beantwortet wird.

Die Art ihrer Tätigkeit ist für die Evangelisten normal und deshalb gesund. Finney war am Anfang seiner Evangelistenlaufbahn 1824 gesundheitlich so geschwächt, dass er »Blut spie« und nur einmal in der Woche predigen sollte. Nach Verlauf von sechs Monaten, während deren er sich Tag und Nacht keine Ruhe gönnte, war er vollkommen hergestellt und vermochte, wie er berichtet, stundenlang ohne nachteilige Folgen zu sprechen.[29] Wesley, den in der früheren Epoche zwei Predigten an einem Tag ermüdeten, konnte 1739 nach sechsmaligem Sprechen der Erfahrung Ausdruck geben: »O wie hat Gott meine Kraft erneut.«[30]

Die pneumatische Restauration ist auf die Zeitdauer des Redeakts beschränkt und erlischt mit diesem (vgl. unten Anm. 30).

---

[28] Ty. Wf. I 121.

[29] Fn. 1921, 41.

[30] Wl. Jn. II 186. Vgl. S. 135, A. 1, Wl. Jn. III 157. – Wl. Jn. III 320; Wl. 1747, London. Wir hatten eine Wachnacht in der Kapelle. Da ich körperlich müde war, hatte ich Befürchtungen, dass ich sie nicht durchhalten könnte. Aber je länger ich sprach, desto mehr Stärke bekam ich, sodass um 12 Uhr all meine Müdigkeit und Schwäche verschwunden und ich wie mit Wein erfrischt war. – Wl. Jn. III 35; Wl. 1748, Athlone (Irland). Ich fühlte keine Müdigkeit und Schmerzen, bis ich die Rede beendet hatte. Aber dann fand ich, dass ich die Gemeinschaft nicht besuchen konnte, da ich kaum imstande war, das Zimmer der Länge nach zu durchmessen.

2. Die pneumatische Sonderstellung des Redners

Die innerweltliche »Erhobenheit« des Redners (S. 165) hat eine Parallele im Verhältnis zu der Hörerschaft. Das Stehen in der geistlichen Welt, das Vermitteltbekommen göttlicher Kräfte bei der Ausübung des Redeakts, besonders aber die bedeutungsvolle, organische Stellung des Redners im Ganzen des Redevorgangs hat ein *Herausgehobensein*, eine *Entnommenheit* des pneumatischen Trägers aus menschlichen Bindungen und gleichmachenden Abhängigkeiten in eine Redeautorität und Redevollmacht hinein zur Folge, wie jenes gerade für das evangelistische Werk, dieses Werk an Tausenden, von großer Bedeutung ist. Nicht nur als Gesandter und charismatisch Begabter, sondern als Redner *dieser Stunde* und *dieser Aufgabe* übt der Evangelist »Gewalt« aus, die ihm von Gott gegeben ist und die in der Tiefenwirkung und geschichtlichen Bewährung des Wortes (S. 351 ff. 384 ff.) ihre Bestätigung erhält.

Der Augenblick, in dem der Redner aus seinem isolierten Dasein in das reiche Maß aktualer öffentlicher Beziehungen hineintritt, ist das Betreten der Kanzel oder Redestelle. Mit dem ersten Wort »gehört« er den andern und dem Auftrag in Aktualisierung desselben. Dieser Übergang in die Eingeordnetheit in den Gesamtkomplex pneumatischen und rednerischen Geschehens bedeutet für den Redner eine »Verwandlung«, die *Wandlung beim Auftreten*, die sein Sein im Redeakt deutlich von dem übrigen Dasein abhebt. Es ist nicht nur das Gefühl der Wichtigkeit und Bedeutung des Gesagten, sondern auch ein Stehen im Geist und in der Verantwortung, das den Redner in der Kraft unmittelbarer Gegebenheit über »sich« hinaushebt und »einen andern aus ihm macht«. Dieser »Andere« ist der richtig handelnde Redner.

    Whitefield, der im persönlichen Verkehr oft schüchterne, wurde auf der Kanzel zum »Löwen«, und Moody, im Gebet »demütig wie ein Kind vor Gott«, war wie jener »kühn wie ein Löwe vor Menschen«. Er schien beim Predigen eine vollständig andere Person zu

werden. Keller konnte mit heimlicher Furcht vor Misslingen vor die
Tausende treten und in dieser Situation das Angehauchtwerden mit
Gottes Geist erfahren.[31]

Mit dem Auftreten tritt auch eine *Wandlung des Aspekts* ein, die dem
Redner eine eigentümliche Erhobenheit des Standpunktes gegenüber
seinen Hörern vermittelt. Der Geist gibt ihm letzte Maßstäbe,
Schicksalsmaßstäbe an die Hand, vor denen irdische Bemessungen
wesenlos werden. So kann es sein, dass dem Evangelisten Moody
unter der Gegenwart Gottes in den Versammlungen von London
1875 die Hörer – Lords, Bischöfe, Minister oder wer immer – »wie
Grashüpfer« (Heuschrecken) erschienen.[32] Und Wesley fühlte sich
mit Archimedes stark genug, die Welt aus den Angeln zu heben, als er
1739 in Bristol vor den Reichen stand und die Macht der geistgesalb-
ten Rede ihn selbst mit fortriss und emportrug.[33]

Mit dieser Sonderstellung als »Verkündiger« erhält der Evangelist
eine ihm eigene *Autorität*. Als heilige Würde umschwebt sie ihn auch
im übrigen Leben (S. 148), wird aber besonders aktiv in dem Redeaugenblick, wo sie den Sagenden auf eine Höhe stellt, die nicht
von Menschen ist, und seinem Wort ein Gewicht beilegt, das unausweichlich ist. *Als Organ kann der Prediger diese Höhe innehaben, so
schlicht sein Platz als Mensch ist.*

Diese Autorität stammt aus der Zugehörigkeit zu Jesus, die ja
Aktivität und bevollmächtigtes Tun bedeutet. *Seine* Autorität ist ihre
Autorität, das wissen die Redner,[34] und ebenso, dass in ihren Wor-

---

[31] Ty. Wf. I 51; W. Md. 249. 259; Kl. Leben II 238.

[32] W. Md. 248.

[33] Wl. Jn. II 201; Wl. 1739, Bristol, Clifton Church. Meine Seele war so erfüllt,
dass mich dünkte, ich hätte ausrufen können (in einem andern Sinn als der
arme, eitle Archimedes): »Gib mir, wo ich stehe, und ich will die Erde erschüttern.«

[34] Kl. »Der Herr ist mein Hirte« 55. Wir haben die Fahne Jesu gehisst über unser
Leben, nun werden wir respektiert um Jesu willen.

ten die »Autorität des Evangeliums« (»gospel-authority«) aktual wird.[35]

Hier ist nun der Ort, den Begriff der *Vollmacht* näher zu umschreiben. Sie fasst in sich das allgemeine Moment der Sendung und Ausrüstung (S. 104): Steht der Redner an der Stelle, wo Gott ihn haben will als sein Gesandter und Befähigter, so hat er auch Vollmacht, in seinem Namen zu reden. Hierzu kommt das spezielle Moment des Zusammenhangs und der Macht der Stunde (S. 155) und ihre Autorität (S. 168 ff.): *Autoritativ-pneumatisches Sprechen jetzt und hier ist Vollmacht.* Sie ist kein Begriff des Seins oder Habens, sondern eine Kategorie des Handelns.

Die kritischen Fragen, die sich hier erheben und die durch K. Barth eine starke Berücksichtigung erfahren haben, bleiben nicht außer Acht. Unsere Blickrichtung ist nicht so, dass *jedem* Redner und *jedem* Evangelisten und in *jedem* Fall geistliche Vollmacht zugeschrieben oder solche ganz allgemein als vorhanden einfach gesetzt würde. In dem Reden und Handeln der Evangelisten ist nicht festzustellen, wie viel und wie weit und ob im Einzelnen überhaupt Gottes Tun am Werke oder nicht am Werke war. Dass es vorhanden war, ist und bleibt wie alles Wirken Gottes, eine Glaubensaussage, nicht eine Tatsache wissenschaftlicher Feststellung; ebenso bleibt die lebendige Spannung zwischen menschlichem Tun und göttlichem Handeln bestehen. Wenn das Letztere in unserem Zusammenhang positiv gesetzt und geschaut wird, so ist die dialektische Haltung unbegriffen, die das Allgemeine des Sprechens trifft, aber offen gelassen, wie weit die in den *allgemeinen* Grundzügen gesehenen pneumatischen Auswirkungen im Einzelnen der Person und des Redevollzugs ihre dialektische Einschränkung und Bejahung erfahren. Den dialektischen Vorbehalt überall anzubringen, wäre untunlich. – In dem

---

[35] Ty. Wf. I 50; Wf. 1736, Gloucester, 1. Predigt. Ich glaube, ich ward befähigt, mit einiger gospel-authority zu reden.

geschichtlichen Material bietet sich genügend Anlass, das pneumatische Wirken anzuerkennen. Es ist ein Unterschied, ob das Wirken des Geistes von vergangenen und daher klarer zu beurteilenden geschichtlichen Ereignissen und von durch Gott bestätigten Persönlichkeiten (S. 107) oder aber innerhalb der Theorie der Predigt oder von einer jetzt geschehenden Predigt ausgesagt wird, obgleich es in letzterem Falle durch geistliche Personen sogar vielfach wohl zu empfinden ist (S. 160, Anm. 13).

In der *Geschichte der Evangelisation* ist die *Vollmachtstatsache* in ihrer historischen Gegebenheit, im Urteil der Mitwelt, im Anspruch der Evangelisten und in der Ausübung im Reden zu verfolgen.

Die Autorität von oben leuchtet aus den *Reden* der Evangelisten hervor. Der Ton absoluter Gewissheit, das Fehlen eines Zögerns im Anspruch und in der Ansprache, die reiche, mannigfaltige Gestalt der evangelistischen Rede in totaler Botschaft, in angreifendem, werbendem, überzeugendem, forderndem, richtendem und zusagendem Handeln (S. 210 ff.) sind aus Vollmacht. Die Beispiele geben einen Eindruck hiervon.

Auch von der *Mitwelt* wurde dieses Auftreten in höherer Gewalt wohl empfunden. Verleiht es doch der Rede das Zwingende.[36]

Die *Evangelisten selbst* legten der Vollmacht für ihr Wirken und das anderer Prediger große Bedeutung bei. Namentlich Moody gibt in seinen Ausführungen über das »Geheimnis der Kraft« dieser Erkenntnis Ausdruck,[37] ebenso aber auch Finney, Whitefield und Wesley.[38]

---

[36] Ty. Wl. III 657. Wesleys Predigt besaß die genaue Ausdrucksweise eines Universitätslehrers, die Autorität eines Gesandten, die Salbung eines Heiligen, die Kraft Gottes. – W. Md. 249 (über Moody). Kein Zögern, keine Zurückhaltung, keine Ängstlichkeit, er sprach mit Autorität, sprach wie ein Gesandter des höchsten Gottes.

[37] Md. Pleas. And Prof. 46 (Gen. u. Gew. 53). Die Leute können ohne eure Theorien und Meinungen sein. »So spricht der Herr«, das ist es, was wir brauchen. – Md. Secr. Pow. 72.

[38] Fn. 1921, 48; Wf. S. 281. 479. 649; Wl. Nast I 224. 352. 391, II 149.

Aus dem Stehen in der Vollmacht heraus erheben die Evangelisten selbst den *Anspruch* auf Gehörtwerden. Die Mahnung: »O Land, Land, Land, höre des Herrn Wort!«, von Whitefield oft »und nie anmaßend« gebraucht,[39] war so gemeint, ebenso die Warnung Wesleys an die Hörer der Universität Oxford vor Anstoß an seiner Person und Nichtanerkennung seiner Sendung.[40] Whitefield machte vor einer unaufmerksamen Versammlung in drastischer Weise klar, dass er nicht in eigenem Namen, sondern im Namen des Herrn der Heerscharen komme, indem er die Schläfer mit einem Faustschlag auf das Pult und Aufstampfen des Fußes weckte und mit Berufung auf jene Sendung verlangte: »Und ich muss und will gehört werden.«[41]

Für die *Ausübung der Vollmacht* unterscheiden wir das bevollmächtigte Auftreten, das Predigen in Gottes Namen und die Selbstgleichsetzung (Identifikation) des Redners mit biblischen Gestalten oder Worten.

Selbst dem äußeren Verhalten war das Stehen in der Vollmacht zu entnehmen. Gerade die unbewussten Äußerungen in der Art des *Auftretens* waren Hinweise auf sie, die das Bild der Rede bestimmten. Whitefield bestieg immer mit wichtiger Miene seinen »gospelthrone« (Evangeliumsthron), »so, als ob er etwas von Bedeutung bekannt zu geben habe und um die Wirkung der Mitteilung besorgt sei«, und stieg mit derselben Ernsthaftigkeit wieder herab.[42]

---

[39] Ty. Wf. II 512.
[40] Wl. S. S. I 105; Nuelsen, Wl. Pdgt. 44; Wl. 1744, Oxford. Wer wird unumwunden reden, wenn ich's nicht tue? Deshalb will ich, ja ich reden. Und ich beschwöre euch bei dem lebendigen Gott, dass ihr nicht eure Brust dagegen umpanzert, einen Segen aus *meinen* Händen zu empfangen. Sagt nicht bei euch selbst: »Non persuadebis, etiamsi persuaseris« (du sollst mich nicht überreden, selbst wenn du mich überredet hast), oder mit anderen Worten: »Herr, du sollst nicht senden, wen du senden willst; lass mich lieber in meinem Blute umkommen, als durch diesen Menschen gerettet werden!«
[41] Gledstone 489.
[42] Ty. Wf. II 498. 511.

Aus den Tagebüchern Wesleys leuchten zwei Geschehnisse hervor, die durch die Größe des Rahmens und der Situation wie durch die des Anspruchs diese Kraft des Auftretens in lebendiger Handlung zeigen: Seine erste Freipredigt im Bristoler Werk 1739 und den Beginn seiner Ansprachen vom Grabstein seines Vaters.[43] Hier zeigt sich das *Hervortreten* eines Gesandten, der seine Stunde erfüllt sieht und nicht anders kann, als seiner Mission gerecht zu werden. Dieses »den Mund öffnen«, »laut schreien«, »proklamieren« (vgl. Wesley: My mouth was opened; I proclaimed, declared, cried aloud, cried out, stood and cried, called),[44] wie es uns in Wesleys Aufzeichnungen so oft begegnet, ist prophetisches, besser: beauftragtes Tun, weist den Prediger aus als Herold Gottes, der im Namen des Höchsten eine Botschaft zu bestellen hat und unter allen Umständen dieses große Tun in großer Zeit durchführen muss. Es liegt Freiheit und Größe darin.

Dieser »laute Ruf« ist in Ton und Stil die Form zum »großen Ruf« (S. 268):

Der Vollmachtscharakter der Rede wird auch mit ausdrücklicher Berufung auf ihn den Hörern zum Bewusstsein gebracht. In der Kraft des Augenblicks und in der Ermächtigung von oben wird das »im Namen Gottes verkündige ich dir« unerschrocken gewagt

---

[43] Wl. Jn. II 172 f.; Wl. 1739, Bristol, 1. Freipredigt. Nachmittags 4 Uhr verstand ich mich dazu, »noch geringer zu werden«, und verkündigte an den Landstraßen die frohe Botschaft des Heils, indem ich von einer kleinen Erhebung im Gelände nahe bei der Stadt zu etwa 3000 Menschen sprach. Die Stelle, über die ich sprach, war folgende (ist es möglich, dass jemand davon nichts wissen sollte, dass sie bei jedem wahren Diener Christi erfüllt ist?): »Der Geist des Herrn ist auf mir, darum dass er mich gesalbt hat, zu predigen das Evangelium den Armen. Er hat mich gesandt, zu heilen die zerstoßenen Herzen, zu predigen den Gefangenen, dass sie los sein sollen, und den Blinden das Gesicht; die Zerschlagenen in Freiheit zu setzen und zu verkündigen das angenehme Jahr des Herrn.« – Wl. Jn. III 19; Wl. 1742, Epworth. Um 6 Uhr kam ich und fand eine Versammlung, wie sie wohl Epworth noch nicht gesehen hat. Ich stand nahe dem östlichen Ende der Kirche auf meines Vaters Grabstein und rief: »Das Himmelreich ist nicht Essen und Trinken, sondern Gerechtigkeit, Friede und Freude in dem heiligen Geist.«

[44] Wl. Jn. II 264. 172. 176. 179. 182. 388; III 19. 91.

(S. 300 ff.); allerdings ist der Inhalt dieser Verkündigung meist der biblisch-allgemeine und selten persönlich gewendet oder gar willkürlich.[45]

Eine besondere Erscheinung ist die *Selbstgleichsetzung (Identifikation)* des Redners mit biblischen Worten oder Personen. Sie entstammt der engen Beziehung, die während des Redeakts zwischen pneumatischem Träger, Redewort, Bibelwort und dem Transzendenten besteht (S. 157 ff.), und führt zu einem beim Hören und Lesen der Reden wohl zu empfindenden Schwingen und Ineinanderfließen dieser Redefaktoren. Ohne die Getragenheit des Tuns durch das Geschehen der Zeit wäre eine solche Höhe der Selbstbekundung undenkbar. Auch so noch wurde sie als Anmaßung ausgelegt und zog Wesley, der besonders gern von dieser Form Gebrauch machte, den Vorwurf willkürlicher Schriftanwendung ohne Rücksicht auf den ursprünglichen Sinn zu.[46] – Eine gewisse Scheu, etwa Worte Jesu über sein Wirken im Reiche Gottes auf die eigene – in einer Beziehung grundsätzlich gleichgerichtete – Arbeit anzuwenden, ließ die Evangelisten auch teilweise zu einer verhüllten Gestalt dieses Schriftgebrauchs kommen, namentlich auf dem theologisch zurückhaltenderen deutschen Boden, wobei es dann in der Schwebe blieb, wer denn eigentlich spreche, Gott oder der Prediger oder das Wort. Vielleicht war diese Wirkung in selbstempfundener Akteinheit beabsichtigt.

---

[45] Kl. Lebensstrom 163. *Als Herold deines Gottes an dich* habe ich dir an der Schwelle des neuen Jahres die alte Botschaft zu verkündigen: Es *ist ein Wort deines Gottes da für dich.* – Kl. Furche 123 … denen allen habe ich im Auftrag des höchsten Gottes hiermit zu eröffnen: Wo ihr gefehlt, hat Gott selbst gesorgt! – Md. Way Home 13. Sagt wie der verlorene Sohn: »Ich will mich aufmachen und zu meinem Vater gehen«, und im Auftrag Gottes sage ich euch, Gott wird euch annehmen. – Gledstone 485. Es war, wie wenn die Stimme Gottes selbst spräche, als er einmal einem Mann, der sich auf den Kirchturm gesetzt hatte, zurief: »Mann, ich habe ein Wort für dich.« – Schrk. Allein 36. Ich rufe allen Lauen im Namen des Herrn zu: Seid doch keine Menschen, die dem Heiland zum Ekel sind! – Kl. N. Netze 452. Ich habe gleichsam den Auftrag von Gott, euch heute wieder einmal aufzufordern, wie es schon oft in eurem Leben geschehen sein mag: Gebt ihm euer Herz!

[46] Wl. S. S. II, Nr. 32 Einl., S. 85.

Das klassische Beispiel für diese Äußerung evangelistischer Vollmacht ist die erwähnte Rede Wesleys in Bristol (vgl. S. 191, Anm. 43). Das pneumatische Prinzip wird klar; in großer Kraft der Anschauung wird es als das für Jesus, für den Propheten und für den Redner Gemeinsame und Grundlegende angenommen und ausgesprochen. Es drückt vollkommen Wesleys innerstes Meinen, sein »Programm« aus.[47] Andere Worte aus Wesleys Tätigkeit gehen von direkter formaler und inhaltlicher Identität bis zum bloßen Zitat eines Schriftworts, drücken aber auf alle Fälle die Wucht des Wirkens, die Gewalt des Rufes, die Herzlichkeit des Erbarmens aus, die zu dieser hohen Form führte.[48]

Die unerhörte *Situationskräftigkeit* dieser Worte ist deutlich; sie ist eine wesentliche Voraussetzung der Identifikation. Weil er im göttlichen Auftrag vor einer Lage stand, die der biblischen glich, und zwar vor einem totalen Neubruch, erhielt Wesley das innere Recht zur

---

[47] Simon 282. Kein geeigneter Text konnte gewählt werden. Er umschreibt das Ideal, dem Wesley bis zu seinem Ende treu blieb.

[48] Wl. Jn. II 176; Wl. 1739, Bristol. Um sieben Uhr morgens predigte ich ungefähr 1000 Personen in Bristol und später ungefähr 1500 auf der Spitze des Hanham Mount in Kingswood. Ich rief zu ihnen mit den Worten des Propheten: »Ho! (Wohlan), alle die ihr durstig seid, kommt her zum Wasser, kommt her und kauft ohne Geld und umsonst Wein und Milch!« Ungefähr fünftausend waren nachmittags in Rose Green auf der andern Seite von Kingswood, unter denen ich stand und im Namen des Herrn rief: »Wen da dürstet, der komme zu mir und trinke. Wer an mich glaubt, wie die Schrift sagt, von des Leibe sollen Ströme des lebendigen Wassers fließen.« – Wl. Jn. II 437; Wl. 1741, Bristol. Die Stimme des Herrn rief laut zu den Sündern: »Warum willst du sterben, Haus Israel?« – Wl. Jn. III 72; Wl. 1743, South Biddik. Ich rief zu ihnen mit den Worten des Propheten: »Ihr verdorrten Gebeine, höret des Herrn Wort!« – Wl. S. S. I 295. Zu euch rufe ich, im Namen dessen, den ihr von neuem kreuzigt, und mit seinen Worten zu euren beschnittenen Vorgängern: »Ihr Schlangen, ihr Otterngezüchte, wie könnt ihr der höllischen Verdammnis entrinnen?« – Wl. S. S. I 296. »Wahrlich, wahrlich, ich sage euch«, auch »ihr müsst von neuem geboren werden«. – Wl. Jn. III 26; Wl. 1742, Odbrock. Ich predige über Apg. 17, 23: »Den ihr unwissend verehrt, den verkündige ich euch.« – Wl. S. S. 197. Die Rede seines Herzens war unausgesetzt: »Mein Vater wirkt bisher und ich wirke auch.« Mein Herr ging umher und hat wohlgetan; sollte ich nicht in seine Fußstapfen treten?

Benutzung dieser Schicksalsworte der Schrift für sich und die Zuhörer. Hier stehen wir dem prophetischen Auftrag ganz nahe.

Auch Schrenk verwendet einmal das biblische »Wer Ohren hat zu hören, der höre, was der Geist den Gemeinden sagt« als Abschluss einer Rede, wobei diesem Satz andere Schriftzitate vorausgehen und er es offen lässt, ob die Stimme des göttlichen Geistes auf diese oder auf seine Worte oder auf beides zu beziehen ist.[49] Ähnlich vorsichtig ist Keller (vgl. S. 174, Anm. 45). Wenn von Schrenk und Moody die Stimme Christi in der Rede und sein reinigendes Tun als Möglichkeit und Verheißung dieser Stunde gegenwärtig werden (vgl. S. 369, Anm. 586, Anm. 587 und 588), so ist darin ein prophetisches Sprechen mitgegeben, wenn auch nicht hervorgehoben. Wenn Moody eine äußerst eindrucksvolle Ausmalung dessen, dass Nichtwiedergeborene nie das Reich Gottes betreten würden, mit dem Satz beschließt: »Gott hat es gesagt und nicht ein Mensch«,[50] so geht dieser mit prophetischer Wucht gesprochene Satz auf die Bibelwahrheit, aber im Gefühl des Hörers auch auf das Sprechen im Augenblick. –

Ein im engeren Sinn prophetischer Zug ist die *Stellungnahme zum Ganzen der Zeit im Namen Gottes und vor dem Ohr der Zeit.* Der Evangelist wird zum *prophetischen Künder.*

Dieses charismatische Amt, das in ähnlichem Stil und Umfang zu bekleiden den beamteten Organen der Kirche selten möglich ist, kommt den Evangelisten kraft ihrer herausgehobenen Stellung eher zu. Sie sind nicht in feste Verhältnisse eingespannt, sie haben einen Dienst, der dem *Ganzen* der Christenheit in missionarischer Weise gilt, sie haben das Ohr von Tausenden an vielen Orten, ihre Arbeit gibt ihnen den großen Rahmen, der zu so großer Verkündigung nötig ist, und nicht zuletzt: Sie haben auch diese Aufgabe als Begleitmoment ihres evangelistischen Werkes.

---

[49] Schrk. Allein 46.
[50] Md. Way to God 40.

Das pneumatische Prinzip wird hier in besonderer Weise sichtbar. Sowohl die bevollmächtigte Redeweise wie das Vernehmen und Geltenlassen durch die Hörer wie besonders der Inhalt der Botschaft setzt pneumatische Nähe voraus. Ein Überblick und Tiefblick dieser Art ist nur Erleuchteten gegeben.

Dem Einsatz der evangelistischen Tätigkeit entsprechend ist die Stellungnahme zum Zeitganzen meist angreifend (S. 29 ff.). Keller begann seine erste Rede im Zirkus Busch 1906 mit dem lapidaren Satz: »Die Bilanz der Kulturmenschheit stimmt nicht«, und sofort »wurde es blattstill im Riesenraum«. Mit wenigen Strichen führte er das aus: Überall mangelt es; Jurisprudenz, Medizin, soziale Gesetzgebung, ungelöste sittliche Probleme, kirchliche Ohnmacht – alles das fordert etwas Neues, Wirkliches – ; er suchte dies im persönlichen Erleben als dem Ansatzpunkt einer Gemeingestaltung.[51] Mit solchen Urteilen wird der Zeit das Gericht gesprochen, und zwar nicht in der Form einer der auch sonst häufigen allgemeinen Äußerungen zu derselben, sondern in einem *Hochakt,* der in einem bestimmten Zeitpunkt durch bestimmte Beauftragte vor bestimmten Hörern ein *Geschehnis,* eine *Handlung,* eine nicht wiederholbare und nicht beliebig zu vertauschende *Tat,* eine Eingriffsweise und Stellungnahme von oben bedeutet. Rede ist hier, ähnlich wie in der großen politischen Rede, ein Zum-Ausdruck-Kommen und Sich-Erfüllen der Zeit, ein Gestalt-Gewinnen und damit Durch-eine-Epoche-Hindurchgehen, ein Reifwerden und Vergänglichwerden eines Zeitabschnitts, hier aus religiösem Blickpunkt heraus.

Wesleys Predigt vor der Oxforder Universität 1744 – ähnlich wie Kellers Tun in Berlin an einem Zentrum der nationalen Geschichte – erhält in ihrem anstößigen Anspruch diesen letzten Aspekt. Nicht umsonst konnte sich der Evangelist nach Verlassen der Kanzel in seinem Tagebuch äußern: »Ich bin nun rein von dem Blut dieser Menschen.«[52] Der Blick in die Möglichkeiten der Zeit, ihr inneres Erfor-

---

[51] Kl. Leben II 69. 168.
[52] Wl. Jn. III 147.

dern, ihre Gerichtsreife, der Hilferuf zu Gott im Schluss der Rede ist bevollmächtigtes Handeln auf der Kanzel eines Mannes, *der berufen war zu reden, weil er berufen war, Geschichte zu machen.*[53] Das erhobene Auge und die feierliche Gebärde bringen diesen Anspruch zum Ausdruck.

Neben dieser großen Überschau der Zeit im Geist findet sich auch *Vorausschau kommender Ereignisse.* Keller gelangte angesichts der tiefen Friedlosigkeit der Welt schon einige Jahre vor dem Krieg zu der Frage: »Wann bricht der große, Grauen erregende Weltkrieg aus?«, und sagte einem Zeitalter der Willkür, der Ichsucht und einer selbstbewussten, fortschrittgläubigen Kultur das Ende voraus,[54] was in beiden Fällen bei seiner Stellung ein typisch *erhöhtes* Reden bedeutet.

---

[53] Wl. S. S. I 110 f.; Wl. 1744, Oxford. Im Namen Gottes des allmächtigen Herrn frage ich, welcher Religion gehört ihr an? Selbst die Frage nach dem Christentum könnt ihr, wollt ihr nicht ertragen. O meine Brüder, welch eine christliche Stadt ist das! »Es ist Zeit für dich, Herr, deine Hand anzulegen!«... Soll das Christentum durch junge, unbekannte, bedeutungslose Männer wieder hergestellt werden? Ich weiß nicht, ob ihr das auch nur ertragen könntet. Würden nicht einige von euch ausrufen: »Junger Mann, mit solchem Tun beschämst du uns!«? Doch besteht keine Gefahr, dass ihr hierin auf die Probe gestellt werdet, so sehr hat sich die Ungerechtigkeit bei uns ausgebreitet wie eine Flut. Wen soll Gott dann senden? Den Hunger, die Pestilenz, die letzten Boten Gottes an ein schuldiges Land oder das Schwert, »die Heere« der römischen »Verbündeten«, um uns wieder zu unserer ersten Liebe zurückzubringen? Nein, »lieber lass uns in deine Hand fallen, o Herr, und lass uns nicht in der Menschen Hände fallen.« Herr, rette uns oder wir verderben! Zieh uns aus dem Sumpf, damit wir nicht versinken! O hilf uns gegen diese Feinde! Denn eitel ist die Hilfe von Menschen. Dir sind alle Dinge möglich! Nach der Größe deiner Macht bewahre diese, die dem Tod geweiht sind. Bewahre uns auf eine Weise, die dir gut dünkt. Nicht wie wir wollen, sondern wie du willst! – Wl. S. S. I 90. Er schloss die Aufzählung unserer Untugenden erhobenen Auges in der feierlichen Form: »Es ist Zeit für dich, Herr, Hand anzulegen«, Worte so voll Anmaßung und offenbarer Verdammung, dass sie einen allgemeinen Anstoß (shock) hervorriefen.

[54] Kl. N. Netze 331. – Kl. »Der erste Johannesbrief«, 144. Sie haben mit ängstlicher Genauigkeit darauf geachtet, dass in ihrer Lehre nichts Übernatürliches, nichts Göttliches sei; sie sind stolz darauf, dass sie aus der modernen Welt stammen und nichts in ihnen ist, was die Welt nicht als stammverwandt anerkennt. Das ist aber gerade ihr Todesurteil. Daher werden sie mit dieser Welt zugrunde gehen.

3. Der pneumatische Kontakt mit den Hörern

Hebt die pneumatische Nähe den Redner als Organon des Redevorgangs aus der Allgemeinheit heraus und stellt ihn der Hörerschaft als Geschehenszentrum eigener pneumatischer Würde gegenüber, so verbindet doch andererseits das gleiche Walten des Geistes den bevollmächtigten Redner mit seiner Zuhörerschaft in einer neuen Gemeinsamkeit und Umschlossenheit, die in sich verschiedene Beziehungen birgt: Sie ist das Wechselverhältnis des »Kontakts«, die Erschlossenheit und Freiheit des Redens wie die Verfügungsgewalt des Redners über seine Hörer, »the command of the hearts«.

Die eigenartige Erscheinung des *»Kontakthabens«* mit den Zuhörern ist den Rednern und als solchen auch den Evangelisten wohl bekannt. Es ist ein gegenseitiges Sich-Aufeinander-Einstellen, ein Entgegen-Kommen, das teils psychisch und versammlungspsychologisch in dem Ruf, der dem Redner vorausgeht, im ersten Eindruck seines Auftretens und in dem Interesse, mit dem ihm die Versammlung entgegenkommt, teils gaben- und geistesmäßig bedingt ist.

Gewisse Redner »haben« das »Ohr« der Versammlung, nicht nur kraft ihres überragenden Könnens, sondern, ähnlich der Gabe der »erwecklichen Persönlichkeit« (S. 130 ff.) als charismatische, bei profanen Rednern rein rednerische Fähigkeit. Redner und Hörer begegnen sich »Geist mit Geist, Seele mit Seele und nicht nur Gesicht zu Gesicht«.[55] Der Redner nimmt seine Zuhörer »an der Hand«, kommt ihren Seelen »so nahe wie selten jemand«, lässt auch sich selbst »in das Herz hineinschauen«, ist ganz mit ihnen »in Fühlung«, hat ihr Interesse, ihre Resonanz, sie selbst. Sie verlieren sich ganz an ihn, vergessen sich, könnten ihm »stundenlang zuhören« (S. 77 ff.).

Moody war »sofort mit seinen Hörern vertraut (at home)« und betrachtete es als eine Pflicht, es zu benutzen, dass »Gott ihm das Ohr des Publikums gegeben hatte«.[56] Keller kennt die »gewitter-

---

[55] Rigg 135.
[56] W. Md. 219. 460.

schwangere Spannung« zwischen Mund und Ohr des Predigers und der Hörerschaft, das »magnetische Fluidum«, das sich vereinigt.[57]

Denselben Voraussetzungen der rednerisch-pneumatischen Einheit entspringt die *rednerische »Freiheit«* (»parrhesia«). Ihr pneumatisches Element ist die innere *Erlaubnis*, die dem Redner zuteil wird, *sich selbst* unvermittelter und rückhaltloser zu geben, als dies sonst der Fall zu sein pflegt, mit aller Fülle und Freudigkeit zu reden und hierbei statt des Schutzes der Vorsicht den pneumatischen Schutz für das Gesagte und für das eigene geöffnete Innere in Anspruch zu nehmen. Zusammen mit der seelischen Erhobenheit (S. 83) bildet sich so die *Redefreudigkeit*, welche die Gefühls- und Aktseite jener pneumatischen Gegebenheit darstellt, und die nicht so sehr vom etwa erwarteten Widerhall, sondern von der unmittelbaren Gabe an den Redner, der Gnade der Stunde, abhängt. Sie ist als Begleitmoment des großen Tuns und gelingenden Werkes etwas Gewohntes und wird nur bei außerordentlich starkem Hervortreten oder Fehlen erwähnt, so wenn Wesley ausdrücklich bemerkt, eine solche »Freiheit« zu reden habe er noch selten gehabt, oder wenn Whitefield beklagt, dass er nicht mit der gewohnten (!) Freiheit zu predigen vermag[58] (vgl. S. 196, Anm. 102 und 103).

Auch die *Verfügungsgewalt* entstammt dem Näheverhältnis und ist als solche rein *gegeben*, also auf keine Weise künstlich zu erzielen.

---

[57] Kl. Furche 14. Ist ein starker, zielbewusster Wille auf ein ganz bestimmtes Ziel gerichtet, strengt sich geistiges Können und geistliches Haben miteinander an, solches Ziel zu erreichen, dann erst entsteht jenes magnetische Fluidum, das vom zeugenden Mund und sprechenden Auge des Predigers her auf seine Zuhörer ausgeht. Das bildet gleichsam die gewitterschwangere Spannung, wo der Hörer mit fortgerissen wird, er weiß selbst nicht wie. Da kann's dann auch blitzen, dass mit einem Mal einem ein alter Spruch in neuer originaler Beleuchtung flammend wie ein Bote Jehovas vor die Seele tritt; – da kann's denn auch donnern, dass die Gewissen beben, weil man sie in unmittelbarer Nähe mit dem lebendigen Gott gebracht hat. Merkwürdigerweise ist dann *der Inhalt* fast – Nebensache! Das heißt, dann wirken die einfachsten Bibelwahrheiten doch erschütternd.

[58] Wl. Jn. II 296; Ty. Wf. I 416.

Ihre natürliche Seite zeigt sich in dem Urteil Weicherts über Keller,
dass dieser auch in einem profanen Beruf eine beherrschende, ein-
flussreiche Stellung hätte gewinnen und ein »einzigartiger Mann mit
einzigartiger Gewalt über Menschenherzen hätte werden können«.[59]
Es ist wohl aller wahrhaft großen Redner Erfahrung, was selbst der
gealterte Moody noch bei erstmaligem Auftreten in einer Stadt mer-
ken konnte, dass die Hörerschaft ihm gegenüber war »wie Ton in des
Töpfers Hand«,[60] dass er sie »in der hohlen Hand hielt«.[61] Whitefield
erhält von Toplady das Kennzeichen des vollendeten Redners, die
»absoluteste Herrschaft über die Gefühle (passions) ungeheuerer
Hörerschaften« zugesprochen.[62]

Diese »Macht über das Denken des Volkes und seine Einbildungskraft so gut wie über seinen Beifall«[63] ist jedoch nicht lediglich Natur-
gabe, sondern ein Ausfluss der Liebe und Macht atmenden *Persönlichkeit* des Redners. Moody, der »die Gefühle der Massenversammlungen mit der reinen Kraft seiner Persönlichkeit zu leiten vermochte«,[64] zeigt in besonderem Maße jene Eigenschaften, welche die
»hervorragendste der irdischen Herrschaften, die Herrschaft über
menschliche Herzen«[65] verleihen, Liebe und Gottbeseeltheit. Auch
Wesley war eine »hohe, auffallende und damals noch wenig verstan-
dene Macht über die Gemüter« eigen[66] und wir dürfen die Gründe
hierfür in der Andringlichkeit und Intensität seines Wesens suchen.

---

[59] Weichert 228.
[60] Md. Lat. S. 121.
[61] W. Md. 519; Md. 1897, Chicago. Moody wird es nicht zugeben, aber es gibt keinen
anderen Menschen in unserm Land, der das Auditorium so hätte füllen können,
wie er es achtmal füllte. Er hielt 48 000 Männer und Frauen in seiner hohlen Hand
und sie weinten oder lächelten, wie er wollte. Es kann Magnetismus oder es kann
Handeln (acting) gewesen sein.
[62] Ty. Wf. II II 624. 626.
[63] Begbie 383 (Booth).
[64] W. Md. 340.
[65] Md. To the Work 24; Auf, auf, Nr. 266, S. 4.
[66] Southey-Krum. II 228.

Letztlich ist aber auch diese Erscheinung der pneumatischen Gabe des Augenblicks und ihren Voraussetzungen zu verdanken: *Verfügen kann nur, wer in Herrschaft steht, und Herrschaft kann nur im Auftrag ausgeübt werden.*

II. Die pneumatisch-psychische Unmittelbarkeit

Es ist für die Kraft der Rede sehr wesentlich, von welchen Motiven (S. 125 ff.) sie getragen ist. Die Auswirkung dieser Motive geht parallel der Auswirkung der grundsätzlich vorhandenen Überzeugtheit des Redners wie seiner Beteiligtheit beim Akt selbst. In der Rede wird diese pneumatisch-psychische Innengestalt des Redners mitschwingen, und zwar als Moment der *Unmittelbarkeit*, der die Rede entstammt.

Auch hier leiten die Fäden in die letzte Unmittelbarkeit, die echtes Leben und echte Äußerung schafft, in das schöpferische Tun des Geistes selbst.

1. Die Überzeugtheit

»Gebrochene« Rede ist die irgendwie nicht aus dem Selbst des Menschen stammende. Sie wird der unmittelbaren Kraft ermangeln, die direkte Linie aus dem Ichzentrum hinein ins Sagen begleitet. So entscheidend die Ichbeziehung für das Glauben ist, so entscheidend ist sie für das Reden. Diese Unmittelbarkeit ist die des »Zeugnisses« und für dieses konstitutiv.

Um der hier nicht sachgemäßen Färbung ins Objektive zu entgehen und um das Aktmoment auszudrücken, wurde der Ausdruck »Überzeugtheit« und nicht »Überzeugung« (Weltanschauung) gewählt. Sie ist der *Glaube* des Evangelisten, im *Reden* sich auswirkend, und ebenso sehr wie jener lebendige Aktion. Das eigene *Ja zur Verkündigung* durchstrahlt die Rede, gibt ihr Wucht und Über-

zeugungskraft – *niemand wird glauben, wenn nicht Glaube spricht.*
Wenigstens werden von nicht ichbezogener Rede keine entscheidenden Anstöße ausgehen, sondern höchstens eine gewisse Förderung
allgemeiner Kenntnisse oder schon vorhandenen Glaubens.
Hier ist der Begriff des *»Herzens«* wichtig. Das »Herz« als Ichzentrum, als innerster Sammelpunkt aller Fäden der Persönlichkeit,
als tiefster Einheitspunkt des personellen Geschehens, als Ort der Bejahung und der Verneinung, der Entscheidung und des Schicksals ist
auch Quellpunkt der Rede. Nur was hierauf, auf die Ganzheit der
Person, bezogen ist und aus ihr stammt, wird Kraft haben.
Die Evangelisten waren mit »brennendem Herzen« bei der Rede.
Ihre Ganzbeteiligung wie ihr Überzeugtsein von der Realität dessen, was sie sprachen, war unbegrenzt. Ihr Stehen in der Realität
(S. 164 ff.) und ihre Predigt voll Realität entsprachen sich.[67] Finney
sieht den Grund der überraschenden Erfolge der ersten methodistischen und baptistischen Laienprediger in deren begeisterten, aus dem
tiefsten Innern hervorquellenden Worten; »Worte, die direkt aus dem
Herzen kommen«, wirken nach ihm mehr als stilvollendete Kunst-
werke der Beredsamkeit.[68] Auch Whitefield gibt seiner Evangelisten-
erfahrung Ausdruck, wenn er, vor seinen schwarzen Zuhörern auf
den Bermudas (1747) warm geworden, hofft, dass, »was von Herzen
kam, auch zu Herzen ging«.[69]

---

[67] Ty. Wf. II 629. Whitefields Glaube erfüllte und entflammte ihn mit Enthusiasmus.
Sein Leben ward damit verbracht, einige wenige große Wahrheiten zu bezeugen, an
die er einen intensiven, gottgegebenen, lebhaften Glauben hatte. ...Er war voll
religiösen Gefühls. Außer im Schlaf schien er immer und überall zu beten und zu
preisen. Er war »voll Glauben und heiligen Geistes«. Eine lebendige geistliche
Gesinnung entflammte seine Seele. Seine Anschauungen von Gott und Christus,
von Sünde und Heiligkeit, von Glaube und Vergebung, von Himmel und Hölle
waren nicht bloß Gedanken, sondern Empfindungen (sentiments). Ohne dies
wäre Whitefields Beredsamkeit lediglich Redekunst gewesen und seine Predigten
wären, anstatt mächtig zu sein, durch Gott Bollwerke niederzulegen, wohl – theatralische Reden gewesen.

[68] Fn. 1921, 45.

[69] Gledstone 371.

2. Die Beteiligtheit

Hiermit ist das *Mitgehen* des Predigers unter seinen eigenen Worten
berührt. Glauben schließt ja eine Mitbeteiligung bei der Äußerung
desselben notwendig ein: Als eines unmittelbar Empfundenen ist
auch seine Auswirkung unmittelbar empfunden.

So ist es gemeint, wenn Wesley von seiner Rede auf dem Markt-
platz in Alnwick 1749 sagte: »I felt what I spoke« (Ich fühlte, was ich
sagte).[70] Bei solchen Gelegenheiten stand er »mit all seiner feierlichen
Eindringlichkeit« vor ihnen und »vergaß sich ganz und gar in dem,
was er zu sagen hatte«.[71] Er konnte einen jüngeren Begleiter in diesem
Sinne auf das Bild zweier streitender Frauen aufmerksam machen
und hinzufügen: »Lerne, wie man predigt.«[72]

Je nach Temperament äußert sich diese Selbstbeteiligung in einer
Hingerissenheit durch die Rede selbst, deren Grad und Farbe jedoch
nur persönliche Abwandlung dieses bei allen Evangelisten vorhandenen Einsatzes der innersten Persönlichkeit beim Werk ist. Mit heiliger
Leidenschaft und wunderbarer Gewalt flossen die Worte von den
Lippen Moodys und Whitefields. »Ich predigte immer gratis und gab
mich selbst.«[73] Besonders der *Inhalt* der Rede selbst ergreift auch die
Evangelisten. Als Ausdruck ihres Glaubens wird er in seiner großen
dramatischen Kraft (S. 204) im Akt selbst mit durchlebt, in seiner
Bedeutung von Neuem bejaht und den Zuhörern angelegentlich
anheim gegeben. Dies bedingt eine große seelische Bewegtheit während des Redeakts. Kalt oder nur ruhig zu bleiben, war Whitefield bei
der Verkündigung seiner großen Botschaft unmöglich.[74]

---

[70] Wl. Jn. III 428.
[71] O. Rigg 136. 129; vgl. S. 89, A. 4.
[72] Ty. Wl. III 660.
[73] Md. Kassel 55; Ty. Wf. I 84.
[74] Ty. Wf. II 629. – Wf. S. 795. Whitefield erschien mir bei allen seinen Ansprachen in
seinem eigenen Herzen selbst tief ergriffen und beeindruckt. Wie glühte und
siedete das in ihm, wenn er von den Dingen sprach, die seinen König angingen! –
Ty. Wf. I 306. Whitefields Macht als Kanzelredner kann nicht getrennt werden

Unter Umständen stellt sich die rechte innere Beteiligung erst während der Rede ein. Der Redner muss über seinem Thema und durch Ausübung des Redevorgangs erst *»warm werden«*, was wieder bei Whitefield deutlich hervortritt, der dann im Ringen um die Zuhörer bis zu Gottes Thron emporgetragen erscheint.[75]

Zu diesen menschlich-psychischen Gegebenheiten, die allerdings von der Glaubensseite her stark pneumatisch bestimmt sind, gesellt sich ein pneumatisches Moment im Redeaugenblick: Die schöpferische Unmittelbarkeit des heiligen Geistes, die als *»Glut des Geistes«* sich in der tief bewegten Art der Darbietung äußert und die als intensiv-energetisches Element den Eindruck einer nun aus letzten Gründen stammenden Beteiligtheit des Redners am Gesagten verstärkt.[76]

---

weder von seiner frommen Bewegung noch von seinen religiösen Anschauungen. Hätte er eine weniger bewegte (emotional) Theorie von Religion zur seinen gemacht, mehr nach dem Muster der Rationalisten oder Ritualisten, so wäre seine Beredsamkeit für die Welt verloren gewesen. Ebenso wenig hätte seine Seele Feuer gefangen noch hätten seine Lippen geglüht von der brennenden Kohle enthusiastischer Leidenschaft. Aber er glaubte an des Menschen Sündenverderben, an das sichere endlose Weh, das den Unbußfertigen erwartet, an die Gnade Gottes durch Jesus Christus und an das freie Angebot des Heils im Glauben an das Kreuz. Dies waren seine Ansichten und mit dieser Überzeugung blickte er auf seine Zuhörer. Er sah nur eine Hoffnung für sie vorhanden und mit der ganzen, ebenso sehr von der Liebe zu Christus wie von der Liebe zu den Seelen bewegten und ergriffenen Seele drang er mit all der Kraft eines sterbenden Menschen, der zu sterbenden Menschen spricht, in die Zuhörer, sie zur Annahme des großen Heils zu bewegen.

[75] Ty. Wf. I 419 (über Whitefield). Es gibt nichts in der äußeren Erscheinung dieses bedeutenden Mannes, das einen zu der Annahme führen könnte, dass Felix vor ihm zittern würde. Wenn man ihn sah, wie er zuerst begann, würde man ihn für alles andere als einen Enthusiasten und glühenden Menschen gehalten haben. Aber wenn er fortfuhr, wurde sein Herz mit seinem Gegenstand warm und seine Art ungestüm, bis er, alles um sich herum vergessend, am Thron Jehovas zu knien und flehentlich um seine Mitmenschen zu ringen schien.

[76] Weichert 209 (D. Kittel über Keller). Wenn sein Zeugnis immer wieder packte und wirkte, nicht bloß in der Breite, sondern auch in der Tiefe, so war der Grund zwar auch seine Wucht und Kraft der Rede, aber mehr noch, dass die Menschen an ihm etwas spürten von der echten Glut des Geistes Gottes. Er war ein Mensch, an dem alles echt, alles unmittelbar, alles quellend war.

3. Die Auswirkung der Motive

Die »*Liebe*« zu Gott und Menschen ist das stärkste Motiv der evangelistischen Rede (S. 125 ff.), unersetzbar, unverkennbar, unnachahmbar. Sie ist das geistlichste der Motive, die eine Rede bestimmen können, und hat in sich die Linie direkt zu Gott, in die pneumatische
Unmittelbarkeit.

Moody betont die Bedeutung der Liebe für die Predigt[77] und sagt
mit Recht, dass oft nicht ein Mehr an Arbeit, sondern das bessere
Motiv, nämlich das der Liebe, das in Gottes Augen Erwünschte ist.[78]
Sie vermittelt den »herrlichsten der Einflüsse, den über Menschenherzen« (vgl. S. 182), und die größte Autorität, die »Autorität der
Liebe«, in der Wesley dem Volk von St. Just zurief: »Warum willst du
sterben, Haus Israel?«[79] Whitefield, voll von »compassion«, zeigte,
dass nicht so sehr die Theologie als der Geist des Redners diesem
Herz und Ohr gewinnt und dass »Liebe mehr ist als Theologie«.
Seine Liebe »erwärmte, erleuchtete und erlabte und wusste nichts
von Zerstörung«.[80] »Kann etwas anderes als Liebe Liebe erzeugen?«,
fragte Wesley in seiner Gedächtnisrede mit dem Blick auf diesen
»champion of love« (Helden der Liebe).[81]

---

[77] Md. Secr. Pow. 90. Manchmal habt ihr euch gewundert, warum gewisse Geistliche, die solch wunderbaren Magnetismus besitzen, die so wundervoll über die
Sprache verfügen und die mit solcher Geistesschärfe predigen, nicht mehr Bekehrungen hatten. Ich glaube, wenn die Wahrheit bekannt würde, würdet ihr keine
göttliche Liebe hinter ihren Worten finden, keine reine Liebe in ihren Predigten. –
Md. w,To the Work 24. To address men well they must be loved much (Sollen
Menschen richtig angeredet werden, müssen sie sehr geliebt werden). Mögen sie
sein, wie sie wollen, noch so schuldig, gleichgültig, undankbar, noch so tief versun-
ken in Verbrechen, vor allem und über allem müssen sie geliebt werden. Liebe ist
der Saft des Evangeliums, das Geheimnis lebendiger und wirksamer Predigt, die
magnetische Kraft der Beredsamkeit.
[78] Md. To the Work 28; Auf, auf 8.
[79] Wl. Jn. III 91.
[80] Gledstone 346; Tholuck 209 (J. Edwards).
[81] Wl. S. S. II 519.

Das Motiv der Liebe ist die tragende Kraft selbst ernster, eindringlicher und äußerlich gesehen schonungsloser Predigt und verhindert, dass diese als verletzend empfunden wird. Dem tiefen *Ernst* der Finney'schen Predigt erschloss sie den Zugang zu den Hörern.[82]

Der Liebe als Grundmotiv entspringt andererseits eine gewisse »*Weichheit*« des Herzens und der Rede, die »das Herz bricht«[83] und eine besondere Stärke Moodys war, dieses »großen, starken Mannes, der doch ein so weiches, wahrhaft mütterliches Herz hatte«.[84]

Sehr wirkungsvoll war die *Zartheit* des inneren Gefühls und der Darbietung, in der wiederum Moody unerreichter Meister war. Diese »tenderness« wird besonders an ihm gerühmt;[85] sie gleicht das Bild der Rede aus und bewahrt es vor Härte, Leidenschaft und Bitterkeit. Die taktvolle Beziehung wird hergestellt und erweist sich als dauerhaft. Auch Keller ist bei aller Kraft sehr zart.

Der Zartheit der Auffassung entspricht das *Eingehen* auf den Zuhörer, wie es namentlich Keller eigentümlich war. Er sprach nie als ein Überlegener oder Fertiger, sondern stellte sich mit seinen Zuhörern auf den gleichen Boden der Heilsbedürftigkeit und des Menschseins.[86] Hieraus gewann er sein großes Verstehen, das gab ihm das

---

[82] Fn. 1921, 50; Fn. 1824, Antwerp. Der Herr schenkte mir in wunderbarer Weise den Zugang zu den Herzen. Die Entrüstung und das tiefe Weh, das sich meiner bemächtigte bei dem Gedanken an den schnöden Undank, den sich der Gott der Liebe seitens der Geschöpfe gefallen lassen musste, machte meine Worte zu scharfen Pfeilen, die den Zuhörern durchs Herz gingen. Es war, als ringe ich mit den Seelen in heißem Kampfe. So geharnischt meine Worte aber waren, konnte niemand verkennen, dass sie von inniger Liebe und tiefem Mitleid diktiert waren. Ich glaube, ich bin nie in meinem Leben strenger gewesen, und doch hat mich niemand der Härte beschuldigt.

[83] Begbie 327; Booth 1893. Ich habe noch nicht gelernt, wie ich predigen soll. Ich bin heute wegen meiner Arbeit gedrückt. Sie ist nicht direkt oder einfach genug und mir fehlt die Weichheit, die das Herz bricht. Ich möchte lernen, wie man die Seelen retten kann. Ich fühle, dass es da noch viel zu lernen gibt: ein Geheimnis.

[84] Pape 33.

[85] W. Md. 283; Erdman 100.

[86] Weichert 147. 150. 185.

Vertrauen vieler Entfremdeter. Auch der Grundsatz Moodys war es, »nahe bei Gott und nahe beim Sünder zu sein; nur so wird man sie zusammenbringen ... Wenn wir auf einer höheren Ebene stehen als er, wird uns das nicht gelingen«.[87]

Diese wesentlichen Momente der inneren Haltung bedingen mit die Wirkung der Predigt. Die Unmittelbarkeit des Gefühls im Bewegtsein durch starke christliche Motive verleiht der Rede jene Schwingungen und Untertöne, jene Beweiskraft und ansprechende Macht, die gerade beim breiten Volk ein Vermittler pneumatischer Wirkungen ist.

III. Die pneumatisch-physische Unmittelbarkeit

Bei dem engen Wechselverhältnis, in dem seelisches und körperliches Leben gegenseitig stehen, wirkt sich der pneumatische Anstoß ebenso wie auf psychischem Gebiet auch im physischen aus, und zwar in Einheit der Erscheinung. Die psychische Unmittelbarkeit des Redeakts wird sich in einer Unmittelbarkeit der körperlichen Äußerungen zeigen, in einem Mitgehen und Mitleben des ganzen leiblichen Daseins in mimischer Richtung.

Die Symbolseite der Gesamtkörperlichkeit (Erscheinung, Haltung, Auge, Gesicht) wurde schon behandelt (S. 148 ff.). Die somatischen Vorgänge während der Rede (Herz, Nerven, Blutkreislauf) stehen hier nicht zur Sprache. Dem Sinn der Untersuchung entsprechend soll die *Ausdrucksseite des Körperlichen während des Akts*, und zwar *soweit sie Träger pneumatischer Einwirkungen ist*, vergegenwärtigt werden.

Die Teilbezirke der stimmlich-tonlichen und der dramatisch-gebärdischen Darstellung grenzen sich hier ab: das Pathos und die Mimik.

---

[87] Md. Faithf. Say. 3.

Die *große Leidenschaft* hat noch immer die Menschen erworben. Sie hat die Vermittlung im *großen Ton*, dessen akustisch-psychische Seite das *große Pathos* ist. In diesem liegt mehr als nur die zunächst hervortretende stimmliche Gestaltung. Diese wird, wo sie echt ist, vom Hörer aufgenommen als Träger eines Seelischen und, sei hinzugefügt, Pneumatischen. Das »hohle« Pathos, das heißt das nicht *Ausdruck* seiende »Tönen«, wird demnach als unangenehm und angemaßt empfunden.

Der hohe Akt schafft sich seine hohe Form. Gleichwie der Enthusiasmus als seelische Erhobenheit hoher Zeit hohe Formen der Versammlung und der Allgemeinvorgänge schafft, so das innere Bewegtsein des Redners durch Vorgang, Auftrag und Botschaft jene Unnachahmlichkeit der großen Stimme, die wie Trompetengeschmetter in die atemlose Stille lauschender Versammlungen bricht oder in heiligem Rühren ganz tief ans Herz greift – actio im vollen Sinn des Wortes.

Das große Pathos kann einerseits der »Stunde« entstammen. In Angemessenheit an das Zur-Rede-Stehende oder Vor-sich-Gehende erreicht auch die Stimme jenen ehernen Klang, jene Hocherhobenheit, jenes Laut-Rufen, das dem Evangelisten als großem Künder geziemt (S. 176).

Andererseits kommt im großen künstlerischen Pathos eine dramatische Veranlagung des Redners zur Geltung, die bei Ausübung mit den übrigen Redemomenten zu vollkommener Einheit verschmilzt. Whitefields Pathos und Mimik war vollkommen natürlich, weil einem vollkommenen Großen im Tun vollkommen Großes im Vermögen entsprach. Die auffälligste Gebärde, der ergreifendste Ton der Stimme wirkte ganz wahr, weil sie ihr Recht erhielten durch das Gesagte und die Person des Künstlers. Seine »Betonung war vollkommene Musik« und der Schauspieler Garrick sagte ihm nach, er hätte die Menschen zum Weinen oder Zittern bringen können, je nachdem er das Wort »Mesopatamia« ausgesprochen oder einen Buchhändlerkatalog vorgelesen hätte.[88] Ist dies auch die geistreiche

---

[88] Ty. Wf. II 561; Gledstone 489.

Ironie eines kunstverwandten Schauspielers, so wird daraus doch die wesentliche Hilfe klar, die der große Evangelist durch dies ihm zur Verfügung stehende Pathos bei der Ausübung seines Amts erhielt. Auch Moody hatte eine »tief pathetische Ader«, die es ihm ermöglichte, zur »Zitadelle des Herzens selbst« zu sprechen.[89] Dies bezeichnet die *Tiefenwirkung* des Pathos. Diese körpergetragenen Töne besitzen eine fast körperliche Macht über das »Herz« (S. 183). Hier werden letzte Widerstände in den Tiefen des »Gefühls« durchstoßen (S. 257 ff.) – es ist zu beobachten, dass sich dieses, eine Tiefenschicht in der psychischen Konstitution, dem »tiefen Ton« gern öffnet. Unmittelbare Beziehungen über den Intellekt werden hier umsprungen und eine Vermittlung des zu Sagenden dem »Ton« entnommen.[90]

Der tiefe, starke Ton der Gewissheit, der andringliche Ton des Werbens (»the wooing note« in Moodys Predigten),[91] des Mahnens und des letzten Appells, vor allem die »Herztöne der Liebe« vermitteln der christlichen Rede eine sonst nicht erreichte Höhe des Pathos.

Derselbe innere Vorgang ruft das Schwingen der Stimme wie die *Mimik* in Gesicht und Gebärde hervor. Alles über Echtheit, Größe, aktuale und natürliche Voraussetzung wie Wirkung des Pathos Gesagte gilt sinngemäß auch hier, da nicht das Auszudrückende, sondern nur die Art des Ausdrucks ein gesondertes Moment bildet, und zwar auch hier noch in mimischer Gemeinsamkeit. Bei dieser ausgesprochensten Außenseite der Erscheinung wird das enge Ineinander und Sich-Bedingen von innerstem Anstoß, geistlichem Gehalt und natürlicher Gabe von neuem deutlich.

---

[89] W. Md. 219.
[90] Erdman 99. Moody besaß die Macht des Pathos. Seine Geschichten waren gewöhnlich häusliche Vorkommnisse, dem täglichen Leben entnommen, aber sie rührten den Leuten an die Saiten des Herzens und bereiteten seinem Ruf zum Handeln oder zum Glauben den Weg.
[91] W. Md. 120.

Die Wichtigkeit der Gebärde, als Vermittlung des Transzendenten, wurde von Evangelisten wie Beobachtern erkannt. Whitefield
empfing hier auf seiner Amerikareise 1754 in Lissabon durch die
portugiesischen Priester eine anschauliche Lehre. Er fasste ihre
Aktion in die Worte: »Vividi oculi, vividae manus, omnia vivida«
(lebhaft die Augen, lebhaft die Hände, alles lebhaft), und fügt dem die
Frage hinzu, warum die englischen Prediger, welche die Wahrheit auf
ihrer Seite haben, dem Aberglauben und der Unwahrheit alles Erhabene und Ergreifende überlassen und nicht selbst etwas feuriger in
den Reden werden.[92] Bei ihm, dem geborenen Dramatiker, war dies
nicht schwer. Temperament und Begabung rissen ihn zu lebhaftester
und meisterlicher mimischer Darstellung, ja bis zur ungesuchten
Aufführung kleiner Szenen in Gebärde und Wort während der Rede
fort. Alles an ihm war Ausdruck; jeder Akzent seiner Stimme sprach
zum Ohr; jeder Zug seines Gesichts und jede Gebärde seiner Hand
sprach zum Auge. »Sein Gesicht war Sprache, seine Betonung
Musik, seine Gebärde Leidenschaft.«[93] Den Unaufmerksamsten vermochte er zu fesseln. Er besaß »die Gabe der Tränen« (the gift of
tears) und nie konnte er ohne innere Bewegtheit, ohne einen Moment
innezuhalten, ja in Tränen auszubrechen, vom Elend der Sünder
sprechen oder sich in seiner hinreißenden Liebe an sie wenden. Wenn
er dann die Hände hob[94] und mit zum Himmel gewendeten Blick die
Zuhörer vor dem kommenden Zorn Gottes warnte, war für diese
der Eindruck unermesslich (S. 364). Mit großer pathetischer
Gebärde konnte er sein »O Land, Land, Land ...« (S. 172) ausrufen oder mit ausgereckten Armen und dramatischem Ton die Hörer
nach Gethsemane versetzen: »Hark! Hark! Do you not hear?«
(Horcht, horcht, hört ihr nicht?) Und obwohl dies oft vorkam,
»erlebten seine Begleiter das Klagen des Erlösers stets von neuem
wie das erste Mal«. Bei der Schilderung der Verleugnung des Petrus

---

[92] Ty. Wf. II 332.
[93] Ty. Wf. II 627 (Dr. Gillies); 561.
[94] Vgl. Titelbild Ty. Wf. II.

hatte er, um dessen bitteres Weinen zu veranschaulichen, »eine Falte seines Talars zur Verfügung, die er mit ebenso viel Anmut wie Gewandtheit vor sein Antlitz legte«.[95] Den Höhepunkt solcher improvisierenden Mimik bildete das einer Gerichtsverhandlung abgelauschte Aufsetzen der Mütze des Richters, das er mit entsprechender Geste vollziehen konnte, um den verurteilenden Spruch zu verkündigen.[96]

Moody hatte nach dem Urteil eines Freundes ein Recht, von der Hölle zu sprechen, weil er es nie ohne Tränen in der Stimme tue.[97] Wie man am meisten Eindruck auf das Gemüt macht und einen Gedanken mit Flammenschrift in die Herzen der Anwesenden gräbt, das zu lernen muss man nach Finney auch von einem Schauspieler bereit sein; Worte ohne Gesten werden den Sinn des Evangeliums nicht wiedergeben, ja in ihrer Verhaltenheit auf Außenstehende den Eindruck mangelnder Überzeugtheit und Beteiligtheit machen.[98]

IV. Die pneumatisch-rhetorische Unmittelbarkeit

Auf die Gestaltung der Rede im Blick auf deren Entstehen im Redner und Hervorgehen während des Redeakts hat das pneumatische Moment als Prinzip der Einheit, der plastischen Kraft und der schöp-

---

[95] Ty. Wf. II 511 f.

[96] Ty. Wf. II 511; Tholuck 34; Southey-Krum. II 34. Mit Augen voll Tränen, einem Herz fast zu voll zum Sprechen, konnte er am Ende einer Predigt nach einer Pause, welche die ganze Versammlung in lautloser Erwartung hielt, ankündigen: »Ich schicke mich jetzt an, die Mütze des Richters aufzusetzen (to put on my condemming cap). Sünder, ich muss es tun. Ich muss das Urteil über euch fällen.« Und dann rief er in einem erschütternden Schwung von Beredsamkeit die Worte unseres Herrn aus: »Geht von mir, ihr Verfluchten!« Nur wenn man ihn hörte und seine Haltung und seine Tränen dabei sah, konnte man wohl die Wirkung hiervon recht begreifen.

[97] O. W. Md. 442.

[98] Fn. 1903, I 289; 1921, 272.

ferischen Unmittelbarkeit der Gesamt- und Einzelgestaltung bestimmenden Einfluss. Es äußert sich sowohl als Eingebung und Leitung wie als Befähigung zu aus dem Augenblick geborenen, aber durchaus formbestimmten rednerisch-darstellendem Handeln.

1. Die Eingebung

Zwischen künstlerischer und pneumatischer Inspiration ist zu unterscheiden. Bei jener ist ein innerer Prozess zur Reife gediehen, ein Stoff wurde von der Form- und Persönlichkeitskraft des Künstlers durchdrungen, nun »entbindet« sich das Gesehene zur Geburt des Werkes in der Sicherheit und Unbedingtheit des Gestaltungsvorgangs. Die Unmittelbarkeit ist eine fomal-aktuale und beschränkt sich auf das vitale, psychische und stoffliche, religiös gesprochen auf das schöpfungsmäßige Gebiet.

Die pneumatisch-christliche Eingebung setzt unter Umständen einen solchen Reifeprozess voraus oder begleitet ihn, bzw. hat für den Redner, was die formale Sitte betrifft, die Anlagen und Fähigkeiten, künstlerischer Schau und Gestaltung als Voraussetzung (vgl. S. 145 ff.), falls die Darbietung im Augenblick auch künstlerische Höhe erreichen soll, was nicht notwendig ist, bezeichnet aber in ihrem Wesen *ein unmittelbares Gegebenwerden von oben in Ausübung des Akts.* Dies und besonders die für das Wirken des Geistes vorhandene Bindung an Jesus (S. 162) unterscheidet sie wesentlich von der vital-ästhetischen Inspiration bei aller Parallelität der Vorgangsformen.

Das Aktprinzip des Pneuma gibt der christlichen Rede Wesen und Gestalt. Dies äußert sich schon darin, dass der Evangelist im Blick auf das *Ganze des Redevorgangs* unter dem Eindruck steht, dieser sei ihm irgendwie höher vermittelt, und zwar ganz und gar nicht in mantisch-mystischer Beschattung des Bewusstseins, sondern im Beistand und in der Erleuchtung und in der *Leitung* des heiligen Geistes bei klarer Wahrung aller rationalen Momente.

Die entsprechenden Berichte[99] bieten unter sich eine auffallende und in der Sache begründete Parallele, obgleich die Keller'sche Darstellung der Zeit *vor*, die Finney'sche überwiegend dem Zeitraum *während* der Predigt gilt.

---

[99] Fn. 1902, 69; 1921, 47. In den ersten (!) zwölf Jahren meiner Amtstätigkeit notierte ich mir gar nichts und bereitete mich in der Regel nur durch Gebet auf die Predigt vor. Oft bestieg ich die Kanzel, ohne zu wissen, welchen Text ich nehmen, geschweige denn, was ich sagen würde. Ich wusste, der heilige Geist werde mir im rechten Augenblick nicht nur die richtigen Worte in den Mund legen, sondern es mir auch aufschließen, und sicherlich hat sich Gott nie mächtiger und wirksamer zu meinem Zeugnis bekannt als damals (!). Wenn mir die Predigten nicht von oben eingegeben wurden, so kann ich mir nicht erklären, wie ich überhaupt imstande gewesen bin, zu predigen. Gewöhnlich wurde der Gegenstand in wunderbarer Weise meinem Geist erschlossen und es kam mir eine solche Fülle von Gedanken, Worten und Beispielen in den Sinn, dass ich Mühe hatte, sie alle zum Ausdruck zu bringen. Als ich anfing, Notizen zu machen, geschah dies nach, nicht vor der Predigt, und zwar nur, weil ich die mir in obiger Weise vom Geiste Gottes gegebenen klaren Winke über dieses oder jenes Thema nicht hätte behalten können, wenn ich sie nicht niedergeschrieben hätte. Doch konnte ich diese Notizen nie wieder benutzen, ohne dass mir der heilige Geist das betreffende Thema noch von einem andern Gesichtspunkt aus beleuchtet hätte. Meistens bekam ich die Botschaft, die ich meinen Zuhörern zu bringen hatte, wenn ich im Gebet auf den Knien lag; und mein Geist war in der Regel von dem Eindruck dermaßen überwältigt, dass ich an allen Gliedern zitterte und kein Wort über die Lippen brachte. War mir das zu behandelnde Thema auf eine so Mark und Bein erschütternde Weise gegeben worden, so genügten mir einige Minuten zum Notieren der Hauptpunkte und ich machte die Erfahrung, dass sie dann auf die Zuhörer auch ihres Eindrucks nicht verfehlten. – Ich erwähne das nicht zu meiner eigenen Verherrlichung, sondern zum Lob und Preis meines Gottes. Waren doch die Predigten, die die Menschen so gewaltig nannten, nicht mein eigenes Produkt, sondern mir nahezu Wort für Wort durch den heiligen Geist eingegeben. Und halte doch ja niemand die Behauptung, dass meine Predigten vom Geiste Gottes inspiriert gewesen seien, für Anmaßung! Jeder Geistliche hat ein Recht, Eingebung von oben zu erwarten. Meiner Überzeugung nach sollte und kann jeder berufene Diener Christi so vom Geiste Gottes inspiriert sein, dass er in Wahrheit sagen kann: »Nicht ich bin es, der da redet, sondern der Geist Gottes, der in mir ist.« Alle Prediger sollten so voll heiligen Geistes sein, dass sich ihre Zuhörer der Überzeugung nicht erwehren können: »Wahrlich, Gott selbst spricht aus ihnen.« – Kl. Leben II 227. Breitete sich nicht in den stillen Stunden der Vorbereitung zu einer Rede schon der Friede mit Jesus aus wie ein köstlicher Duft, der die Stube füllte? Ja, solche Rüststunden werden Feier- und Segensstunden, als wollte der freundliche Herr einem damit Mut machen und Lust, für

Auch die *Einzelerscheinungen* der eingebungsmäßigen Darreichung von Gedanken, Einsichten, Anschauungsstoff und Diktion zeigen pneumatischen Charakter. Es ist klar, dass sich hier die *Grenze zwischen naturhaftem Vorgang der Denkgestaltung und pneumatischem Element* nicht immer scharf ziehen lässt, da beide in Einheit erscheinen und das *Wie* der Eingebung, anders als das *Dass*, der Beobachtung entzogen ist. Gerade *weil* die Vermittlung der Inhalte meist ohne ein begleitendes, sie bezeichnendes Moment, etwa ein Gefühl der besonderen Geistesnähe oder des Geisteswirkens, rein die Sache selbst gibt und diese großenteils aus Denkinhalten besteht, deren intellektuelle Klarheit der geistlichen Klarheit verwandt ist, ist die Trennung theoretisch schwierig. Praktisch ist das deutliche Wissen um die bis ins Einzelne hinein sich auswirkende Gabe Gottes vorhanden.

Auf diesem Gebiet liegen die inneren *Leitungen und Verwehrungen* bei der *Wahl des Redestoffes*. Nicht nur, dass die Auswahl des Textes unter Gebet getroffen wird und in ihr eine unmittelbare Leitung sichtbar werden kann (vgl. S. 194, Anm. 99), sondern es werden auch Weisungen bemerkbar, die aus bekannten oder unbekannten Ursachen eine Benutzung des vorgesehenen Textes verwehren und einen andern gebieten. Keller berichtet von zwei Fällen, wie sich die Änderung von Texten auf der Fahrt im Straßenbahnwagen oder noch in der Sakristei nachträglich als für einen Architekten bzw. eine Lebensmüde notwendig und hilfreich herausstellte, wenn auch die dahingehende innere Führung den Evangelisten zunächst in große Verlegen-

---

ihn zu zeugen. Dann wird's wirklich wahr: »Wes das Herz voll ist, fließt der Mund über.« Weiter erleben wir auf unser Gebetsanklopfen hin einen direkten Zustrom von Gedanken, die man vorher nie bei diesem Text gehabt oder in keinem Buch gelesen hat. Das Wort wird lebendig und wirksam, dass man freudig überrascht über das neue Licht und das Funkeln des gefundenen Edelsteins danken muss, ehe man ihn niederschreibt. Ohne solche originellen Beleuchtungen und Zusammenhänge wird die ganze Wortverkündigung so leicht trocken und schreckt die Leute ab, anstatt sie anzuziehen. Dazu kommt, dass einem plötzlich die Tür in den Text aufgetan wird, ohne die man nicht in seine Tiefen dringen kann.

heit, im einen Falle bis auf die Kanzel hinauf, brachte.[100] Auch Wesley wusste beim Beginn einer Versammlung nicht, wie er über einen in Aussicht genommenen Text »den Mund öffnen sollte«, bis ihm während des Singens andeutungsweise und beim Aufschlagen der Bibel ausdrücklich ein anderer gegeben wurde, über den er dann mit großer Wirkung predigte.[101] Gewaltig schlug es ein, als Finney 1824 in dem spottweise »Sodom« genannten Antwerp, wohin er auf Einladung eines von der dortigen Bevölkerung mit »Lot« ironisierten frommen alten Mannes gekommen war, ohne Kenntnis der Umstände aus innerer Eingebung in der Versammlung selbst den Text von Abraham und Lot und dem Untergang Sodoms wählte.[102]

Auch *während* der Predigt sieht sich der Evangelist veranlasst, unter Umständen die vorgesehene Gestaltung derselben zu ändern und neuen Stoff, auf den während der Rede Wert gelegt wird, heranzuziehen.[103] Wesley wurde 1739 in Newgate über den Worten: »Wer glaubt, hat das ewige Leben«, »unmerklich und ohne vorhergehende Absicht dazu geführt, nachdrücklich zu erklären, wie Gott will, dass allen Menschen geholfen werde, und die besondere Bestätigung des Himmels für diese Worte herabzurufen«.[104]

---

[100] Kl. Leben II 228; Schleudersteine 46 ff.

[101] Wl. Jn. II 221.

[102] Fn. 1921, 51 f.

[103] Kl. Leben II 230. Man erlebt während der Evangelisationsrede erst recht eine geheime Leitung. Bisweilen wurde ich hingedrängt, ein Beispiel, das ich nicht erzählen wollte, gerade heute doch anzubringen oder es wurde mir während der Rede klar, dass ich jenen beabsichtigten Gedankengang nicht bringen dürfe. Oft erlebte ich es, dass mir während des Redens ganz neue Einfälle kamen, die mich ganz wo anders hindrängten, als ich zuvor gewollt hatte. Oder man spürt die Hilfe des Geistes Gottes in einer elementaren Freudigkeit und im Schwung der Kraft, über die man selbst staunt, während man ein anderes Mal ohne Resonanz predigt, als ob alle Worte in eine baumwollene Mütze fielen! Oder man wird ganz ohne körperliche Ursachen plötzlich während des Redens inne: Jetzt hat dich der Geist verlassen! Mach nur, dass du noch anständig zu Ende kommst, aber geschehen von oben kann jetzt nichts mehr.

[104] Wl. Jn. II 184.

Auch die Wahl der Illustrationen, neben der des Textes und der Themen, darf, besonders wohl bei Moody, dem bauenden »Fügen« des heiligen Geistes zugeschrieben werden (vgl. S. 196, Anm. 103), nicht nur der augenblicklichen Intuition und der Mitgerissenheit und Bestimmtheit durch den eine strenge plastisch-organische Einheit bildenden und demgemäß siebenden und ausscheidenden Redevorgang.

Die *rednerische Fülle* ergibt sich aus Zeit, Rückwirkung der Versammlung (S. 81), Augenblick und in besonderer Weise aus dem »Beistand des heiligen Geistes« für den Prediger. Der *»Strom«* der Gedanken und Einfälle, der ihm zufließt (vgl. S. 196, Anm. 99), ist unmittelbares Geschehen, aus der Fülle dessen kommend, der alle schöpferische Fülle gibt. Genau das spricht Wesley aus, wenn er »aus der Fülle heraus, die ihm gegeben wurde«, über den diese Tatsache selbst zum Ausdruck bringenden Text »Christus ist mein Leben« predigte und sich »über die Worte wunderte, die er« ihm »zu sprechen gab«; die Unabhängigkeit dieses Geschehens von ihm selbst bringt er durch den Zusatz zur Geltung: »Aber er tut, was ihm wohlgefällt.«[105]

Hiermit ist die Quelle dessen genannt, was als pneumatische Unmittelbarkeit der Rede nach ihrer Unabhängigkeit von einer vorhergehenden Niederschrift in dem *Extempore-Predigen*, der *Improvisation* echter Art zutage tritt, die nicht ein Verwerfen, sondern ein Überbieten der fixierten Predigt als Höheerscheinung ist. In der Benennung »ex tempore« kann die Erkenntnis von der Mächtigkeit der Situation gesehen werden, die für den Evangelisten nicht nur Anlass, sondern tragende Kraft der Rede und ihrer Gestaltung wird. Die gewaltige Möglichkeit der Stunde bringt ihm auch gewaltige Zuneigung des Nötigen, ein *Vermögen*, das vom Himmel ist, und das unmittelbar Akt wird, in ungehemmter und bedenkenloser *Erfüllung*

---

[105] Wl. Jn. II 412, III 456.

der Stunde. Aus dem unmittelbaren *Ansprechen* der Massen ergibt sich die fundamentale Gestaltung der Rede; *Aktbeziehung* schafft ihr Gesicht, ihren Ausdruck, ihre Fügung. Nicht Gedanken, sondern Erfordernis und Können begründen diesen *»Ausbruch«* der Beredsamkeit, die mehr ist als Beredsamkeit, die Rede ist.

Whitefield, das Urbild der Extempore-Prediger, trat zuerst mit Zögern, weil er sich schwer von dem »Lesen« der Predigt losmachen konnte, aber dann mit Freimut in ungebundener Rede den Volksmassen gegenüber und – es ging. Besser, eindrücklicher, schwungvoller, ursprünglicher als zuvor (vgl. S. 166, Anm. 26). Finney legt der Unabhängigkeit vom Konzept großen Wert bei – es entbindet nach ihm die gehemmten Kräfte der Aktion, der Darstellungskraft und der Selbstbeteiligung.[106] Für die großen Redner ist dies ohne Zweifel der Fall[107] (vgl. S. 194, Anm. 99). Ihre rednerische Fähigkeit, ihr Leben in den Dingen, die Erlaubnis und Gnade der großen Stunde gaben ihnen die Möglichkeit solcher Ganzheitsleistung, die kein Ersatz für vorbereitende Arbeit, sondern ein Erweis des großen Könnens und Dürfens war. Übrigens lag auch ihrer Rede, in den späteren Jahren auch der Finneys, meist ein z. T. bis ins Einzelne hinein ausgearbeiteter Gedankengang zugrunde (S. 337 f.).

Aus dem Strom der unmittelbaren, freien Rede, der Losgebundenheit von menschlichen Rücksichten und Ängstlichkeiten ergibt sich die *unmittelbare Kraft der Sageweise, der Diktion*. Die durch die Rede hindurch dem Evangelisten zukommende Macht der geistlichmomentanen Gabe, des Stehens und Zeugens, und die Beanspruchung und das Intätigkeittreten aller Kräfte, gesammelt auf die große und geliebte Aufgabe, erzeugt Treffsicherheit, Geprägtheit, Ausdruckskraft, Rundheit des Ausdrucks, die rednerisch erstklassig,

---

[106]   Fn. 1903, I 283 ff.; 1921, 275 f.
[107]   Ty. Wf. I 433; Wf. 1740. Verurteilt mich nicht deshalb, dass ich extempore predige und dass ich sage, ich empfange bei dieser Übung unmittelbare Hilfe, wo doch Tausende bestätigen können, so gut wie ich selbst, dass es sich so verhalten hat.

pneumatisch groß und wirkungsmäßig tief ist. *Hier spricht Form unmittelbar an*, als etwas Gottgegebenes, das Siegel, die gestaltenden Einreisse (gr. charakter) des Geistes an sich Tragendes.

Die Gestaltkräftigkeit des Ausdrucks aus dem Augenblick tritt in der knappen, klaren, präzisen, bildhaften und volkstümlichen Sprachgestalt der evangelistischen Worthandlung vielfältig in Erscheinung (S. 310 ff.).

Im pneumatischen Moment liegt ein formendes Prinzip auch für das *Ganze* der Rede nach *innerer Plastik*: den *Redefluss* und *Redeaufbau*. Die plastische Einheit ist entwachsen der Situationskräftigkeit des Augenblicks, den strengen Gesetzen der Erfordernisse hier und jetzt, die mehr dem unmittelbaren Eingeben als der klaren Einsicht zugänglich sind, der rhetorischen Ganzheitsgestalt, die dem inneren Impuls entspringt und die das unbewusst in Ausübung befolgte und erfüllte Schema der äußerlichen Redewiedergabe ist. Gerade die ausgesprochen evangelistischen Predigten von Whitefield zeigen einen Fluss der Gedanken, der nicht aus formaler Überlegung, sondern aus dem durchgehenden Strom des Redegeschehens kommt. Sind sie keine Auseinanderfolge wie die logisch entwickelten Predigten Wesleys, so doch auch keine Aufeinanderfolge, keine Summierung von Einzelheiten, sondern trotz ihres nebenordnenden Grundschemas eine lebendige, formkräftige Einheit, durch die innere Dramatik, die Spannkraft und das vivide Tempo, besonders aber durch das alles durchdringende evangelistische Ziel verbunden. Der innere, augenblicksgegebene, pneumatische, *Aktion darstellende* Zusammenhang ergreift den Zuhörer. Dieses innere Motiv äußert sich in einem wundervollen, nicht abbrechenden Fluss der Rede, in einer Harmonie auch der Einzelteile in sich und unter sich, die ein Körperwerden (Entelechie) des künstlerischen und pneumatischen Pathos darstellt.

Diese *Redegewalt* ist auch den Wesley'schen Predigten eigen – strengstes Gestaltetsein im Einzelnen und mitreißende Kraft des fluctus, der sich unaufhaltsam dem Ziele zuwälzt und – ähnlich wie bei Whitefield – oft im Schluss den Höhepunkt erreicht. Dramatische

Gestaltung großen Ranges zeichnet sie aus – es ist das Drama der Zeit, das Handeln, das sich darin abspielt.

Unerhörte Schwungkraft und milde Leichte kommt auch den Finneyschen und Moody'schen Reden zu – dort der Ernst, hier die Wärme, aber beide mit Größe des Aspekts in der Darstellung, die jedes Wort auszeichnet. So wirkt Moody trotz aller Lockerheit des Aufbaues doch immer groß. Der geborene Redner, aber auch die Gabe, die Güte, das Gelingen der Stunde verleihen dem Ganzen etwas Abgerundetes, einen Charme, wie er der lebendigen Rede eigen ist.

Nicht ganz so über die Höhe fliegend und in die Tiefe gestaltend, ausgedachter und vorbereiteter ist das rednerische Wirken der deutschen Evangelisten; aber das gleiche, große Format, letzten Geistesgründen entstammend, bestimmt es. Das Durchströmte, Aktuelle, die stete innere Beziehung zu Gott, zu dem Zuhörer, zu dem Redner, zu dem Wort macht die Rede zu einem Ereignis, das seine formgestaltende Einheit als geheimes Band in sich hat.

Bei Whitefield zeigt sich der Unterschied zwischen rednerischer Unmittelbarkeit und literarischem Verhalten sehr deutlich am Abstand der für den Druck vorbereiteten und redigierten Predigten und Bibelstunden von den nachgeschriebenen Freipredigten. Ein ungewohntes Hinken und Hölzernsein betrachtender, biblisch beweisender Überlegung und theologischer Aufzählung in den Ersteren beweist, dass hier nicht die Stärke des Evangelisten liegt, sondern nur in der großen, ausgeübten Wendung an wirkliche Volksmassen. Und zwar erreicht er auch vor ihnen die Höhe des unmittelbaren Gestaltens beim ausmalenden Verfolgen und anwendenden Eindrücklichmachen handlungskräftiger biblischer Geschichten, wie z. B. der Opferung Isaaks, der Auferweckung des Lazarus, der Heilung des Bartimäus und Berufung des Zachäus,[108] wo die Redegestalt der Bibel und die eigene darstellerische Leichtigkeit ein Ineinander

---

[108]   Wf. S. Nr. 3. 39. 27. 35.

dramatischen Flusses und Weiterströmens erlauben, das diese Reden
zu klassischen Zeugnissen der Beredsamkeit machte.

Ein weiteres Beispiel pneumatischer Führung haben wir in der
Art, wie Wesley *Bibelsprüche aneinander reihte.* Alles andere als eine
Anhäufung von Beweisstellen darstellend, wie sie Whitefield kennt,
erreicht diese Wiedergabe biblischer Aussprüche eine Schlagkraft
und Eindrücklichkeit, dass in erleuchtetem Zusammenhang ge-
schlossenster Auseinanderfolge hier *»unmittelbares Wort«* zu uns
spricht. Diese Art ist unnachahmbar, ein Charisma.[109]

Keller sieht in der Ausgestaltung der Redeteile und Einordnung
in die Gesamtheit durchaus keine bloß-technische Angelegenheit,
sondern eine dem Vollkommenheitsgesetz des Kunstwerks entsprechende schöpfungsmäßige und pneumatische Notwendigkeit.[110] Der
Durchblick in die Zusammenhänge der Schrift (vgl. S. 194, Anm. 99,
Kl.) wirkt sich als geistiger Sinnzusammenhang lebendiger Fügung
und Gegenwärtigkeit im belebenden Ethos seiner Reden aus.

2. Die plastisch-aktuelle Kraft

Das Leben im Unmittelbaren findet seinen Ausdruck nicht nur in der
Formalkraft, sondern auch in der Aktualkraft der Predigt. Diese wird
hier verstanden als rhetorisch-plastische Vergegenwärtigungs- und
Darstellungskraft, die eine Akt- und eine Symbolseite in sich schließt.

Da die Redner lebendig im Augenblick stehen, kommt es öfters
zu einem *rhetorischen Handeln während der Predigt* im Sinne eines
Heraustretens aus dem alleinigen Sprechen und einer unmittelbaren
Einbeziehung der Umwelt und einer Mitbeteiligung der Hörer. Bei

---

[109] Vgl. die beiden Reden vor der Universität Oxford 1738 und 1744, S. S. I, Nr. 1 u. 4,
und besonders die Schlüsse seiner evangelistischen Reden S. S. I, Nr. 5-7 und 9.
[110] Kl. Leben II 229.

diesen das deutsche Empfinden oft sonderbar anmutenden Vor-
kommnissen sind die freieren Formen anderer Evangelisationsländer
(S. 411) zu berücksichtigen.

Mit großer Geistesgegenwart verstand es der hierin besonders
ungehemmte Whitefield, Ereignisse, die sich während seiner Predigt
abspielten, in dieselbe einzubeziehen. Der Evangelist sprach 1740 in
einem Gebäude in Boston, als zu Anfang seiner Predigt als Anzeichen eines Gewittersturms dunkle Wolken über die bisher sonnenbe-
schienene Gegend huschten. »Seht das Abbild des menschlichen
Lebens!« – Eine Rede über die Flüchtigkeit desselben folgte. Aufmerksam, den Blick auf ihn geheftet, saßen die Tausende. »So werden eure Augen einmal in der großen Versammlung vor Gottes
Thron auf den höchsten Richter gerichtet sein!« – Eine dringende
Warnung kam an sie, ihr Leben nicht in weltlicher Gesinnung, Selbstgerechtigkeit und Luxus zu verbringen, und damit den Todesweg
zum höllischen Feuer zu gehen. »Siehe da, ein Strahl aus dem zorni-
gen Auge Jehovas!« – »Hört! Die Stimme des Allmächtigen, der
vorüberging in seinem Zorn!« – Der hingerissene Prediger deutete
auf einen Blitz und erhob lauschend den Finger. Beim Nachlassen
des Sturmes sank er in die Knie und verharrte, die Hände vors
Gesicht geschlagen, in schweigendem Gebet. Als ein Regenbogen in
den Wolken erschien, sprang er auf und zeigte auf ihn mit dem Bibelwort: »Siehe den Regenbogen an und lobe den, der ihn gemacht hat,
denn er hat sehr schöne Farben. Er hat über den Himmel hin einen
glänzenden Kreis gemacht; die Hand des Höchsten hat ihn ausgebreitet« (Sir. 43, 12-13). Die Bibelkenntnis und Aktionskraft des
Evangelisten erwies sich als gleich groß. Die Bitte um die Drucker-
laubnis für diese so genannte »Regenbogenpredigt« beantwortete er
mit der Bemerkung: »Ich habe nichts dagegen, wenn ihr den Blitz,
Donner und Regenbogen mitdrucken wollt.«[111] Er war sich der
Unnachahmlichkeit dieser Dinge bewusst. – Das Sterben zweier

---

[111] O. Ty. Wf. I 419 f.

Zuhörer während einer Versammlung (S. 97) wurde ihm zum Anlass, »mit einem Anlauf furchtbarer Beredsamkeit« (in a strain of tremendous eloquence) die Unbußfertigen vor ihrer gefährlichen Situation zu warnen.[112] Die unwürdigen Angriffsmethoden der Gegner auf den Moorfields 1742 (S. 79) wurden in seine Predigt verflochten und dienten ihm zum Beweis seiner Behauptung: Der Mensch, sich selbst überlassen, sei »halb Teufel, halb Tier«.[113]

Auch Wesley zeigte sich bei Volksaufläufen dem Augenblick durch die Art seiner Predigt gewachsen (S. 353 f.), und ebenso griff Finney in die Vorgänge, die sich in seinen Versammlungen ereigneten, ein und sprach auch einzelne Hörer an.[114] Hierin glich er Whitefield, der einen halb scherzhaft auf einen Baum gekletterten jungen Zuschauer aufforderte, nun auch weiterhin den Zachäus nachzuahmen, oder andere ermahnte, nicht den Rücken zu drehen, sondern stehen zu bleiben, bis sie ihn zu Ende angehört hätten. Er begegnete während einer Predigt dem Blick eines bekannten Schauspielers (Shuter), der oft zu seinen Füßen saß, und wandte sich impulsiv an diesen mit der Einladung: »Und du, armer ›Rambler‹, der du lange fern von Ihm geirrt bist, komme auch du. O, ende dein Umherschweifen, indem du zu Jesus kommst!« Hierin war eine Anspielung auf die damalige Titelrolle Shuters' »The Rambler« (der Landstreicher), enthalten. Der Freund war »halb ohnmächtig vor Überraschung«, verstand aber die Gesinnung, aus der dies gesprochen war.[115] Ähnlich verließ Keller 1891 in Berlin bei einer Ansprache im Freien seinen Redeplatz und begab sich mit einem Zwischenrufer ins Gespräch, der in der Folge gewonnen wurde. Er konnte ein Aufmerksamwerden »dahinten unter der Empore«, ein Heben des Hauptes oder verständnisvolles Aufblitzen der Augen apostrophieren, nur um die direkte Beziehung herzustellen.[116]

---

[112] Gledstone 486.
[113] Ty. Wf. I 555 ff.
[114] Fn. 1921, 50. 58.
[115] Ty. Wf. II 215; Wf. S. 292; Gledstone 468; Ty. Wf. II 390 f.
[116] Kl. Leben I 237 ff.; Mschr. 238; N. Netze 291.

Bei der Lebhaftigkeit seines Empfindens begab sich Whitefield selbst mit himmlischen Personen ins Zwiegespräch. Mit einem Aufstampfen des Fußes und erhobenen Händen und Augen konnte er gelegentlich Gabriel ein Halt zurufen, damit dieser nicht in die obere Welt zurückkehre, bevor er nicht die Nachricht von wenigstens einer erretteten Seele mitbringen könne; oder er fragte die Engel nach ihren Empfindungen bei dem Leiden des Erlösers in Gethsemane (S. 205, Anm. 120) und ebenso Maria und Martha nach den ihren bei der Ankunft Jesu in Bethanien, als Lazarus gestorben war.[117]

Bei dem Wissen um die stete Gegenwärtigkeit Jesu war es dem Evangelisten nichts Außerordentliches, auch ihn anzurufen, etwa – wie Schrenk es tat – mit einem Sündenbekenntnis im Namen aller oder mit der Frage, ob er wohl vor der Tür stehen bleiben müsse?[118] Auch der Übergang in Gebetsworte während der Predigt findet sich.

Die *symbolisierende* Darstellung aus der schöpferischen wie pneumatischen Unmittelbarkeit heraus zeigt sich in der dramatischen Vergegenwärtigung von Szenen und in der Ausführung sinnbildlicher Handlungen.

Wenn die Grenze zwischen realer Umwelt und Fantasiewelt fließend wird, wenn es dem Redner gelingt, den Geist der Zuhörer durch *dramatische Vergegenwärtigung* aufs Lebhafteste in eine Handlung zu versetzen, die sich einst oder heute aber nicht hier abgespielt hat, so ist dies ein Weg, den Hörer aus den engen Schranken seines Daseins in eine lebhaftere, gehaltvollere, wichtigere Welt zu versetzen, deren Symbolkraft nicht nur fantasiemäßig, sondern auch geistlich Eindrücke und Nachwirkungen hinterlassen wird. Insofern kommt Fantasie dem Evangelium zu Hilfe und weiht Evangelium Fantasie.

---

[117] Ty. Wf. II 211. 297; Wf. S. 447. 450.
[118] Schrk. Allein 42 f.

Die Meister der Fantasie, Whitefield, Moody und Keller, waren *hier* den nüchternen Naturen gegenüber im Vorzug. Sie vermochten es durch künstlerische Gestaltungskraft, lebhafte Empfindung und eindringende Darstellung, die Zuhörer zum *Sehen* der Bilder zu bringen, die sie entwarfen. Whitefields Hörer *sahen* Abraham mit seinem Sohn den Morija besteigen, *hörten* ihn von Isaak Abschied nehmen (s. S. 258, Anm. 261) und *sahen*, noch mit Tränen in den Augen, unmittelbar darauf Jesus als Gottes großes Opfer mit purpurbenetzten Schläfen am Kreuze hängen, *hörten* sein letztes Stöhnen und seinen Todesschrei.[119] Es war nicht nötig, »seht! hört!« zu rufen (vgl. S. 191 f.), wenn er sie zu Zeugen des Ringens Jesu in Gethsemane machte.[120]

Wie dramatisch leitet Moody – ähnlich dem Whitefield'schen »methinks, I see ...« (mich dünkt, ich sehe ...) – seine großen Schilderungen mit »I see ...« (ich sehe) ein. Und dann *sahen* die Massen

---

[119] Wf. S. 64 f.
[120] Ty. Wf. II 297; Wf. 1753. Bevor Jesus in sein bitteres Leiden trat, sagte er aus übervollem Herzen: »Nun ist meine Seele betrübt.« Aber wie betrübt ist sie nun? Sein Kampf verrät, dass er »betrübt ist bis an den Tod«. Es zwingt ihm Schweiß, ja blutigen Schweiß ab. Sein Gesicht, seine Hände, seine Kleider, alles ist mit Blut befleckt. Es zwingt ihm starke Schreie und viele Tränen ab. Sieh, wie die ins Fleisch gekommene Gottheit vor ihrem Vater hingestreckt liegt, der nun unser aller Missetaten auf ihn legte! Sieh, wie er im Gebet ringt! Horch! Wieder und wieder ruft er seinen Vater an: »Ist es möglich, so lass diesen Kelch an mir vorübergehen!« Sagt mir, ihr gesegneten Engel, sag mir, Gabriel (oder wie du auch heißest), der du in dieser schicksalsschweren Stunde vom Himmel gesandt wardst, unsern Herrn in seinem Todeskampf zu erquicken – sag mir, wenn du kannst, was Christus in dieser schwarzen und traurigen Nacht erduldete. Und sag mir, sagt mir, was ihr fühltet, als ihr diesen selben Gottmenschen, während er an dem Fluchholz sein Leben aushauchte, in diesen schmerzlichen, unerhörten Aufschrei ausbrechen hörtet: »Mein Gott, mein Gott, warum hast du mich verlassen?« Standet ihr nicht alle da, stumm betroffen? Und erfüllte nicht eine furchtbare Stille den Himmel selbst, als Gott der Vater zu seinem Schwerte sagte: »Schwert, schlage deinen Gefährten!« Mit Recht mochte da die Natur ihr schwarzes Trauergewand anlegen, mit Recht mochten die Felsen springen, um ihr Mitleid mit dem leidenden Erlöser zu zeigen. Und mit Recht mochte die Sonne ihr Licht vorenthalten, wie empört und beschämt darüber, ihren Schöpfer sterben zu sehen.

»mit glänzenden Augen lauschend« den jungen Daniel vor dem
König stehen und *hörten* den König auf die Wiedergabe seines Trau-
mes hin ausrufen: »So ist's! So ist's« – *sahen* und erlebten mit die Ver-
wirrung im israelischen Lager beim Einbrechen der Schlangen und
den – ganz modern gezeichneten – Tod der Skeptiker, die die Heil-
kraft der ehernen Schlange *bewiesen* haben wollten, anstatt auf sie zu
blicken; sahen, wie der Jüngling zu Nain herausgetragen wurde oder
wie der verlorene Sohn heimkehrte. Er konnte solche Beschreibun-
gen mit den Worten einleiten: »Wenn ich ein Künstler wäre, würde
ich heute Abend gern einige Bilder zeichnen«; er *war* der Künstler
und zeichnete sie. Eine ganze Predigt wurde ihm (gleich Whitefield)
zur erschütternden Ausmalung des Leidens und Todes Christi. Die
Höhe dieser »wundervollen Plastik und herzangreifender Unmittelbarkeit echt religiösen Empfindens« erreicht er aber wohl in dem
Zwiegespräch des Auferstandenen mit Petrus über die Ausführung
des Missionsbefehls auch an die »Jerusalem-Sünder«, einem Kleinod
christlicher Intuition.[121] Keller gibt dramatische Schilderungen auch

---

[121] W. Md. Sel. S. 53; 12 Reden 101 f. I can imagine Peter saying, »Lord, do you really
mean that we shall preach the gospel to every creature?« »Yes, Peter.« »Shall we
go back to Jerusalem and preach the gospel to those Jerusalem sinners who mur-
dered you?« – »Yes, Peter, go back and tarry there until you are endued with
power from on high. Offer the gospel to them first. Go search out that man who
spat in my face. Tell him I forgive him. There is nothing in my heart but love for
him. Go, search out the man, who put that cruel crown of thorns an my brow.
Tell him I will have a crown ready for him in my kingdom, if he will accept salvation. There shall not be a thorn in it, and he shall wear it forever and ever in the
kingdom of his Redeemer. Find out that man who took the reed from my hand,
and smote my head, driving the thorns deeper into my brow. If he will accept salvation as a gift, I will give him a sceptre, an he shall sway it over the nations of the
earth. Yes, I will give him to sit with me upon my throne. Go, seek that man who
struck me with the palm of his hand. Find him, and preach the gospel to him. Tell
him that the blood of Jesus Christ cleanseth from all sin, and my blood was whed
for him freely.« Yes, I can imagine Him saying, »Go, seek out that poor soldier
who drove the spear into my side. Tell him that there is a nearer way to my heart
than that. Tell him that I forgive him freely, and that I will make him a soldier of
the cross, and my banner over him shall be love.«

modernster Vorgänge, die ihm Gleichnis werden, etwa als Symbol
der Vergänglichkeit das langsame Erlöschen der Lichter einer Stadt
oder für die Fahrt nach der Ewigkeit das dem Lande nahende Boot,
welches das rote Licht der Warnung, das grüne Licht der Hoffnung
und das weiße Licht der Erfüllung sieht, bis der »Lotse« Jesus an
Bord kommt, »mit Herzklopfen als der alte Freund der Kindertage
erkannt«.[122]

Die Vergegenwärtigung kann so weit gehen, dass Zuhörer völlig
vergessen, wo sie sind und meinen, in die Handlung eingreifen zu
müssen. Ob Seeleute von New York von ihren Sitzen aufsprangen
und nach dem Rettungsboot riefen[123] oder ein Lord Chesterfield

---

Ich kann mir vorstellen, wie Petrus sagte: »Herr, meinst du wirklich, dass wir das
Evangelium *aller* Kreatur predigen sollen?« »Ja, Petrus.« »Sollen wir nach Jerusalem zurückgehen und das Evangelium diesen Sündern in Jerusalem predigen, die
dich ermordeten?« – »Ja, Petrus, geht wieder hin und bleibt dort, bis ihr mit Kraft
aus der Höhe angetan werdet. Ihnen bietet das Evangelium zuerst an. Geh, suche
den Mann, der mir ins Gesicht gespien hat. Sag ihm, ich vergebe ihm. Es ist nichts
in meinem Herzen als Liebe zu ihm. Geh, suche den Mann, der mir diese schreckliche Dornenkrone auf die Stirn gesetzt hat. Sage ihm, dass ich ihm eine Krone in
meinem Reich bereit halten will, wenn er das Heil annimmt. Kein Dorn soll in ihr
sein, und er soll sie für immer und ewig tragen im Reich seines Erlösers. Finde den
Mann heraus, der mir das Rohr aus der Hand nahm und mein Haupt damit
schlug und mir so die Dornen tiefer in die Stirn trieb. Wenn er das Heil wie ein
Geschenk annehmen will, will ich ihm ein Szepter geben und er soll es über die
Nationen der Erde schwingen. Ja, ich will ihm geben, mit mir auf meinem Thron
zu sitzen. Geh, such den Mann, der mich mit der flachen Hand ins Gesicht
geschlagen hat. Finde ihn und predige ihm das Evangelium. Sage ihm, dass das
Blut Christi von allen Sünden reinigt und dass mein Blut für ihn aus freier Gnade
vergossen wurde.« Ja, ich kann mir denken, wie er sagte: »Gehe, suche den armen
Soldaten auf, der mir den Speer in die Seite stieß. Sag ihm, dass es einen näheren
Weg zu meinem Herzen gibt als diesen. Sag ihm, dass ich ihm frei vergebe und
dass ich aus ihm einen Soldaten des Kreuzes machen will, und mein Banner über
ihm soll Liebe sein.« – W. Md. 190; Md. 12 Reden 128 f.; Way Home 34; 6. 7. 12;
52 ff.; Pape 43.

[122] Kl. Furche 35; Signale 9-12.
[123] Gledstone 487 f. Plötzlich nahm er einen Seemannston und Seemannsart an, die
unwiderstehlich war, und brach in die Worte aus: »Gut, meine Boys, wir haben
klaren Himmel und machen feine Fahrt über ruhige See vor einer leichten Brise
und haben bald das Land aus der Sicht verloren. Aber was bedeutet diese plötz-

seine steife Würde und Selbstbeherrschung verlor, um einen blinden Bettler, das Sinnbild der Verirrten, vor dem Abgrund zurückzuhalten, und entsetzt rief: »Good God! He is gone!« (O Gott, er ist verloren!)[124] – beide impulsiven Handlungen beweisen die packende Kraft der Whitefield'schen Veranschaulichungen.

Die Evangelisten greifen selbst zu *sinnbildlichen Handlungen* während ihrer Rede, die einen Vorgang mit Beziehung auf die Hörer und deren Schicksal darstellen und das aktive und daher mitbeteiligende Moment womöglich noch stärker enthalten als die dichterische Ausmalung.

Moody vermochte es, das Nichtgenügen gesetzlicher Leistungsfrömmigkeit und ihr hierdurch bedingtes prinzipielles Gleichstehen mit jeder Art anderer Leistungsschwäche sehr wirkungsvoll dadurch klarzumachen, dass er in seiner Rede ein gedachtes Preisschießen zwischen sich und den Herrn Sankey veranstaltete, bei dem der Evangelist keinen Pfeil »durch den Ring auf der Stange auf der Empore« brachte, Herr Sankey dagegen von zehn Pfeilen nur einen nicht. Da jeder Fehlschuss nach einer alten Redewendung zum »Sünder« machte, sind sie nun gleicherweise »Sünder«. Die Handlung wird sehr lebendig dargestellt, das Schießen der Pfeile der Reihe nach mit Spannung verfolgt.[125] Ähnlich stellt Keller sich und anderen eine Riesenwaage vor, deren eine Schale, im Unsichtbaren vor dem Hause, alle Schuld der Welt enthält. In die andere werden nacheinander die »himmlischen Gewichte«, Jesu Kommen auf Erden, seine gehorsame Jugend, sein Bestehen in der Versuchung, seine treue

---

liche Verfinsterung des Himmels und die dunkle Wolke, die vom westlichen Horizont aufsteigt? Horch! Hört ihr nicht fernen Donner? Seht ihr nicht die Strahlen der Blitze? Da zieht sich ein Wetter zusammen! Jeder auf seinen Posten! Wie die Wogen schwellen und gegen das Schiff klatschen! Die Luft ist finster! Der Sturm rast! Unsere Masten sind fort! Das Schiff ist so weit, dass es nur noch die Stümpfe hat! Was sollen wir tun?« Dieser Ruf brachte die Seeleute mit einem Schlag auf die Füße: »Das Großboot! Nehmt das Großboot!«

[124]   Gledstone 467.
[125]   Md. Sel. S. 34 ff.; 12 Reden 73 ff.

Arbeit, zuletzt die Einzelabschnitte seines Leidens, Verrat, Geißelung, Kreuzigung, »hineingelegt«: Das Ergebnis ist stereotyp: »Wir legen's hinein in die Waagschale und sie rührt und regt sich nicht.« Erst im Sich-Unterstellen Jesu unter die Schuld fängt die Waagschale langsam an zu sinken, aber noch bleibt sie frei schweben, bis der »letzte Gewichtstein« hineingeworfen wird: Christus stirbt. »Jetzt sinkt die Waagschale mächtig hernieder, bis sie klirrend den Steinboden berührt, und ›ein Abendrot kündet's der Erde: Gott ist die Liebe, die Welt ist versöhnt‹.«[126]

Das Handeln Kellers wird noch unmittelbar, wenn er mit der wiederholten Wendung: »Ich schlage an mit der Sichel, dass es hell ertönt«, den einzelnen Kategorien der fürs Gericht bestimmten abgeschiedenen und lebendigen Menschheit eine Stunde der Ernte verkündigt und die Wirkung dieser Botschaft im Geiste beobachtet. Er weiß sich hier als Träger einer letztgültigen Verkündigung, nicht als der Einzige, aber doch auch mit als solcher, und nicht als Ausführender des Gerichts, aber doch, sofern in der Botschaft schon das Gericht anklingt, auch schon mit als Bringer dieses Geschicks.[127] Ähnlich ist das Mützenaufsetzen Whitefields (S. 192) als Symbolisierung, aber doch auch schon als Aktualisierung eines Letzten, als bevollmächtigt-richterliches Handeln (S. 300 ff.) zu verstehen. Hier besagt der Gestus, was Keller mit Worten darstellte.

Gleichfalls die Grenze zwischen Gleichnis und Tathandlung überschwingend ist jene Szene, in der Moody in unnachahmlicher Lebensnähe im Rahmen der Zuhörer die beiden möglichen Mitteilungen der Ablehnung oder Annahme der göttlichen Einladung »an den König im Himmel« verfasst und ausspricht.[128] In diesem Falle

---

[126] Kl. Unter der Last 9 ff.
[127] Kl. Mschfr. 54 ff.
[128] Md. 12 Reden 217; W. Md. 531; Md. 1875, London, 1899, Cansas City. »An den König des Himmels. Während ich in der Convention Halle, Cansas City am Montag, den 16. November 1899 saß, erhielt ich eine sehr eilige Einladung von einem Deiner Knechte, beim Hochzeitsmahl deines eingeborenen Sohnes anwesend zu sein. Ich bitte dich, entschuldige mich.« »... Ich beeile mich, zu antworten. Mit Gottes Gnade werde ich kommen.«

barg das Hineinstellen der Zuhörer in die – nicht bloß gedankliche – Verwirklichung einer Entscheidung den letztmaligen Dienst dieses Gottesboten (»messenger«) in sich.

C. Das vermittelnde Wort

Die stärksten Anstöße des Evangeliums vermittelt das gepredigte Wort. Nach allem Bisherigen ist an seinem Aktcharakter nicht mehr zu zweifeln und wir stellen noch einmal ausdrücklich fest: *Rede, insbesondere geistliche Rede, ist Akt* (S. 151. 157 f. 224 f.).

I. Energetik, Dramatik, Realität und Totalität

In der christlichen Rede spiegelt sich die *Energetik des Reiches Gottes*. Gott ist kein Ding, kein Sein, sondern Gott handelt, und sein Reich ist kein System, sondern ein Geschehen, die Durchführung seines Willens. Sein Wille ist *ein* Wille, weil der Wille eines Gottes und dessen Durchführung nach den Teilbezirken Schöpfung, Erlösung und Vollendung nur *logisch*, nicht *faktisch* abgegrenzt ist, da es ein Gottesgeschehen ist, um das es sich handelt. Jedes Geschehen setzt die Kraft eines Tuns voraus (S. 158 f.); nicht eine »Ursache« oder eine physikalische Energie, sondern der Wille, der *ausführende Wille* schafft es. So ist der biblische Kraftbegriff der des unumschränkten Wirkens und Königtums Gottes und nicht der einer mechanisch-physischen Quantität.[129] Nur soweit die Predigt von dieser göttlichen Energie, der Energie des Geistes, getragen wird, ist sie »Predigt« (S. 159 f.). Sie hat damit am Geschehen im Reiche Gottes teil, ja *ist* Geschehen

---

[129] Vgl. W. Grundmann, »Der Begriff der Kraft in der neutestamentlichen Gedankenwelt«, 1932.

im Reiche Gottes (S. 161 f.). Sie ist in der Hand Gottes das mächtigste Werkzeug, seinen Willen durchzuführen, was dessen Kommen zu den Menschen anbelangt.

Zu dem Begriff der Energetik, die eine Energetik des Reiches Gottes ist, gesellt sich der der *Dramatik*. Da das Handeln Gottes *eines* ist, ist es dasselbe Handeln Gottes, das die Erlösung und die Predigt schenkt. Außerdem stehen die Erlösung und die Predigt inhaltlich in Beziehung, da die Predigt Verkündigung dieser Erlösung ist. Beide sind Akt und beide sind inhaltlich aufeinander bezogen.

Diese Doppelheit ist in Wahrheit eine Einheit, da auch Erlösung nicht Begriff und Idee, sondern Tun Gottes ist, das *dort* in der Sendung des Christus und *heute* in der Vermittlung des Heils durch das Wort *von* diesem Christus sich vollzieht, also ein Vollzug der Erlösung ist.

Die Dramatik der evangelistischen Rede ist keine formale, technisch-künstlich herbeigeführte, sondern die des Evangeliums. Sie umfasst keine – oder zunächst keine – theatralische Kategorie, sondern als echtes »Drama«, echtes Handeln, die Geschehnistiefe und Geschehnisschwere, inhaltbedingt auch die Geschehnisspannung der Geschichte gewordenen und werdenden Ausführung des Gotteswillens in Jesus an die Menschheit. Hier handelt es sich um kein fiktives, vorgetäuschtes, sondern um ein wirkliches *»Ereignis«*.

Das Evangelium selbst enthält tief dramatische Momente, dramatisch in dem eben bezeichneten Sinn des Sich-Vollziehens und Geschehens. Die Sendung Jesu und sein Leben, die Passion und die Auferstehung von den Toten, Vorwurf vieler Spiele und dichterischer Einkleidung, hat die heilige Dramatik großen, letzten Geschehens in sich und dieser innerlichen, sachgegebenen Dramatik entspringt, kann nur entspringen die formale der sie verkündenden Rede. Die Größe dieses Geschehens ist die Totalität eines *runden* Geschehens und die Größe der Predigt ist die Totalität einer *runden* Predigt (S. 212).

Als weitere Kategorie ist die der *Realität* anzuführen. Geschehen hat Realität in sich, ja ist Realität, da das Kennzeichen wirklicher Vorgänge ihr Eintreten in die Wirklichkeit, in die Verwirklichung ist. Insofern ist Evangelium Wirklichkeit und *kann* nur Wirklichkeit nach sich ziehen als tiefstes Tun Gottes in Vergangenheit und Gegenwart. Allerdings setzt dies Glauben an Gott voraus. *Bejaht* man aber dies Handeln Gottes, so wird sein Handeln voll mächtiger Realität und der Inhalt der Verkündigung nicht »Idee«, sondern Suchen der Verwirklichung und auf alle Fälle schon selbst Realität sein.

Aus diesem Aktbezug, dieser Beziehung auf Gottes Handeln, stammt die *Totalität* des Evangeliums und der evangelistischen Botschaft. Aus einem, nein dem letzten Ernst der Allgemeingültigkeit, der Tiefenbedeutung, der schlechtweg entscheidenden Bedeutung entspringt der Anspruch aufs *Ganze*, die absolute Tiefe und Schwere, der Ton der Ewigkeit, der alles durchhallt. Er liegt jenseits alles Machens, er ist Auftrag.

II. Die totale Botschaft

1. Die Totalität des Gegenstandes

Besondere Gabe und besondere Aufgabe des evangelistischen Dienstes ist es, das Evangelium in seiner *Ganzheit* zu verkündigen. Anders als der durch die Gebundenheit des Kirchenjahres und das Wirken in der Gemeinde in der Breite und dem Segen des Mancherlei stehende Pfarrer vermag es der Evangelist, das »runde«, volle, ganze Evangelium gewissermaßen im Überblick und dadurch in der gesammelten Wucht und Kraft, die ihm eigen ist, in der ganzen Eindrücklichkeit seiner himmlischen Dramatik, seiner absoluten Bedeutung zu bringen. Die Form ist hier nicht nebensächlich, sondern geradezu eine *Ermöglichung* der Darbietung *zentraler Botschaft*, deren Ineinanderfügen, Aneinanderreihen sowohl nach seiner *Geschlossenheit* wie nach seiner *Größe* durch kein isoliertes, noch so vertieftes Predigtstück erreicht wird und nichts anderes ist und atmet als die Geschlossenheit und Größe des Gegenstandes selbst.

Der Evangelist führt seine Hörer, diese im Vielerlei des Lebens zerfahrenen Hörer, hinein in die *Zentralität* seines *Gegenstandes*. Die Verranntheit ins Ideelle hat es fertiggebracht, dies als »gar nichts Besonderes« zu bezeichnen, da doch »inhaltlich« das Gleiche vermittelt werde wie bei jeder zentralen Sonntagspredigt. Man sieht nicht das *Geschehen*, das, abseits von allem Ideellen, dann statthaben kann, wenn ein von außen gekommener Prediger, von dem »Besonderes«, »Großes« erwartet, in der gedrängten Kürze und Intensität der Evangelisation das Evangelium verkündet. Das »Große« und »Besondere« ist eben *nicht* das rednerische Gleich- oder Höherstehen anderen Predigern gegenüber, wie es die alte humanistische, in der Richtung des Leistungsehrgeizes laufende Predigtbeurteilung wollte, sondern *das außerordentliche Darbieten der Hauptwahrheiten des Christentums* (vgl. S. 183, Anm. 67). Dies hat eine sowohl von der Situation wie vom Inhalt her starke Wirkung.

Die Herausgehobenheit der Veranstaltung und die ewige Fülle des Evangeliums, die sich gerade in einer gedrängten Darbietung voll entfaltet, hat eine *Neuheit* des Anblicks zur Folge, welche die »alten, bekannten Wahrheiten« wie »neu« erscheinen lässt: Gerade die *Ganzheit* des Gegenstandes bewirkt diesen Aspekt. So vermochte Booth in die Redezeit von 10 Minuten »eine wunderbare Menge Religion hineinzustopfen«.[130]

Wenn unter »Gegenstand« der »Inhalt« der Verkündigung verstanden wurde, so ist dies nicht im dinglichen und rhetorisch-logischen Sinne gemeint. »Die großen Themen der Religion« sind kein »Gegenstand«, sondern ein Sprechen von dem großen Tun Gottes und von diesem selbst, das für Sprechende und Hörer immer einen existenziellen Bezug hat. Nicht der Verkündiger bestimmt die Verkündigung, sondern der Verkündigte den Verkündiger.

Formal und wesensmäßig ist der *Gang ins Zentrale* für die Kraft und Wirkung der christlichen Predigt Voraussetzung. Nicht nur dass

---

[130] Begbie 399.

Wort und Geist im Bewusstsein des Predigenden »enthalten« sind, sondern dass das Wort im Geist *verkündigt* wird, ist entscheidend. Der Inhalt der Predigt bestimmt hier unmittelbar die Kraft der Predigt (S. 162 f.).

Die Kraft der evangelistischen Botschaft war ihre Beschränkung auf wenige große Hauptthemen. Diese »Einseitigkeit« entsprang nicht einem Unvermögen oder einer geistlichen Beschränktheit, einem Fanatismus irgendwelcher Art, sondern der unmittelbaren Erkenntnis, im Tun ausgeführt, dass *größte Kraft da ist, wo größte Zentralität ist.* Ihre Durchbruch-Aufgabe verwies sie auf diese Betätigung und Bestätigung der größten Kraft. Vor Volksmassen kann man nicht plaudern, moralisieren, sondern hier gebietet die Stunde das Allergrößte: Das Evangelium in seiner Himmel und Hölle bewegenden Kraft.

Dieses Evangelium wird nicht als Weltanschauung, als eine Art himmlische Geografie zur Belehrung und Kenntnisnahme vorgetragen, sondern in der aktuellen, dramatischen Wendung, die seinem Wesen eigen ist, als *Botschaft, zu retten alle, die daran glauben.* Die Wahl der Themen, die Darstellungs- und Ausdrucksweise erhält bis ins Einzelne hinein die Beziehung aufs Ich und aufs Geschehen beim Zuhörer, und zwar nicht als abgezweckte Spitze, sondern *als im Evangelium liegendes Ziel der Predigt selbst.*

Wenn *Gottes Liebe, Christi Kommen, die Erlösung der Welt, das Gericht über Lebende und Tote* verkündigt wird, so dies allein darum, um Glauben zu wecken an dies Evangelium, im Sinn des glaubenden Gehorsams und willigen Sich öffnens dieser Botschaft gegenüber, eines In-Dienst-Tretens für Gott in totalem, bleibendem Akt. Denn dies Evangelium wäre ja vergeblich, wenn ihm nicht gehorcht würde. So erhält das evangelistische Ziel vom Evangelium her seine Berechtigung, ja Notwendigkeit.

Ebenso sehr wie der Evangelist auf Zentralität seiner Darbietung und Weglassen alles hier Nebensächlichen aus ist, so sehr ist er auf *Geschlossenheit* seines *Gegenstandes,* dass er nichts Wesentliches weglasse, bedacht. »The whole counsel of God«,[131] der ganze Ratschluss Gottes wird verkündigt. Die Herrlichkeits- und die Verdammnisseite des Evangeliums wird in voller Stärke gebracht, an dem Ärgernis des Kreuzes und der Enge der schmalen Pforte nichts abgebrochen, die ungetrübte Kraft des heiligen Geistes verkündigt, die Notwendigkeit der Wiedergeburt dargetan. Christus als einziger Erlöser, der alle Selbstgerechtigkeit der Menschen zuschanden macht, den Mühseligen und Beladenen hilft, Gnade auch für den Verlorensten hat, über Tod und Hölle triumphiert, diese »starken« Themen bleiben in ihrer himmlischen Drastik unberührt und dem Geschmack der Menge unangepasst und erweisen gerade dadurch ihre Stärke. *Das gebrochene Evangelium hat keine Kraft, so wie die gebrochene Predigt keine Kraft hat* (S. 182 f.). *Das Evangelium ist total, oder ist es nicht.*[132]

Dem ungebrochenen, in seiner ganzen Fülle verkündigten Evangelium wohnt eine merkwürdige Wucht inne. Es ist die *Größe des Gegenstandes*, die sich darin äußert. Es gibt in der Tat nichts Größeres, als die über alle Voraussetzungen hinweggehende, von Ewigkeit her wirkende Liebe Gottes, die das Menschengeschlecht sucht, die im Tod triumphierende Liebe Christi, die sich der Feinde annimmt, die in der Auferstehung zutage kommende Siegeskraft des Lebens, die sich nicht binden lässt, das Erbarmen Gottes, das sich über den Sünder neigt, die freie Gnade, die jedem Glaubenden zuteil wird. Dieses über jedes Denkvermögen hinausgehende und nur dem Glauben fassbare *Tun Gottes* ist so groß, dass auch die Verkündigung desselben einen Akt der Größe enthält (S. 222 f.). Die heilige Dramatik des Evangeliums (S. 210 f.), die dem Gegenstand und der Verkündigung eignet, macht die zentrale Darbietung und Aufnahme desselben, die Mitteilung der »tremendous solemnities of our religion«

---

[131] Wl. Jn. III 399.
[132] Vgl. Schaeder, »Die Geistfrage in der Theologie«, 1924, 88.

(der furchtbar-herrlichen Wahrheiten unserer Religion)[133] zu einem so starken Erlebnis, zu einer so »großen Stunde«, dass sie immer wieder von Gläubigen und Ungläubigen gesucht wird.

2. Die Totalität des Umfangs

Der Bereich des Evangeliums ist unbeschränkt. Die evangelistische Botschaft, der Ruf zu Gott, gilt allen. Das macht die Verkündigung so ergreifend, wenn in der Riesenversammlung *keine* Ausnahme, *kein* Unterschied gemacht wird, alle sonst so hervordrängenden und im Alltag im Vordergrund stehenden Abstufungen des religiösen und bürgerlichen Lebens zu Belanglosigkeiten nivelliert werden und unter dem großen Aspekt der *Wahrheit der Sünder* Gott gegenübersteht, sich angeredet weiß und sein Schicksal aus seiner Hand nimmt.

So bestimmt nur die letzte Kategorie des Menschengeschlechts und der Zugehörigkeit zu ihm den Adressaten des evangelistischen Worts. Die *Allgemeingültigkeit* des Heils, das »Gestorben für alle Welt« tritt hell ans Licht. *Jeder*, der in dieser Stunde angerufen ist, ist zum Himmelreich berufen, *grundsätzlich* ist jedem die Tür frei, *keiner* ist ausgeschlossen.

Mit dieser Unbedingtheit der Berufung ist eine ganz große Voraussetzung zum Glauben gegeben.

So macht es keinen Unterschied, ob ein Hörer ein junger oder alter ist, ein Erfahrener oder ein Tor. Mann und Weib gelten gleich, Reich und Arm ebenso. Der Gebildete ist ebenso wenig und nicht weniger als der Ungebildete, der Verkommene nicht anders als der Sittliche, der Kirchentreue wie der Entfremdete.[134] Ja, selbst der Gläubige ist prinzipiell auf derselben Ebene mit dem Nichtglaubenden, dies alles nicht in Verkennung oder falscher Verwischung der tatsächlich vor-

---

[133]   Wf. S. 796.
[134]   Md. Sel. S. 56.

handenen Unterschiede, sondern um der *grundsätzlichen* Heilsbedürftigkeit aller willen und wegen des schrankenlosen Anerbietens
der Gnade an alle, wobei Anerbieten nicht Zuneigung bedeutet
(S. 304. 370 f.).

Damit ist die *Voraussetzungslosigkeit der Berufung* schon ausgesprochen. Keine sittliche, moralische, kirchliche, konfessionelle Voraussetzung vermag etwas Entscheidendes auszumachen. Der »gesetzlichen Gerechtigkeit« aller Schattierungen wird die Anerkennung
versagt. Die Gnade ist frei und macht nur ein Fahrenlassen der falschen Voraussetzungen zur Voraussetzung. Selbst die Verworfensten
können Annahme finden, wenn sie durch diese enge Pforte gehen.
Dies erwies sich in der Geschichte der Evangelisation als ein mächtiger Hebel zur Rettung der Verlorensten.

Ebenso groß ist die *Unumschränktheit der Verpflichtung*. Wie es eine
Voraussetzung zur Ablehnung der wirklich Kommenden bei Gott
nicht gibt, so besteht keine Voraussetzung zur Ablehnung seines
Rufs für den Menschen. Totaler Botschaft entspricht totale Gnade
und totale Annahme oder Verwerfung. Dies bringt allerletzte
Gesichtspunkte in der Predigt, die an Überzeugungs- und Überfüh-
rungskraft jedem relativierenden Zugestehen eines Mehr oder Weniger im Verhalten des Subjekts und der Zubilligung mildernder
Umstände weit überlegen sind. Die totale Kategorie ist unumgänglich und ewigkeitsangemessen.

3. Die Totalität der Existenz

Im evangelistischen Wort liegt eine unmittelbare Beziehung zur Existenz des Einzelnen. Die Vergangenheit, Gegenwart und Zukunft,
und zwar in ihrer Gesamtheit, fällt unter das göttliche Licht. Der
Lebensgrund in seinem Recht und seinem Unrecht wird geprüft.
Und dies alles nicht in moralischer oder ideeller Wertung und Ab-

wertung, sondern in schlechthinniger Beziehung auf das *Schicksal,* das gegenwärtige und zukünftige Dasein und auf das Ergehen, ja das Bestehen und Vergehen einst und jetzt. Dieser Existenzbezug ist das tief Erfassende, das Beunruhigende, das »alarming«[135] der großen evangelistischen Botschaft. Es geht jeden an, und zwar direkt an – die geheime Wurzel der direkten Adresse (S. 311 f.). *Über nicht weniger als über das ewige Ergehen* wird hier das Urteil gesprochen und werden Möglichkeiten eröffnet. *Die Schicksalsfrage wird gestellt.* Hier von lohnsüchtigem, subjektivistischem Besorgtsein um das Seelenheil reden zu wollen, ist völlige Verkennung der Situation (S. 260 f.). Die Existenz ist das Letzte, Realste, Größte, das ein Mensch zu vertreten hat.

Wird das Schicksal total gemeint, so erhält weiterhin jede der Schicksalsmöglichkeiten totalen Charakter. *Es gibt nur zwei Wege und jeder ist endgültig.* Totale Scheidung und totale Bestimmtheit wird ausgesagt. Die »Verlorenheit« bekommt numinose Tiefe, ebenso wie das »Leben« absoluten Charakter erhält. Nicht ein moralisch defekter, aber strebend sich bemühender und darum endlich zu erlösender, sondern ein »poor, lost, undone sinner«, ein »poor, miserable dying sinner«,[136] ein »verlorener und verdammter Sünder« (Luther) steht im Licht des göttlichen Aspekts. Ebenso ist das »Leben« nicht moralische Rehabilitation, sondern ewige Errettung. An der Unabänderlichkeit der beiden Wege wird nie gezweifelt – erst dadurch erhält die Predigt ihren letzten Ernst, ihre Realität und Wahrhaftigkeit.

---

[135] Ty. Wf. II 285.
[136] Wf. S. 373. 663; Fn. G. Th. 102; vgl. S. 265, A. 1.

4. Die Totalität der Heilsrealität

Dieselben absoluten Aussagen, die über das endgültige Geschick gemacht werden, finden sich auch für den gegenwärtigen Lebensstand. Hier sind die Evangelisten ausgesprochene Realisten. Sie vollziehen den Schritt in die Praxis nicht ideell, sondern durch die Tat. Sie nehmen das Heilsgut nicht als Verheißung, sondern als Geschenk. Sie bekennen den neuen Lebensstand nicht als Ideal, sondern als Wirklichkeit. Sie leben nicht im luftleeren Raum, sondern auf dem Erdboden. Der Glaube ist ihnen nicht Hohlraum, sondern Erfahrung.

Die Verkündigung dieser neuen Lebensrealität geschieht mit dem Ton der Totalität. Als pneumatische Gabe stellt sie nicht ein Mehr oder Weniger dar, sondern sie ist ganz oder gar nicht. Bei aller Entwicklungsfähigkeit ist sie eine absolute Gegebenheit. Ein gewaltiges dynamisches Element von Wirklichkeitsnähe und Wirklichkeitskraft ist dieser Bezeugung der ausgelebten Gottnähe und Heiligkeit eigen, ein im höchsten Maße werbendes, überführendes, angreifendes Moment, das von den ersten Methodisten in seiner Bedeutung und Notwendigkeit für ihre Verkündigung wohl erkannt und wirksam verwandt wurde, sei es als lockende und aufmerksam machende Wahrheit (S. 260) oder als Spiegel der Gesetzlosigkeit.

Im Einzelnen ergeben sich folgende Züge totaler Lebenswandlung. Die *Heiligung* ist nicht eine so genannte »imputierte«, faktisch illusionäre »Gerechtigkeit«, wie die lutherische Rechtfertigungslehre oft orthodox missverstanden wurde, sondern geheiligtes Leben in der Kraft der Liebe. Nicht Werkheiligkeit heißt die Front. Im Streben nach wirklicher Realität des Lebens der Heiligen wurde von Wesley die Vollkommenheitsthese gewagt, nicht ohne spätere Zurücknahmen oder Einschränkungen.[137] Die Forderung und Tatsache totaler Lebenspraxis bleibt hiervon unberührt und entspricht dem neutesta-

---

[137] Vgl. Wl. S. S. II 148 ff.

mentlichen Befund mehr als die alles von vornherein in Abzug bringende Mattigkeit ideologischen Unvermögens.

In der praktischen Richtung, der »practical religion«,[138] die Wesley den Glauben als Mittel dem Zweck der Liebe unterordnen ließ,[139] geht auch die Betonung der *Heilsgewissheit*, ein Urmotiv der evangelistischen Predigt seit Wesley.[140] Das unmittelbare Wissen um die Annahme bei Gott ist die Äußerung eines ganzen Lebensstandes, des Standes der *Kindschaft*. Diese ist ebenso sehr eine totale Aussage über das Verhältnis zu Gott und voll ontischer Realität wie die gleich der Heiligung, der Heilsgewissheit und der Kindschaft durch den Methodismus wieder in das Blickfeld volksmissionarischer Verkündigung gestellte Botschaft von der Wiedergeburt, welche für die Evangelisten ein Geschehnis und nicht ein Gleichnis ist.[141]

Schließlich ist es ein Ausdruck der Realistik der Botschaft, wenn auch das *ewige Leben* nicht als ein zukünftiges Gut, sondern als hier schon beginnend bezeichnet wird, das gleichgesetzt wird dem geistlichen Leben.[142]

Eine große Energetik spricht aus dieser ganzen Tatsachenwelt, die im Munde der Evangelisten alles andere als eine Ansammlung »toter Dogmen« war.

5. Die Totalität der Wertung

Eines der Hauptkennzeichen der evangelistischen Predigt, vielleicht das, welches nach außen am meisten Anstoß erregte, war die Scheidung der Menschheit in zwei Klassen, die *disjunktive (ausschließende, trennende) Kategorie* der Beurteilung nach dem Glaubensstand.

---

[138] Ty. Wl. I 533.
[139] Wl. S. S. II 80; Nast I 230.
[140] Wl. S. S. I, Nr. 10.
[141] Wf. S. 546.
[142] Wl. S. S. I 154.

Nicht nur das Ende der Wege bedeutet eine totale Trennung, sondern auch der Charakter der Wege ist hier schon total verschieden. Dieser letzte Mut, auch da zu sondern, wo gemeinhin nur »Übergänge« und »Abstufungen« gesehen werden, entspringt der Einsicht in die pneumatischen Tiefen des geistlichen Lebens, die eine Ganzgestaltung erfordern und ermöglichen. Als *Ziel* der Evangelisation wird das Erreichen dieses Lebensstandes hingestellt; wer nicht »errettet« ist, geht »verloren«.

In dieser Anschauung liegt nicht eine Überheblichkeit. Die Totalität der »Wertung« ist nicht eine solche in dem Sinne, dass ein Mensch nach subjektivem Maßstab wertet und abwertet – was unerträglich wäre –, sondern höchster Wert und Unwert wird nach der ebenso realen wie biblischen Tatsache pneumatischen Lebensstandes ausgesprochen, dessen einziger, allerdings absoluter Wert eben sein pneumatischer Charakter und nicht irgendeine »Verdienstlichkeit« ist.

Von dieser Voraussetzung einer weithin »unerretteten« Menschheit geht der Evangelist aus, ob er nun in kirchlichen oder der Kirche entfremdeten Kreisen spricht. Ohne diese Tatsache ist die ganze Wucht des Angriffs und die totale Bestreitung der Gerechtigkeit unverständlich. Ohne sie wird aber auch die Tiefe der biblischen Botschaft nicht erreicht, die *Rettung der Verlorenen* will nicht verhüllte Weihe der Mustergültigen.

Wie nun im Einzelnen die beiden im Letzten und Tiefsten geschiedenen Menschengruppen bezeichnet werden, welche Kategorien man hierfür gebraucht, ist nicht wesentlich. Alle Einzelzüge und Einzelvorgänge werden ja nie den Tatbestand selbst, sondern nur dessen Äußerungen darstellen.

»Der Geist der Kindschaft« mit dem daran hängenden Komplex Knecht und Kind, Gesetz und Geist wird von Wesley sachlich zutreffend als das eigentliche Charakteristikum angeführt.[143] In seiner Predigt über »den Geist der Knechtschaft und der Kindschaft«[144] fügt er

---

[143]   Wl. S. S. I 197. 295, II 385 f.
[144]   Wl. S. S. I, Nr. 9.

noch eine dritte Klasse, die der »Knechte« Gottes, ein, die »nicht fern vom Reiche Gottes« sind, sei es als latent Hoffnungsberechtigte oder akut Erweckte; sie sind im Übergang befindlich, bilden also keine allgemeine »Zwischenstufe« und zählen prinzipiell nicht zu den Pneumatikern.[145]

Ähnlich wie die Frage nach dem heiligen Geist konnte den Zuhörern die nach der *Bekehrung* gestellt werden:[146] Hier wird der *Übergang* von dem einen zum andern Stand zum Merkmal gemacht, nicht der Stand selbst, was psychologisch nicht immer klar und seelsorgerlich in seinen Folgen nicht immer unbedenklich war, jedoch einen brauchbaren Maßstab abgab.

Ferner wurde der *Glaube* als bezeichnende Erscheinung des neuen Lebens herausgestellt und den »Gläubigen« die Gruppe der »Ungläubigen« gegenübergestellt, wobei die letzteren nicht unbedingt als Gottlose, sondern als nicht oder noch nicht im neutestamentlichen Sinne voll Glaubende bezeichnet waren.

Schließlich konnten noch »Heilige« und »Sünder« unterschieden werden, mit engerer Fassung des letzteren Begriffs.[147] Die Heiligkeit des Lebens, als pneumatische, nicht als bloß-moralische Gegebenheit, zeigt den Lebensstand an.

6. Die Totalität des Aspekts

Als Schlussergebnis des der Evangelisation immanenten Totalitätsprinzips finden wir eine Erhabenheit und Überblicklichkeit der *Schauweise*, die große Horizonte und Einsichten, ja letzte Aspekte eröffnet. Das zentrale, ungebrochene, allgemeingültige, verpflichtende, über zeitliches und ewiges Schicksal entscheidende, in die Realität eines totalen Christenstandes hineinstellende und damit von der

---

[145]   Wl. S. S. I 61 Anm.
[146]   Wf. S. 276 f.; Wl. Jn. II 192; Schrk. Allein 30.
[147]   Fn. G. Th. 147.

»Welt« grundsätzlich und praktisch scheidende Evangelium ist in seinen Ausmaßen so groß, dass auch der Verkündiger nur ganz groß denken kann und damit seine letzte Unabhängigkeit sowie Durchdringlichkeit erhält. Wir kommen also von der Inhaltsseite des Redeakts her zu dem, was als unmittelbare pneumatische Gabe des Augenblicks den »hohen Standort« des Redners ausmacht (S. 168 f.). So konnte sich Grünberg an der Absolutheit des Aspekts in der Schrenk'schen Rede gerade so stoßen wie an dessen Anspruch auf besonderen Auftrag[148] (S. 105, Anm. 1 und S. 112).

Der Blick des Evangelisten umfliegt in seiner großen Botschaft Ewigkeiten und Äonen. Himmel und Erde werden zu Zeugen angerufen.[149] Jahrtausende schrumpfen ihm zu nichts zusammen;[150] vor ihm entrollt sich das Geschick von Geschlecht auf Geschlecht. Keins vermag, »seit die Welt steht«, durch das Gesetz selig zu werden[151] oder, was »seit 6 000 Jahren vergeblich versucht wurde«, die Sünde von sich aus zu begraben.[152] »Alle Welt« ist vor Gottes Richterthron gestellt[153] und die »Myriaden Wesen« sagen Amen, wenn Gott den Unentschuldbaren richtet.[154] *Wenngleich die ganze Welt zusammengerollt werden könnte*«, so wäre die Seele mit dem Surrogaten der Kultur doch nicht ausgefüllt.[155]

Diese Größe des Aspekts lässt es den Evangelisten selbst aussprechen, dass er »nicht von der Erde redet«.[156] Des Evangelisten »Bleilot

---

[148] Z. Th. K. 1897, 280 (Grünberg). Schrenk wendet immer absolute Maßstäbe an. Für ihn gibt es nur Bekehrte und Unbekehrte, Wiedergeborene und Nichtwiedergeborene, Gottes- und Teufels- oder Weltkinder. Immer stellt er uns vor die höchsten Ziele, immer geht er auf die letzten Motive zurück, immer stellt er seine Zuhörer vor ein großes Entweder-Oder.

[149] Fn. G. Th. 35. 99. 145. 191.

[150] Fn. G. Th. 16. 170.

[151] Md. 12 Reden 48.

[152] Md. Ov. Life 43, Überw. 56.

[153] Md. 12 Reden 58.

[154] Fn. G. Th. 169.

[155] Md. Ov. Life 91, Überw. 98; Kl. N. Netze 309.

[156] Schrk. Dein Wort 81.

reicht in Tiefen«, die der Mode- und Naturphilosophie der Zeit
unverständlich sind.[157] Ein Totales wird verlang und ein Totales wird
gegeben.

Das Christentum wird immer und überall verbürgerlichen, wo der
totale Aspekt fehlt.

III. Die Aktgestalt des evangelistischen Handelns

Die evangelistische Rede umfasst eine gewisse *Einwirkungsweise*, die
sich in allen Ländern ungefähr gleich herausgebildet hat. Dem Sinn
des evangelistischen Auftrags entsprechend, bleibt es nicht bei einer
nichtverpflichtenden Meinungsäußerung, sondern der Evangelist
tritt in Ausführung dieses Auftrags und als Werkzeug des rettenden
Willens Gottes an die Zuhörer als *selbst handelnder und zum Handeln
veranlasser* Rufer heran, der sich »*an sie wendet*« (addresses).
Nicht die pädagogische – das ist der Schulstube entnommen –, noch
die kultische – das ist einem Teilbegriff des Gottesdienstes entnommen – »Abzweckung« – das ist der logisch-ideellen Welt entnommen –, sondern das Hineingeordnetsein in ein Aktverhältnis real
göttlicher Art – das besteht durchaus als Möglichkeit – formt die
evangelistische Rede als Ganzes und in ihrer Einzelgestalt. Dieser
treten wir nun näher.

Der Evangelist als Handelnder geht zum Angriff über, weckt,
erschüttert und überführt, lockt und wirbt, gibt Aufforderung und
Hilfe zum Glaubensakt und eröffnet in Gottes Namen Aspekte, in
denen sich letztes Geschick verdeutlicht und vermittelt.

---

[157] W. Md. 284.

1. Das angreifende Handeln

a) Das aggressive Prinzip

Das aggressive Prinzip wird hier in seinem weitesten Sinn gefasst: von sich aus etwas veranlassen; aus sich heraustreten, an einen andern herantreten, diesen zu etwas zu bewegen suchen. Die *Heftigkeit* des Moments, die sonst in der Bedeutung des Wortes »Angriff« liegt, ist hier nicht wesentlich, sondern die Richtung, einen andern nicht zu lassen, wie und wo er ist, zunächst ohne Beziehung darauf, ob er diesem Vorgehen zustimmt.

Mit allen Evangelisten vertreten wir die Berechtigung dieses Prinzips. *Der Anstoß zum Glauben geht immer von anderen aus.* Damit ist dieses Prinzip schon gegeben und nur über die Form lässt sich streiten. Auch die erzieherische Einwirkung ist ein Eingreifen in das Werden und Gestalten eines Menschen. Die zugespitzteste, bewussteste Art ist der missionarische Angriff.

An der Widerlegung zweier Einwände ist *Recht und Grenze aggressiven Verhaltens* in der evangelistischen Verkündigung zu erkennen.

Es wird bestritten, dass es einem Menschen möglich sei, unter bewusster Vorkehrung auch aller äußeren Mittel maßgebend und mit Frucht in das Innenleben eines andern einzugreifen. Das sei »nur Gott möglich«. Hier wird nicht gesehen, dass es eine bevollmächtigte Predigt gibt und dass Gott gerade durch Prediger wirkt. Diese Prediger kennen den Inhalt des Evangeliums und damit das Ziel der Predigt ebenso wie die sich hieraus von selbst ergebende Gestaltung derselben. *Das sind alles göttlich-rhetorische Notwendigkeiten an sich.*

Die *Grenze* liegt im Vollmachtsbegriff selbst. Als Beauftragter ist der Evangelist nicht selbst Akteur und kann über das Maßgebende und Entscheidende, das Wirken des Geistes und das Ja Gottes zu seiner Predigt nicht verfügen (S. 170 f.).

Es ist aber nicht vorauszusetzen, dass die Zuteilung dieses Maßgebenden und Letzten Sache der Willkür sei oder dass ein Beauftragter und

Ausgerüsteter dies auf Zeit sei. »Gott gibt den Geist nicht nach dem Maß.«

Ist ein Erweckungsprediger ebenso wenig von Gott verlassen, wie er über ihn verfügt, so ist er auch kein Herr über die Mittel, deren er sich doch bedient. Finneys Irrtum, dass der Gebrauch der richtigen Mittel (means) auf geistlichem Gebiet noch viel sicherer Erfolg verbürge als in der Natur,[158] stammt wohl aus der Erfahrung, dass ihm, dem Begnadeten, solch ein Erfolg beschieden war, was er als Forderung auf alle übertrug. Die Mittel der aggressiven Predigtweise sind nicht so in der Hand des Predigers, dass schon ihre Verwendung mit technischer Sicherheit wirkt, aber sie sind so in seiner Hand, dass er sie geistlich-redegemäß gebraucht. Ohne Wissen um die letzte Bestimmtheit des Werkzeugs wie der Mittel und ohne Stehen in dieser Bestimmtheit wird allerdings die aggressive Predigt entarten. Aber der Missbrauch hebt den Gebrauch nicht auf.

Der zweite Einwand ist die Ablehnung eines behaupteten »Eingriffs in die Rechte der Persönlichkeit« in dem Sinne, dass ein Angriff, irgendein Eindringen auf Menschen, eine Infragestellung mit direkter, persönlicher Beziehung unzulässig sei. Diese Abwehr entstammt, soweit sie nicht tatsächliche Grenzüberschreitungen (S. 227 f.) trifft, einer humanistischen Auffassung von der Persönlichkeit als höchstem und absolutem Wert. *Das Evangelium wird überall, wo es verkündigt wird, das »Recht« der Persönlichkeit antasten*: Der in seinem Weltanschauungsgehäuse sitzende Ästhet oder Nichtästhet wird seine letzte Bestreitung erfahren, nämlich die, dass er sich darin gegen Gott behauptet. Diesem und jedem Gehäuse gilt der Angriff des Evangeliums selbst, zur Befreiung daraus. Es ist Tatsache, dass eine Großzahl hinter ihren religiösen Deckungen (S. 243 ff.) verharren würde, wenn nicht der Anstoß zum Verlassen desselben *durch das Wort von außen käme.* Ebenso würden Millionen in geistlichem Schlaf, Sicherheit und Scheinleben dem pneumatischen

---

[158] Fn. 1921, 173 f.

Leben ewig entfremdet bleiben, wenn nicht durch die Bewegungen Teilbezirke aus diesen Millionen und durch die Verkündigung die einzelnen innerhalb dieser Ausschneidungen »in Angriff genommen«, d. h. von der missionarischen Tat, die damit ihr Recht erhält, erreicht würden. »Gehet hin in alle Welt und *predigt*« ist schon die absolute Rechtfertigung angreifenden, weckenden, persönlich-einwirkenden Vorgehens, da dies Evangelium immer ad hominem, an den Menschen persönlich und nie im Allgemeinen ergeht und einen existenziellen Bezug positiver oder negativer Art stets herstellt. Man muss hier von dem rationalistischen Prinzip der Belehrung endgültig loskommen.

Dass das aggressive Verhalten grundsätzlich nicht zur Vergewaltigung der Hörer führen soll und darf, sowenig wie der Gebrauch der Mittel notwendig eine Mechanisierung bedeutet, ergibt sich aus dem Wesen der frohen Botschaft und dem Reife- und Entscheidungscharakter des Glaubensvorgangs. Die Kritik (S. 381 ff.) traf hier oft mit Recht Auswüchse, die bei der Handhabung eines so gewaltigen Mittels an sich schon der menschlichen Natur nahe liegen, bei ungeeigneten Elementen aber doppelt als Gefahr vorhanden sind; jedoch selbst die dem persönlichen Augenblick nicht angemessene Überforderung, die unpsychologische Schablonisierung und falsche Verallgemeinerung von Methoden, die mit anderem zusammen das geschichtliche Werk belasteten, heben die Verpflichtung und das Recht nicht auf, mit aller Sorgfalt und unter Vermeidung dieser Überstände zu evangelisieren.

In diesem Zusammenhang ist noch die *militärische Parallele* zu erwähnen, die sich aus der Sache schon immer ergab. Die Uniformierung und heeresmäßige Organisation der »Heilsarmee« oder anderer christlicher Kampfscharen ist nur ein Symbol für dieses Angriffsprinzip. Der Angriff gilt dem Gegner, dem Satan, und seinen »Festungen« (Stadtviertel, Budenstädte, Menschengruppen),[159] dessen »Ge-

---

[159] Ty. Wf. I 551; Fn. 1921, 87.

fangene« befreit und dessen Diener aufgefordert werden, die Waffen zu strecken.[160] Whitefield gelüstet es, einen »ewigen Krieg mit dem Teufel, der Welt und dem Fleisch« zu führen und »mit dem Schwert in der Hand zu sterben«.[161] Nach Gledstone war er es, der »die Kirche an den Gedanken des Angriffs auf das Reich der Finsternis gewöhnte«,[162] wobei es offen bleibt, ob dieses Verdienst nicht ebenso sehr Wesley zufällt.

Die Übereinstimmung ist jedoch mehr die eines Bildes als der Sache. Im Werk der Evangelisation sind Ansatz und Durchführung grundsätzlich geistlich und nicht materiell. Nicht Massenwirkung, sondern die Gebetskraft wird entscheiden, und der Gegner kann auch nicht mit völliger Sicherheit durch entsprechenden Einsatz »niedergerungen« werden, da die Zusammenhänge dieses Schlachtfeldes weit über menschliches Maß, Können und Leisten hinaus in die jenseitige Welt hinüberreichen. Übrig bleibt nur die Tatsache des Angriffs selbst.

b) Der weckende Angriff

Der vom Evangelisten ausgeführte Angriff auf das *Ganze* des Menschen wird häufig unter dem Bild des Weckens dargestellt, da die noch in falscher Sicherheit befindlichen, geistlich toten Menschen den Schlafenden oder Leichen gleichen und ebenso die das ganze Leben ergreifende Änderung unter dem Gesamtsymbol des Aufstehens aus dem Schlafe oder dem Tode gefasst werden kann. »Wache auf, der du schläfst, und stehe auf von den Toten, so wird dich Christus erleuchten!« ist deshalb nicht allein das Kennwort der einzigen, in den Standard Sermons enthaltenen Predigt von Charles Wesley, son

[160] Wl. Jn. III 398; Fn. 1921, 147 und oft.
[161] Ty. Wf. II 455.
[162] Gledstone 517.

dern auch der mehrfache Ausruf in Predigten seines Bruders oder anderer Evangelisten, die an gegebenen Stellen diesen Weckruf mit großer Wirkung erschallen lassen (awake, awake, thou that sleepest).[163] Whitefield betrachtet es als seine Aufgabe, über den mannigfachen schlafenden, klugen und törichten Jungfrauen »seine Stimme wie eine Trompete zu erheben« und das Warnzeichen zu geben.[164] In der Predigt von der Auferweckung des Lazarus hat er ein unvergängliches Beispiel sowohl seiner christlichen Beredsamkeit wie seines weckenden Wirkens gegeben.[165] »Dead in trespasses and sins« (tot in

---

163 Wl. S. S. I, Nr. 3; Wl. S. S. I 65. 181. 195; Wl. Jn. II 204.

164 Ty. Wf. I 330.

165 Wf. S. 456 f. Come, ye dead, christless, unconverted sinners, come and see the place where they laid the body of the deceased Lazarus; behold him laid out, bound hand and foot with grave-clothes, locked up and stinking in a dark cave, with a great stone placed on the top of it! View him again and again; go nearer to him; be not afraid; smell him, ah! How he stinks. Stop there now, pause awhile; and whilst thou art gazing upon the corpse of Lazarus, give me leave to tell thee with great plainness, but greater love, that this dead, bound, entombed, stinking carcase, is but a faint representation of thy poor soul in its natural state: for, wheter thou believest it or not, thy spirit which thou bearest about with thee, sepulchred in flesh and blood, is as literally dead to God, and as truly dead in trespasses and sins, as the body of Lazarus was in the cave. Was he bound hand and foot with grave-clothes? So art thou bound hand and footh with thy corruptions: and as a stone was laid on the sepulchre, so is there a stone of unbelief upon thy stupid heart. Perhaps thou has lain in this state, not only four days, but many years, stinking in God's nostrils. And what is still more affecting, thou art as unable to raise thyself out of this loathsome, dead state, to a life of righteousness and true holiness, as ever Lazarus was to raise himself from the cave in which he lay so long. Thou mayest try the power of thy own boasted free-will, and the force and energy of moral persuasion and rational arguments, (which, without all doubt, have their proper place in religion) but all thy efforts, exerted with ever so much vigour, will prove quite fruitless and abortive, till that same Jesus, who said, »Take away the stone«, and cried, »Lazarus, come forth«, comes by his mighty power, removes the stone of unbelief, speaks life to thy dead soul, looses thee from the fetters of thy sins and corruptions, and, by the influences of his blessed Spirit, enables thee to arise, and to walk in the way of his holy commandments. And o that he would now rend the heavens, and come down amongst you! O that there may be a stirring among the dry bones this day! O that, whilst I am speaking, and saying, »Dead sinners, come forth«, a power, an almighty power, might accompany the word, and cause you to emerge into new life!

Übertretungen und Sünden) ist der kennzeichnende Ausdruck nicht nur in dieser Predigt. Das Aufwecken aus dem Tod oder Schlaf macht den *Erweckungsprediger.* Er ist in der Rolle des Hesekiel, der

---

If the Lord should vouchsafe me such a mercy, and but one single soul, in this great congregation, should arise and shake himself from the dust of his natural state; according to the present frame of my heart, I should not care if preaching this sermon here in the fields, were an occasion of hastening my death, as raising Lazarus hastened the death of my blesses Master. For methinks death, in some respects, is more tolerable, than to see poor sinners day by day lying sepulchred, dead and stinking in sin. O that you saw how loathsome you are in the sight of God, whilst you continue in your natural state! I believe you would not so contentedly hug your chains, and refuse to be set at liberty.

Kommt, ihr toten, christuslosen, unbekehrten Sünder, kommt und seht die Stelle, wo sie den Leichnam des dahingeschiedenen Lazarus hingelegt haben. Seht, wie er daliegt, gebunden an Händen und Füßen mit Grabtüchern, eingeschlossen und stinkend in einer finstern Höhle, vor deren Ausgang ein großer Stein liegt! Schau ihn wieder und wieder an! Trete näher! Fürchte dich nicht! Rieche hin! O, wie er stinkt! Halte hier nun inne, verweile ein wenig. Und während du auf den Leichnam des Lazarus starrst, erlaube mir, dir mit großer Offenheit und noch größerer Liebe zu sagen, dass dieser tote, gebundene, im Grab liegende, stinkende Kadaver nichts ist als ein schwaches Abbild deiner armen Seele in ihrem natürlichen Zustand. Denn ob du's nun glaubst oder nicht, der Geist, den du mit dir herumträgst, in Fleisch und Blut begraben, ist ebenso buchstäblich tot für Gott, gerade so tot in Übertretungen und Sünden wie Lazarus' Leib im Grab. Er war gebunden an Händen und Füßen mit Grabtüchern? So bist du an Händen und Füßen gebunden durch deine Sünden. Und so wie ein Stein vor das Grab gelegt ward, so liegt ein Stein des Unglaubens auf deinem blöden Herzen. Vielleicht bist du in diesem Zustand dagelegen – nicht nur vier Tage, sondern viele Jahre und stankst Gott in die Nase. Und, was einen noch mehr ergreift: Du bist ebenso wenig unfähig, dich selbst aus diesem ekelhaften, toten Zustand zu einem Leben der Gerechtigkeit und wahrer Heiligkeit zu erheben, wie jemals Lazarus imstande war, sich aus dem Grab zu erheben, in dem er so lange lag. Du magst die Kraft deines eigenen, vielgepriesenen freien Willens erproben wie die Stärke und Wirkung moralischer Überredung und verstandesmäßiger Gründe, welche ohne jeden Zweifel ihren bestimmten Platz in der Religion haben; aber alle deine Anstrengungen auch wenn du noch so viel Kraft daran wendest, werden sich als fruchtlos und unnütz erweisen, bevor nicht dieser selbe Jesus, der sprach: »Nehmt den Stein hinweg!«, und danach rief: »Lazarus, komm heraus!«, in seiner mächtigen Kraft kommt, den Stein des Unglaubens entfernt, deine tote Seele leben heißt, dich von den Banden deiner Sünden und Laster löst und durch die Einflüsse seines gesegneten Geistes befähigt, aufzustehen und auf dem Weg seiner heiligen Gebote zu wandeln. Und ach, dass er nun den Himmel zerrisse und in eure Mitte herab-

sein weckendes Wort unter die »dürren Gebeine« hineinruft, während der Geist von oben das Leben gibt. Hes. 37 kehrt deshalb bei Wesley öfters situationsgemäß als Predigttext wieder.[166]

c) Der Angriff auf das sittliche Ich

Um zu einer Neugestaltung der inneren und demgemäß der äußeren Verhältnisse zu kommen, müssen vielfach die konsolidierten, festgesetzten Zuständlichkeiten in direktem Angriff erschüttert werden. Dies spiegelt sich darin, dass häufig im Anfang einer geschlossenen evangelistischen Tätigkeit oder einer Einzelpredigt versucht wird, »den tiefen Grund der Buße« (the deep foundation of repentance)[167] zu legen, um darauf aufbauend zur positiven Heilsdarbietung zu gelangen. Wie weit hierbei im Einzelnen dem dogmatischen und psychologischen Zusammenhang auch methodisch Rechnung getragen wird und wie weit überhaupt ein Schema zugrunde gelegt wird, ist in der Praxis verschieden.

---

käme! O, dass sich doch heute die verdorrten Gebeine rührten! O, dass doch, während ich jetzt rede und sage: »Ihr toten Sünder, kommt heraus!«, eine Kraft, eine allmächtige Kraft das Wort begleiten und euch veranlassen möchte, euch in ein neues Leben zu erheben!

Wenn der Herr mir die Gnade zuteil lassen werden lassen wollte und nur eine einzige Seele in dieser großen Versammlung aufstünde und den Staub ihres natürlichen Zustandes von sich schüttelte, so wäre es mir, so wie es mir gerade ums Herz ist, gleichgültig, wenn meine Predigt auf den Feldern hier ein Anlass zur Beschleunigung meines Todes wäre, so wie Lazarus' Auferstehung den Tod meines gelobten Meisters beschleunigte. Denn mich dünkt, der Tod ist in gewisser Hinsicht eher zu ertragen, als es Tag für Tag mit ansehen zu müssen, wie arme Seelen tot und stinkend in Sünden begraben liegen. O, dass ihr sähet, wie ekelerregend ihr in den Augen Gottes seid, solange ihr in eurem natürlichen Zustand verharrt! Ich glaube, ihr würdet dann nicht so zufrieden an euren Fesseln festhalten und euch weigern, in Freiheit gesetzt zu werden.

[166]   Wl. Jn. II 437, III 72, III 23.
[167]   Rigg 156.

Der Hauptangriff wird bei gesunder evangelistischer Predigt auf das Zentrum der sittlichen Persönlichkeit und nicht auf die Nerven und Sinne geführt. Die Kette: Sünde, Schuld, Gericht wird klargemacht, um einer sittlichen Umkehr und damit einem bleibenden Ergebnis Bahn zu bereiten. Hier entwickeln sich die stärksten und nachhaltigsten Einsichten, die zu einer grundsätzlichen Bestreitung des bisherigen Lebensstandes auch durch den Hörer selbst führen können. Die *Bußpredigt* predigt also nicht zuerst und nicht nur »Buße«, sondern Erkenntnis und dadurch Buße, und besteht in der Wendung an die Gewissen, in dem Nachweis der Sündigkeit, der in direktem Aussprechen, in Gesetzes-, Sitten- und Standespredigt geführt wird, in der Bekanntmachung und des Zornes und der Ungnade Gottes über die Sünde, und in der Verkündigung des Gerichtes.

Die *Wendung an das Gewissen* erkennen alle Evangelisten als das Notwendige; sie lehnen es ab, »Honig zu predigen«.[168] Immer nur die Liebe Gottes verkündigen und nicht auch Gesetz und Gericht, verdirbt den Geschmack und »nährt das Übel«.[169] Die so genannten »Gospel preachers« (Evangeliumsprediger) wirkten in den ersten methodistischen Gemeinschaften verheerend und Wesley wandte sich aufs Schärfste gegen sie.[170] In Schottland hörte er 1774 Predigten »voll Wahrheit«, die aber an den Hörern vorüberzogen »wie eine italienische Oper«. Hier »begann er zu donnern von Tod, Gericht und Ewigkeit«.[171] Auch Schrenk vermied nach E. Gerber die reine Gnaden- und Liebesverkündigung; er grub tief, hielt das Gesetz vor und weckte Sündenerkenntnis. »Die mächtigsten Buß- und Gnadenpredigten habe ich doch aus Schrenks Mund vernommen.« – »Der alte Mensch liebt es, auf Golgatha in eine Gnadenwolke eingehüllt zu

---

[168] 1 u.
[169] Ty. Wl. II 84.
[170] Ty. Wl. II 131.
[171] Ty. Wl. III 167.

werden.« Der reinen Gnadenpredigt von Christus, dem Gekreuzigten, fehlt aber die »Messerschneide«, die von der Sünde trennt, »der heilige Ernst Gottes über die Sünde am Kreuze seines Sohnes«. Lediglich das Gemüt berühren, schafft nur seelische, aber keine geistlichen Wirkungen – alles dies nach Schrenks Beobachtung.[172] In ähnlicher Erkenntnis begab sich Keller in seinen Versammlungen nie auf das politische Gebiet, sondern »suchte immer die Gewissen zu packen«.[173] Er selbst erfüllte die von ihm aufgestellte Forderung, das Gewissen müsse baldmöglichst getroffen werden, um die persönliche Beziehung zum Wort herzustellen.[174]

Es gibt wohl kaum ein Einfallstor, durch welches das Wort so in die Tiefe dränge, als das Gewissen. Und es gibt wohl kaum etwas so Tiefdringendes als die aus Gewissensernst gesprochenen Worte.[175] Die Urbeziehung zum Ich des Menschen und zur Gnade Gottes ist hier gegeben; nur hier lassen sich das Ich der Menschen und die Gnade Gottes recht verstehen. Aller Appell ans Glücksbedürfnis, an das Gefühl, an die Einsicht, an das edle Streben, an die Geschaffenheit des Menschen für Gott, an die Willigkeit, zur Besserung der öffentlichen Verhältnisse beizutragen, an die Bedürfnisse des Denkens, an die kirchliche Bekenntnis- und Überlieferungstreue und an die eigene Verpflichtung vermag nicht wie dieser Hammer des Wortes zu wirken: das Gewissen zu treffen.

Dies zu tun, und zwar mit geradezu furchtbarer Macht, war die besondere Gabe Wesleys. Was seiner Predigt an Anschaulichkeit der Fantasie fehlte, das machte dieser »direkte Weg zu den Herzen« reichlich wieder wett. Es war unmittelbare Anschaulichkeit – der Selbsterkenntnis. Das gab seinen Predigten den Charakter des »convincing«, des »Überführenden«, und war großenteils die Ursache

[172] »Bethel« 1914, 55; Schrk. Dein Wort 42 f. 59 f. 139.
[173] Weichert 160.
[174] Kl. Furche 9.
[175] Vgl. Büchsel, »Der Geist Gottes im Neuen Testament«, 1926, 437.

der sich körperlich auswirkenden Getroffenheit (S. 358 f.). »Sein
Appell richtete sich hauptsächlich und wesentlich an das Gewissen.«[176]

Auch Finney, der ihm hierin nachkommt, vertritt die Ansicht,
dass alles Predigen vergeblich ist, wenn des Sünders Gewissen nicht
erreicht wird. Das einzige Mittel, dass es zu gründlicher Bekehrung
kommt, ist treues Anfassen desselben. Sich bekehren heißt, sich
unter die Wahrheit beugen – diese ist aber zuerst eine Gewissens-
wahrheit.[177] Nach Whitefields Beobachtung sind es sehr wenige, die
durch Liebe allein zu Gott gezogen werden; und auch für sie folgen
die Kämpfe des Gewissens nach.[178] Die »heilsame Betroffenheit«[179] ist
aber eine Wirkung des Worts.

Die Vergegenwärtigung der Sünden erfolgt nun meistens nicht in
Form von Moralpredigten, in denen, von den Zuständen ausgehend,
im »Sündentopf gerührt wird« – ein Spektakel für die Zuhörer –,
sondern als *Gesetzespredigt*, durch das *Messen am Wort*. Das Alte Testament mit seinen göttlich-heiligen Geboten oder das Neue Testament, besonders die Bergpredigt, als Heiligkeitsmaßstab dient zur
Verkündigung des Willens Gottes in Forderung und Verheißung,
wobei durch eben diesen göttlichen Maßstab das Abgleiten in flachen
Moralismus und Sensation vermieden wird und sich die »Durchschlagskraft alter, heiliger Worte« (S. 325 f.) überzeugend offenbart
(S. 366 ff.). Die im göttlichen Namen und mit der Autorität der
Schrift erhobene, verpflichtende Forderung nach Heiligkeit des
Lebens und Wandels hat schon in sich die Macht unmittelbarer Über-
führung, die die Sünden bewusst macht und vor Augen stellt. Hierzu
kann sich noch das bewusste Streben des Evangelisten gesellen, die

---

[176]   Rigg 130.
[177]   Fn. 1921, 270. 274. 310.
[178]   Wf. S. 655.
[179]   Kl. Mod. Hdpr. Nr. 2.

göttlichen Gebote als *Spiegel* zu benutzen, wie ihn z. B. Schrenk[180] »mit nie gesehenem Mute dem Volke vorhielt«, indem er, ähnlich wie Moody in der Predigtreihe über die zehn Gebote,[181] an jedem Abend je eine einzelne Sünde, z. B. Zauberei, Trunksucht, Unzucht, Geiz, mit großem Ernst und oft sehr drastisch behandelte, »aber auch jedes Mal auf Jesus, den Heiland und Retter hinwies, sodass der starre Tod in vielen Herzen brach«. Hierbei wird die Sünde »bis in ihre einzelnen Verästelungen verfolgt«, sodass unmissverständlich ihre praktische Erscheinung im Alltagsleben der Hörer aufgezeigt und gleichzeitig die göttliche Missbilligung über die Verfehlung wie über den Täter ausgesprochen wird. Wo, um Entfremdete nicht abzuschrecken, vom seelischen Tatbestand und nicht von der schriftgegebenen Forderung ausgegangen wird, erreicht die psychisch-analytische Methode, z. B. Kellers, sehr bald die Beziehung auf die Schrift oder setzt deren seit der Jugend vorhandenen Kenntnis durch christliche Umwelt stillschweigend voraus.[182] Einen besonderen Wert misst Wesley der Gesetzespredigt bei. Von ihr kann nicht abgesehen werden, soll nicht die Predigt von der Liebe und dem Leiden Christi durch stetige einseitige Wiederholung zuletzt zu einem »einschläfernden Wortschwall werden«.[183] Einer unter Tausenden mag durch das Evangelium, hier im Sinn der reinen Gnadenpredigt, erweckt werden, aber die gewöhnliche Weise Gottes ist es, die Sünder durch das Gesetz zu überzeugen (convict).[184] In der Schilderung der überführenden Wirkung der Gesetzespredigt[185] spiegelt sich sehr

---

[180] »Bethel« 1914, 55.
[181] Md. Weighed; Gewogen.
[182] Kl. Mod. Hdpr. Nr. 2; »Zur Naturgeschichte des Gewissens«.
[183] Wl. S. S. II 64; Nast I 215.
[184] Wl. S. S. II 61; Nast I 212.
[185] Wl. S. S. II 52. It is theordinary method of the Spirit of God to convict sinners by the law. It is this which, being set home on the conscience, generally breaketh the rocks in pieces. It is more especially this part of the word of God which is ›zoon kai energes‹ / *quick and powerful*, full of life and energy, ›and sharper

gut Wesleys eigene Predigtweise und sein energisch-beauftragtes Wesen. Den »Gospelpreachers« (S. 232 f.) gegenüber vertritt er 1751 die Notwendigkeit der alten, in den Früchten der Erweckung 1739 ff. in London, Bristol, Kingswood, Yorkshire und Newcastle bewährten Predigtweise, bei Neuanfang an einem Platz nach einer allgemeinen Erklärung der Liebe Gottes zu den Sündern und seines Willens, sie zu retten, das Gesetz »in the strongest, the closest, the most searching manner possible« (so kräftig, knapp, tief dringend wie möglich) zu verkündigen, und dann, nachdem immer mehr Hörer von ihren Sünden überzeugt wurden, mehr und mehr auch das Evangelium zwischeneinzumischen, um Glauben zu erwecken und diejenigen zum geistlichen Leben zu bringen, die das Gesetz zerschlagen hat. Er selbst habe diesen Weg eingeschlagen und alle Prediger der Anfangszeit mit ihm, und gewiss nicht umsonst, da z. B. an einem Tag in Bristol allein 29 Personen durch die Auslegung der Bergpredigt (!) Vergebung der Sünden empfangen hätten.[186] Er

---

than any two-edged sword‹. This, in the hand of God and of those whom He hath sent, pierces through all the folds of a deceitful heart, and ›divides asunder even the soul and the spirit‹; yea, as it were, the very ›joints and marrow‹. By this is the sinner discovered to himself. All his fig-leaves are torn away, and he sees that he is ›wretched, and poor, and miserable, and blind, and naked‹. The law flashes conviction on every side. He feels himself a mere sinner. He has nothing to pay. His ›mouth is stopped‹, and he stands ›guilty before God‹. – – – – Es ist der gewöhnliche Weg des Geistes Gottes, die Sünder durch das Gesetz zu überführen. Das Gesetz ist es, das, an das Gewissen herangebracht, im Allgemeinen die Felsen in Stücke zerschlägt. Es ist ganz besonders dieser Teil des Wortes Gottes, der *»zoon kai energes«* / »lebendig und kräftig«, voll von Leben und Energie und »schärfer denn kein zweischneidig Schwert« ist. In der Hand Gottes und derer, die er gesandt hat, dringt dieses durch alle Falten des trügerischen Herzens und »scheidet Seele und Geist, ja Mark und Bein«. Durch dieses wird der Sünder vor sich selbst bloßgelegt. Alle seine Feigenblätter werden weggerissen und er sieht, dass er »elend und arm und jämmerlich und blind und bloß« ist. Das Gesetz schleudert Blitze der Überführung nach allen Seiten. Er fühlt, dass er nichts ist als ein Sünder. Er hat nichts zu bezahlen. Sein »Mund« ist »verstopft« und er steht »schuldig vor Gott«.

[186] Ty. Wl. II 130.

betont: Christus predigen heißt, alle seine Verheißungen, Drohungen und Befehle predigen.[187]

Der junge Whitefield wurde nachdenklich, als er 1740 in den Tennents Männer traf, die tief verwundeten und nicht allzu früh trösteten, und forderte schon 1739, dass jeder Geistliche ein Boanerges *und* ein Barnabas, ein Sohn des Donners *und* Sohn des Trostes sein müsse und dass die Sünder, bevor man sie zum Berg Zion bringe, zuvor die Donner Sinais gehört haben sollten.[188] Nach seiner Beobachtung macht sich der Mangel an gründlicher Überführung durch das Gesetz in einem Seligkeitschristentum bemerkbar, das, den Pilzen und Märzblüten gleich, keinen Bestand hat und den alternden Whitefield mit der Zuerkennung der Bekehrung zurückhaltender werden und für sie die Früchte der Bewährung abwarten ließ.[189] Auch Moody drängte sich mit den Jahren zunehmend die Wichtigkeit der Gesetzesverkündigung auf. »Wir wünschen kein Evangelium, das sich nur an die Gefühle wendet.«[190]

Kommt so dem Gesetz, d. h. der Geltendmachung der Forderungen Gottes nach einem geheiligten Lebenswandel, eine erste Stelle zur Erschütterung der Gewissen und damit der falschen Sicherheit zu, so wäre die Verkündigung desselben als Akt nicht vollständig, wenn nicht das Fazit gezogen und der Hörer zur Stellungnahme veranlasst würde. Die Eröffnung des Gebots und der Stille oder ausdrückliche Vergleich mit der darin enthaltenen Lebensforderung soll zu einer offenen *Selbstprüfung* und durch diese hindurch zu einer ehrlichen *Überführung* anleiten.

Dies geschieht häufig in Form der *evangelistischen Frage*. Die Gedankenverbindung ist dann etwa folgende: Prüfe dich! Vergleiche! Welches ist das Ergebnis? Wie siehst du aus? Wenn es so aussieht, was ist die Konsequenz? Wer bist du überhaupt? – Die Linie vom Einzel-

---

[187] Wl. S. S. II 64; Nast I 215.
[188] Ty. Wf. I 393. 275.
[188] Wf. S. 652 f.
[190] Md. Weighed 16; Gewogen 15.

fall zur allgemeinen Sündhaftigkeit der Menschen wird hier gezogen
(S. 37 f.). Moodys Predigtreihe »Gewogen und zu leicht befunden«
enthält solche Fragestellungen, die sich an die allgemeine, zartfühlend
in ein Bild gekleidete Frage anschließen: Was wohl jeweils das Ergebnis sei, wenn die Zuhörer »in die Waagschale träten und sich nach den
zehn Geboten wiegen ließen«?[191] Im Zusammenhang der Predigt
wirken solche Fragen nicht künstlich oder zudringlich, sondern als
lebendige Ansprache an den einzelnen und die Gesamtheit, die das
innerliche Ergebnis des Gesprochenen zieht und ausdrückt.

Eine besondere Form der angreifenden Predigt ist die *Sittenpredigt*,
in der ein bestimmtes Lebensgebiet in eine scharfe, vom Worte
Gottes her genommene Beleuchtung gerückt wird und die unchrist-
liche Gestaltung desselben in ihrer Ganzheit als *Lebensausdruck* eine
grundsätzliche Bestreitung erfährt. Es sind dies insbesondere die
Gebiete der Weltförmigkeit und der Unsittlichkeit.

Whitefield wendet sich sehr nachdrücklich gegen die Art, wie vielfach das Weihnachtsfest mit Karten-, Würfel- und anderem Spiel,
übermäßigem Essen und Trinken und mit Vergnügungen und Zer-
streuungen gefeiert wurde. Er bezeichnet dies als unvereinbar mit
einer christlichen Gesinnung und der Feier des Heiligen Abendmahls
am Vormittag. Er trifft die modischsten und feinsten Unterhaltungen
ohne Rücksicht auf anwesende Personen mit seinem Urteil und
bezeichnet die Bälle und nächtlichen Gesellschaften als ein Gift für
alles, was heilig und ernst ist;[192] ein Nachruf bezweifelt, ob sich die

---

[191]   Md. Weighed 12. 17. 18. 46. 66. 82. 91. 86. 119; Md. Gewogen 10. 16. 17. 49. 73. 91.
        102. 96. 132; Way to God 105; Weg zu Gott 186; Way Home 15. Haben wir diese
        Gebote gehalten? – Wie ist es mit deinem Wandel bestellt? – Ist dein Herz allein
        auf Gott gerichtet? – Wo und wie hast du deinen letzten Sonntag zugebracht? –
        Wie benimmst du dich gegen deine Eltern? – Führst du einen unreinen Wandel? –
        Hast du dich ehrlich verhalten? – Musst du dich schuldig sprechen? – Halten wir
        das Gesetz, das ganze Gesetz? – Bist du ein Sklave der Gewohnheitssünde? – Bist
        du hierin ein Verfolger Christi? – Vgl. Wl. S. S. I 195; Schrk. Allein 40.
[192]   Wf. S. 208 ff.

Theater hätten halten können, wenn sich die Besucher der Zerstreu-
ungen vorher die feierlichen Fragen beantwortet hätten, die Whitefield ihrem Gewissen vorlegte.[193] – Die leichtfertige Art, mit der junge
Leute den Sonntag verbrachten und dem Gottesdienst aus dem Wege
gingen, erhält ihre Kennzeichnung bei Moody durch Hinweis auf die
zugrunde liegende Verachtung alles Göttlichen, welche die Geistlichen für »alte Knasterbärte« erklärt, den jungen Menschen den Schall
der Kirchenglocken, die Bibel, ja jeden Christen widerlich macht und
sie schließlich »Weg mit dem Evangelium! Weg mit dem Christentum! Weg mit eurem Beten, eurem Predigen, euren Ermahnungen!
Wir wollen nichts von Christus!« rufen lässt.[194]

Eine besonders nahe Beziehung zu der vor Gott verurteilten
Gegenwart vieler Hörer bringt die Behandlung des »sittlichen Gebiets« im engeren Sinne. Nach Kellers Urteil gehörten die Sittlich-
keitsvorträge zu den eindrucksvollsten seiner Predigttätigkeit.[195]

In meist getrennten Versammlungen – Keller schaut auf 800 Män-
nerversammlungen zurück – wurde hauptsächlich in neuerer Zeit
dieses brennende Thema öffentlicher und privater Lebensgestaltung
seelsorgerlich helfend und gewissenanpackend geklärt.

Auch diese besondere Lage eines »Standes«, einer Berufs-, Gesell-
schafts-, Geschlechts- oder Altersklasse ergibt die Voraussetzungen
für den evangelistischen Angriff, der durch die so erreichte Lebensnähe und Lebenswahrheit die Hörer unmittelbar angeht. In der
Standespredigt werden die einzelnen Kategorien ausdrücklich angesprochen und ihre bestimmten Standessünden und -gefahren
behandelt.

So kann sich Whitefield an die Reichen wenden, um ihnen den
selbstischen Missbrauch ihrer Güter und die Vernachlässigung der
Armen oder den Vorzug der Letzteren in der Berufung für das Reich

---

[193] Wf. S. 796.
[194] Md. Sow. and Reap. 83; 12 Reden 132.
[195] Kl. Leben II 71.

Gottes vor Augen zu stellen.[196] Er kann den reichen, geld- und ehrgeizigen Strebern dasselbe Wehe entgegenschleudern, das Wesley über
die gewinnsüchtigen Branntweinbrenner mit erschütternder Kraft
ausspricht, deren Paläste »mit dem Blut ihrer Opfer befleckt« sind.[197]
Die gebildete Bewohnerschaft von Oxford erfährt durch diesen eine
sehr eingehende Prüfung der Lebensgewohnheiten nach dem Maßstab der Schrift unter oft wiederholter, durchdringender evangelistischer Fragestellung.[198] Moody richtet ähnliche Fragen an Arbeitge-
ber, Bedienstete und Kaufleute mit besonderer Beziehung auf Aus-
nutzung der Untergebenen, Ehrlichkeit der Arbeitsleistung oder der
Handelsgebarung, ebenso an die erwachsene Jugend über ihren
Lebenswandel oder an den jungen Mann, die junge Frau im Hause im
Blick auf die Behandlung der Eltern (vgl. S. 238, Anm. 191). Whitefield wendet sich an die anwesenden Geistlichen, die jungen Männer,
die jungen Mädchen, die eifrigen Geschäftsleute, die Bejahrten oder
die Schwarzen unter seinen Zuhörern jeweils mit ausdrücklicher
Anrede und richtet selbst an einige Kinder die Ermahnung, wenn
nötig ohne Mitgehen der Eltern zu Christus zu kommen, wozu sich
durch einen bestimmten Vorfall die Veranlassung ergab.[199]

Vermochte die Verkündigung der Gebote Gottes und der Vergleich
mit der Wirklichkeit der Hörer schon zur *Sündenerkenntnis* leiten, so
soll die Vergegenwärtigung der heiligen Realität Gottes in seinen Forderungen zur *Schulderkenntnis* und die Predigt des Zornes Gottes
über die Sünde und der zeitlichen und ewigen Strafe für sie zur
Erkenntnis der Verlorenheit führen. Die Offenbarung der Schuld und
der Verlorenheit als objektiver Tatbestände durch die Predigt ist als
»Gerichtspredigt« zu bezeichnen, da der aktuale Charakter sowohl

---

[196] Wf. S. 527. 402.
[197] Ty. Wf. II 386; Wl. S. S. I 318; Nast I 265.
[198] Wl. S. S. I Nr. 4.
[199] Ty. Wf. I 417. 423; Wf. S. 195 ff.

der missbilligenden Verwerfung der Sünde als auch des strafenden Eingreifen Gottes in das jetzige und zukünftige Leben am besten durch die Kategorie des *richtenden Handelns* ausgedrückt wird und sich die Erkenntnis der gepredigten Inhalte als Erkenntnis der Gerichtswürdigkeit und Gerichtsreife psychologisch vermittelt.

Es ist bezeichnend, dass der Nachweis der mit der Sünde gegebenen Schuld nicht theologisch geführt wird, sondern in der Predigt der *Verworfenheit* des Menschen vor Gott, in der totalen Abwertung des Sünders (S. 218 und 246 f.) mit inbegriffen ist, ebenso wie vom »Reifsein für die Hölle« her die Gerichtsbeschattung auch auf dieses Leben fällt. Keine didaktisch nachgewiesene, sondern eine »geoffenbarte, Schrecken erregende Wahrheit«, an der »alles furchtbar und feierlich ist«, bedrängt das Gemüt und stellt unter den Eindruck der Schuld.[200] Der Zorn Gottes wird in der Predigt unmittelbar gegenwärtig; »the terrors of the Lord« (die Schrecken des Herrn) erschüttern das Herz.[201] »The old, thundering doctrine« (die alte, donnernde Lehre) wird ausgerufen, dass dem Sünder und Unbußfertigen das Verderben beschieden sei; und Wesley hält dafür, dass das Verderben der Gottlosen bezeugen so gut Christuspredigt sei, als vom Lamm Gottes zu predigen.[202] Wer sich nicht an Christi goldenes Zepter hält, den wird er zerbrechen mit eisernem Stab, und die Schrecken des Gerichts warten auf den, der leichtsinnig und sicher in sein Verderben hineinschläft. Zu spät wird es sein, in der Hölle Buße tun zu wollen; auf ewig werden sie von dem Angesicht Gottes verbannt sein,[203] und alle schlechte Gesellschaft wird sie dort nicht über die Qual eines verlorenen Lebens und einer verlorenen Ewigkeit hinwegtrösten können, sondern diese nur vermehren. »Leiden, die niemals ein Ende haben! Niemals!«[204]

---

[200] Wl. Nast I 235.
[201] Ty. Wf. II 625; Wl. Jn. III 344. 399.
[202] Wl. Nast I 215.
[203] Wf. S. 251. 374. 280.
[204] Wl. Nast I 244.

Schon auf das Totenbett wird die Verlassenheit von Gott als Vor-
geschmack der ewigen Qual hereinfallen[205] und bereits in diesem
Leben werden sich die Strafen Gottes kräftig äußern, wie Moody
in »Saat und Ernte« (Sowing and Reaping) an erschütternden
Beispielen nachweist. So predigt Moody »against sin« (gegen die
Sünde)[206] in dieser tiefsten Auffassung, die Menschen zu warnen vor
dem Unglück, das kommt, vor dem »wrath to come« (künftigen
Zorn).[207]

Die Bedeutung der Gerichtspredigt ist nicht leicht zu überschät-
zen. Erst durch sie wird der letzte Ernst erreicht, der das Charakteristikum der *Wahrheit* ist. Ohne sie bleibt es immer bei einem weltan-
schaulich-dogmatischen oder bei einem moralischen Gebilde. Hier
geschieht der *Durchstoß* in die befreiende, große Luft des Pneumatischen und letzter Realitäten, die erlösend wirken. Alles »Trösten« ist
letztlich kein Trösten! Die »Schonung« durch »Verschonen« mit
letzter Wahrheit ist in Wirklichkeit Unbarmherzigkeit. In ihrer
Weichlichkeit und Unklarheit vermag sie insbesondere die Männer
nicht zu binden, die verjagt und nicht angezogen, aber durch Ernstgenommenwerden und Nahebringen der letzten Realitäten, auch der
vernichtenden, angezogen und nicht verjagt werden. Die Evangelisten waren immer Männerprediger.

Die Erschütterung der Sicherheit tritt erst ein, wenn die aufscheu-
chende Stange der scharfen und deutlichen Botschaft, wie Keller sagt,
in das Nest der Selbstzufriedenheit und Selbstgerechtigkeit hinein-
stößt: »Ohne Jesu Gnade, *ohne Buße und Wiedergeburt*, ohne Bekehrung und Heiligung *gehst du verloren!*« »*Dann wird's gefährlich!*, –
Kanzelpathos und Sündenrügen erklärt Keller für im Grunde unge-
fährlich.[208] Von Booth stammt das energisch-salutistische Wort:

---

205 Kl. N. Netze 335; vgl. S. 312, Anm. 401.
206 W. Md. 340; Md. Lat. S. 122.
207 Gledstone 519.
208 Kl. Mschfr. 53.

»Die beste Predigt ist Verdammnis, mit dem Kreuz mitten drin.«[209]
Nur so hebt sich vom dunklen Hintergrund das Kreuz richtig ab *und
an der Differenziertheit dieser Abhebung liegt alles.*

d) Der Angriff auf die Ichsicherungen

Neben dem Kernstoß auf das sittliche Zentrum der Persönlichkeit ist
ein systematisches Aufsuchen und Bloßlegen all der Sicherungen
notwendig, durch die das Ich den totalen Anspruch Gottes abweist.
Galt jener Angriff gewissermaßen dem Herzstück der Befestigun-
gen, so wird dieser gegen das verschlungene Gewirr der Verschan-
zungen und Außenwerke geführt, die dem Ich eine ganze oder »teilweise« Behauptung ermöglichen sollen.

Dieses Eingehen auf die geheimen und uneingestandenen Beweg-
gründe erfordert einen hervorragenden Mut, der die Notwendigkeit
solcher »Aufdeckung« und Entschleierung einsieht und dementsprechend handelt, und ebenso einen bestimmten, inneren Auftrag.

Der energischste und erfolgreichste in dieser Beziehung war unter
den Evangelisten *Finney.* Sein Grundsatz war, »die Sünder in alle ihre
heimlichen Schlupfwinkel zu verfolgen und ihnen diese aufzu-
decken«. Die letzte »Lügenzuflucht« muss zerstört werden.[210] Sein
»reasoning« (»rechten«, d. h. mit dem Hörer reden und ringen) ist
entwaffnend; alle Einwände und Ausreden werden in ihrer Haltlosigkeit und geheimen Rebellion enthüllt.[211] Das Überwältigende
einer solchen Predigt ist nicht die Klugheit der Beweisführung –
rasches, scharfes, schnelles, treffendes Denken zeichnet sie gewiss
aus –, sondern die mit prophetischer Vollmacht gesprochene göttliche Wahrheit, die der Hörer nicht zum Überlegen, sondern zum
Zittern bringt.

---

[209] Begbie 194.
[210] Fn. 1921, 162. 270; G. Th. 99.
[211] Fn. 1921, 270.

Finney ist es auch, der am ausgeprägtesten den *totalen Anspruch* meldet. Dieser, die Quelle der Heiligung (S. 219), wird in seiner das ganze Leben umfassenden Ganzheit (S. 212) ebenso sehr im Blick auf Gott als den Schöpfer und Gesetzgeber wie auf das schwere Opfer der Erlösung geltend gemacht.[212] Grundsätzlicher, »geschworener und ewiger Verzicht auf alle Sünde«, auf »Welt, Fleisch und Teufel«, auf die »eigenen Wege« ist »erste und letzte Voraussetzung der Annahme des Evangeliums«.[213] Gottes Anspruch auf das Leben des Menschen wird von Finney so weit durchgeführt, dass auch der Glaube Gehorsam, die Bekehrung Pflicht wird.[214] Es handelt sich gar nicht darum, zwischen dem Gnadenangebot und einer andern Möglichkeit zu *wählen*, sondern es gilt, einfach dem Ruf Folge zu leisten. Ablehnung ist Sünde. Dies ist ein bemerkenswerter, objektiver Grund zur Annahme des Glaubens. Von hier aus ergibt sich die Linie zur Erhebung der Forderung, »sich zu unterwerfen«, »die Waffen zu strecken«, »zu kapitulieren«, die für Finney charakteristisch ist (S. 227 f.). Das Eigentumsrecht Gottes erklärt sie.

Die *Aufdeckung der Vorenthaltung* wird angestrebt, indem gezeigt wird, wie das Ich dem totalen Anspruch Gottes unter allen Umständen ausweicht. Es will, wie Keller sagt, »nicht sterben«, weder im Selbstgericht unter dem Kreuz noch im Hassen und Lassen des Eigenlebens, obwohl dort Versöhnung und hier geistliche Fülle das Sterben zum »Leben« machen. »Das ist der geheimste und doch mächtigste Grund gegen das wirkliche Gläubigwerden.«[215]
Die Autonomie des aufgeklärten Menschen, die *Selbstbehauptung* in Stolz, Trotz und Insichberuhenbleiben versagt sich der Unterstellung des Lebens unter den »Gehorsam gegen diesen Zimmermanns-

---

[212] Fn. G. Th. 180.
[213] Fn. G. Th. 187. 185. 181.
[214] Fn. G. Th. 82. 170. 182. 189.
[215] Kl. N. Netze 335.

sohn« (Ellen Key).[216] Die totale Hingabe wird verweigert, höchstens versucht man Gott zum Diener zu machen. Es ist *Rebellion*, die das Geschöpf sich gegen den Schöpfer auflehnen und den Knecht dem Herrn nicht dienen heißt. Dieses letzte »Nichtuntertansein«, diese »aufrührerische Stellung und Gesinnung« Gott gegenüber, dieses »Verharren in der Empörung«[217] kennzeichnet Finney treffend in seinen tiefsten Gründen als ein Herumgehen um die letzten Erkenntnisse und Forderungen.[218]

Auch die übrigen Evangelisten sehen in der Grundhaltung des natürlichen Menschen Gott gegenüber eine Rebellion. Wesley ruft den »Rebellen« zu, ihre Waffen zu strecken, und predigt von der Größe der Güte Gottes gegen seine Feinde, »die so tief gegen ihn revoltiert und so lang hartnäckig gegen ihn rebelliert haben«, und der, wie Whitefield sagt, Jesus sterben ließ »für solche Rebellen wie wir«.[219]

Das parallele Bild zur Rebellion als einem Sichwehren gegen die göttlichen Ansprüche ist die *Flucht vor Gott*, die der Grundforderung auf totale »Auslieferung«, d. h. der Unterstellung unter Gericht und Dienstauftrag Gottes, auf alle Weise ausweicht. Unter der Predigt soll eine Begegnung mit Gott geschehen; dieser Gott ist aber der total Beanspruchende; instinktiv wird dies erkannt und »eidechsengleich«[220] entschlüpft der Hörer in das Nicht-Interesse, in die Anstöße an der Predigtweise, in die Verschiebung ernsthafter Stellungnahme, wofür er womöglich eine religiöse Verbrämung findet.

---

[216] Kl. Mod. Hdpr. Nr. 7, S. 6.
[217] Fn. 1921, 270; G. Th. 169 (vgl. S. 255 f., Anm. 239); 1921, 39. 320.
[218] Fn. Leben 1921, 310. Die Sünder klammern sich zuweilen mit Aufgebot ihrer ganzen Kraft an ihre falschen Stützen. Der Letzte, zu dem der Sünder flieht, um Hilfe zu suchen, ist der Herr Jesus. Lieber bringt er jedes Opfer oder erduldet jedes Leiden, als dass er sich als schuldbeladener, verlorener Rebell vor Jesu Füßen niederwirft. Dazu entschließt er sich erst, wenn ihm kein anderer Ausweg bleibt; denn das versetzt seiner Selbstgerechtigkeit, seinem Stolz und seiner Eigenliebe einen solchen Stoß, dass er zu allem andern eher bereit ist.
[219] Wl. S. S. I 143; Wf. S. 379.
[220] Kl. Furche 9.

Wo die totale Ablehnung formell nicht gewagt wird, wird der Versuch der Abschwächung des Anspruchs oder der teilweisen Erfüllung desselben gemacht, welche Letztere natürlich, da der Anspruch total ist, nur eine verhüllte Totalablehnung ist. Der »himmlische Partner« soll »abgefunden« werden, sei es durch Leistungen auf sittlichem Gebiet, durch Formalorthodoxie oder durch äußerliche, kirchliche Zugehörigkeit. Das ergibt für die Evangelisten die Fronten der Werkgerechtigkeit, der toten Rechtgläubigkeit und des Namenchristentums. Es sind die eigentümlich innerchristlichen Fronten, die Herabminderungen des pneumatischen christlichen Gehalts auf die gesetzliche Stufe (S. 31).

Ein erstes Angriffsziel der Evangelisten ist die *Selbstgerechtigkeit*, die in der Behauptung des Ich ihre Tugend kennt. Sie ist das große Hindernis, das »zwischen uns und dem Herrn steht«.[221] Sie findet es »highly offensive and insulting« (im höchsten Grade beleidigend und beschimpfend), dass unter den Menschen kein Unterschied sein soll, etwa zwischen einer Herzogin und den »common wretches« (gewöhnlichen, elenden Geschöpfen), »die auf der Erde kriechen«.[222] Diese anstößige Lehre bleibt ihr nicht erspart. Diese »diskreten höflichen Wesen, die nie jemand etwas zu Leide taten, sondern ein solch bürgerlich-anständiges Leben führten«, aber »zu fein waren, Jesus in Ernst und Wahrheit nachzufolgen«, erscheinen in der Predigt mit den Sabbatschändern, Ehebrechern und Huren in einer Reihe – ihre gerechten Seelen können nicht gerettet werden.[223]

Die Selbstgerechtigkeit ist identisch mit *Werkgerechtigkeit*. Selbst Bibellesen, die Versammlung besuchen und Beten, wo es nicht aus lauterer Gesinnung kommt, kann versteckte Rebellion gegen Gott sein, die meint, ihm damit einen Dienst leisten und sich ein Plus bei

---

[221] Wf. S. 681.
[222] Wf. I 160 (Brief der Duchess of Buckingham).
[223] Wf. S. 251. 250.

Beibehaltung des Lebensstandes erwirken zu können.[224] Whitefield hält noch seine letzte Freipredigt in dieser Richtung über »Glaube und Werke« und fasst die urreformatorische und stets zeitgemäße Wahrheit von Selbstbetrug und Ungenüge der »Werke« mit Donnerstimme in zwei Sätzen zusammen.[225] Sehr eindrucksvoll spricht Wesley in der Predigt über die »Gerechtigkeit des Glaubens« von der »Torheit der Torheiten«, dass »ein gefallener Mensch, ein wahrer Klumpen von Gottlosigkeit, der mit jedem Atemzug sündigt, ein unreiner, schuldiger, hilfloser Wurm, davon träumt, durch seine eigene Gerechtigkeit Annahme bei Gott zu finden«.[226]

Auch die Selbstrechtfertigung durch *Vergleich mit dem Nachbarn* wird als Pharisäismus und scheinheiliges Ausweichen vor dem letzten Ernst entlarvt. Der so Vergleichende ist nicht besser als seine unbekehrten Nachbarn, die in ihren Sünden sterben und mit denen er in *eine* Grube fallen wird.[227] Die »harmlose«, »tugenhafte« Frau, der »ehrenhafte«, »streng moralische« Mann sollten den Himmel verfehlen? Die Frager schmeicheln sich vergeblich, in ihren Sünden bis zum letzten Atemzug fortleben zu können und doch nachher zu Gott zu kommen, und wähnen umsonst, einen breiten Weg entdeckt zu haben, der nicht zur Verdammnis führt.[228]

Eine verkappte Form der Selbstgerechtigkeit ist weiterhin das *»Sich-unwürdig-fühlen«*, das Streben, noch vollkommener zu werden, bevor die Gnade möglich wird, sei es im Werk oder im Gefühl der Sündhaftigkeit.[229] Hier verhüllt sich das Streben nach Stellung, Leistung und Entgelt in den Schein der Demut, die keine bare Gnade nehmen kann.

---

[224] Fn. 1921, 320.
[225] Ty. Wf. II 596; Wf. 1770. Werke! Werke! Ein Mensch kommt in den Himmel durch Werke! Geradeso könnte ich daran denken, an einem Seil aus Sand auf den Mond zu klettern!
[226] Wl. S. S. I 141; Nast II 334.
[227] Wl. S. S. II 236; Nast I 82.
[228] Wl. S. S. II 235 f.; Nast I 82.
[229] Wl. S. S. I 144 f.; Nast II 336.

Ebenso ist das »*Warten*« auf den heiligen Geist oft eine Art der Selbstbewahrung, die nicht das Einfachste kann und will – glauben. In diesem Sinne ruft Schrenk die Wartenden zur Reinigung und zur Aufrichtigkeit.[230]

In dieser ganzen Desillusionierung erblickt Wesley den Geist der Liebe am Werk, der uns durch schmerzliche Mittel das Vertrauen aufs Fleisch entreißt und keinen zerbrechlichen Rohrstab lässt, auf den wir uns stützen könnten.[231]

Einen besonderen Kampf haben die Evangelisten gegen die *Formalorthodoxie*, gegen die falsche Auffassung von »Glauben« zu führen, die diesen als äußeres Wissen und Zustimmung zur Kirchenlehre auffasst. Da der Angriff der Herbeiführung von wirklichem Glauben gilt, muss dieses Hindernis hinweggeräumt werden, mit dem sich viele Menschen absichtlich oder unabsichtlich den innersten Anspruch verdecken. Der Gegensatz wird oft energetisch in die Ausdrücke »tot, unlebendig, kalt, erstarrt« und »persönlich, lebendig, warm, echt« gefasst.[232] Whitefield unterscheidet die rationale von der spirituellen, erfahrungsmäßigen Überzeugung.[233] Wesley gebraucht den stärksten Vergleich, indem er mit Jakobus vom *Teufelsglauben* spricht, der in einem Kennen der Wahrheit ohne Folgerungen, ja unter Beharren in der Empörung besteht.[234] Diese unmittelbare Erkenntnis von Geistwesen kann freilich mit der bloßen menschlichen Zustimmung zu Glaubensartikeln, Wundern, Inspiration der

---

230 Schrk. Allein 87. Spiele nicht mehr den Wartenden, sondern den Empfangenden!
231 Wl. S. S. II 53; Nast I 205.
232 Vgl. Wl. S. S. I 284.
233 Wf. S. 464.
234 Wl. S. S. I 150; Nast I 5 f. Religion besteht nicht in Orthodoxie oder richtigen Überzeugungen. Ein Mensch kann in jeder Beziehung rechtgläubig sein. Er kann beinahe so orthodox wie der Teufel sein und kann doch der wahren Herzensreligion ebenso fern stehen wie dieser. Wl. S. S. I 284; Nast I 89 f. Der Glaube ist nicht ein bloßes Beipflichten zu einigen oder allen diesen glaubwürdigen Dingen, weil sie glaubwürdig sind. Dies zu sagen, hieße behaupten (und wer könnte dies hören?), die Teufel seien aus Gott geboren, denn sie haben diesen Glauben.

Bibel u. ä. nicht gleichgesetzt werden. Immerhin ist das Ganze eine drastische und in ihrem Kern sicher wirksame Veranschaulichung der Vergeblichkeit bloßer Beipflichtung zu allem Glaubwürdigen und der Verwechslung solchen Fürwahrhaltens und allgemeinen Gottesglaubens im Sinn des Überzeugtseins von der Existenz Gottes mit wirklichem, christlichem, majestätische Realität erfassendem Glauben.[235]

Moody stellt die oft erhobene Forderung, dass wir nach dem handeln, was wir glauben;[236] und Keller bringt die entschlossene Selbstaufgabe eines Christen, die im schärfsten Widerspruch gegen die Anlage zur Selbstbehauptung steht, als Glaubenshaltung in Gegensatz zur kühl theoretischen Zustimmung zu irgendeiner Lehre bei praktischer Vorenthaltung des Lebens.[237]

Als einen Irrtum decken es die Evangelisten schließlich auch auf, wenn *die Formalorthodoxie mit den Heilsfolgen des wirklichen Glaubens versehen* wird. Die *falsche Sicherheit* und die *falschen Tröstungen* stammen von da her. »Gott ist gnädig«, »Christus starb für die Sünder«, so beruhigt sich der blind am Rand des Abgrunds dahinwandelnde Sklave der Sünde bei allen seinen »epikureischen Vorhaben und Absichten«. Er nimmt eine Gnade für sich in Anspruch, deren »ungefügte Idee alle göttliche Heiligkeit und Gottes wesentlichen Hass gegen die Sünde, seine ganze Gerechtigkeit, Weisheit und Wahrheit in sich verschluckt«.[238]

Grausig ironisiert Finney dieses Bauen des Sünders auf das Erbarmen und die Langmut Gottes.[239] Wer konnte ohne Erschütterung so ad absurdum geführt werden?

---

[235] Md. Way to God 48. Wenn ein Mensch einfach seine Zustimmung zum Heilsplan gibt, wird es ihn nicht retten: Er muss Christus als seinen Heiland annehmen. Er muss ihn aufnehmen und sich aneignen.
[236] Md. Way to God 54.
[237] Kl. Mod. Hdpr. Nr. 4, S. 10.
[238] Wl. S. S. I 185. 182; Nast I 33. 31.
[239] Fn. G. Th. 169. Herr, da du sehr barmherzig und langmütig bist, denke ich, ich kann es mit der Sünde und Auflehnung gegen dich noch viele Monate und Jahre

Bezog sich das Sichbegnügen mit der äußeren Form der Frömmigkeit bei der Formalorthodoxie auf den Glaubensinhalt und eine verstandesmäßige Bejahung desselben, so geht das Streben der Ableistung eines gewissen religiösen Minimums bei der *Formalkirchlichkeit* auf das ganze breite Gebiet der kirchlichen Sitten, Einrichtungen und Tätigkeiten. Die Evangelisten sehen sich gezwungen, im Interesse einer wirklichen Einordnung in die Kirche diese »tote« Kirchlichkeit, die von der losesten, äußeren Zugehörigkeit bis zum korrektesten Ritualismus gehen kann, in ihrem letzten Unwert aufzuzeigen. Zu viel falsche Sicherheit gründet sich gerade auf diese allgemeinen Daten.

Der Nachweis der Ungenüge, ja Gefahr des *Namenchristentums* wird ähnlich wie bei dem Glaubensmissverständnis an den Begriffen der Kraft, des Wesens, des Lebens, im Vergleich mit dem Schein, der Leere, dem Tode geführt. Wesley bezeichnet in seiner knappen Formulierung den Geist und seine Kraft als unterscheidendes Merkmal des wahren und des Scheinchristentums.[240] Auch Whitefield findet, dass die Welt zwar dem Namen nach christlich wurde, aber der Kraft entbehrt.[241] Lehre und Tatsache der Wiedergeburt werden selten verstanden.[242] Man meint, es sei genug, sich von der Gottlosigkeit zur Höflichkeit zu bekehren; es ist aber nötig, sich von der Höflichkeit zur Frömmigkeit zu bekehren.[243] Moody wünscht nichts mehr, als dass der Geist Gottes den Geist der Weltlichkeit in den Kirchen verzehrte und uns zu »whole-hearted Christians« (Christen von gan-

---

länger wagen. Herr, übereile mich nicht; lass mich auf meinem Wege bleiben. Lass mich Missbrauch mit dir treiben und dir in das Gesicht speien – alles wird gut sein, wenn ich nur so rechtzeitig Buße tue, dass ich zum Schlusse noch gerettet werden kann.

[240] Wl. Nast I 249. ... Menschen voll schöner Reden und angenehmen Betragens, denen nichts an der Gottseligkeit mangelt als die Kraft, nichts an der Religion als der Geist.

[241] Wf. S. 432. 248.

[242] Wf. S. 494. 543.

[243] Wf. S. 550.

zem Herzen) machte.[244] Immer ist es die innere Ergriffenheit, Bewegtheit, Lebendigkeit, die besonders von Whitefield und Wesley nicht als Selbstwert, sondern als Merkmal der unlebendigen Art des Formalismus gegenübergestellt werden.

Die Einrichtungen des gottesdienstlichen und gemeindlichen Lebens werden keineswegs als solche diskreditiert, sondern im Gegenteil als Gnadenmittel, als »means of grace«, hochgeachtet.[245] Lediglich das Verbleiben bei ihrem äußeren Gebrauch in Erfüllung bloßer Pflicht oder aus Gewohnheit wird allerdings radikal in seinem eigentlichen, geistlichen Wert bestritten.[246]

Ähnlich verhält es sich mit der Schätzung der Taufe. Gegenüber den Angriffen der Evangelisten auf die Korrektheit ihres Christenstandes beriefen sich viele auf die Taufe als auf die Grundlage und Bürgschaft ihres Christseins. Hier wird auf den Unterschied der Taufe mit Wasser und der Taufe mit heiligem Geist und auf die Tatsache hingewiesen, dass unter den Getauften viele anerkannte Sünder sind.[247] Der Angriff gilt nicht der Taufe, sondern dem Missbrauch derselben zur Rechtfertigung eines Namenchristentums.

e) Die Überführung

Die Überführung ist mehr als eine Gesamtzusammenstellung der Tatsachen, die etwa gegen den Hörer sprechen. Diesem bleibt sein Verhalten nicht überlassen, sondern das Ergebnis wird gefolgert und der Hörer zur Stellungnahme veranlasst. Nicht nur auf die Teilgebiete des sittlichen Handelns (S. 237 f.), sondern auf den *ganzen Lebensstand* erstreckt sich die kritische Frage, die Aufforderung

---

[244] Md. Secr. Pow. 56.
[245] Vgl. Wl. S. S. I, Nr. 12, »Die Gnadenmittel«, S. 237 ff.
[246] Wf. S. 549.
[247] Wf. S. 544; Wl. S. S. I 295; Nast I 99.

zur Selbstprüfung. Diese soll in ihren letzten Tiefen zur *Bankrott-erklärung* des Menschen führen.

Vielfach wurde Letztere als sittlicher Minderwertigkeitskomplex missverstanden. So wenig Buße ohne Einsicht erfolgen kann (S. 231), so wenig kann Totalabwertung des allgemeinen Lebensstandes ohne vorhergehende homiletische Bemühung und innerliche Führung zustande kommen. Nicht als Dogma und theoretische Behauptung, sondern herausgeboren aus dem lebendigen Gang der Rede als beauftragt-angreifendem Handeln soll die Erkenntnis solch grundlegender Wahrheiten vermittelt werden.

Das Handeln des Evangelisten selbst äußert sich in einem Wegziehen aller falscher Stützen und Wegreißen aller Feigenblätter (vgl. S. 235 f., Anm. 185). Die Wendung an das sittliche Ich soll dieses sich selbst in seiner ganzen Nacktheit darstellen. Die Aufdeckung der Vorbehalte und heimlichen Selbstentziehungen soll auch die letzte Sicherung und Verbrämung rauben. Der Sünder hat nichts mehr, womit er sich vor Gott rechtfertigen kann: Der Hölle wert und schuldig steht er da (s. S. 254, Anm. 253).

Die innere Einsicht ist eine *Totaleinsicht.* Als solche wird sie verkündigt. In heilig-göttlicher Bestätigung des Worts und innerster Aufdeckung weiß sich der Mensch als »Sünder«. Er muss das Spiel aufgeben, er muss sich verloren geben, er muss »die Waffen strecken«. Das »Aufgeben der innersten Verteidigungslinie«[248] ist die Konsequenz des Worts, die es in sich trägt und an den Menschen heranbringt. Dass »der moderne Mensch seinen eigenen sittlichen Bankrott nicht proklamieren will«,[249] dies bevollmächtigt aussprechen kann manchem dieser modernen Menschen der Anstoß zu dieser Erklärung werden. Und die Erkenntnis des eigenen wahren Zustands wird zum Schlüssel der Wahrheit, dass »die ganze Welt im Argen liegt«[250] und mit der Sündhaftigkeit des Menschen nicht zu viel ausgesagt ist.

---

[248] Vgl. E. Brunner, »Der Mittler«, 1927, 555.
[249] Kl. Der Umgang mit mir selbst 8.
[250] Ty. Wf. I 243.

Wesley ist es, der besonders nachdrücklich zur Prüfung des Glaubensstandes und der inneren Motive auffordert,[251] deren Ärmlichkeit und Verdorbenheit auf den Kopf zusagt[252] und nach einer Darstellung der aus dieser »Wurzel« entspringenden »Zweige« (der geistigen Sünden) und der »Früchte« (der groben Tatsünden) zu dem End-

---

[251] Wl. S. S. I 195; Nast I 42. Deshalb prüft euch selbst, nicht bloß, ob ihr aufrichtig seid, sondern auch, ob ihr im Glauben steht. Prüfe dich streng (denn es geht dich nahe an), welches die herrschende Richtung in deiner Seele ist. Ist es die Liebe Gottes? Ist es die Furcht Gottes? Oder ist es weder das eine noch das andere? – Ist es nicht eher die Liebe zur Welt? Die Liebe zum Vergnügen oder Gewinn? Zum behaglichen Leben oder zum Ansehen? Wenn es dies ist, dann bist du nicht so weit gekommen wie ein Jude. Du bist nicht mehr als ein Heide! – Hast du den Himmel in deinem Herzen? Hast du den Geist der Kindschaft, der in dir ruft: Abba, lieber Vater? Oder schreist du zu Gott »wie aus dem Bauch der Hölle«, überwältigt von Kummer und Furcht? Oder ist dir diese ganze Sache so fremd, dass du dir gar nicht vorstellen kannst, was ich meine? Heide! Ziehe deine Maske ab! Du hast nie Christus angezogen! Stehe entlarvt! Blicke auf zum Himmel und bekenne vor dem, der ewig lebt, dass du weder mit den Kindern noch mit den Knechten Gottes teilhast!

[252] Wl. S. S. I 155; Nast I 9 f. So wache denn auf, der du schläfst! Erkenne von dir, dass du ein Sünder bist, und was für ein Sünder du bist. Erkenne die Verdorbenheit deiner innersten Natur, wodurch du dich so weit von der ursprünglichen Gerechtigkeit entfernt hast, »dass dein Fleisch stets gelüstet wider den Geist Gottes, wegen des fleischlichen Sinnes, der eine Feindschaft gegen Gott ist, der dem Gesetze Gottes nicht untertan ist und es auch nicht vermag«. Wisse, dass du in allen deinen Kräften verdorben bist, in allen Fähigkeiten deiner Seele, dass du vollständig verdorben bist in jeder einzelnen, da alle Grundlagen aus der Ordnung sind. Die Augen deines Verständnisses sind verfinstert, sodass sie Gott oder die göttlichen Dinge nicht zu erkennen vermögen. Die Wolken der Unwissenheit und des Irrtums ruhen auf dir und bedecken dich mit dem Schatten des Todes. Von allem, was du wissen solltest, verstehst du nichts, weder von Gott noch von der Welt noch von dir selbst. Dein Wille ist nicht mehr der Wille Gottes, sondern gänzlich verkehrt und von demselben abgewendet, allem Guten abgeneigt, allem, was Gott liebt, und allem Üblen zugänglich, jedem Gräuel, den Gott hasst. Deine Neigungen sind von Gott entfremdet und über die ganze Erde hin zerstreut. Alle deine Leidenschaften, sowohl deine Zuneigungen wie deine Abneigungen, deine Freude wie dein Leid, dein Hoffen wie dein Fürchten sind aus den Fugen, sind entweder ungehörig in ihrem Maße oder auf ungehörige Gegenstände gerichtet, sodass nichts Gesundes in deiner Seele ist, sondern »vom Scheitel bis zur Fußsohle« (um den starken Ausdruck des Propheten zu gebrauchen) »nichts als Wunden und Striemen und Eiterbeulen«.

ergebnis über den Angesprochenen kommt, das sich in das an-
geführte Urteil: »der Hölle wert und schuldig« zusammenfassen
lässt. Den Vollzug dieser Erkenntnis legt sein evangelistisches Fragen
nahe.[253]

2. Das werbende Handeln

Zur Seite geht dem angreifenden das werbende Handeln. Es ist seine
notwendige Ergänzung. Ohne den Angriff wäre das Werben schal.
Ohne das Werben wäre das Angreifen hart.

Es ist der Herzton der *Liebe*, der hier offenbar wird. Ihr Motiv
(S. 186 f.) wirkt sich aus. Die »frohe Botschaft« wird verkündet.
Zwar ist auch der Ernst der Gerichtspredigt und des Angriffs Liebe;
doch soll die Rettung des Sünders nicht nur durch die »Donner
Sinais« (S. 237), sondern auch das lockende Rufen der Liebe bewirkt
werden. Der große Ruf »Komm!« erschallt. Es ist der »süße Kern«,
das »goldene Herz« des Evangeliums, die unbegreifliche Gnade, die
hier enthüllt wird. Dieser *Gehalt* des Evangeliums muss auch seinen
Ausdruck finden, soll die Predigt nicht abstoßen.

Die liebende Bemühung des Redners geht um die logische und
innerliche Einsicht des Hörers, um die aus Tiefen des Gefühls und

---

[253] Wl. S. S. I 157; Nast I 11. Weißt du nicht, dass jeder Sünder »des höllischen Feuers
schuldig ist«, das heißt nicht eigentlich: »in Gefahr des höllischen Feuers« sich
befindet – dieser Ausdruck ist viel zu schwach –, sondern vielmehr: »unter der
Verurteilung zum höllischen Feuer steht«; er ist schon verdammt und schleppt
sich gerade zur Hinrichtung. Du bist schuldig des ewigen Todes. Er ist der
gerechte Lohn für deine innere und äußere Bosheit. Es ist gerecht, dass das Urteil
nun vollstreckt wird. Siehst du, fühlst du dies? Bist du wirklich überzeugt, dass du
Gottes Zorn und die ewige Verdammnis verdient hast? Würde dir Gott ein
Unrecht tun, wenn er nun der Erde befehlen würde, sich aufzutun und dich zu
verschlingen; wenn du jetzt hinabstürzen müsstest in den Abgrund, in das Feuer,
das niemals erlischt? Wenn Gott dir wahre Buße geschenkt hat, so hast du ein tiefes Gefühl dafür, dass dem so ist und dass es nur sein lauteres Erbarmen ist, dass
du noch nicht vertilgt und vom Angesicht der Erde hinweggerafft bist.

aus der Notwendigkeit geistlicher Existenz heraufsteigende Antwort desselben. Er verkündigt groß die Liebe Gottes, in Christi Tod sich vollendend, und lädt dazu ein, herzukommen und freie Gnade umsonst zu nehmen. Den Zögernden macht er Mut, zeigt die große Gelegenheit der Stunde, nimmt sie an der Hand, indem er ihnen den Entschluss nahe legt, ja unterschiebt. Die Zaudernden warnt er, die vielleicht letzte Gelegenheit nicht zu versäumen. Alles das ist zur freundlichen Gewinnung angetan, das Locken, Rufen, Überreden – und vielleicht Übermögen geistlicherweise – wird laut, der »euaggelistes« / Evangelist im Sinn von Jesaja 40 ff. (52,7) erfüllt seinen Dienst.

a) Der Appell an das menschliche Entgegenkommen

Es handelt sich hier also um eine andere Form des Herantretens an Menschen. Es wird hier an ihre eigene Mitbeteiligung appelliert, nicht zuerst eine Forderung erhoben, sondern anknüpfend auf sie eingegangen und der Freiheit der Entscheidung nicht vorgegriffen, sondern Letztere nur fundamentiert. Hierbei weisen die vielfach ineinander übergehenden Arten des Verfahrens Abstufungen der Zurückhaltung von zartester Distanz bis kräftigerem Aus-sich-Heraustreten auf.

In der *Wendung an die Einsicht* unterscheiden sich die beiden Logiker Wesley und Finney darin, dass sich Finney mehr an das verstandesmäßige, Wesley mehr an das innerliche Einsehen richtet. Bei beiden geht die Anrufung des Willens parallel. Beide Gebiete sind sich benachbart; der Schluss auf dem einen, der Entschluss auf dem andern lassen sich klar präzisieren, jener mündet häufig in diesen aus.

Finneys »advokatisches Bedürfnis« versucht die Zuhörer von der Stichhaltigkeit seiner Gründe und der Haltlosigkeit ihrer Gegengründe oder Vorurteile zu überzeugen. Ihm wurde gleich zu Anfang seiner Laufbahn vorgeworfen, er spreche mehr wie ein Anwalt vor versammeltem Gerichtshof als wie ein Geistlicher zu seiner Gemeinde.[254] Er hatte es vor seiner Bekehrung als Mangel empfunden, dass einem denkenden Menschen so wenig logisch begründete Unterweisung von der Kanzel zuteil würde und Dinge als selbstverständlich vorausgesetzt würden, die der Begründung bedürften; diesem Mangel suchte er in seiner eigenen Tätigkeit abzuhelfen.[255] Er hatte an der Denkweise seiner Berufsgenossen, der Juristen, Anteil und wusste, dass sie Argumenten und einer logischen Darstellung der Dinge besonders leicht zugänglich seien, da sie an Zeugenvernehmung und unparteiische Prüfung des Für und Wider eines Falles gewöhnt sind.[256] In einer Reihe von Vorträgen konnte er sie unter dem Eindruck der Richtigkeit dessen, was er sagte, so »in die Enge treiben«, dass sich eine ganze Juristenversammlung »gefangen geben musste« und dem auch öffentlich Ausdruck verlieh (S. 413). Die Nichtswürdigkeit und den inneren Widerspruch der »Ausreden der Sünder« (S. 253 f.) kennzeichnet er mit logischer Schärfe.[257] Das Zutrauen zu der Evidenz der nahe gelegenen Einsichten ist bei ihm ohne Frage; freilich setzt er, ohne es auszusprechen, neben der

---

[254] Fn. 1921, 42.

[255] Fn. 1921, 161 f.

[256] Fn. 1921, 134.

[257] Fn. G. Th. 72 f. I. *Jede Entschuldigung der Sünde verdammt Gott.* Dies wird klar, wenn wir betrachten,
1. *dass nichts Sünde sein kann, für das es eine triftige Entschuldigung gibt.* Dies ist völlig aus sich selbst ersichtlich und bedarf deshalb keiner Erläuterung oder eines Beweises. –
2. *Wenn Gott das verurteilt, für das es eine gute Entschuldigung gibt, muss er im Unrecht sein.* Dies ist ebenso aus sich selbst ersichtlich. Wenn Gott das verurteilt, was zu tun wir guten Grund haben, kann ihn keine Intelligenz innerhalb des Universums rechtfertigen. –
3. *Nun verurteilt aber Gott alle Sünde.* Er verdammt sie aufs Äußerste und lässt nicht die geringste Verteidigung oder Entschuldigung für sie zu. Hieraus folgt: Entweder gibt es keine Verteidigung für sie oder Gott ist im Unrecht. –
4. Folglich *bringt jede Entschuldigung für die Sünde einen Vorwurf über Gott* und bezichtigt ihn tatsächlich der Tyrannei. Wer also eine Entschuldigung für die Sünde vorbringt, beschuldigt Gott. –
Das Gesetz unserer Vernunft fordert das.

logischen noch eine innere Evidenz voraus, die nicht gleich jener zwingend, sondern ein Ergebnis der Beugung ist. Nur wo die dargestellten Wahrheiten auch persönlich anerkannte Wahrheiten werden, kann die logische Schlussfolge bindend sein und die »Anerbietung des Heils« »ganz annehmbar« (reasonable)[258] in doppeltem Sinne werden.

Der Schwerpunkt der Darlegung verlagert sich bei Wesley von der Vernunft- auf die Innenseite der nahe gelegenen Einsicht. Aus der unausweichlich und mit zwingender Realistik aufgezeigten Tatsächlichkeit des Lebensstandes (vgl. S. 253; Anm. 251 und 252; S. 254, Anm. 253) reiht er Argument an Argument und »erschlägt« gewissermaßen damit den Hörer (s. S. 354, Anm. 540).

Als Kern der »überwältigenden Logik«[259] dieser beiden Evangelisten bleibt übrig, dass eine logisch und psychologisch gut entwickelte Wahrheit eine Abfolge entsprechender innerer Einsichten im Gefolge haben kann.

Ist die Wendung an Intellekt und Wille mehr Sache der selbst in dieser Richtung Veranlagten, so entspricht auch die *Wendung an die Gefühlsresonanz* der großen Passion vor allem Whitefields, aber auch Moodys und Kellers. Besaß jener selbst schon die Kraft der Leidenschaft, die aufs Innerste vom Gesagten ergriffen war, so vermochte er denselben Feuerbrand des Empfindens auch in die Seelen der Zuhörer zu schleudern; nicht nur er weinte – auch sie weinten. War das Rühren ans Gefühl bei vielen auch eine billige Sensation, so war es doch bei andern mehr: der Grund zur Auflockerung der seelischen Haltung (S. 69).

Ohne tiefe Gefühle wird nichts Gewaltiges geschehen. Die Gefühlshöhe entspricht der Ereignishöhe; sie kann daher außerordentliche Maße annehmen und doch im Rahmen echter Gegebenheit bleiben.

---

[258] Fn. G. Th. 188.
[259] Vgl. Rigg 218.

Sie ist der begleitende Gradmesser, aber auch der Träger des Phänomens und zeigt die Tiefe der Beteiligtheit und der Inanspruchnahme
durch Letztes und Entscheidendes an. Mit dem Ausgleich dieser
Erlebnisspitze verschwindet sie auch wieder (S. 50 f., 363).

Nicht nur etwa ein kluges Nachkommen und Rechnungtragen
dem Verlangen der Menge gegenüber, im Tiefsten erregt und mitge-
rissen zu werden – ein Verlangen, das seine echten Gründe hat –
macht daher die Evangelisten zu so gewaltigen Pathetikern (S. 189 f.),
sondern ein unmittelbares Wissen um die Gegebenheiten und
Notwendigkeiten der Volksseele und des Reiches Gottes. Wo das
»Herz« (S. 183) nicht erreicht wird, da reden die Redner umsonst.
Ein Redner, der kalt lässt, wird nicht Großes wirken. Das Gefühl
und das Ich sind tief verbunden. Die Antwort aus den Tiefen des
Gefühls, die echte Gefühlsresonanz, ist Aufbruch und Tor des Ich.
Sie hervorrufen, sie ermöglichen, heißt dem Ich eine der Voraussetzungen seelischen Ablaufs für die Wiedergeburt geben. Sie ist
nicht Zweck, aber Weg. Insofern trifft der Vorwurf Tiesmeyers
gegen den Methodismus, er verwende »künstliche, gefühlserregende
Mittel« und »kehre alles hervor, was das Gefühl entflammen muss«,
nicht den Kern der Sache, wie er ja auch selbst unmittelbar danach
zugeben muss, dass es »erfahrungsgemäß doch bei den meisten
Erweckungsfällen die Saite des Gefühlslebens ist, die zuerst anklingt«.[260]

Bei Whitefield kann sich der Strom des natürlichen Empfindens,
geweckt und gereinigt durch die großen Gegenstände, ungehemmt
»ergießen«. Abrahams Abschied von Isaak[261] atmet tiefste Gefühls-

---

[260] Tiesmeyer, »Die Erweckungsbewegung in Deutschland«, 1902 ff., I 13 f.
[261] Wf. S. 64. And here let us pause a while, and by faith take a view of the place
       where the father has laid him. I doubt not but the blesses angels hovered round the
       altar, and sang, »Glory be to God in the highest«, for giving such faith to man.
       Come, all ye tenderhearted parents, who know what it is to look over a dying
       child: fancy that you saw the altar erected before you and the wood laid in order,
       and the beloved Isaac bound upon it: fancy that you saw the agend parend stan-
       ding by weeping … O what pious endearing expressions passed now alternately

getränktheit. Viele Erzählungen und Gleichnisse Moodys (vgl. die Weisungen Christi an Petrus S, 206 f., Anm. 121) ergriffen ähnlich mächtig. Bei der Erinnerung an die gestorbene Mutter und den von ihr aus der Ewigkeit kommenden Ruf auf den rechten Weg[262] blieben junge Leute wohl nicht ohne tiefe Berührung. Keller streift oft hart die Grenze des Krassen, wenn auch nicht Sentimentalen, etwa wenn

---

between the father and the son! Josephus records a pathetic speech made by each, whether genuine I know not: but methings I see the tears trickle down the patriarch Abraham's cheecks; and out of the abundance of the heart, he cries, »Adieu, adieu, my son: the Lord gave thee to me, and the Lord calls thee away; blessed be the name of the Lord; adieu, my Isaac, my only son, whom I love as my own soul; adieu, adieu.« I see Isaac at the same time meekly resigning himself into his heavenly Father's hands, and praying to the Most High to strengthen his earthly parent to strike the stroke. But why do I attempt to describe what either son or father felt? It is impossible: we may indeed form some faint idea of, but shall never fully comprehend it, till we come and sit down with them in the kingdom of heaven, and hear them tell the pleasing story over again. Hasten, o Lord, that blessed time! O let thy kingdom come! – – – Und hier lasst uns einen Augenblick verweilen und voll Glauben den Anblick der Stelle in uns aufnehmen, wo Abraham seinen Sohn Isaak hingelegt hat. Ich zweifle nicht daran, dass die gesegneten Engel um den Altar herumschwebten und »Ehre sei Gott in der Höhe« sangen, dafür, dass er den Menschen solchen Glauben gibt. Kommt, all ihr zärtlichen Eltern, die ihr wisst, es heißt, auf ein sterbendes Kind zu blicken – stellt euch vor, ihr sehet den Altar vor euch errichtet, das Holz geordnet und den geliebten Isaak daraufgebunden: Denkt euch, ihr seht, wie der bejahrte Vater weinend dasteht … O, welch liebevollen, zärtlichen Worte gingen nun zwischen dem Vater und dem Sohn hin und her! Josephus berichtet ein rührendes Gespräch, das sie führten, und von dem ich nicht weiß, ob es wahr ist. Aber mich dünkt, ich sehe, wie Tränen von den Wangen des Erzvaters Abraham herabrinnen, und aus der Überfülle seines Herzens ruft er: »Leb wohl, leb wohl, mein Sohn! Der Herr hat dich mir gegeben, der Herr ruft dich nun von hinnen, der Name des Herrn sei gelobt! Leb wohl, Isaak, mein einziger Sohn, den ich liebe wie meine eigene Seele! Leb wohl, leb wohl!« Ich sehe, wie sich dann Isaak demütig in die Hände seines himmlischen Vaters ergibt und zum Allerhöchsten betet, er möge seinem irdischen Vater Kraft geben, den Streich zu führen. Aber warum versuche ich zu beschreiben, was Sohn oder Vater gefühlt haben? Es ist unmöglich! Wir vermögen uns wohl eine schwache Vorstellung davon zu machen, werden es aber nie ganz erfassen, bis wir kommen und mit ihnen niedersitzen im Reiche Gottes und hören, wie sie die liebliche Geschichte noch einmal selbst erzählen. Lass, Herr, diese Zeit bald kommen! O, lass dein Reich anbrechen!

262 Md. Way to God 41; Weg zu Gott 109.

auch er die Erinnerung an Verstorbene und an den Schmerz und die Betäubung des Verlustes heraufbeschwört.[263] Aber er kennt die Gefahr; er will »niemand nervös machen«, wenn er z. B. den Gläubigen ihre große Verantwortung wuchtig vor Augen stellt.[264] Hier darf festgestellt werden: Je näher der Inhalt des Gesagten in Beziehung zu dem Evangelium steht, desto mehr wird die Gefahr vermieden, die Außengebiete des Rührseligen an sich zu suchen. Ebenso ist wesentlich, dass, wie es bei den Evangelisten der Fall war, der Appell ans Gefühl einer natürlichen Gabe und echtem Zusammenhang entspringt und für die Person der den Augenblick nichts Gemachtes ist. So verfügte auch Schrenk über einen »von allen künstlichen Pathos freien, natürlichen Affekt«.[265]

Mit klarem Blick für die Gegebenheiten des inneren Lebens vollziehen die Evangelisten weiterhin die *Wendung an die geistliche Existenznotwendigkeit*, die dem Streben nach tiefstem Glück und der tief eingeborenen Friedenssehnsucht zugrunde liegt. Das »Kommet her, die ihr mühselig und beladen seid« hat etwas für jedermann in dieser Beziehung unmittelbar Ansprechendes. Es ist zu vermuten, dass Whitefields und Wesleys Schilderungen des Friedens und der Ausgeglichenheit, der unmittelbaren Gewissheit und des Endes des aufreibenden Kampfes, der Tatsache der Vergebung und der Nähe

---

[263] Kl. N. Netze 294. Man kann sich mit etwas lebhafter Fantasie den Schmerz vorstellen, so viel man will – bevor einem nicht selbst des Todes harte Hand ans eigene Fleisch und Blut gegriffen, weiß man's doch nicht, wie weh es tut. Im ersten Augenblick wird das erschreckte, vergewaltigte Empfinden wie betäubt durch all die nötige Eile, die tausend kleinen traurigen Pflichten der Bestattung – die vielen Blumen und die viel zu vielen Menschen. Es wacht erst aus der dumpfen Narkose auf, wenn die ersten harten Schollen auf den Sargdeckel pochen; es schreit in schneidendem Schmerze erst auf, wenn dem vom Kirchhof Heimgekehrten die klaffende Lücke fühlbar wird und nun bei jeder Gelegenheit die Erinnerung in die Ohren gellt: Damals war sie noch da!

[264] Kl. Mod. Hdpr. Nr. 7, S. 10. Wenn einem das alles recht klar wird, dann braust es einem in den Ohren und es wird einem schwarz vor den Augen und es würgt einem am Halse, als wäre alles verloren! – Halt, ich will niemand nervös machen, wohl aber Laue und Schlafende aufwecken.

[265] Z. Th. K. 1897, 273 (Grünberg).

Gottes, der großen Geborgenheit in Gott und des freudigen Dienstes für ihn, kurz der Heilsgüter, die mehr als psychologische Tatbestände sind, in Verkündigung des totalen Heils (S. 219 f.) besonders dem Anlocken der seiner Entbehrenden dienten. Solchen ist es wie ein großes Nachhausekommen, wenn sie den Ruf der Rückkehr zu dem Leben, das aus Gott ist, hören.

Die geistliche Existenznotwendigkeit ist grundsätzlich von opportunistischen Erwägungen unabhängig (S. 217 f.). *Das Leben wollen ist nicht Glücksstreben, sondern Urtrieb.* Aus den Tiefen des geistlichen Seins steigt der Wunsch nach Konformität mit dem schöpfungsmäßigen Urbild und nach Laben in Einheit mit dem Schöpfer auf. Sofern dies Leben erst Leben bedeutet, ist seine Darbietung eine Angelegenheit ersten Ranges.

Während Wesley und Whitefield in einem kalten, toten und trostlosen Zeitalter die frohe Botschaft ungehemmt verkündigen konnten und allen Wert darauf legten, dass die Errettung hier schon eintrete, musste Finney entsprechend der individualistisch-psychologischen Verkehrung des Personlebens im 19. Jahrhundert das Wort von den »reichen Gütern seines Hauses« schützen vor dessen Verzerrung durch die »Epikuräer auf geistlichem Gebiet«, die den heiligen Geist wollen, um glücklich zu sein, und das eigene Heil und Wohlbefinden selbstsüchtig zum obersten Ziele machen.[266] In voller Nüchternheit und mit der geistlichen Rücksichtslosigkeit, die ihm eigen ist, sagt dieser große Realist, dass die Seligkeit hienieden um so dauerhafter ist, je weniger man sich damit beschäftigt, sondern geduldig den Willen Gottes in Rettung der Sünder tut.[267] Diesen ist ihre Schuld zum Bewusstsein zu bringen, damit sie sich nicht durch verkehrte Bemitleidung unglücklich fühlen.[268] Er ist jedem Eudämonismus abhold. Auch Schrenk warnt davor, nur Gaben bei Jesus holen zu wollen,

---

[266] Fn. 1921, 56. 227; G. Th. 180.
[267] Fn. 1921, 337.
[268] Fn. 1921, 269.

anstatt ihm das ganze Leben einzuräumen,[269] während Keller von
Anklängen an den vulgären Eudämonismus nicht ganz frei ist
(S. 333). Die Sorgsamkeit der Evangelisten in der Ausrichtung des
Heilsrufes ist wichtig, da ja dieser nicht zu Dingen, auch nicht zu
Zuständen, sondern zu Jesus leitet.

b) Der Ruf der Gnade

In Moodys Leben findet sich ein bemerkenswertes Ereignis, das
seiner Predigtweise einen bedeutsamen Umschwung gab. Unter den
Zuhörern des jugendlichen englischen Evangelisten Moorhouse
befand sich 1867 in Chicago auch Moody, der mit Staunen bemerkte,
wie dieser eine Woche lang jeden Abend über Johannes 3, 16: »Also
hat Gott die Welt geliebt ...«, predigte und die *Verkündigung der
Liebe Gottes* als des Mittelpunkts der Bibel auch zum Mittelpunkt seiner Predigt machte. Diese Wahrheit, die der junge Prediger »festna-
gelte«, ward für Moody von nun an zur Richtschnur seiner eigenen
Predigt: Er ward ein Prediger der Liebe.[270] Die in seiner Schilderung
zum Ausdruck kommende Erkenntnis der Stellung Gottes zu dem
Sünder ist für die Predigt grundlegend. Der Schleuderstein wird den
Goliath niederstrecken, wird ihn aber nicht zum Lamme machen.[271]

Whitefield, dessen »Seele zumeist auf der strahlenden Seite seines
Glaubensbekenntnisses lebte«, und der den Hörern sagte, »was er
dort an Liebe, Freude und Friede geschaut hatte«,[272] verkündigte die
»glad tidings of salvation« (die frohe Botschaft der Errettung), sein

---

[269] Schrk. Allein 84.
[270] W. Md. 119; Pape 38. Moorehouse nagelte diese Wahrheit sozusagen in meinem
       Herzen fest und ich habe seither nie mehr an ihr gezweifelt. Ich war gewohnt zu
       predigen, Gott stehe hinter dem Sünder mit einem zweischneidigen Schwert,
       bereit ihn niederzuhauen. Ich habe damit aufgehört. Ich predige jetzt, dass Gott
       hinter ihm mit Liebe steht, er aber läuft hinweg von dem Gott der Liebe.
[271] Schrk. »Seelsorgerliche Briefe«, 1909, I 101.
[272] Gledstone 180.

und der Evangelisten Lebensinhalt. Als Moody 1875 seine große
Arbeit in New York antrat, tat er dies mit Hinweis darauf, dass er
nicht gekommen sei zu predigen: »Der Tag der Rache steht vor der
Tür«, sondern das Evangelium von Jesus Christus zu verkündigen.[273]
Oft bezieht er sich auf das entsprechende Wort Jesu, des Menschen
Sohn sei nicht gekommen zu verderben, sondern zu erretten.[274]
Obwohl er ernstlich mahnen kann, tritt doch die ausgesprochene
Gerichtspredigt und ebenso die scharfe Scheidung der Menschheit in
zwei Klassen bei ihm zurück. Gott hasst die Sünde, weil sie den Sünder verdirbt,[275] nicht, wie Finney sagen würde, weil sie seine Majestät
beleidigt und seinem Gesetz entgegen ist. Über Johannes 3, 16 hat
Moody nie gepredigt, weil er die Höhe dieses Textes nicht zu erreichen vermochte.[276] Über nichts predigte er so gern wie über die Liebe
Gottes, ausgenommen über die Bibel.[277] Als Aufgabe des Predigers
bezeichnet er es, den ganzen Rat Gottes zu verkündigen; er muss vor
den bösen Wegen und dem Gericht warnen, die Heuchler entlarven,
gegen den Zeitgeist protestieren, aber die Verkündigung der *vollen,
freien und königlichen Gnade Gottes* entspricht am besten dem Geiste
des Meisters und ist seine schönste Freude.[278] Keine Wahrheit der
Bibel berührt uns so nahe und mit solcher Kraft und Zartheit wie die
von der Liebe Gottes; kein Teil der Schrift ist so süß. »Wunderbare
Liebe! Erstaunliche Liebe!« kann er ausrufen[279] und betitelt ein Predigtbändchen mit »Wondrous Love«. Die Missionskraft der Liebes-
botschaft steht ihm unverrückbar fest. »Wenn wir die Leute dazu
bringen könnten zu glauben, dass Gott sie liebt, wie würden wir sie
in Scharen ins Reich Gottes eingehen sehen.«[280] »Sünder, lass dich

---

273 Md. Faithf. Say. 52.
274 Md. Way Home 10.
275 Md. Way to God 11.
276 Md. Way to God 14.
277 Md. Pleas. and Prof. 5.
278 Md. Sov. Grace 3.
279 Md. Way to God 8.10.11.
280 Md. Way to God. 7.

lieben!«, das könnte kurz als Kern seiner Botschaft bezeichnet werden. Die Zartheit der sich neigenden Liebe Jesu macht er groß und versucht, dem jungen Mann die harten Gedanken über Jesus zu nehmen, der mit ihm Mitleid haben wird, »wie er es mit mir gehabt hat«.[281]

Wie jemand dieser überwältigenden Liebe Gottes gegenüber hart bleiben und sich hinter die Ausflüchte des Universalismus (Allversöhnungslehre) verschanzen kann, ist Finney unbegreiflich.[282] Bricht sie doch den Sündern das Herz.[283]

Die Verkündigung der Liebe Gottes, die frei ist und zu deren freiem Erfassen zu führen der Evangelisten großes Anliegen ist, findet ihren Höhepunkt in der *Verkündigung des Kreuzes*, überhaupt der Sendung Jesu. Erst hier wird Gottes Liebe offenbar und erfasst. Wie es ohne Christus keine geistgewirkte Predigt gibt (S. 162), so gibt es ohne Christus kein Heil.

Unter den Evangelisten ist Keller der einzige, der dem *Leben Jesu* eine über das gewöhnliche, meist in kurzer Erwähnung bestehende Maß hinaus eine Bedeutung beimisst und entsprechenden Raum in der Predigt gewährt. Er beweist damit den freien Blick und das Streben nach originaler und psychologisch vertiefter, den Anschluss an das Denken der Hörer suchender Darbietung des Evangeliums, das

---

[281] Md. Way to God 19; Way Home 10.17.

[282] Fn. G. Th. 33 f. Was tut in Wahrheit der Mann, der seine Familie zum universalistischen Glauben zu bringen versucht? Es ist, als ob er seine Flinte jedes Mal direkt auf das Herz der Gnade abschießen wollte, so oft sie ihm in Sicht kommt. Er scheint entschlossen, die Gnade wegzutreiben, bietet hierzu die ganze Maschinerie des Universalismus auf und wirft sich in die Festung dieser Lügenzuflucht. O, welch ein Todeswerk ist das! Gnade soll ihn oder seine Familie nicht erreichen, hierzu scheint er entschlossen – und Gnade kann nicht nahen. Sieh, wie sie sich vom Himmel neigt – Jehova lächelt in Liebe, weint in Erbarmen –, sie neigt sich sogar aus den Wolken und streckt die Hand aus, die durchbohrte Hand des Gekreuzigten. – »Nein. Ich verdiene die Strafe nicht, hinweg mit der Beleidigung einer Vergebung, die aus reiner Gnade angeboten wird!« Was kann für die Seele unglückbringender, verdammungswürdiger, vernichtender sein?

[283] Fn. G. Th. 213.

an diesem theologisch gründlichen Evangelisten zu beobachten ist. Zwar ist auch ihm das Leben Jesu meist Ansatzpunkt für die Weiterführung zum Tode Christi; aber es bewahrt dem Schwergewicht des Letzteren gegenüber in der Behandlung doch eine selbständige Stellung. So bringt er das reine Bild Christi in Vergleich mit unserm verdorbenen Bilde; Jesu Krankenheilungen, Totenerweckungen und seine Sündenvergebung »signalisieren« ihn als bevollmächtigten Helfer; als der Stillste unter den Menschenkindern, ohne Ehrgeiz und Selbstsucht, vermag er selbst zur Stille zu bringen; getrieben vom heiligen Muss der Liebe Gottes, stellt er sein ganzes Leben in den Dienst der Liebe; sein Leben der Liebe, sein Sterben am Kreuz als Inbegriff der »Jesussprache« eröffnet das Verständnis der anderen »Jesusworte« in Gebet, sittlichen Kräften, Heiligung, Freiheit, Friede und Freude im heiligen Geist, Gottvertrauen und ewigem, seligem Leben. Seine Hände sind reiner als aller Menschen Hände, dazu mit Blut befleckt! Warum fällt es so schwer, daraus Gaben entgegenzunehmen? An ihm war mit Staunen wirkliche sittliche Vollkommenheit wahrzunehmen, ohne Riss und Widerspruch; das Wachstum seiner Persönlichkeit hat er aus dem Leben in Gott.[284] Der »Jesus der Kindertage« (S. 206 f.) ist eben diese Einheit des Christus in seinem Wirken und in seinem Todesleiden.

In eigentümlicher Weise führt Keller »Jesus von Nazareth« meist am Tiefpunkt der Selbsterkenntnis und des Bankrotts für den Hörer mit einem »Halt!«, »da plötzlich!«, »was ist das?«, »jetzt ...!«, »einmal lebte ...«, »da hat Gott ...« ein. Dieses ruckartige Vornhinstellen der Person Jesu vergegenwärtigt fast stets zunächst den geschichtlichen Jesus von Nazareth, als den für die Entfremdeten noch am klarsten Eindrücklichen und Zugänglichen, nur in neuer Beleuchtung.

Das Fortschreiten zum Tode Jesu erfolgt bei ihm mit Vorliebe ebenfalls von einer Seite her, die den herkömmlichen Vermittlungsweisen fern liegt, und zwar bewusst.[285] Jesu einzigartiges Licht strahlt

---

[284] Kl. Mod. Hdpr. Nr. 3, S. 7; Furche 39.49.116 f. 180; N. Netze 159. 312.
[285] Kl. Furche 174.

nicht nur »im stillen Bergungsort des heimlichen Jüngerkreises, im
Sonnenschein der Volksgunst, in der Süßigkeit seiner holden Lehre«,
sondern auch in der Bewährung des Todessturmes und in der Auferstehung. Sein Eintreten als Bürge schafft die wahre Stille in der
Unruhe, die Schuld und Schwäche erzeugen. Der Heimatlose, der
dogmatisch Überfremdete erhält in der Erleuchtung über Jesu Tod
»ein Stück eigen Land«. Jesu heiliges Muss des Eingehens unter die
Last der Brüder sprengt das Muss der Sünde. Der letzte Faden, der
ihn mit Gottes Barmherzigkeit verbindet, zerreißt, damit der Faden
des Segenszusammenhangs für uns geknüpft werde. Die »Not Gottes« und Christi am Kreuz ist die Not des ständigen Leidens unter der
Sünde.[286] Jesus, der Dolmetscher der Liebe Gottes, schafft Dolmetscher derselben im Alltag.[287]

Wenn auch nicht wörtlich, so doch grundsätzlich hat Keller seine
eigene Forderung erfüllt, dass jede Predigt irgendwo einen Hinweis
auf den König haben müsse, der sein Blut für seine Untertanen ver-
goss, ähnlich wie in Preußen jedes Dorf eine Straße habe, auf der
man nach Berlin zum König hingelangen konnte.[288] Die sehr modernen Einkleidungen und psychologischen Anknüpfungen sind tatsächlich Hinführungen zu dem einen Punkt, wo der Hörer von allem
Menschlichen weg und zu Jesus aufsieht.

Ähnlich ihm ist Schrenk christologisch-zentral. Die Kernstellen
seiner Predigt sind diejenigen, wo er mit tiefer Bewegung zusammen
mit den Hörern vor den hintritt, der ihre Sünde trug, und durch dessen Blut sie mit Gott versöhnt sind.[289]

Den beiden deutschen Evangelisten steht unter den Amerikanern
Moody am nächsten. Auch er spricht in biblischen Ausdrücken vom
Blut Christi und unterbaut die Verkündigung vom Kreuz gelegent-
lich, wie er das liebt, breit durch alttestamentliche Ausführun-

---

[286] Kl. Furche 39. 50. 107. 118. 124. 126. 170.
[287] Kl. Furche 180; vgl. Mod. Hdpr. Nr. 4.
[288] Kl. Furche 15.
[289] Schrk. Allein 13. 62. 65. 67. 70; Alles 66. 89.

gen.[290] Geschichten aus dem Leben Jesu, besonders aus seinem Umgang mit den Sündern, dienen ihm wie auch den übrigen Evangelisten zur Veranschaulichung der frei gewährten Gnade Christi und Gottes, wie sie sich im Kreuzestode vollendet.[291]

Whitefield »malt Christus vor Augen, als wäre er unter uns gekreuzigt« (S. 205) und erhofft sich wohl hiervon eine unmittelbare Vergegenwärtigung seines Leidens auch in der Seele und ein Erfassen der Segensfolgen. Wie er hierin seinem Temperament und seiner Anlage folgt, erfüllt auch Finney sein Gesetz, wenn er von der satisfaktorischen Seite her das Kreuz versteht und verkündigt. Sein ausgeprägtes Gerechtigkeitsbedürfnis macht ihm die Gnade, welche Gerechtigkeit beiseite setzt, zum Wunder, das mehr ist als Güte.[292] Die Gerechtigkeit, der auch Gott genug tun »muss«, findet im Tode Christi ihre volle Auswirkung.[293] Die Schuldtiefe, die wie keiner er vor Augen rückt, wird im Kreuze Christi erst recht klar und die Versöhnung völlig. Gerade dieses Element im Tode Christi leitet zur Erfassung der reinen Gnade. So gewinnt er als Ernstester dem Kreuz die größte Tiefe und damit wohl auch die größte Kraft der Verkündigung ab.[294]

Wesley gibt weder theologische Vertiefung noch rednerische Darstellung des Kreuzestodes Christi, sondern setzt diesen als bekannt voraus und verweilt mehr bei der *Haltung* diesem Ereignis gegenüber, wie das anthropologische Interesse sein größtes ist.

So viel ist klar, dass das »Wort vom Kreuz« bei den Evangelisten eine zentrale Stelle einnimmt, nicht immer so sehr in der Breite des Raumes als in der unsichtbaren theologischen Gründung hierauf, in der inneren Beziehung der ganzen Verkündigung zu ihm. Hierin sind sie entweder nichts oder alles; das Tun des Empfangenden, das Tun

---

[290] Md. Wondr. Love Nr. 3, »The Beloved«.
[291] Md. Sov. Grace Nr. 1; Weg zu Gott Nr. 9.
[292] Fn. G. Th. 19.
[293] Fn. G. Th. 2. 4.
[294] Vgl. Fn. G. Th. Nr. 1, 2, 12.

des Evangelisten, ja das Tun Gottes gehen in einer Richtung – sie gehen nicht vom Menschen aus, sondern von Gott her zu den Menschen oder wie Moody das ausdrückt: »Wir gehen vom Kreuz aus, nicht von der Wiege.«[295] Dass Prediger und Hörer aufs Kreuz blicken »mit Christus voll in Sicht«, bezeichnet er der üblichen Verehrung großer Werkzeuge gegenüber als das wahre Geheimnis geistlicher Fruchtbarkeit.[296]

Unmittelbar aus der Darstellung der Liebe Gottes und des Opfers Christi ergibt sich der *große Ruf: »Komm!«* Das Evangelium sowohl wie dessen Verkündigung will ja an den Menschen herantreten, ihn zum gläubigen Eingehen auf die Liebesgedanken Gottes veranlassen, die alles andere sind als »absolute Wahrheit«, sondern die gerade durch ihre Erfüllung in Christus den Menschen suchen, ihn wollen, um ihn werben und die, Tat geworden, nach Tat verlangen.

Die mildeste Form der Aufforderung, das Heil zu ergreifen, ist die *Einladung*, zugleich die freieste und evangelistischste. In ihr gelangt das Handeln des Evangelisten, das Herantreten vom Evangelium aus so recht zum Ausdruck. Sie lässt noch die Entscheidung völlig frei, ist aber schon ein inständiges Andringen. Sie schließt noch das *Anerbieten* des Evangeliums, wie es in der Verkündigung der Liebe Gottes und des Kreuzes sich ausdrückt, völlig in sich und ist doch schon ein Nahelegen des Entschlusses, ein In-Aktion-Setzen des Menschen. Einer Einladung, noch dazu durch Boten des Königs, entzieht man sich nicht oder doch nicht ohne Folgen.

Der große Ruf, dessen Akt- und Auftretensseite schon geschildert wurde (S. 172 f.) und der sich auch in der evangelistischen Aufforderung und ebenso im bevollmächtigt-richterlichen Handeln verbirgt (S. 281 ff. 300 ff.), erreicht hier seine Höhe und reinste Form. Der Größe der Botschaft, der Unbedingtheit des Liebesrufs

---

[295] Md. Way to God 104; Weg zu Gott 185.
[296] Md. Faithf. Say 3. O, ich bitte auch, tut alles, um diese Menschenverehrung niederzuhalten. Wir wollen aufs Kreuz blicken, mit Christus voll in Sicht, dann werden uns Menschen geschenkt, die ins Himmelreich eingehen.

entspricht der große Ton und die Intensität der Verwirklichung durch das Wort des Evangelisten. Es ist erschütternd, zu welcher Kraft werbenden Liebens und lockenden Rufens die Evangelisten in Erfüllung ihres eigentlichen Dienstes, bei der Ausrichtung des freien Liebesangebotes Gottes, vordringen. Hier sind sie so recht »in Aktion«, hier schließen sich Pathos, Auftrag, Motive, Inhalt zu einer blendenden Einheit zusammen, zur Weißglut reinsten Lichtes der evangelischen Liebe.

Wo sich dies alles mit dramatischer Kraft paart, wie bei Whitefield, ist der Eindruck vollends groß. Bei ihm entspringt ganz ungezwungen die »exhortation« (Aufforderung), zu Jesus zu kommen, als innerliche Schlussfolgerung und äußerer Redeschluss an zahlreichen Stellen der Darlegung des Evangeliums und der »Anwendung« auf die Sünder. »Come ye, o sinners« (Kommt denn, o Sünder) ist der Inhalt dieser Einladung, seines »earnestly inviting«, das ihm und Wesley gemeinsam ist.[297] Er ruft sie unmittelbar hin zum Kreuz, wo Reinigung für alle ihre Sünden zu finden ist; die ausgebreiteten Arme des Versöhners laden zu freier Gnade.[298] Der Evangelist knüpft an die Geschichte vom verlorenen Sohn an und ruft die jungen Leute, ans Tiefste greifend, zur Heimkehr zum Vater.[299] Gleich ihnen sollen

---

[297] Wl. Jn. II 221.

[298] Wf. S. 379 Kommt, ihr alle, kommt und schaut ihn, hingestreckt für euch! Seht seine Hände und Füße ans Kreuz genagelt! O kommt, kommt, meine Brüder, und nagelt eure Sünden dazu. Kommt, kommt und seht seine durchbohrte Seite. Hier ist ein frei offener Born gegen Sünde und Unreinheit: O, wascht euch, wascht euch und werdet rein. Kommt und seht sein dorngekröntes Haupt – alles für euch. Kannst du an ihn, den lechzenden, blutenden, sterbenden Jesus denken und nicht mit Mitgefühl für ihn erfüllt werden? All das nahm er auf sich für dich. Komm gläubig zu ihm, halte dich an ihn! Hier gibt es Gnade für eine jede Seele von euch, die zu ihm kommen will. Darum schieb' es nicht auf! Flieh in die Arme dieses Jesus und du wirst gereinigt in seinem Blut! – Wf. S. 378. 243.

[299] Wf. S. 195. So kommt denn, ihr jungen Männer, die ihr, wie ich es einst selbst tat, weit fortwandert von eures himmlischen Vaters Haus, kommt heim, kommt heim und lasst euren Schweinetrog. Nährt euch nicht länger an den Trebern sinnlicher Freuden. Um Christi willen macht euch auf und kommt heim! Euer himm-

die Bejahrten zu der Liebe des Versöhners ihre Zuflucht nehmen.[300] Trinker, Flucher, Sabbatbrecher werden aufgerufen, bei dem Heiland der Mühseligen und Beladenen Ruhe zu suchen.[301] Die Verlorensten dürfen ungescheut sich nahen. Er ruft sie zur Eile; es ist das »make haste« (eile dich), das öfters in seinen Predigten wiederkehrt und den Eifer seines Drängens spiegelt.[302] Wer verkehrte Wege wandelt, wird mit einem liebend energischen »stop, stop, o sinner!« (halt,

---

lischer Vater ruft euch jetzt. Seht hier, das beste Kleid, die Gerechtigkeit seines lieben Sohnes selbst, erwartet euch. Seht es an, seht es immer wieder an. Denkt daran, um welch teuren Preis es erkauft wurde, um das Blut Gottes selbst. Bedenkt, wie sehr ihr es nötig habt. Ohne es seid ihr verloren, zunichte, verdammt auf ewig! So kommt den, ihr armen, schuldigen, verlorenen Söhne, kommt heim. Gewiss, ich will nicht wie der ältere Sohn im Evangelium zornig werden, nein, ich will mich freuen mit den Engeln im Himmel. O, dass Gott jetzt den Himmel zerrisse und herniederkäme! Komm herab, o Sohn Gottes, komm herab! Und da du auch mir solche Gnade erwiesen hast, lass durch deinen heiligen Geist deine Gerechtigkeit einigen jungen, verlorenen Söhnen, die jetzt vor dir stehen, widerfahren und kleide ihre nackten Seelen in dein bestes Gewand.

[300] Wf. S. 196. Ich sehe auch viele greise Häupter hier und vielleicht können die meisten von ihnen nicht sagen: »Der Herr ist meine Gerechtigkeit.« O, ihr grauhaarigen Sünder, ich könnte weinen über euch! Eure grauen Haare, die eure Krone sein sollten und auf die ihr vielleicht stolz seid, sind jetzt eure Schande! Ihr wisst nicht, dass der Herr eure Gerechtigkeit ist: O eilt denn, eilt, bejahrte Sünder, und nehmt Anteil an der erlösenden Liebe. Ach, mit einem Fuß steht ihr im Grab, euer Stundenglas ist am Ablaufen, eure Sonne am Sinken; sie wird untergehen und euch in ewiger Finsternis zurücklassen, wenn der Herr nicht eure Gerechtigkeit wird. Flieht denn, o flieht um euer Leben, fürchtet euch nicht! Alle Dinge sind möglich bei Gott! Wenn ihr kommt, und sei es auch in der elften Stunde, wird Christus Jesus euch gewiss nicht hinausstoßen. So sucht den Herrn, dass er eure Gerechtigkeit werde, und bittet ihn, er möge es euch wissen lassen, was es heißt, dass ein Mann wieder geboren werden kann, wenn er alt ist.

[301] Wf. S. 255. Kommt all ihr Trunkenbolde, Flucher, Sabbatschänder, Ehebrecher, Hurer; kommt all ihr Spötter, Huren, Diebe und Mörder und Jesus wird euch retten. Er will euch Ruhe geben, wenn ihr eurer Sünden müde seid. O kommt, haltet euch an ihn.

[302] Wf. S. 409. So eilt euch, ihr Sünder, eilt euch und kommt im Glauben zu Christus. Dann, an diesem Tag, ja in dieser Stunde, nein in diesem Augenblick wird, wenn ihr glaubt, Jesus Christus kommen und auf ewig in euren Herzen Wohnung nehmen.

halt, o Sünder!) gebeten, umzukehren und sich zu Jesus zu wenden.[303]

In ähnlichem Anschluss an biblische Einkleidungen des »Kommens« lädt Wesley die Hörer gleich den Gästen im Gleichnis ein: »Kommt, denn es ist alles bereit!«[304], oder ruft alle, die dürstet, herzu zum Trinken.[305] Auch Moody fordert in beredten Worten auf, zu den in Christus eröffneten Wasserquellen herbeizueilen und den Durst für immer zu stillen.[306]

Nichts soll diesem Kommen im Wege stehen. »Komm, wie du bist!« ist der Sinn solchen Rufens. »Kannst du nicht als Heiliger kommen, so komm als Sünder, nur komm!«[307] Nichts soll das Kommen verschieben: »Komm, komm, heute, willst du?«[308] In keiner Weise kann darüber Unklarheit bestehen, was Kommen ist. Es ist ganz und gar unideologisch, es ist Tat. Es lässt sich nicht auf den Schulen lernen, es muss getan werden.[309]

Der Ruf, zu kommen, trägt also eine erste Ganzentscheidung an den Hörer heran, noch unspezialisiert und noch ohne näher auf die Glaubensstruktur einzugehen. Es ist ein allgemeinster Ruf mit allgemeinster Antwort, deren Aktgehalt aber nicht unbestimmt, sondern eben in seiner Totalität voll Tiefe ist. Entsprechend der Gefühls-

---

[303] Wf. S. 56. Wenn ihr Ehre, Freude und die Krone der Herrlichkeit wünscht, kommt und sucht sie, wo sie allein zu finden ist. Kommt, ziehet an den Herrn Jesus! Kommt, eilt fort und wandelt mit Gott und kümmert euch nicht länger um das Fleisch, ihm seinen Willen zu tun. Halt, halt, o Sünder! Kehrt um, kehrt um, ihr unbekehrten Menschen, denn das Ende des Weges, auf dem ihr jetzt wandelt – so recht er auch in euren verblendeten Augen sein mag –, wird Tod sein, ja das ewige Verderben für Leib und Seele.

[304] Wl. Jn. III 293.

[305] Wl. Jn. II 176.

[306] Md. Sov. Grace 83. Kommt, ihr Durstigen, bückt euch und trinkt und lebt! Ihr seid alle eingeladen. Eilt herbei! ... Die Gnade Gottes ist frei für alle! Gott ladet euch ein, zu kommen und sie zu nehmen – willst du kommen?

[307] Md. Sov. Grace 94.

[308] »Bethel« 1914, 86 (Schrk.).

[309] Md. Ov. Life 96.

begleitetheit weit tragender Entscheidungen ist der Gefühlsanspruch des Rufes meist groß (S. 257).

c) Das helfende Veranlassen

Einen Schritt weiter stellt das helfende Eingehen des Evangelisten auf die Seelenlage des Hörers dar mit dem Sinn, entgegenstehende Hemmungen durch Zusprache zu lösen und Handreichung zum Fassen eines Entschlusses zu geben. Noch ist die Freiheit gewahrt – wie sie überhaupt bei echter Evangelisation gewahrt bleibt –, aber das Mitgehen und führende Beeinflussen ist einen Grad stärker als bei dem Appell an die menschliche Resonanz oder dem großen Ruf der Gnade. Um ein Werben handelt es sich aber auch hier noch.

Ein schlicht menschliches Prinzip ist nicht ohne Wichtigkeit für die Evangelisation wie für die allgemeine Predigt: Das »At home« – Werden, das Herantreten des Predigers an die Zuhörer auf dem Boden *menschlicher Anteilnahme*, des brüderlichen Eingehens auf ihre gleich-menschliche Lage, des »Warmwerdens« mit ihnen im unmittelbar-menschlichen, nicht gleich geistlichem Kontakt (S. 179 f.). Dies ist eine der wesentlichsten Voraussetzungen, ihr Vertrauen zu gewinnen. Der Ton der Herzensgüte und des Verständnisses, nicht des Verdonnerns und Verwerfens, ist eine besondere Gabe Moodys; er ist »intensely human«.[310] Seine Art, sich an die Zuhörer zu wenden, sich mit ihnen in eine Reihe zu stellen, nichts Besonderes sein zu wollen, ein Mann aus dem Volk und ein Mann aus Adam,[311] obgleich

---

[310] Erdman 85.
[311] Md. Weighed 123; Gewogen 136 f. Ich höre euch geradezu sagen: »Ich bin neugierig, ob Herr Moody bereit ist, sich wiegen zu lassen. Würde er wohl gern diesen Prüfstein an sich selbst anlegen?« – In aller Demut erwidere ich, dass, wenn mir Gott befehlen würde, jetzt in die Waagschalen zu treten, ich dazu bereit wäre.

Evangelist und Heiliger, macht ihn unüberwindlich, eröffnet ihm das Zutrauen dieser Massen, die das Heil suchen oder dumpf gebrauchen und nichts so lieben als die Unmittelbarkeit der Liebe. – Aus Geschichten und Beispielen Moodys spricht in starkem Maße diese menschliche Anteilnahme. Sie bewegen sich durchaus im Rahmen des Volksmäßigen, des Volkslebens und des evangelistischen Erlebens darin, immer aber mit einem sehr volkstümlichen Ton, der anspricht und diesen Mann als einen der ihren erweist (S. 329 f.). Das Gleiche gilt von der gewinnenden Art, wie er gedachte Einwürfe und Bedenken, als aus ihrer Mitte an »Herrn Moody« gerichtet, beantwortet;[312] (vgl. S. 272 f., Anm. 311).

Gleich ihm ist Whitefield nie abstoßend oder verletzend, sondern immer werbend oder gewinnend. Sein großes Mitgefühl mit allem Menschlichen, eine Stufe tiefer liegend als Moodys herzlich-offene Zuneigung, in der Inbrunst der Liebe zu den Sündern begründet, lässt ihn sich ebenso in eine Reihe mit diesen stellen und ihre geistliche Not auf sich nehmen.[313]

Das Moment des *Mutmachens* liegt auf einem unklar umrissenen, aber in seinem Aktgehalt deutlichen Zwischengebiet der gefühlsmäßigen Beeinflussung und der Willensbeanspruchung. Gerade der Intellekt, der Hindernisse groß vor Augen stellt, soll durch die Wucht der Stunde und durch die Größe des Angebots still beiseite gestellt und dem entgegen der Aufschwung zu Entschlüssen gefunden

---

»Was!«, sagt ihr, »haben Sie nicht das Gesetz gebrochen?« Ja, ich habe es gebrochen. Ich war derselbe Sünder vor Gott wie ihr. Aber vor 40 Jahren gab ich mich schuldig vor der Schranke seines Gerichts. Ich schrie um Gnade und er vergab mir. Der Sohn Gottes hat mir versprochen, mit mir zu sein, wenn ich in die Waagschale trete. Ohne ihn würde ich es nicht wagen, hineinzutreten. Wenn ich es doch täte, wie schnell würde die Waagschale in die Höhe schnellen!

[312] Md. Weighed 49 f. 61. 123; Gewogen 53. 66. 107. 136 f.

[313] Wf. S. 195. Ihr dürft nicht die Größe oder Zahl eurer Sünden fürchten. Denn – seid ihr Sünder? Ich auch. Seid ihr die Vornehmsten unter den Sündern? Ich auch. Seid ihr rückfällige Sünder? Ich auch. Und doch ist der Herr – ewig angebetet sei seine reiche, freie und unumschränkte Gnade – meine Gerechtigkeit.

werden, die in der Kälte des Alltags sich nicht zeitigen. Die Hemmungen der Menschenfurcht sollen den Hörer nicht mehr halten – ob Zehntausende über ihr nie zur Praxis kommen, mutig durchbreche er gleich Zachäus das Geflecht von Verachtung und Schwierigkeiten und wage es, seinen Weg in »heiliger Einzigartigkeit« zu gehen.[314] Auch die Erwartung, man müsse den Schmerz der Reue fühlen, ehe man glaube, ist kein Hindernis für den Zuhörer. Wohl wäre es gut, er wäre tausendmal zerknirschter! Aber vielleicht finden sich die Tränen dankbarer und demütiger Liebe nach erfahrener Gottesliebe![315] Ja, gerade das reformatorische Prinzip der Rechtfertigung durch Glauben und nicht durch Werke kann Mut machen, nicht auf Letztere zu warten (S. 208) und den Glaubensschritt zu tun.[316]

Schrenk fordert ausdrücklich zum »Mutfassen« auf: »Es macht dir vielleicht Mut zu hören«, dass Buße nicht nur ein lauter Schmerz, sondern Sinnes- und Lebensänderung ist, dass es Jesu Passion ist, Sünder zu retten, die sich ihm nahen, und seine nie ermüdende Liebe ihn als *Bittenden* zu den Verirrten kommen lässt; »im Gekreuzigten ist Gott die Liebe für dich!« – »das gibt Mut«, »hier kannst du Mut gewinnen«, »wer sollte da nicht Mut bekommen«.[317]

Es liegt nahe, dass die Evangelisation als eine besondere, in eine Gesamtbewegung eingebettete Veranstaltung, die für viele tatsächlich eine große Gelegenheit bietet, die *Aufforderung* mit sich bringt, diese *Gelegenheit wahrzunehmen*. Eine äußerliche Parallele, aber auch nicht mehr, bedeutet das Verfahren im Geschäftsleben, eine nie mehr wiederkehrende Gelegenheit vor Augen zu malen, um zum Kauf anzulocken; diesem gegenüber sind die Voraussetzungen und das innere Schwergewicht sehr verschieden. Die »Zeit« wie die innere

---

[314] Wf. S. 403 f.
[315] Wl. S. S. I 144; Nast II 336.
[316] Md. Way to God 27; Weg zu Gott 85. Wir haben uns nicht selbst einen Weg zu machen ins Reich Gottes ... Wir wirken, weil wir erlöst sind; wir wirken nicht, um erlöst zu werden. Wir arbeiten vom Kreuz aus; aber nicht auf es hin.
[317] Schrk. Allein 24. 28. 43. 66.

Existenz sind durchaus der Willkür und dem Egoismus entnommene Faktoren.

In der Entscheidungspredigt (S. 281 ff.) ist demnach der Hinweis auf die Gunst der Stunde, auf die »kostbare«,[318] auf die »goldene«[319]

---

[318] Fn. G. Th. 191. I demand your decision now. I dare not have you go home first, let you get to talking something else, and let slip these words of life an this precious opportunity to grasp an offered salvation. And whom do you suppose I am now addressing? Every impenitent sinner in this house – *every one*. I call heaven and earth to record that I have set the Gospel before you today. *Will you take it?* Is it not reasonable for you to decide at once? Are you ready, now, to say before high heaven and before this congregation – »I will renounce myself and yield to God! I am the Lord's, and let all men and anels bear me witness – I am for evermore the Lord's.« Sinner, the infinite God waits for your consent!

Ich fordere euch nun zur Entscheidung auf. Ich darf es nicht zulassen, dass ihr zuerst heimgeht, denn ich fürchte, dass ihr euch dann einem andern Gespräch zuwendet und euch diese Worte des Lebens und diese kostbare Gelegenheit, ein dargebotenes Heil zu ergreifen, entschlüpfen lasst. Und an wen, meint ihr, wende ich mich nun wohl? An jeden unbußfertigen Sünder in diesem Haus, *an jeden*. Ich rufe Himmel und Erde zu Zeugen an, dass ich euch heute das Evangelium vorgelegt habe. *Willst du es annehmen?* Ist es nicht das Vernünftigste für dich, dich sofort zu entscheiden? Bist du bereit, jetzt, in dieser Stunde, vor dem höchsten Gott und vor dieser Versammlung, zu sagen: »Ich will mich selbst verleugnen und Gott übergeben! Ich gehöre dem Herrn und lasst alle Menschen und Engel mir dies Zeugnis geben: Für ewig gehöre ich dem Herrn!« Sünder, der ewige Gott wartet auf dein Ja!

[319] Md. Way home 87. Und während ich nun rede, erheben Hunderte und Tausende von Christen stillschweigend ihre Herzen um euer Heil zu Gott. Möge Gott auf ihre Gebete antworten und möchten heute Abend hier viele sein, die gerettet werden. Jetzt habt ihr eine goldene Gelegenheit. Jesus kommt wirklich »diesen Weg vorüber«. Warum zweifelt ihr, dass er heute Abend in unserer Mitte gewesen ist? Es ist noch keine Nacht her, dass eine große Zahl in den Besprechungsraum gegangen sind, uns bei der Hand nahmen und sagten: »Ich habe Christus angenommen, ich habe ihn heute Abend gefunden«, und auf diese Weise bewiesen, dass der Herr Jesus Christus in unsrer Mitte ist. Er hat schon manche errettet – warum sollte er nicht euch retten? Und während er vorbeigeht und so viele an ihn glauben, warum wollt ihr ihn nicht annehmen? Meine Freunde, Gott wünscht nicht euer Verderben, sondern er wünscht euer Heil. Gott will von keiner einzigen Seele in dieser großen Versammlung, dass sie verloren gehe, er wünscht von einer jeden, dass sie in die Herrlichkeit kommt. Und wenn ihr seinen Sohn wie eine Gabe von ihm annehmen wollt, wenn ihr den Herrn Jesus annehmen wollt, könnt ihr gerettet werden.

Gelegenheit, auf das selige Heute[320] in gewaltigen Aufrufen zu finden.

Am nächsten irgendwelchen evangelistischen Künsten scheint das *Unterschieben des Entschlusses* zu stehen. Aber abgesehen von der Frage, ob nicht heilige Überredung ein recht ernst zu nehmender Faktor in der Seelenführung ist, ist doch der Respekt vor der Freiheit der Entscheidung auch da gewahrt, wo in Anknüpfung an innere Regungen, an ein Entgegenkommen des Hörers und halbe Entschlüsse und Zustimmungen zum Gesagten zu Ende gegangen wird und die reife Frucht der Entscheidung gewissermaßen zum Abpflücken präsentiert, ja das innere Selbst des Hörers gegen dessen eigene Hemmungen aufgerufen und diesem sein besserer Wille gegen den bösen Willen aufgezeigt wird, sodass er eigentlich die Entscheidung schon vollzogen hat. Hier handelt es sich um Tiefenvorgänge, die in ihrem Grad und ihrer Bedeutsamkeit dem Hörer nicht klar werden, die aber das Schicksal in sich tragen und an die anzuschließen kein Fehlweg, sondern das Gewiesene ist.

Mitten im Redestrom wendet sich Whitefield an seine Hörer: »Mich dünkt, ich sehe viele, die zu kommen wünschen«, und beschwört sie, diesem Zug zu folgen und den Ruf der göttlichen Liebe zu hören, die sie dringt, ob sie wollen oder nicht.[321] Wesley knüpft daran an, dass der Hörer »ein tiefes Gefühl« für die Nichtigkeit dessen hat, was der Redner sagt (s. S. 254, Anm. 253) – so liegt es ihm nahe, auch dessen Folgerungen zu den eigenen zu machen. Keller führt in die Kindheit zurück; die alten Heimatglocken, die ein

---

[320] »Frohe Botschaft« 1909, 124 (Schrk.). Wir lesen hier: Als die Samariter Jesum nicht aufnehmen wollten, da gingen sie in einen andern Marktflecken, dort fand der Herr Aufnahme. Bist du es nicht, der ihn aufnimmt, willst du nicht, so wollen doch andere; nun, Jesus wartet – wartet in geduldiger Liebe, endlich geht er traurig weiter. – O, mach ihm doch diesen Schmerz nicht! Schnell, schnell! Nütze das selige Heute, den entscheidenden Augenblick, der für dein ewiges Wohl und Wehe so bedeutungsvoll ist.

[321] Wf. S. 390.

seliges Einst läuteten, und die alten, langvergessenen Worte aus der Kinderzeit können Anlass zu einem »männlichen Jetzt« geben, wenn die Erinnerung daran das Herz so eigentümlich zieht und man den Mut hat, dem in der rechten Richtung zu folgen. Früher war man vielleicht nicht reif für das Verständnis Jesu, jetzt wacht dieses auf.[322] Das ist ein Unterschieben des Entschlusses! – Moody nimmt die vom Hörer selbst gefühlte Wirkung des Wortes, das »geradewegs in die Seele dringt«, und die hieraus entspringende Seelenverfassung desselben zum Ausgangspunkt, auch das gläubige Gehorchen der im Wort enthaltenen Einladung gegenüber anzuregen.[323]

Der *Inhalt* des Entschlusses wird dem Hörer unterschoben, wenn der *Wortlaut* seiner Antwort auf den Ruf Gottes ihm in den Mund gelegt und die Ablehnung dieser Antwort als eigentlich unmöglich bezeichnet wird. In der Autorität der Liebe stellt Finney diese strenge

---

[322] Kl. Furche 127. Überlege dir's einmal, so irgendetwas wird es doch auch bei dir sein, wo dir bei der Erinnerung daran die Augen feucht werden. »Was ist der Gnade Locken nach dem verlorenen Sohn? Von alten Heimatglocken ein längst verwehter Ton. Was macht das Auge rinnen, wenn du in Reue weinst? Ein schmerzliches Besinnen, ach, auf ein selig Einst!« Gib solcher Stimmung nach, fang noch einmal an zu hoffen und werde diesem Eindruck gehorsam: Hier ist meine letzte Rettung! Besprich dich nicht mit Fleisch und Blut, zähle jetzt eben nicht allerlei Vorurteile und Zweifel auf, sondern lass dich, den eben der starke Lebenszug des Heilands bewegt, in seine Hände fallen. Wer da nachgibt, wird erhört und wird ihn, als den Lebendigen, erst wirklich erleben.
Kl. Furche 49. Früher wart ihr beide, er und du, vielleicht nicht reif füreinander. Jetzt wacht in dir das Verständnis dafür auf, dass du ihn brauchen könntest. Alte vergessene Worte und Winke aus der Kinderzeit wachen jetzt auf und sehen dich so besonders an. Jetzt bietet er die Gelegenheit, sein Suchen und Sehnen nach dir zu spüren.

[323] Md. Ov. Life 103. Lausche auf dies »Ich will« – es geht geradewegs zu Herzen – »wer zu mir kommt, den werde ich nicht hinausstoßen«. Ganz gewiss ist dies deutlich genug – oder nicht? Es kümmert mich nicht, wer der Mann oder die Frau ist; es kümmert mich nicht, was ihre Prüfungen, ihre Beschwerden, ihre Sorgen oder ihre Sünden sind, wenn sie nur stracks zu dem Meister kommen, der sie nicht hinausstoßen will. So kommt, ihr armen Sünder! Kommt gerade so, wie ihr seid, und nehmt ihn bei seinem Wort!

Unmöglichkeit vor Augen, mehr angedeutet als ausgesprochen[324] (vgl. S. 275, Anm. 318).

d) Die Warnung vor letztmaligem Hören

Es könnte den Evangelisten als »Terrorismus« ausgelegt werden, wenn durch sie, wie es öfters geschah, den Zuhörern die eben gehörte Predigt als die vielleicht letzte ihres Lebens hingestellt wurde. In der Tat ist ja diese Möglichkeit objektiv gering und der Schein einer Übertreibung gegeben. Absolut aber ist für jeden Hörer die Unsicherheit seiner Lebenslage vorhanden; die Gestaltung der Zukunft stellt sich erst durch den Ablauf heraus. Außerdem ist nicht erst der »letzte« Tag – sei es der Todes- oder der jüngste Tag – ein Tag des Gerichts, sondern jeder Tag; die objektiven Tatbestände, der Schuld und der Verurteilung liegen jederzeit in gleicher Weise vor, die der Gedanke an den Tod nur zur Verdeutlichung bringt. Die Warnungen der Evangelisten zeigen deshalb den großen Blick und die Macht der Liebe, die sie diese totalen Aspekte und ernstesten Möglichkeiten sehen lässt, und die Größe der Stunde macht diese Eröffnungen nicht zu einem Spiel, sondern zu eindrücklicher Wirklichkeit. Das ganze Leben liegt auf der Waage – der Gedanke an den Tod, ob einstens oder bald erfolgend, tritt in gleiche Nähe.

Whitefield bringt mahnend in Erinnerung, dass ein Schlaganfall unter seinem Sprechen die Hörer ereilen oder dass sie den morgigen Tag nicht erleben könnten. Wer weiß, vielleicht ruft Gott sie nicht noch einmal; vielleicht erschallt diese Nacht der Ruf: »Der Bräutigam kommt!« Wo werden sie dann erscheinen? Wie werden sie

---

[324] Fn. G. Th. 146. Was, o todverfallner Sünder, wirst du sagen? Sollte nicht deine Antwort lauten: »Es ist genug, ich habe den Heilsbecher lang genug und gottlos genug von mir gestoßen. Du brauchst kein weiteres Wort mehr zu sagen. O diese blutige Hand! Diese tränenden Augen! Ist es möglich, dass ich des Heilands Liebe so lang widerstanden habe? Ich bin nun bereit, um Gnade zu bitten, und ich freue mich zu hören, dass unser Gott eines Vaters Herz hat.«

diesem begegnen? Möchten sie beim Kommen des »Königs der Schrecken« ihre Seele nur in die Hände eines »treuen Erlösers« zu befehlen brauchen.[325] Moody warnt dringend davor, die Entscheidung hinauszuschieben; der Tod kann über den Hörer kommen, ehe dieser Zeit hatte, die besten Vorsätze auszuführen.[326] Es kann »*der letzte Ruf*«, »*the last call*« sein, der ihn jetzt erreicht; darum verlasse er den Versammlungsraum nicht, ehe er sich entschieden hat[327] (vgl. S. 285, Anm. 343).

3. Das fordernde Handeln

In der evangelistischen Vollmacht geht nun der Prediger noch einen Schritt weiter: Als Handelnder veranlasst er selbst zum Handeln, indem er mit der Aufforderung zum Glauben an die Menschen herantritt. Dies ist nun schon ein *bestimmt umrissenes Verlangen*, das mehr ist als liebevolle Annäherung und menschliches Eingehen auf den Hörer und insbesondere durch seine Bindung an Christus und die Unterordnung des Hörers unter Führung und Wille Gottes das Moment der Entscheidung in sich birgt. Es spitzt sich die Einwirkung des Evangelisten zur entscheidenden Forderung und das Verhalten des Hörers zur entscheidenden Stellungnahme zu; im Grad der

---

[325] Wf. S. 208. 255. 275.

[326] Md. Men of the Bible 89.

[327] Md. Sel. Serm. 85; 12 Reden 153. Heute Abend ist noch Gnadenzeit. Es kann sein, ich spreche zu einem, dessen Gnadentage nur noch wenige sind, zu einem, der sehr bald hinweggerafft werden kann, der keine andere Predigt des Evangeliums mehr hören kann, der vielleicht *den letzten Ruf* hört. Mein Freund, sei klug! Fasse jetzt den Entschluss, das Reich Gottes zu suchen. »Siehe, jetzt ist die angenehme Zeit. Siehe, jetzt ist der Tag des Heils.« Christus ladet euch ein, zu kommen: »Kommt her zu mir alle, die ihr mühselig und beladen seid, ich will euch erquicken.«
O, möchten alle heute in Christus Ruhe finden! Lasst euch durch nichts anderes ablenken, sondern heute Abend, in dieser Stunde fasst den Entschluss, diese große Frage der Ewigkeit ins Reine zu bringen.

Intensität entspricht sich beides. Der Aktcharakter der Rede tritt noch klarer heraus als bei den Stufen der werbenden und gewinnenden Einwirkung. Jedoch steht Letzterer das fordernde Handeln innerlich sehr nah, da es, dem Wesen des Evangeliums gemäß, mehr als *Aufforderung* denn als kategorische *Forderung* erfolgt.

Die bisher genannten Stufen der Einwirkung sind *weniger formeller als prinzipieller Art.* Keineswegs etwa stellen sie eine bestimmte Aufeinanderfolge oder Steigerung der einzelnen Teile unter sich im Aufbau der Rede dar, wenn sich auch natürlicherweise der Schwerpunkt der Rede, eben das, was der Redner fordert und was das Aktergebnis der Rede sein soll, so die »exhortation« Whitefields (S. 268 f.) oder die Eröffnung der letzten Perspektiven (S. 300 ff.) bei Wesley, öfters an den Schluss derselben verlegt. Das Stärkere entwickelt sich hier besser aus dem Schwächeren als umgekehrt.

An dieser Stelle begegnen wir der entscheidenden Bedeutung des *Willens.* Nicht nur Gewissen, Gefühl, Glücksbedürfnis, Einsicht des Menschen wird angesprochen, sondern hier, wo es um das *Handeln* geht, wird der Wille aufgerufen. Wenn das Ergebnis des Dargelegten gezogen werden soll, kann dies nur ein Handeln sein; ob es zum Handeln kommt, wie es zum Handeln kommt, ist Sache des Willens. Es ist nicht »Voluntarismus«, wenn Finney hervorhebt, dass jeder Sich-Bekehrende ein *Wollender* sei.[328]

Die Aufforderung zur Entscheidung fordert das Wollen heraus. Der Glaube gibt ihm den Inhalt. Die Übergabe erfolgt an den, an den man glaubt, auf Grund des Wollens. All dies wird heraufgeführt nach seiner von außen kommenden Bedingung durch die Rede, nach seiner Voraussetzung durch die Bereitwilligkeit und Reife. Der objektive Tatbestand kann ein »Jetzt« eröffnen, welches subjektiv zugeeignet und angeeignet wird, ein rednerisch und aktuell stärkstes evangelistisches »Jetzt«.

---

[328] Fn. 1921, 128. 332. Vgl. Thimme 189. 198 f.

a) Die Aufforderung zur Entscheidung

Wenn von der *Bedeutung des Willens* als dem Entscheidenden und daher auch zur Entscheidung Anzusprechenden geredet wird, so ist einem Missverständnis zu begegnen, das in der Beurteilung der evangelistischen Rede eine gewisse Rolle spielte. Nicht der Wille, der sich im Alltagsleben frei ein Ziel setzt und dieses durch Kraftanspannung erreicht, wird in das Ganze des Lebens und das Verhältnis zu Gott hineinprojiziert, sondern *eine totale Stellungnahme zu einer von außen herangetragenen Ganzentscheidung wird getroffen.* Als Antwort auf den fordernden und gnädigen Willen Gottes bleibt dieser Entschluss und dieses Wollen ohne das Anmaßliche der eigenen Wahl und des Sich-Durchsetzens. Wird die Entscheidung in den Mittelpunkt gestellt und getroffen, so ist damit keineswegs »dem Menschen zu viel Ehre angetan«,[329] sondern nur Gottes Wille erfüllt.

Die Evangelisten kennen die Bedeutung des Willens als der »Zitadelle der Persönlichkeit«.[330] »Hier, im Kernpunkt der Persönlichkeit, muss der Umschwung erlebt werden.«[331] Das »Herz« als Sitz der Entscheidungen ist für Finney gleichbedeutend mit dem sittlich und religiös so oder so handelnden *Grundwillen.* Der »freiwillige, feste innere Entschluss« ist die von ihm bezeichnend so umschriebene Grundkraft der Total- und Einzelentscheidung. Als das Kennzeichnende der inneren Haltung nennt er sehr richtig den Unterschied von »Wünschen« und »Wollen«, wobei das Letztere ein Plus an Bereitschaft bedeutet, ernsthaft die Konsequenzen zu ziehen. Freilich mahnt er, nicht allzu einseitig die Fähigkeit und Verpflichtung des Menschen zu betonen, da dies dem früheren Überbetonen der Gnadenwahl und der rettenden Souveränität Gottes gegenüber ein ebenso unfruchtbares Extrem bilden würde.[332] Dieser theologischen

---

[329] Vgl. A. Keller, »Der Weg der dialektischen Theologie durch die kirchliche Welt«, S. 97.

[330] W. Md. 521.

[331] Kl. Mod. Hdpr. Nr. 1, S. 14.

[332] Fn. G. Th. 148; 1921, 332. 128; 1903, I 267.

Erkenntnis entsprach sein Handeln nicht immer. – Keller bezeichnet
es als das Ziel der Predigt, dass der Wille der Hörer darauf hingelenkt
werde, jetzt etwas von Jesus zu empfangen und für dessen Willen
offen zu sein; die darauf hinwirkende »Willensarbeit des Predigers«
berücksichtigt also die Bedeutung des Willens für den Vollzug der
inneren Wende und die Herstellung einer Ganzhaltung[333] (vgl. S. 160,
Anm. 6 Kl.)

Unter Umständen kann es der Evangelist für angezeigt halten, den
Hörern die alleinige Notwendigkeit der Willensentscheidung als aus-
reichende Grundlage auf seiten des Menschen für das Erfassen des
Heils noch besonders und ausdrücklich klarzumachen, wobei das
Schwebende dieser Aussage als allgemeines Anerbieten – etwa auch
auf Kinder ausgedehnt – und als seelsorgerliche Hilfe für wirklich
Berufene deutlich wird.[334]

Die *Predigt der Entscheidung* vollzieht sich entsprechend der psychologischen Abfolge der Letzteren als das Vor-Augen-stellen des Ent-
scheidungsinhalts, als Frage nach der Willigkeit, als Feststellung der
Notwendigkeit der Wahl und als Aufforderung zur Entscheidung
zwischen den beiden Entscheidungsmöglichkeiten und zum positiven Entschluss. Hierzu kommen die Hilfsmaßnahmen der äußeren
Festlegung der Entscheidung und des Klarmachens ihrer Bedeutung.

---

[333] Kl. Furche 13.
[334] Md. Sov. Grace 92 f. Dank sei Gott für diese Worte: »Wer immer (trinken) will.«
Wer will kommen und nehmen? Darum handelt es sich. Ihr habt die Macht, die
Einladung anzunehmen oder abzulehnen. Ein Mann in einer Versammlung war
einst ehrlich genug zu sagen: »Ich will nicht!« Wenn es in meiner Macht läge,
würde ich diese ganze Hörerschaft zu einer Entscheidung bringen, ob für oder
wider. Wenn Gott sagt, wir können, können alle Teufel der Hölle uns nicht aufhalten. Alle Ungläubigen der Welt können uns nicht hindern. Ein kleiner Knabe,
ein kleines Mädchen kann sagen: »Ich will!« Wenn es nötig wäre, würde Gott eine
Legion Engel herabsenden, uns zu helfen; aber er hat euch die Macht gegeben und
ihr könnt Christus in dieser selben Minute annehmen, wenn es euch wirklich
ernst ist ... Wenn ihr wirklich willens seid, das Wasser des Lebens zu nehmen,
könnt ihr es tun (you can do it).

Die Darstellung *des zur Wahl Gegebenen* erfolgt nach den Kategorien der totalen Zweiteilung des menschlichen Lebensstandes (S. 220). Die ganze evangelistische Predigt, die diese Scheidung streng durchführt, ist im Grunde Entscheidungspredigt. Der indirekte, sehr starke Anreiz der *Lehre* wird zur Aufforderung der *Predigt*, nun – unter starker Abhebung der beiden Wege – sich dem einen Weg zuzukehren. Die Hörer sollen, wie Finney sagt, ihre Gedanken (d. h. ihren Willen, ihr Leben) »jetzt gleich von der Sünde ab- und der Heiligkeit zu-, vom Dienste Satans weg- und dem Dienste Gottes zuwenden«. Der schroffe Gegensatz von Welt und wahrem Christentum muss ihnen gezeigt und darf durch nichts abgeschwächt werden, sonst sehen sie nicht die Notwendigkeit ein, anders zu werden.[335] Der thematische Gegensatz zwischen Geist und Welt wird aktualisiert, um Bekehrung zu wirken. *Die Entschiedenheit als stärkstes Prinzip der Lehre und stärkstes Motiv der Bewegung wirkt entschiedene Predigt und diese Predigt wirkt Entscheidung.*

Wird so die Tatsache und Möglichkeit der totalen Scheidung sehr oft vor Augen gestellt, so auch die *Frage*, ob man wählen will und wie man wählen will. Kellers Vortrag »Die Wahl des Lebens und das Leben der Wahl« enthält sie in Thema und Ausführung.[336] Ähnlich schließt Moody die Predigtreihe über die zehn Gebote mit der Frage: »Mein Freund, hast du Ihn empfangen? Willst du bleiben, wie du bist, und zu leicht befunden werden oder willst du Christus annehmen und bereit sein zum letzten Ruf?«[337]

Der Ernst der Frage nach der Wahl liegt im Grade der Dringlichkeit nahe bei der *direkten Aufforderung* zur Wahl. Auch sie gebraucht

---

[335] Fn. 1921, 325. 244.
[336] Kl. Mod. Hdpr. Nr. 7. – Kl. Mod. Hdpr. Nr. 3, S. 5. Es kann also dem Menschen von heute (einerlei, ob er in einer christlichen Familie erwuchs oder in freisinnig jüdischem Klima) die Wahl nicht erlassen werden: Willst du *Leben oder Tod*? Willst du Christus wählen als deinen Herrn oder willst du dein Ich, deine Selbstsucht, deine persönliche Willkür wählen?
[337] Md. Weighed 125; Gewogen 139.

Keller: »Wähle, wähle richtig, wähle heute!«[338] Die Entscheidung ist
unumgänglich, auch wo »ein ganzes Leben zu kurz scheint für diese
unwillkommene Entscheidung«.[339]

Entscheidung und Entschluss liegen nahe beisammen. Im Englischen werden sie durch das gleiche »resolve« bezeichnet (»to resolve
for Jesus«). Wird dort zur Wahl als solcher aufgefordert, so liegt hier
der Nachdruck auf dem willentlichen und die ganze Lebensrichtung
umfassenden Ja zur positiven Entscheidungsmöglichkeit und auf
dem radikalen Bruch mit dem Bisherigen, wie das Whitefield und
Keller eindrucksvoll aussprechen.[340]

Bei der weit reichenden Auswirkung der Totalentscheidung im
Leben ist es pädagogisch angezeigt, sie als einen *Festpunkt* im Strom
des seelischen Geschehens zu verankern und in ihrer Bedeutsamkeit
vor dem Zuhörer und der Umwelt hervorzuheben. Das alte Hilfs-

---

[338] Kl. Mod. Hdpr. Nr. 7, S. 7. Entscheide dich! Du musst wählen! Du musst jetzt
wählen! Du bist nicht Herr über die Zukunft, nur diese Minute ist dein! Schiebe
nichts auf und mache dir nichts vor! Jetzt oder nie! – – – *Wählen zwischen Tod und
Leben!* Ist man von beidem überzeugt – dass dort auf der andern Seite ohne Jesus
schließlich doch nichts als Tod in allen Formen auf uns wartet und dass in Jesus
das wahre Leben unserer geistigen Persönlichkeit uns angeboten wird, dann wird
diese Wahl keine Qual mehr sein, sondern wir greifen jauchzend nach dem
Leben. Aber vergiss es nicht, ohne deine persönliche Wahl zerflackert dein Christentum in Stimmungen und Gefühle. Darum *wähle*, wähle *richtig*, wähle *heute!*

[339] Fn. G. Th. 76.

[340] Wf. S. 371. Fasst nun heute den Entschluss, dass ihr mit euren Sünden für ewig fertig seid. Scheidet euch und eure alten Wege voneinander. Ihr müsst einen Entschluss gegen sie fassen, denn es gibt keine wahre Buße ohne den Entschluss, sie
aufzugeben. Entschließt euch für Christus, entscheidet euch gegen den Teufel und
seine Werke und fahrt fort, des Herrn Schlachten gegen den Teufel und seine
Sendlinge zu schlagen. Greift ihn in seinem stärksten Machtbereich an, kämpft
mit ihm als Männer, als Christen und ihr werdet bald sehen, dass er ein Feigling ist.
Widersteht ihm und er wird von euch fliehen. Entschließt euch mit Gottes Gnade
hierzu und eure Buße ist schon halb getan. Aber dann gebt Acht, dass ihr euren
Entschluss nicht auf die eigene Kraft, sondern auf die Kraft des Herrn Jesus
Christus gründet. – Kl. Mod. Hdpr. Nr. 7, S. 10. Lasst es genug sein mit der ver-
lorenen, falsch angewandten Zeit eures bisherigen Lebens und entschließt euch
heute zu einem radikalen Bruch mit eurer Vergangenheit um einer besseren
Zukunft willen!

mittel der Symbolik liegt hier nahe. Es vermag dem Entschluss durch Gestaltgebung zur Geburt zu verhelfen und dieser Geburt das feierliche Zeichen der »Taufe« nachfolgen zu lassen: So ist es gemeint, wenn immer wieder Evangelisten zur Herausschälung und persönlichen und öffentlichen Bestätigung, des Entschlusses zu äußerlichen Maßnahmen greifen und alle, die »willens sind«, auf besonderen Bankreihen *(»Bußbank«)* Platz nehmen lassen oder zum Erheben der Arme, Abgeben der Namen u. ä. auffordern. Aus der ähnlichen Situation ergab sich dies für Wesley 1749, ferner in den »camp-meetings« in Amerika 1806 und für Finney in Rochester 1830 ungesucht und unabhängig voneinander.[341] Dass hier Spreu und Weizen durcheinanderliegen, Bestimmtheit durch Redner und Umwelt wie freie Entscheidung, Entschlüsse für den Augenblick wie fürs Leben zusammen gegeben sind, ist klar; die positive Möglichkeit aber besteht.

Schließlich prägen die Evangelisten die *Bedeutsamkeit* der Entscheidung für und wider Christus den Hörern tief ein. Himmel und Hölle schauen mit feierlichem Anteil auf den in seinen Entschlüssen noch schwankenden Sünder,[342] und dass die Entscheidung für immer sein kann, macht die Stunde, in der »die Magnetnadel zittert«, für diesen »voll kritischen Interesses«.[343]

---

[341] Wl. Jn. III 405; Beardsley 194. 147; Fn. 1921, 95. 104.

[342] Fn. G. Th. 287 f.

[343] Fn. G. Th. 291. How full of critical interest and peril are these passing moments? Did you ever see the magnetic needle of the compass vacillate, quiver, *quiver*, and finally settle down fixed to its position? So with the sinners destiny today. – Sinners, think of your destiny as being now about to assume its fixed position. Soon you will decide it forever and forever! – Do you say, let me first go to my room, and there I will give myself up to God? No, sinner, *no*! Go not away hence in your sin; for now is your accepted time – *now* – today, after so long a time – now is the only hour of promise – now is perhaps the last hour of the Spirit's presence and grace to your soul! – – – Wie sind doch diese flüchtigen Augenblicke so voll von kritischem Interesse und Gefahr! Habt ihr schon einmal die Magnetnadel im Kompass hin- und herschwanken sehen, *zittern* und schließlich stillhalten in ihrer Stellung? So ist es mit des Sünders Geschick heute. – Sünder, denkt an euer

b) Die Aufforderung zum Glaubensakt

Dem Wesen des Christlichen gemäß kann die Entscheidung für Jesus nur in der glaubensvollen Hinwendung zu ihm bestehen: Es *gibt* keine nachhaltige und bleibende Entscheidung, die nicht die Kraft ihrer Bindung von dem Gebundenwerden durch Christus empfinge.

Diese Aufforderung zum Glauben findet bei den Evangelisten die Form bildlicher und deshalb unmittelbar eindrücklicher und handlungskräftiger Einkleidungen: »Komm! – Sieh! – Nimm! – Trink!« Verwandt dem großen Ruf: »Komm!« (S. 268 ff.), ist die Aufforderung: »Geh hin zu Jesus!« Sie ermuntert zu einem vertrauenden Sichnahen und Übersehen all der Hindernisse, die im Wege liegen, zu einem Erfassen seiner unbedingten Gnade. Der Hörer soll nach Moodys Bild so »direkt«, »right straight« zu ihm gehen, wie ein Mädchen mit einem Gnadengesuch geradewegs bis zum Präsidenten Lincoln vordrang und Gnade fand.[344] Er soll auf Jesus blicken, der nicht mehr für ihn tun konnte, als er tat, beständig auf ihn blicken, bis dieser erbarmend auf ihn blickt.[345] Ein Ozean reinsten Wassers wartet darauf, von durstigen Lippen getrunken zu werden – »du wirst eingeladen und genötigt zu trinken, *ohne Maß zu trinken!*« Der Gnadenbecher wird noch einmal dargereicht – des Meisters blutende Hand tut es selbst –, nun »Nimm ihn!«.[346] Die Hörer sollen ihre leeren Gefäße bringen – Gott wird sie füllen – sie sollen die Gnade Gottes in ihr Herz einlassen.[347] Möchten sie diese nehmen, wie wenn eine

---

Schicksal, dass es nun daran ist, seine feste Stellung einzunehmen. Bald werdet ihr es für immer und ewig entscheiden! – Sagst du, lass mich erst nach Hause gehen, dort will ich mich Gott ausliefern? Nein Sünder, *nein!* Geh nicht fort von hier in deiner Sünde; denn jetzt ist die angenehme Zeit – jetzt – heute – nach so langer Zeit – jetzt ist die Stunde der Verheißung – jetzt ist vielleicht die letzte Stunde, wo des Geistes Gegenwart und Gnade für deine Seele da ist.

[344] Md. Way Home 17. 19 f.
[345] Wl. S. S. I 144 f.
[346] Fn. G. Th. 12, 145.
[347] Md. Sov. Grace 63.

Hand sich ausstreckt und etwas ergreift.[348] »Nimm, nimm, nimm!«[349] *»Nehmt das Lamm!«*[350] »Anbetend darfst du die Versöhnung annehmen.«[351] All dies bedeutet Glaube.

Außer durch diese Versinnbildlichungen wird auch direkt zum Glaubensakt aufgefordert. Es ist Wesley, der die Erkenntnis von der rechtfertigenden Kraft des Glaubens zur Predigt vom Glauben macht und betont: Wer *glaubt*, wird gerettet! Also glaube! Durch Glaube erlangst du die Verheißung! *Glaube* dem, was du als Gottes Sprache in Wort und Predigt selbst vernimmst, und das Reich Gottes ist dein![352] Den Betrübten, die nicht genug Leistungen aufweisen können, ruft er zu: »Glaube nur! Wage zu glauben!«[353] Auch Finney zeichnet den Glauben der eigenen Erfahrung gemäß (S. 118) als reines Vertrauen auf das Wort und seine Verheißung.[354] An diese gilt es sich anzuklammern.[355] Wir sehen die reformatorische Linie.

---

[348] Fn. G. Th. 190.

[349] Md. Faithf. Say. 67.

[350] Kl. Mod. Hdpr. Nr. 3 (Darbietung des Christus), S. 14 (Redeschluss).

[351] Schrk. Allein 65.

[352] Wl. S. S. I 159 (sinngemäß).

[353] Wl. S. S. I 328; Nast II 14. »Ihrer ist das Himmelreich.« Wer du auch bist, wenn dir nur Gott die Armut des Geistes gegeben hat, deinen verlorenen Zustand zu fühlen, so hast du ein Recht auf dies Reich durch die gnädige Verheißung dessen, der nicht lügen kann. Es ist dir erworben durch das Blut des Lammes. Es ist ganz nahe: Du bist am Rande des Himmels! Noch ein Schritt und du trittst ein in das Reich der Gerechtigkeit, des Friedens und der Freude! Bist du voller Sünde? »Siehe, das ist Gottes Lamm, welches der Welt Sünde trägt!« Ganz unheilig? Siehe deinen »Fürsprecher bei dem Vater, Jesus Christus, der gerecht ist«. Bist du nicht imstande, auch nur die kleinste deiner Sünden zu sühnen? »Er ist die Versöhnung für« alle deine »Sünden«. Nun glaube an den Herrn Jesus Christus und alle deine Sünden sind ausgetilgt! Bist du völlig unrein an Seele und Leib? Hier ist die »Quelle gegen Sünde und Unreinigkeit«! »Stehe auf und wasche deine Sünden ab!« Zweifle nicht länger ungläubig an der Verheißung. Gib Gott die Ehre! Wage zu glauben!

[354] Fn. G. Th. 183. *Ihr müsst alles Vertrauen auf Christus haben oder ihr könnt nicht gerettet werden.* Ihr müsst unbedingt an ihn glauben, alle seine Verheißungsworte glauben. Sie sind euch zum Glauben gegeben und sie können euch nicht das geringste Gute tun, außer ihr glaubt sie.

[355] Fn. G. Th. 183. Du frägst, wie man es ergreift? Durch Glauben. *Ja, durch Glauben.* Glaube seinen Worten und greife zu. Ergreife seinen starken Arm und schwinge

Auch die Eigenart des christlichen Glaubens als persönliche Heilserkenntnis wird gepredigt. Nicht nur die allgemeine Überzeugung
(fides generalis) davon, dass Gott in Christus war und die Welt mit
sich versöhnte, sondern auch der eigene Glaube des Hörers (fides
specialis), dass Christus ihn geliebt und sich für ihn dahingegeben hat,
ist nach Wesley notwendig[356] – ein Unterschied, den Bischof Span-
genberg schon in seiner Frage an den jungen Wesley in Amerika
gemacht hatte.[357] Die *Ichbeziehung* des Glaubens (S. 372 ff.) wird
betont. Die Hörer werden aufgefordert zu glauben, dass Gott auch
ihrer Ungerechtigkeit gnädig sein und *ihrer* Sünde nimmer gedenken
wolle,[358] und zu sagen: »Ich, auch ich« (»I, even I«) bin angenommen.[359]

c) Die Aufforderung zur Übergabe

In der Übergabe kommt zu dem Moment der Entscheidung und des
Glaubens noch ein neues hinzu: In einer *Ganzhandlung* wird das in
der Entscheidung und im Glauben Erkannte zusammengefasst und
vollzogen. Vermittelte die Entscheidung die Grunderkenntnis über
und den Willen zum neuen Weg, ließ der Glaube ihn in der richtigen
Richtung zuteil werden und betreten, so schafft die Übergabe die
Voraussetzungen, ihn auch wirklich zu gehen. Sie ist *die bewusste
Entscheidung für Jesus mit aller Vergegenwärtigung der Konsequenzen
und Willigkeit zu diesen.*
Die Einsicht in die praktische Bedeutung und theologische Stellung des Aktes braucht nicht vorhanden zu sein: Der Inhalt wird stets
gegeben sein. Und zwar wird sich die Übergabe in Gestalt eines

---

    dich geradewegs aus der Hölle und fürchte dich um nichts mehr, als wenn es
    keine Hölle gäbe.
[356] Wl. S. S. II 449; Nast I 136.
[357] Ty. Wl. I 125; Nuelsen 35.
[358] Wl. S. S. I 146; Nast II 336 f.
[359] S. 307 f., Anm. 392 Ende und S. 309, Anm. 396.

bewussten und damit in der persönlichen Geschichte auch zeitlich abgrenzbaren Aktes vollziehen, der das Herzstück der Bekehrung, nämlich das Kommen in der Tat und in der Wahrheit und das Kommen Christi zu dem Willigen darstellt.

Hierin zeigt sich unmittelbar, wie notwendig es ist, dass es zu *Gestaltungen* des inneren Lebens kommt, nicht nur zu Bereitschaften und Gedanken.

Die Evangelisten sehen dies ganz klar. Nicht aus Treiberei, sondern aus Einsicht in die psychologischen Grundgesetze und Formen menschlichen Handelns fordern sie die an den Toren des Entschlusses und der Ganzhingabe Stehenden auf, nun auch den Schritt zu tun, den Akt zu vollziehen und nicht alles im Allgemeinen zu lassen.[360] Dies ist eine wesentliche Hilfe, eine Geburtshilfe beim Werden des Neuen.

Der eigentliche Verkünder der Übergabe ist Finney. Erkannte auch Schrenk den Mangel vieler Christen darin, dass es bei ihnen nur bis zu einer Erweckung im Sinn eines Aufwachens und zu keiner Herzensübergabe an Jesus gekommen ist, weshalb dann die Bewährung fehlt,[361] so predigt Finney unermüdlich die Notwendigkeit völliger, restloser, bewusster Übergabe und Auslieferung an Gott und hat damit in einem kulturselig verseuchten Geschlecht die größten Wirkungen erzielt. Dieser strenge Ton ist gründlich und bricht die Bande, die den innersten Aufschwung hemmen. Als er 1842 in Rochester in seinen Predigten »wieder und wieder gesagt hatte, dass die erste Bedingung der Annahme bei Gott in einer völligen Hingabe seiner selbst und aller seiner Habe an Gott bestehe«, händigte ihm beim Betreten des Versammlungssaales ein Jurist eine Urkunde aus,

---

[360] Kl. Furche 50. Warte mit dieser Hingabe an Jesus keine Stunde mehr. Von oben her zieht er dich lange schon durch mannigfaches Erleben – von unten her drängt dich deine Seelennot: – Jetzt schieb den letzten Riegel deines Vorurteils, deines Hochmuts, deiner Einbildung fort, damit du Jesus erlebst! Dann fängt es mit leisem, süßem Klingen in der Seele an: Sie wird stille vor solchem Gott, der da helfen kann über Bitten und Verstehen!

[361] »Frohe Botschaft« 1909, 270.

in der Jesus in aller Form alle Rechte an seine Person und sein Eigentum abgetreten wurden.[362] Hier lag eine Entscheidung zugrunde!

Finneys Bemühen ist namentlich darauf gerichtet, die negativen Voraussetzungen der Übergabe anzubahnen: den Verzicht auf alle Selbstbehauptung und auf das Anmelden irgendwelcher Ansprüche, die Auslieferung der geheimen Vorbehalte, der heimlichen »Deckungen« des Sünders (S. 243 ff.), besonders aber die Preisgabe sündiger Neigungen und Gewohnheiten und der ganzen inneren Unordnung. Ihr entspricht die totale Übergabe aller Fähigkeiten und Personwerte in der Verfügung Jesu, der Übergang aus dem Eigendienst in den Dienst Christi. Das Böse wie das Gute soll eingebracht und unterstellt werden, ein sehr wesentlicher Punkt.[363] Auf Ersteres legen mit ihm besonders auch Wesley und Schrenk Wert[364] (vgl. S. 275, Anm. 318 und S. 277, Anm. 323).

---

[362] Fn. 1921, 132.

[363] Fn. 1921, 132 f.

[364] Fn. G. Th. 185. When you come back to God for pardon and salvation, come with all you have to lay at His feet. Come with your body, to offer it as a living sacrifice upon His altar. Come with your soul and all its powers, and yield them in willing consecration to your God and Saviours. Come bring them all along – everything, body, soul, intellect, imagination, acquirements – all, without reserve. Do you say – must I bring them *all?* Yes, all – absolutely ALL; do not keep back anything – don't sin against your own soul, like Ananias and Sapphira, by keeping back a part, but renounce your own claim to everything, and recognize God's right to all. Say – Lord, these things are not mine. I had stolen them, but they were never mine. They were always Thine; I'll have them no longer. Lord, these things are all Thine, henceforth and forever. Now, what will Thou have me to do? I have no business of my own to do. – I am wholly at Thy disposal. Lord, what work hast Thou for me to do? – – – Wenn du zu Gott zurückkehrst, um Gnade und Heil zu finden, so komme mit allem, was du hast und lege es ihm zu Füßen. Komm mit deinem Leib, um ihn als lebendiges Opfer auf seinem Altar darzubringen. Komm mit deiner Seele und all ihren Kräften und weihe sie willig deinem Gott und Heiland. Komm, bring sie alle her – alles, Leib, Seele, Verstand, Einbildungskraft, Fertigkeiten – alles, ohne Vorbehalt. Du sagst: »Muss ich sie *alle* bringen?« Ja, alle, unbedingt *alle*! Halte nichts zurück – sündige nicht gegen deine eigene Seele wie Ananias und Saphira, indem du einen Teil zurückbehältst, sondern verzichte auf deinen eigenen Anspruch auf alles und erkenne Gottes Recht, auf alles an. Sage: Herr, diese Dinge gehören nicht mir. Ich hatte sie gestohlen, aber sie gehörten nie mir. Sie waren stets dein, ich will sie nicht länger mehr behal-

Neben dem mehr praktisch umgrenzten Inhalt steht die Übergabe als Totalweihe, als Lebensakt der Ganzhingabe in reinem Innenvorgang. Sie ist ein dankbares Eingehen auf den Willen Gottes, eine Auslieferung in die gnädigen und barmherzigen Hände Gottes, wo man wohl aufgehoben ist. Das Gleichnis des Sich-selber-auf-den-Altar-Legens ist hier nahe[365] (vgl. S. 293, Anm. 364 Fn.).

d) Die Verkündigung des »Jetzt«

Die in der evangelistischen Rede enthaltene Mahnung, die Gelegenheit der Stunde zu nützen, birgt ebenso wie die Verkündigung der Entscheidung, der Glaubenshinwendung und vollends der bewussten Übergabe ein Moment der Aufforderung und der zeitlichen Begrenzung in sich, die das »Jetzt« und »Hier« zur Gabe und zur Pflicht macht.[366]

Das *Recht des »Jetzt«* ist umstritten. Auswüchse, wie sie Fleisch tadelt[367] und wie sie – etwa in der Zungenbewegung und in einer schon entartenden Evangelisationspraxis – ein teils vorlautes, teils

---

ten. Herr, diese Dinge gehören alle dir, jetzt und für immer. Nun, was willst du, dass ich tun soll? Ich habe für mich nichts zu tun – ich stehe ganz zu deiner Verfügung. Herr, welche Arbeit hast du für mich? – – – Wl. S. S. I 161. Und nun, wirf dich auf das Lamm Gottes mit allen deinen Sünden, so viele ihrer sind, und »der Eintritt soll dir« jetzt »zuteil werden in das Reich unseres Herrn und Heilandes Jesus Christus«. – – Schrk. Allein 78. O, gebt euch alle in seine Hand. Lasset den Schnitt machen, der nötig ist, und ihr werdet genesen. Wehe denen, die sich der Hand ihres Gottes entziehen. Niemand kann ihnen helfen. Gott spricht: Ich will! Antwortet ihm: Dein Wille geschehe! – – – Schr. Allein 82. Dein auf dich wartender Gott verlangt von dir nur völlige Willigkeit, und dann reinigt Er dich ... Bist du bereit, deinen Gott ein völliges Gnadenwerk an dir tun zu lassen und zu Jesu Kreuz zu kommen mit *aller* Unreinigkeit und *alle* Götzen auszuliefern?

365 Wl. S. S. I 198; Nast I 45. Nun biete dich selbst dar zu »einem lebendigen, heiligen und Gott wohlgefälligen Opfer«.

366 Vgl. S. 281, Anm. 318; S. 285, Anm. 327; S. 290, Anm. 338; ebd., Anm. 340; S. 291, Anm. 343; S. 295, Anm. 360.

367 Fleisch I 35. 459; II 225.

enthusiastisches »Jetzt« vertreten, dürfen nicht zum Maßstab des Ganzen gemacht werden. Die Rücksicht auf das Organische, auf die Eingliederung auch der gehobensten Vorgänge in die Vorgeschichte des Lebens und auf die Vorbedingtheit durch diese (S. 120) hat wohl oft gefehlt – das Emporgetragenwerden durch eine mächtige Bewegung konnte zu einer menschlich-technischen Überspitzung führen. Aber die großen Evangelisten waren sich des von Gott gegebenen Augenblicks zum Eingreifen des Heils wohl immer bewusst und suchten ihn nicht zu erzwingen, sondern herbeizuführen, im Sinne echter Führung des Menschen.

Nur wo die Möglichkeit einer in einem bestimmt abgegrenzten Lebensmoment oder Lebensabschnitt erfolgenden Lebensentscheidung überhaupt bestritten wird, kann das Recht des »Jetzt« grundsätzlich in Frage gestellt werden. Gibt man sie zu, so ist objektiv nicht einzusehen, warum nicht diese Entscheidung auf Höhepunkten des Individuallebens und, zeitlich meist damit zusammenfallend, des Soziallebens und ebenso der Wortverkündigung erfolgen soll, da sie doch innerhalb des Lebensraums geschieht und der jetzige Augenblick nicht weniger Recht hat als der zukünftige, ja ein Verschieben und Ins-Unbestimmte-Weisen der Vordringlichkeit des jetzigen Zeitpunkts gegenüber kein Gewicht verdient.[368]

Gerade weil das »Jetzt« nicht unvermittelt in einen zusammenhanglosen Ablauf hineingesagt wird, sondern in christlichen Ländern fast immer schon eine Vorgeschichte voraus hat, bedeutet seine Verkündigung keine Überrumpelung und Überraschung, sondern eine ernste Mahnung und Veranlassung, den Akt zu vollziehen, der vielleicht schon lange aussteht und zu dem es – bei grundsätzlicher Ablehnung des »Jetzt« – doch wohl nie käme. Mit Recht tadelt Keller die »uferlosen Forderungen unpsychologischer Treiber«, die meinen, »jeden Menschen auf dem kürzesten Weg bekehren zu müssen«, die Hörer überfordern und zu einer Entscheidung heute pressen, und weist demgegenüber auf die Notwendigkeit einer *reifen*

---

[368] Vgl. Schaeder, »Das Wort Gottes«, 1930, 49; vgl. S. 373, Anm. 579.

Entscheidung hin[369] – aber diese kann doch getroffen werden! Gewiss darf sich der Evangelist, auch wenn er nach Keller im Wandel bewährt, von oben durch Gelegenheit und menschliches Entgegenkommen mit Erlaubnis und Vollmacht ausgerüstet, von Liebe erfüllt und selbstlos ist, sagen, dass *Gott* die Menschen bekehrt,[370] aber er *bekehrt* sie! Insofern wendet sich Schrenk ganz richtig gegen das Misstrauen der Unmittelbarkeit des Gnadenangebots und der Möglichkeit gegenüber, Gott in seinem *heute* gesprochenen Wort *heute* zu begegnen.[371] Ein Festlegen *Gottes* auf das menschlich ausgesprochene »Jetzt« als *einzige* und tatsächlich vorhandene Möglichkeit für *alle* Zuhörer kann nicht in Frage kommen; doch ändert dies nichts an dem Recht, das Jetzt bevollmächtigt den dafür in Betracht Kommenden zu verkündigen, wobei auch rednerisch-aktual *keine* die Ichbeziehung herstellende Äußerung der Predigt *allen* gilt. Ebenso wenig ist die reinliche Herausstellung des die Beziehung vollziehenden Menschenkreises – etwa durch die Bußbank (S. 286) – möglich; aber die Realität des *inneren* Vorgangs, wo er sich vollzieht, kann nicht bestritten werden, womit objektiv doch ein Menschenkreis bestimmt ist, für den das »Jetzt« zutrifft und eine volle Verheißung hat.

Die *objektive Gegebenheit des »Jetzt«* sehen die Evangelisten in dem großen, über alle Hinderungen, Vorbedingungen und Nachträglich-

---

[369] Kl. N. Netze 124. 123. 346.
[370] Kl. N. Netze 125.
[371] Schrk. Allein 11. Höret die Stimme der ewigen Liebe, höret die Stimme der ewigen Majestät und folget ihrem Rufe heute, ihr habt euch lang genug besonnen. Ich weiß, dieses »Heute« ist manchen Leuten ärgerlich; sie heißen es »unnüchtern«, »ungesund«. O wie weit sind wir gesunken! Wie selten ist der Glaube an die Majestät Gottes, an die Majestät seines Wortes! Man setzt der Menschen Majestät über Gottes Majestät. Wenn ein Sünder den andern ruft, so soll er sofort folgen; man soll nicht zwei- oder dreimal rufen müssen; ruft aber die ewige Majestät, so soll ich nicht sagen dürfen, folge dem Ruf *heute*, weil das jetzt nicht mehr Mode ist. Wenn der Apostel Petrus jetzt lebte, so dürfte er von seiner Pfingstpredigt keinen so entscheidenden Eindruck erwarten, er käme in Verruf. – Vgl. Schrk. Allein 12.

keiten grandios und souverän hinweggehenden Jetzt der Gnade und
des Heilswillens Gottes und der Nähe Christi, das, echt verkündigt,
zu einem »Jetzt« des Hörers führen kann. Texte wie »*Heute*, so ihr
seine Stimme höret ...«, »*Jetzt* ist die angenehme Zeit, *jetzt* ist der Tag
des Heils!« entsprechen dem und dienen gern zur Klarstellung des in
ihnen tatsächlich zum Ausdruck kommenden Willens Gottes, nicht
morgen oder einst, sondern heute zu erretten.[372] Besonders Wesley
versucht mit Beziehung auf diese Texte den Zuhörern einen Weg
zum Glauben zu eröffnen, indem er zeigt, dass Gott willig und fähig
ist, zu *jeder Zeit*, also auch jetzt, diesen seinen Willen auszuführen,
und zwar ungeachtet der Würdigkeit der zu Rechtfertigenden; ja,
gerade weil Leistungen und Verdienst nicht Vorbedingungen sind,
kann jeder – jederzeit – so wie er ist – kommen, sodass Glaube,
momentaner Stand und Jetzt eine unzertrennliche Dreiheit bilden.[373]
Bei aller Größe des Aspekts ist hier wohl doch nicht gesehen, dass
dies ein subjektives Moment in sich schließt, indem dieses Zusammenfallen der drei Größen in der Erkenntnis und im Ergreifen der

---

[372] Z. B. Md. Sel. S. 84, 12 Reden 152.
[373] Wl. S. S. II 457; Nast I 143. Der Glaube ist eine göttliche Gewissheit und Überzeugung, dass Er fähig und willens ist, (das Verheißene) jetzt zu tun. Und warum
nicht? Ist für Ihn nicht ein Augenblick wie tausend Jahre? Er kann nicht mehr
Zeit benötigen, um alles zu vollenden, was sein Wille ist. Und er braucht nicht zu
warten auf mehr *Würdigkeit* oder *Tüchtigkeit* bei den Menschen, die zu ehren ihm
wohlgefällt. Wir können daher kühnlich zu jedem Zeitpunkt sagen: »Nun ist der
Tag des Heils.« »Heute, so ihr seine Stimme höret, so verstocket eure Herzen
nicht.« »Seht, es ist alles bereit; kommt zur Hochzeit!« – Wl. S. S. II 459; Nast II
144. Du sollst nicht enttäuscht werden in deiner Hoffnung: Es (das große
Werk Gottes in der Seele) wird kommen und wird nicht verziehen. So sehe ihm
jeden Tag, jede Stunde, jeden Augenblick entgegen! Warum nicht in dieser
Stunde, in diesem Augenblick? Ganz gewiss kannst du es *jetzt* erwarten, wenn du
glaubst, dass es den Menschen im Glauben zuteil wird ... Wenn du es im Glauben
suchst, magst du es erlangen, *wie du bist*; und, wenn wie du bist, so erwarte es
jetzt. Es ist wichtig, zu beachten, dass ein untrennbarer Zusammenhang zwischen
diesen drei Punkten besteht. Erwarte es im *Glauben*; erwarte es, *wie du bist*; und
erwarte es *jetzt*. Eines leugnen, hieße alles leugnen; eines zugestehen, heißt alles
zugestehen.

Hörer schon eine Wirkung des Geistes ist, die ihre persönliche Voraussetzung zwar nicht im Verdienst, aber im inneren Lebensstand des Betreffenden hat. Aber gewiss ist es wichtig, die objektive Gegebenheit des »Jetzt« zu verkündigen, da die innerlich dafür Bereiten oft gerade dieses Blicks in die von Gott aus bestehende Möglichkeit entbehren. So weist Moody darauf hin, dass Christus *jetzt* jedem ernstlich Suchenden nahe ist.[374] Ja, Wesley erhebt sich vermutlich im Bewusstsein der Größe der Stunde und der Zeit zur apokalyptischen Aussage, dass *nun* die Stunde der Erweckung aus den Toten durch die Stimme des Sohnes Gottes gekommen sei, wobei er allerdings diesen Anspruch nicht auf seine Predigt beschränkt, sondern jeder wahren Verkündigung im Blick auf den Heilswillen Gottes, dessen Auswirkung sie ist, zumisst.[375]

Dem entspricht die *Verkündigung des Tuns Gottes »jetzt« unter dem Wort*. Die Evangelisten weisen sowohl auf die Aktualisierung des objektiven Jetzt im pneumatischen Gegenwärtigsein und Wirken Gottes und Christi während des gegenwärtigen Moments der Rede als auch auf die Auswirkung dieser Gegenwart (S. 342 ff.) auf die Hörer und ihre Spiegelung im Empfinden derselben hin und nehmen sie zum Anlass, das heilsame »Jetzt« der Stunde deutlich und glaubhaft zu machen. Hierbei wird zart unterschieden zwischen der Aussage: *weil* ich jetzt rede und *während* ich jetzt rede, ist die heilsame Zeit; nur die letztere wird gewagt.

Whitefield (vgl. S. 229 ff., Anm. 165 Ende), Moody und Keller weisen demnach auf das gleichzeitige Gegebensein der rettenden Mög-

---

[374] Md. 12 Reden 135. Wenn ich meine Bibel richtig verstehe, so darf einer, der das Evangelium predigt, nicht sagen: Suchet Christus morgen oder auch nur: in einer Stunde, sondern *jetzt*. Er ist jedem von uns in dieser Minute nahe mit seinem Heil. Wenn die Leute ohne weiteres zu Gott kämen, aber auch allen Ernstes, so würden sie alsbald den Sohn Gottes an ihrer Herzenstür klopfen hören.

[375] Wl. Jn. II 182.

lichkeit mit ihrer Rede hin.[376] Der Letztere verknüpft damit den
Appell an die persönliche Empfindung, während er sonst gleich den
andern die objektiv mit dem Wort gegebene Rettungsmöglichkeit
betont, die er unter dem Bild eines »Rettungsseils« darstellt.[377] Bei
ihm wie bei Wesley bleibt die pneumatische Tatsächlichkeits- und die
Fühlensseite des Vorgangs in der Schwebe, wie das dem untrenn-
baren Ineinander dieser beiden Gegebenheiten entspricht.[378]

Bei der Verkündigung der Heilsbotschaft, des Heilswillens und des
Heilstuns Gottes für das Jetzt der Stunde werden die *Folgerungen des*
»Jetzt« für die Zuhörer ausdrücklich gezogen. Die hier festzustel-
lende weitgehende Parallelität zur *allgemeinen* Aufforderung zum
Glaubensakt (S. 286 ff.) erklärt sich daraus, dass in dieser und überhaupt in jedem Nahelegen von Folgerungen schon der Gedanke an
alsbaldigen oder sofortigen Vollzug spannungsmäßig enthalten ist.

So wird von dem Prediger der Schritt zu der Vergewisserung
getan, dass den Zuhörern diese Stunde jetzt gegeben sei als Stunde
der Entscheidung (vgl. S. 285 f., Anm. 343), als Zeit des »Aufgangs

---

[376] Md. 12 Reden 48. Die Gabe Gottes ist das ewige Leben und diese Gabe bietet er
auch heute Abend an. Wer will sie? Wer verlangt danach? Wer will die Gabe Got-
tes annehmen? Ergreift, während ich zu euch rede, ergreift das ewige Leben;
empfangt die Gabe Gottes und zieht fröhlich eure Straße! – Kl. N. Netze 290 f.
Jetzt eben, während ich rede, bietet Jesus solche Seligkeit ... an. Gib doch schärfer
Acht! Es gilt dir! Eben rauscht dir entgegen in starken süßen Akkorden die ganze
Harmonie, die dir fehlt! ... Gib dich dem geheimen Zuge hin, der dich ergreift ...
Wenn sich das Himmelreich eben tatsächlich euch zuneigt, werdet ihr eure
Stunde verstehen? Da hebt sich ein Kopf, da fangen ein paar Augen an in seinem
Verständnis zu glühen. – Greift zu! Nehmt's an!

[377] Kl. Schleudersteine 91. Augenblicke entscheiden schließlich auch deine Ewigkeit.
Der Herr begegnet dir jetzt. – Seine Hand berührt dich, das Rettungsseil, das er
dir zuwirft, streift dich. Greif zu!

[378] Wl. S. S. II 419; Nast II 200. Er ist nicht fern von einem jeglichen unter uns und er
ist nun gekommen, nicht um die Welt zu verdammen, sondern sie zu retten. Er
steht in unserer Mitte! Sünder, klopft er nicht jetzt, eben jetzt an deine Herzenstür? O, dass du erkennen möchtest, zu dieser deiner Zeit, was zu deinem Frieden
dient!

aus der Höhe«,[379] als »dieser ihr Tag«.[380] Aus all den möglichen Augenblicken kommt *kein anderer, sondern dieser* in Frage und trägt das Heil in sich. Dies wird besonders im Blick auf das Verschieben gesagt,[381] sodass die Begrenzung des Zeitpunkts keine absolute ist, sondern nur die Willkür verneinen und die jetzt gegebene Heilsmöglichkeit bejahen will. Moody bezeichnet das Streben nach dem Reiche Gottes als das Wichtigste und fordert den über seine Lebensrichtung noch Zweifelnden in dramatischer Steigerung auf, die Menschen seiner Umgebung zu fragen, was vor allem zu tun sei, den Geistlichen neben ihm, seine fromme Mutter, seine betende Schwester, den fürbittenden Freund, ja den, der zur Rechten Gottes sitzt, und selbst die Bewohner der Unterwelt – und Himmel, Erde und Hölle werden ihm einstimmig die Antwort geben, *sofort* nach dem Reiche Gottes zu trachten, es nicht anstehen zu lassen, keinen Augenblick, keine Woche, keinen Monat, und »Gott anzurufen, solange er nahe ist«.[382] Der Evangelist kann sich mit der Anschauung nicht befreunden, es dauere sechs Monate, sechs Wochen oder sechs Stunden, bis man sich bekehrt habe. Das Umkehren nehme keine Zeit in Anspruch, und wenn man sich auf dem falschen Weg erkannt habe, warum nicht *auf der Stelle* kehrtmachen? »Wenn du noch nicht zu Gott umgekehrt bist, so kehre *jetzt* um!«[383] Auch Finney erachtet

---

[379] Wl. S. S. I 145; Nast 336. Ich gebe zu, es wäre, wenn der Herr sein Kommen verzögern sollte, angebracht und richtig, auf sein Erscheinen zu warten. Aber es ist nicht notwendig, das anzunehmen. Woher weißt du, dass er verziehen will? Vielleicht wird er gleich dem Aufgang aus der Höhe erscheinen, vor dem Morgenlicht. O, bestimme ihm keine Zeit! Erwarte ihn jede Stunde. Jetzt ist er nah! Gerade vor der Tür!

[380] Md. S. S. 81; 12 Reden 146. Mein Freund, dies ist nun heute dein Tag. Ich glaube, dass jeder Mensch seinen Tag hat. Du hast ihn gerade jetzt! Warum Ihn nicht gerade jetzt anrufen? Sage wie der arme Schächer: »Herr, gedenke an mich.«

[381] Wf. S. 372. O, warum willst du das große Werk deiner Buße versäumen? Schiebe es auch nicht einen Tag länger auf, sondern heute, gerade jetzt nimm diesen Christus an, der dir frei angeboten wird.

[382] Md. Sel. S. 83; 12 Reden 151.

[383] Md. Ov. Life 46.

es für die Sache eines Moments, das Herz Gott zu übergeben und den Entschluss zu fassen, Gott zu dienen und zu lieben[384] – wobei allerdings dieser Moment ein sehr bedeutsamer ist!

Wesley ruft dazu auf, an dem frei zugänglichen Born sich zu waschen[385] und im jetzigen Augenblick und im jetzigen Stand dem Evangelium zu glauben,[386] ja Finney folgert in der besonderen Wendung seiner Botschaft aus der großen *Möglichkeit* des jetzigen Zeitpunkts die *Pflicht* der augenblicklichen Bekehrung und Unterwerfung (S. 243 f.). Er selbst hat bei seiner Bekehrung die innere Frage: »Willst du das Heil annehmen? – heute? – in diesem Augenblick?« – mit »Ja, heute noch, und wenn ich darüber sterben müsste« beantwortet und diesen Grundzug seines entschlusskräftigen, totalen Handelns für seine Verkündigung beibehalten.[387]

Selbst der sehr nüchterne Schrenk präzisiert den Ruf, zu Jesus zu kommen, auf den heutigen Tag und jetzigen Augenblick, da auch für ihn das Inhaltliche der Botschaft wie das Antworten des Sünders erst im Erfassen *dieser* Gnade zu *dieser* Zeit aktuell wird.[388]

e) Zur Frage der Bekehrungspredigt

Die evangelistische Predigt wird im landläufigen Urteil gern als Bekehrungspredigt verstanden, und zwar so, als ob der Ruf zur Bekehrung mit Vorliebe oder unausgesetzt erschalle. Es ist auffallend, wie selten bei den Führenden der Evangelisation die Forderung der

---

[384] Fn. G. Th. 76.

[385] Wl. S. S. I 144; Nast II 336.

[386] Wl. S. S. I 146; Nast II 337. »Das Wort des Glaubens ist dir nahe«: Jetzt, in diesem Augenblick, in dem gegenwärtigen Moment und in deinem jetzigen Zustand, als ein Sünder, der du bist, und gerade so, wie du bist, glaube an das Evangelium.

[387] Fn. 1921, 133. 149. 164. 269; 13.

[388] Z. Th. K. 1897, 284 (Grünberg). Schrenk sagte gelegentlich: Er habe nie gelesen, dass die Apostel forderten: »Morgen oder übers Jahr sollt ihr euch bekehren«, vielmehr stehe geschrieben: »Heute, so ihr meine Stimme höret, verstocket eure Herzen nicht.«

Bekehrung *ausdrücklich* erhoben wird, wie wenig das Wort »Bekehrung« und »bekehren« überhaupt vorkommt. Die *Sache* wird, wie sich zeigte, in der Tat durch das evangelistische Handeln an die Hörer herangetragen. Aber die Botschaft wird inhaltlich und die Vermittlung psychologisch gestaltet, sodass der Blick einerseits durch das Evangelium auf Christus und Gott, der alles wirkt, andererseits auf den *jetzigen* Stand des Wegs und das *jetzt* zu Tuende fällt; jedoch wird aus der Bekehrung kein Dogma gemacht und *dieses* vor Augen gestellt. Die Äußerungen der Evangelisten zeigen ein feines Verständnis für den Bekehrungsvorgang im Einzelnen (S. 146), aber sie sind als seelsorgerliche Hilfe und nicht als beschränkende Lehre oder gar Zwang gedacht. Ein »Methodismus« in diesem schematischen Sinne wird von Wesley ausdrücklich abgelehnt und sowohl das Vorschreiben von Zeit, Stunde und Mitteln Gott gegenüber wie das Hineinzwängen des Hörers in *eine* bestimmte Form des seelischen Geschehens als dem nicht gebundenen Walten der Gnade und der persönlichen Freiheit des Menschen widersprechend abgewiesen. Niemand soll ein »feuriger, verfolgender Schwärmer« werden, der Menschen auf die Wege Gottes zwingt; nur durch Vernunft, Wahrheit und Liebe soll versucht werden, auch die entferntest Stehenden zur Umkehr zu bewegen.[389] – Der Hergang der Bekehrung wird, *wo* er einmal dargestellt wird, in den äußeren Umrissen allerdings übereinstimmend beschrieben,[390] doch sind damit nur die allgemeinen Grundlinien und nicht der wirkliche Verlauf im Einzelnen oder gar die Forderung *dieses* Ablaufs ausgesprochen. Durch die später namentlich von Moody u. a. zahlreich gebrauchten Bekehrungsgeschichten ist allerdings ein gewisses Paradigma der Bekehrung gegeben, doch weist dieses die Übereinstimmung wie die noch unstilisierte Mannigfaltigkeit des Lebens auf, die in der seelsorgerlichen Arbeit sichtbar wurde und die auch in den vielfachen Einkleidungen

---

[389] Wl. S. S. I 258 f., II 102; Nast I 343 f. 359.
[390] Z. B. Wf. S. 158 f.; Wl. S. S. I 257; Nast I 351; vgl. S. 293, Anm. 353; S. 307, Anm. 391; ebd., Anm. 392; S. 369, Anm. 575; S. 374, Anm. 582.

und Vermittlungsweisen des bisher dargestellten angreifenden, werbenden und fordernden Handelns der Evangelisten zum Ausdruck kommt.

4. Das bevollmächtigt-richterliche Handeln

Wie die Verkündigung des »Jetzt« dem allgemeinen evangelistischen Ruf gegenüber ein neues Moment enthält, so stellt auch das in Vollmacht erfolgende Aussprechen und Zusprechen der letzten Kategorien ein besonderes Stück evangelistischer Stellungnahme gegenüber der allgemeinen Verkündigung der totalen Kategorien (S. 240-242) und der Größe des Aspekts (S. 169. 222 ff.) dar. War dort die Beziehung auf die gegenwärtige »Zeit« das Wesentliche, so hier die auf die Menschen einer bestimmten inneren Situation. Und zwar wird das göttliche Tun und der göttliche Wille kraft göttlichen Auftrags in unmittelbare Verbindung gebracht mit der schon erfolgten inneren Entscheidung oder der Totalität der Haltung, die ein solches Wort ermöglicht, ja herausfordert. Dieses Handeln stellt nicht eine menschliche Eigenmächtigkeit, sondern ein Aussprechen *und damit* Aktualisieren dessen dar, was ist und gilt. Die letzte Perspektive wird als *Wahrheit*, als zutreffende Wirklichkeit *eröffnet*, nicht nur als allgemeine Möglichkeit rednerisch vermittelt, der Totalität des menschlichen Seins eine Totalität des *diesem* Sein gegenüber so handelnden göttlichen Verhaltens entgegengesetzt. Das »Wenn« des Vordersatzes, in dem die menschliche Haltung umschrieben wird, ist dem Nachsatz gegenüber, der die Folgen in sich begreift, nicht als Bedingung, sondern als Feststellung gemeint; die »Betreffenden« sind die Betroffenen, nämlich die vom göttlichen Ja oder Nein Betroffenen. Sie stellen keine ideelle, sondern eine existenzielle Kategorie dar, sind kein gedachter, sondern ein wirklicher Kreis.

Wir sehen eine Aktualisierung des richterlichen und rettenden göttlichen Handelns im Wort. Sie ist das Binden und Lösen wie in der Seelsorge, so in der Verkündigung. Das bevollmächtigt-richterliche

Handeln vollzieht sich, statistisch nicht nachweisbar, unter dem Wort an einem realen Menschenkreis und ist von objektiver Gültigkeit, der gegenüber die subjektive Anerkennung oder Erkenntnis von zweitem Range ist.

a) Das Zusprechen der Gnade

Die innere Lage der Hörer wird von dem Evangelisten in den Gnadenruf hineingenommen. Ihre Bußgesinnung,[391] ihr Bewusstsein der Verlorenheit,[392] ihr Suchen nach Leben,[393] ihre Entscheidung

---

[391] Wl. S. S. I 158; Nast I 13. Wenn zu dieser lebendigen Überzeugung von deinen inneren und äußeren Sünden, von deiner äußersten Schuld und Hilflosigkeit die entsprechenden Empfindungen hinzukommen: Herzensbetrübnis darüber, die dir zugedachte Gnade verschmäht zu haben; Gewissensangst und Selbstverdammnis, wo nun dein Mund verstopft ist; Scham, auch nur deine Augen zum Himmel zu erheben; Furcht vor dem Zorn Gottes, der über dir bleibt, vor seinem Fluch, der über deinem Haupte hängt, und vor dem feurigen Zorn, der bereit ist, die zu verschlingen, die Gott vergessen und unserm Herrn Jesus Christus nicht gehorchen; ein ernster Wunsch, diesem Zorn zu entfliehen, vom Bösen abzulassen und zu lernen, Gutes zu tun; – dann sage ich dir im Namen des Herrn: »Du bist nicht ferne vom Reich Gottes.« Noch ein Schritt und du sollst darein eingehen. Du »tust Buße«; nun »glaube an das Evangelium!«.

[392] Wl. S. S. I 130; Nast II 317 f. Thou ungodly one, who hearest these words! Thou vile, helples, miserable sinner! I charge thee before God the judge of all, go straight unto Him, with all thy ungodliness. Take heed thou destroy not thy own soul by pleading thy righteousness, more or less. Go as altogether ungodly, guilty, lost destroyed, deserving and dropping into hell; and thous shalt then find favour in His sight, and know that He justifieth the ungodly. As such thou shalt be brought unto the *blood of sprinkling*, as an undone, helpless, damned sinner. Thus *look unto Jesus!* There ist *the Lamb of God*, who *taketh away* thy *sins*! Plead thou no works, no righteousness of thine own! No humility, contrition, sincerity! In no wise. That there were, in very deed, to deny the Lord that bought thee. No: plead thou singly the blood of the covenant, the ransom paid for thy proud, stubborn, sinful soul. Who art thou, that now seest and feelest both thine inward and outward ungodliness? Thou art the man! I want thee for my Lord! I challenge *thee* for a child of God by faith! The Lord hath need of thee. Thou who feelest thou art just fit for hell, art just fit tho andvance His glory; the glory of His free grace, justi-

für Christus,[394] dies alles als Ausdruck einer inneren Wende und nicht nur einer vorübergehenden Stimmung, ist für die Zusprache der Gnade wesentlich. Die Verknüpfung ist, wie bemerkt, nicht die zwischen Ursache und Folge, auch nicht die von Verbindung und Erfüllung, sondern eine psychologisch-pneumatische: Das Bewusstmachen des Innenzustandes, der geistlichen Situation, und zwar nach dem Realitäts- und Tiefengehalt, soll als Ausgangspunkt für die glaubensmäßige Herstellung der Ichbeziehung zwischen dem Hörer und der diesem Zustand zugesprochenen Gnade dienen; Realität

fying the ungodly and him that worketh not. O come quickly! Believe in the Lord Jes, and thou, even thou, art reconciled to God. – – – Du gottloser Mensch, der du diese Worte hörst, du elender, hilfloser, erbärmlicher Sünder! Ich lade dich vor Gott, den Richter über alle, gehe geradewegs zu ihm mit all deiner Gottlosigkeit. Nimm dich in Acht, dass du nicht deine eigene Seele zugrunde richtest, indem du deine Gerechtigkeit mehr oder weniger verteidigst. Gehe als ein völlig Gottloser, Schuldiger, Verlorener, Verderbter, der Hölle wert und verfallen und du wirst Gnade vor seinem Angesicht finden und erkennen, dass Er die Gottlosen rechtfertigt. Als solcher wirst du unter das *Blut der Besprengung* kommen, als ein verlorener, hilfloser, verdammter Sünder. So *schaue auf Jesus*. Hier ist *das Lamm Gottes*, das deine Sünden hinwegnimmt. Berufe dich auf keine Werke, auf keine eigene Gerechtigkeit! Auf keine Demut, Zerknirschung, Aufrichtigkeit! In keiner Weise! Das hieße wahrlich den Herrn verleugnen, der dich erkauft hat. Nein, berufe dich einzig auf das Blut des Bundes, auf das Lösegeld, das für deine stolze, verstockte, sündige Seele bezahlt wurde. Wer bist du, der du jetzt deine innere und äußere Gottlosigkeit siehst und fühlst? Du bist der Mann! Ich brauche dich für meinen Herrn! Ich rufe dich auf, im Glauben, ein Kind Gottes zu werden! Der Herr bedarf deiner! Du, der du fühlst, dass du für die Hölle gerade recht bist, bist gerade dazu geeignet, seinen Ruhm zu vermehren, den Ruhm seiner freien Gnade, die den Gottlosen rechtfertigt und den, der nicht mit Werken umgeht. O komm schnell! Glaube an den Herrn Jesus, und du, gerade du, bist versöhnt mit Gott.

393 Md. Way Home 31. Wenn du das Leben suchst, kannst du es jetzt haben, wie du auf deinem Stuhle sitzest.

394 Kl. Mschfr. 291. Nein, er will dich nicht hinausstoßen! Mit dem Augenblick, wo er es sieht, dass du dich für ihn entscheidest, tritt's klar hervor, wie er schon lange sich für dich entschieden hatte und dich liebte mit aller Kraft seiner Seele. »Wer zu mir kommt, den werde ich nicht hinausstoßen.« – Kl. Furche 97. Dieser oberste Richter heißt Jesus und er hat dir eben sein Heimlichstes offenbart: Er hat dich lieb! Du sollst nicht verloren gehen!

stößt zu Realität. Sind jene Tatbestände schon das Werk Gottes, so erfahren sie nun ihre Bestätigung und Erfüllung in der Gnadenzusprache.

Die Verwendung von psychologischen Formeln legt an sich die Einsicht in die Voraussetzungslosigkeit der Zusage nicht nahe, ja erschwert sie eher; es zeigt sich aber aus den angeführten Redestücken, dass dem Hörer eine pneumatische Sicherheit mitgegeben wird, sobald er das Zugesagte glaubensmäßig ergreift und es ihm dadurch nicht menschlicher Ausspruch, sondern göttliches Wort wird. – In gleicher, schwebender Unabgegrenztheit liegt für den Redner das Hinübergehen ins Pneumatische, ja Prophetisch-Bevollmächtigte vor (vgl. S. 174, Anm. 45 und S. 175, Anm. 48).

Ein anderer, aber nur durch die Art der Umschreibung verschiedener Ausgangspunkt ist bei der Zusage der Gnade auch für die Verworfensten gegeben. Ist es dort die innerlich gegenwärtige, so hier die äußerlich dokumentierte Verlorenheit, die einen vollen und ganzen Ruf an die nicht mehr vor sich selbst, aber durch die Gnade zu Rechtfertigenden ermöglicht. »Die Verworfenen des Teufels«,[395] stadtbekannte Sünder wie Zachäus und Magdalena[396] (S. 270, Anm. 301), die »Liederlichsten der Gasse«,[397] die von Vater, Mutter und Frau Verstoßenen, am tiefsten Gesunkenen, auf denen kein mitleidiges Auge ruht,[398] erhalten das Heil zugesagt, wenn sie nur zu Jesus kommen. Auch hier dürfte sich die bedingte Zusage bei vielen in eine unmittelbare Zusage verwandelt haben, sodass die Totalität des Gnadenangebots (S. 216) ihre einzelne Bewährung fand.

---

[395] Ty. Wf. II 224; Witt, »Der ewig reiche Gott« II 708.
[396] Wl. S. S. I 49; Nast II 273. Was? Gnade für alle? Für Zachäus, einen öffentlichen Räuber? Für Maria Magdalena, eine gemeine Dirne? Ich höre jemanden sagen: »Dann kann auch ich, selbst ich auf Gnade hoffen!« Ja, das kannst du, du Betrübter, den nichts trösten kann! Gott wird dein Gebet nicht verwerfen ... Welches immer deine Sünden seien, ob sie »rot wie Scharlach«, ob ihrer mehr als Haare auf deinem Haupte wären, »bekehre dich zum Herrn, so wird er sich dein erbarmen, und zu unserm Gott, denn bei ihm ist viel Vergebung«.
[397] Md. Sel. S. 56; 12 Reden 106.
[398] Md. Ov. Life 104, Überw. 122.

b) Das Zusprechen des Gerichts

Noch deutlicher als beim Zusprechen der Gnade tritt die apodiktische Art bevollmächtigt-richterlicher Verkündigung in der Eröffnung der totalen negativen Perspektive zutage. Ist dort das freie, positive Ja nicht an die Bedingung, aber an die Tatsache der für den Hörer und den Redner selbst nicht immer in ihrer Totalität einsichtigen Glaubenshaltung gebunden und daher in der äußeren Form verklausulierter, so kann dem unbedingt Ablehnenden mit offeneren Worten das auf ihn wartende Gericht voraus- und zugesagt werden, wenngleich auch hier die Rücksicht zumeist eine Einkleidung und potenzielle Einschränkung veranlasst. Ein Erfassen dieses richterlichen Spruches wird freilich nicht mit derselben Klarheit eintreten wie bei dem das Moment der Gewissheit in sich tragenden Glauben an das gnädige Wort, ja die Verurteilung wird Ablehnung finden. Nichtsdestoweniger ist das Aussprechen derselben ein Teil des richterlichen göttlichen Handelns, wie überhaupt in der Predigt dem *Aussprechen* gewisser, objektiver Tatbestände (S. 176 f.) eine bestimmte Bedeutung zukommt, ohne Rücksicht auf Anerkennung oder Nichtanerkennung durch die Hörer.

Es ist oft eine ganz gewaltige Note, die in den Buß- und Gerichtstexten der Prediger mitklingt. Der grandiose Aspekt wird zur furchtbar eindrücklichen Wahrheit, das erhabene Pathos zu unmittelbarer Gegenwärtigkeit. Die Verkündigung des Gerichtes ist ein Stück Vorausnahme des ewigen Gerichts und trägt gleich diesem den Charakter der Furchtbarkeit an sich. Besonders bei Finney ist diese numinose Färbung zu bemerken.

Es rückt also nicht der gegenwärtige, sondern der zukünftige Zorn Gottes in den Blickpunkt, nicht seine Beurteilung der Sünde *jetzt* und seine Strafe *jetzt* (S. 240 ff.), sondern die Verdammnis als endgültiger Abschluss eines der Sünde schon immer widerstehenden Tuns Gottes.

Whitefield verbindet höchst eindrücklich die Sünden der einzelnen Gegner und Widersacher der Wahrheit mit dem auf sie wartenden Gericht; ein Tophet ist ihnen bereitet, das nie erlöscht[399] – ein Beispiel reiner Gerichtsverkündigung. Wesley stellt gleich Finney den Hörer an den Rand des brennenden Abgrunds, um ihm die unerhörte Realität und dringende Gefahr dieses letzten Geschicks zu vergegenwärtigen (s. S. 254, Anm. 253). Wenn Finney[400] den Blick

---

[399] Wf. S. 251. Wo willst du Sabbatbrecher erscheinen? Der du es fertig bringst, dir dein Vergnügen, deine Unterhaltung an des Herrn Tag zu suchen? Der du es ablehnst, das Wort Gottes zu hören, und nicht zur Kirche zu kommen willens bist, um in den Wegen des Herrn unterwiesen zu werden? Wo wollt ihr erscheinen, ihr Ehebrecher, Hurer und dergleichen in diesem Geschlechte? Die Hurer und Ehebrecher wird Gott richten, er wird sie verdammen. Dann werdet ihr das alles nicht mehr »Jugendstreiche« nennen. Nein, ihr werdet die Felsen und Berge anrufen, über euch zu fallen und euch vor dem Zorn und Grimm des Herrn zu verdecken. Wo willst du, o Mensch, erscheinen, der du dir ein Vergnügen daraus machst, über die Sünde zu spotten, jeden Tadel verächtlich von dir weisest, mit deinen Witzen um dich wirfst wie ein Verrückter mit Feuer und nicht danach frägst, ob du nicht selbst zu Spott wirst? Wo willst du, o Mensch, erscheinen, der du es dir zur Aufgabe machst, gegen die Kinder des Allerhöchsten zu predigen, der du stets neue Mittel ersinnst, wie du den Fortschritt des Evangeliums aufhalten kannst, und dir alle Kraft und Mühe gibst, seine Verkündigung zu unterdrücken! Der du üble Gerüchte aufbringst gegen die Jünger Christi und sie für Wahnsinnige, Verrückte, Abtrünnige und einen Haufen Pöbel ansiehst? Du, Mann, mit all deiner Buchstaben-Gelehrsamkeit wirst gewisslich den Richterstuhl Christi erblicken, aber vielleicht in schmerzlicher Weise und gegen deinen Willen, nämlich um durch ihn ins ewige Feuer geworfen zu werden, das bereitet ist dem Teufel und seinen Engeln. Dort ist ein brennender Tophet, vom Zorn eines rächenden Gottes entzündet, der nie, niemals erlischt. Die Teufel verlangt danach, euch alle in ihre höllische Umarmung zu nehmen, wenn einmal der Urteilsspruch gefällt ist, wo ihr dann auf ewig die Last eurer Sünde tragen müsst: Dann gibt es keine Versöhnung mehr; der Tag der Gnade ist vorüber; das Tor der Hoffnung ist verschlossen; Gnade wird euch nicht mehr angeboten werden; nein, ihr müsst auf ewig von der Gemeinschaft mit Gott ausgeschlossen sein. O, wer kann weilen in ewigen Gluten?

[400] Fn. G. Th. 56. Sünder, du kannst noch diesem furchtbaren Geschick entrinnen. Dies ist der Grund, weshalb Gott die Hölle in seinem zuverlässigen Wort offenbart hat. Und nun soll diese Offenbarung an dir umsonst und schlimmer als umsonst sein? – – – Was würdest du denken, wenn diese ganze Versammlung durch eine unwiderstehliche Macht dich an den Abgrund der Hölle selbst genötigt würde. Aber gerade wenn es schiene, dass wir alle über den schrecklichen Rand hinabgestoßen würden, würde ein Engel herbeieilen und laut wie mit seraphischer Posaune rufen: »*Heil ist möglich – Ehre sei Gott*«; »***Ehre sei Gott, Ehre***

vom Höllenschlund auch hinüberlenkt zum erbarmenden Christus, so ist die Verdammnis des Sünders doch unmissverständlich ausgesprochen und gerade hierdurch hervorgehoben. Ebenso wirkt die Schilderung des Todeskampfes eines unselig dahinfahrenden Sterbenden für den in gleicher innerer Lage Befindlichen als Gerichtsankündigung.[401] Das große Verstummen der stets zu Entschuldigungen bereiten Sünder vor dem auf ihre letzte Selbstrechtfertigung wartenden Gott wird am Tage der rollenden Donner das Schicksal auch vieler Hörer sein.[402] Für sie wird die Stunde der Urteilsvollstreckung

---

sei Gott!« – – – Du rufst laut: Ist das wirklich möglich? Ja, ja ruft er, lass mich dich in meine ausgebreiteten, liebevollen Arme nehmen und dich Jesus zu Füßen tragen, denn Er kann und will dich erretten! – – – Ist dies alles nur Geschwätz? O, wenn ich meine Lippen mit dem Tau des Himmels netzen und meine Zunge in seine Quellen der Beredsamkeit tauchen könnte, selbst dann vermöchte ich nicht diese Realitäten zu beschreiben.

[401] Fn. G. Th. 35. O, wenn ich euch nur einiges von den Szenen am Sterbebett zu erzählen vermöchte, deren Zeuge ich war – wenn ich sie euch sehen lassen und euch diese tiefen Klagen unaussprechlicher Qual hören lassen könnte, als die Seele zitterte und bebte und am liebsten ins Nichts zusammengeschrumpft wäre vor dem schrecklichen Auge – und schnell zur Hölle hinabgerissen wurde! Das sind dieselben Menschen, die vor der Gnade flohen! Die Gnade vermochte sie nicht zu ereilen, aber der Tod kann es. Der Tod ergreift sein Opfer. Sieh, er schleppt die erschrockene, schreiende Seele zum Todweg der Hölle; wie diese Seele zurückbebt – stöhnt – welch ein unirdisches Stöhnen – und der Mensch ist tot. Das Todesurteil ist ergangen und einen Aufschub gibt es nicht. Dieser Sünder wollte keine Gnade, solange er sie haben konnte. Nun kann er keine haben, auch wenn er sie wollte. Alles ist nun vorbei.

[402] Fn. G. Th. 100. How can you stand before God in the judgement, if your excuses ar so mean that you cannot seriously think of bringing one of them before God in this world? O, sinner, that coming day will be far more searching and awful than anything you have seen yet. See that dens mass of sinners drawn before up the great white throne – far as the eye can sweep they come surging up – a countless throng; and now they stand, and the awful trump of God summons them forward to forth their excuses for sin. Ho sinners – any one of you, all – what have you to say why sentence should not be passed on you? Where are all those excuses you were once so free and bold to make? Where are they all? Why don't you make them now? *Hark!* God waits; He listens; there is silence in heaven – all through the congregated throng – for half an hour – an awful silence – that may

kommen, wie ein die Gnade ständig ablehnender Verbrecher schließlich zur Hinrichtung geführt wird, und das All stimmt dem rechten Spruch zu.[403] Die Totenglocke der Ewigkeit wird geläu-

be felt; but not a word – not a moving lip among the gathered myriade of sinners there; and now the great and dredful Judge arises and lets loose His thunders. O, see the waves of dire damnation roll over those ocean-masses of self-condemned sinners! Did you ever see the judge rise from his bench in court to pass sentence of death on a criminal? There, see, the poor man reels – he falls postrate – there is no longer any strength in him, for death is on him and his last hope has perished!O, sinner, when that sentence from the dread throne shall fall on thee! Your excuses are as millstones around your neck as you plunge along down the sides of the pit to the nethermost hell! – – – Wie kannst du vor Gott im Gericht bestehen, wenn deine Entschuldigungen so armselig sind, dass du nicht im Ernst daran denken kannst, auch nur eine einzige von ihnen auf dieser Welt vor Gott zu bringen? O Sünder, jener kommende Tag wird das Verborgene tiefer enthüllen und schrecklicher sein als alles, was du je gesehen hast. Sieh, wie diese dichte Masse von Sündern hinauf vor den großen, weißen Thron gezogen wird – so weit das Auge reicht, kommen sie heraufgebrandet, eine zahllose Schar. Und nun stehen sie still und die schreckliche Posaune Gottes ladet sich nach vorn, um ihre Entschuldigungen für die Sünde vorzubringen. O Sünder – jeder einzelne von euch und ihr alle zusammen –, was habt ihr zu sagen, aus welchem Grund der Urteilsspruch nicht über euch gefällt werden sollte? Wo sind nun alle eure Entschuldigungen, die ihr einst so frank und frei vorbrachtet? Wo sind sie nun alle? Warum bringt ihr sie jetzt nicht vor? *Horch*! Gott wartet. Er lauscht! Es herrscht Stille im Himmel – über die ganze versammelte Menge hin – bei einer halben Stunde – eine schreckliche Stille – man kann sie fühlen. Aber kein Wort – keine Lippe, die sich rührt unter diesen Myriaden von Sündern. Und nun steht der große und furchtbare Richter auf und löst seine Donner. O, sieh diese Wogen schrecklicher Verdammung über diese Meeresmassen von selbstverdammten Sündern hinwegrollen. Hast du je den Richter von seiner Bank bei Gericht aufstehen sehen, um das Todesurteil über einen Verbrecher zu fällen? Sieh dort, der arme Mann taumelt – er fällt der Länge nach zu Boden – es ist länger keine Kraft mehr in ihm, denn der Tod schwebt über ihm, und seine letzte Hoffnung ist dahin. – O Sünder, wenn dies Urteil vom Thron des Schreckens über dich gefällt werden wird! Deine Entschuldigungen sind dann wie Mühlsteine um deinen Hals, wenn du am Rand der Grube entlang hinabsinkst in die unterste Hölle.

[403] Fn. G. Th. 144. Aber lasst uns nun der Hinrichtung einiger dieser Sünder aus unserer Versammlung beiwohnen. Ihr werdet aufgefordert, zur Hinrichtung herauszutreten. Wir sehen den Boten. Wir hören das Urteil verlesen. Wir sehen, dass deine verhängnisvolle Stunde gekommen ist. Sollen wir uns umdrehen und Gott fluchen? *Nein, nein! Derartiges werden wir nicht tun. Wenn dein Fallbeil fällt*

tet – »eine Seele mehr ist zu ihrem ewigen Begräbnis eingegangen«.[404]

Ist die Form der Darbietung hier auch ebenso großartig wie erschreckend, so ist doch an dem Ernst der darin enthaltenen Perspektive nicht vorbeizusehen (S. 217 f.). Es liegt vollmächtige Predigt vor, die der persönlichen Beziehung zum Hörer sicher sein durfte.

c) Die Unausweichlichkeit der Stunde

Die objektive Gegebenheit des richterlichen Handelns in der Predigt wird von den Evangelisten den Zuhörern auch durch den Hinweis auf die weit tragende Bedeutung bewusst gemacht, die der Stellungnahme dem verkündigten Wort gegenüber zukommt. Nicht nur um eine Anerkennung oder Ablehnung der Sendung des Redners (S. 106), nicht nur um ein Erkennen oder Missachten der Möglichkeiten der Stunde (S. 291 ff.), sondern um eine prinzipielle Haltung gegenüber dem Wort des Evangeliums und dem Wort des Redners, die in Akteinheit erscheinen, samt allen ihren Folgen handelt es sich. Aus dem Bewusstsein ihrer Vollmacht und der Größe der Stunde

---

und du keuchst, keuchst und stirbst, und deine schuldige, schreckverstrickte Seele wehklagend die Ränder des Schlundes hinabgeht, sollen wir uns umdrehen und Gott und seine Gerechtigkeit anklagen? Nein! Warum nicht? Weil du hättest Gnade haben können, aber du wolltest nicht. Weil Gott lange auf dich wartete, du aber in deinem Herzen immer entschlossener wurdest, das Böse zu tun. Das All schaue zu und nehme wahr den Tatbestand, um den es sich handelt. Und mit *einer* Stimme, die durch das weite Himmelsgewölbe klingt, rufen sie: »Gerecht und wahrhaftig bist du in allen deinen Wegen, du allerheiligster Herr und Gott!«

[404] Fn. G. Th. 203. »Wehe denen, von denen ich weiche!« Dieses Weichen Gottes von dem Sünder ist das Zeichen, die Totenglocke für seine verlorene Seele zu läuten. Dann beginnt der mächtige Engel, die große Glocke der Ewigkeit zu *läuten, läuten, läuten! (toll,* TOLL, TOLL!): Eine Seele mehr geht zu ihrem ewigen Verhängnis ein.

ziehen die Evangelisten die Kraft zu solchen Aussagen, die vermessen erscheinen, wenn nur die Stellung zu ihrer Person in Frage käme.

Keller rückt den Hörern die Wichtigkeit der pneumatischen Charakter tragenden und ein Handeln Gottes vermittelnden Verkündigung vor Augen. Mir ihr ist für sie eine unausweichliche Entscheidung und sind unvermeidbare Auswirkungen gegeben.[405] Den »Lichtstrahlen Jesu« kann sich niemand ganz verschließen. Treffen sie auf keine Aufnahme, so müssen sie doch dem Hörer die eigene »Verzweiflung und Ohnmacht zeigen«.[406] Was gedenkt er mit dem gehörten Wort zu tun? Wird er ihm als Gottes Ruf Folge leisten[407]

---

[405] Kl. Furche 91. Ohne eine Wirkung, ohne eine Entscheidung, ohne das Erleben einer Krisis geht es nicht ab beim Hören dieses Wortes, bei dem Sehen dieses Lichtes. Ist es wirklich eine Predigt voll Jesus, voll Leben, voll Licht, dann ist's kein Epos, keine Beschreibung alter Geschichten, dann ist es keine Lyrik, kein Schwelgen in Gefühlen – nein, dann ist es ein Drama, dann ist's eine Handlung, die sich eben vollzieht: *Der lebendige Gott tritt in Aktion und du bist das Objekt seines Handelns!* Nicht du sitzt eben da auf der Kirchenbank wie ein kleiner Gott, der darüber zu urteilen und zu richten hat, ob der Pastor es recht macht oder nicht, ob du dich willst einlassen mit Gott oder nicht, sondern Gott streckt seine Hand nach dir aus, so wahr sein Wort eben dein Ohr trifft, und will mit dir rechten. Wer will da entfliehen, wenn der König anhebt, mit seinen Knechten zu rechten! Es wird etwas entschieden im Himmel und du hast entweder die Kosten zu tragen oder seligen Gewinn einzustreichen. Ob heute die Predigt eine Wirkung zum Fluch oder Segen an die haben soll, das kommt auf dich an. So achtet nun darauf, wie ihr zuhört, denn das Licht brennt und das Wort tönt dir im Ohr.

[406] Kl. Furche 43.

[407] Fn. G. Th. 102. Welchen Gebrauch gedenkst du nun von dieser Predigt zu machen? Bist du bereit zu sagen: »Ich will künftig von allen meinen Entschuldigungen Abstand nehmen, jetzt und für immer, und Gott soll mein ganzes Herz haben?« Was sagst du? Willst du dich daranmachen, einige neue Ausreden aufzustöbern? Sagst du vielleicht noch: »Lass mich zuerst nach Hause gehen – dränge mich nicht, mich hier auf der Stelle Gott zu übergeben – lass mich heimgehen, dort will ich es tun!«? Sagst du dies? Und bist du dir klar, wie zart dieser Augenblick ist, wie entscheidungsvoll diese flüchtige Stunde? Denke daran, dass nicht ich es bin, der diesen Ruf so dringend an dich heranbringt – es ist Gott. Gott selbst befiehlt dir, heute Buße zu tun, *jetzt, in dieser Stunde.* Du kennst deine Pflicht – du weißt, was Glaube ist, was es heißt, Gott dein Herz zu übergeben. Und nun komme ich zu der endgültigen Frage: *Willst du es tun?* Willst du alle deine Ent-

oder wird es am Tage des Gerichts gegen ihn zeugen?[408] So kann
Keller in der Predigt über das »Hören des Wortes« mehrere Male eine
Gedankenreihe mit großem Nachdruck durch den Satz abschließen:
»Darum, so achtet darauf, wie ihr zuhöret!«[409]

Auf diese Weise wird noch einmal eine Ganzentscheidung an den
Hörer herangetragen, nun von der Stellungnahme zum evangelistischen Handeln selbst her, als eine weitere praktische Vergegenwärtigung des tiefsten Sinnes desselben, Menschen zur Entscheidung für
das Reich Gottes zu führen.

IV. Die Sprachgestalt des evangelistischen Handelns

*Der Impuls des Vorgehens bestimmt das Wesen der evangelistischen
Rede und damit die Form.* Die Urbeziehung, wie sie zwischen dem
menschlichen Subjekt und Objekt des *evangelistischen* Handelns
gegeben ist, gestaltet auch den Redeakt im Einzelnen. Zweck, Wille
und Sinn der Arbeit lassen die Wege, Ausdrucksweise und Darstel-
lungsmittel finden, die diesen Sinn verwirklichen. *Nicht von der formellen, sondern von der* bestimmt gestalteten *Aktseite her*, wie sie im
Vorhergehenden gekennzeichnet wurde, lässt sich daher die charakteristische Eigenart der historischen evangelistischen Rede verstehen.
Nicht die volkstümliche oder illustrative Redeweise oder eine gegenüber der normalen Gemeindepredigt gesteigerte oder geänderte Art
der Darbietung des evangelistischen Inhalts macht daher primär die

---

schuldigungen aufgeben und als ein Sünder, der sich selbst verdammt, nieder-
fallen vor dem Gott der Liebe und dich ihm übergeben – dein Herz, dein ganzes
Dasein, von nun an und für immer? **Willst du kommen?**

[408] Wf. S. 379. Vielleicht sehe ich euer Angesicht nicht wieder, aber am Tage des
Gerichts werde ich euch treffen: Dann werdet ihr entweder Gott preisen, dass ihr
einst zur Buße bewegt wurdet, oder aber diese Predigt, obgleich sie nur auf einem
Feld gehalten wird, wird ein schneller Zeuge gegen euch sein.

[409] Kl. Furche 92. 94. 96. 98; vgl. S. 315, Anm. 405.

Evangelisationspredigt aus – Lehre und Praxis gingen hier oft fehl –, sondern das *Ganze* des Komplexes »Evangelisationsrede«, Bewegung, Redner, totale Botschaft und Aktgestalt, prägt sich auch in der sprachlichen Form aus. Wo jenes nicht ist, ist diese nicht.

Wir können dies im Einzelnen verfolgen, indem wir die vom Evangelisten auf die Zuhörer gerichtete Intention des Herantretens sprachlich in der unmittelbaren *Wendung ans Du* wieder finden. Bei der Lebhaftigkeit der aus der Situation entspringenden Beziehung zwischen Redner und Hörern entspricht dieser Du-Form der direkten Adresse eine Ich-Form des *Selbstzeugnisses.* Die Eigenart der Veranstaltung ermöglicht ein Überspringen der konventionellen Grenzen in der *Offenheit* des Ausdrucks. Der Einsatz des Redners in der Richtung des Veranlassens wird zur Auswirkung kommen in der *Nachdrücklichkeit* der Rede, in der Kraft, wie starke Motive und drastische Sprechweise zur Geltung gebracht werden. Das Besorgtsein um nachhaltige Wirkung führt zur *Einprägsamkeit* der Äußerungen, die besonders auf dem Weg der *Anschaulichkeit* und Bildhaftigkeit erreicht wird. Die Aufgabe, den Entfremdeten gegenüber mit möglichst wenig Voraussetzungen zu arbeiten, nötigt zum Abgehen von der Kirchensprache und zur *Einfachheit* und Volkstümlichkeit der Ausdrucksweise. Diesen Erfordernissen der *Pädagogik* gegenüber tritt das Interesse an der Korrektheit der Predigt nach Ausdruck und Aufbau zurück; die *Fachtechnik* derselben muss sich den bestimmten Bedingungen der Arbeitsweise anpassen.

1. Die Unmittelbarkeit

Die evangelistische *Haltung* stellt sich psychologisch und sprachlich dar als unmittelbare *Wendung an den Menschen.* Das pneumatische Näheverhältnis (S. 179 ff.), die rednerische Einheit (S. 157 f.) und das im Sinn des evangelistischen Handelns selbst begründete Suchen nach einer starken und unmittelbaren Verbindung mit dem Zentrum des Zuhörers unter dem Ziel des Aufrufs zur Entscheidung bedingen eine sehr stark direkte Form der persönlichen Mitteilung und des Ansprechens und Angesprochenseins.

Ihrer Überzeugung und ihrer Arbeitserfahrung nach vertreten deshalb die Evangelisten die Notwendigkeit einer in Haltung und Stil direkten Predigtweise, im Gegensatz zu einer gelehrt-darlegenden. Whitefield verspricht denen unter seinen Zuhörern, die von ihm eine »feine« Predigt erwarten, eine Enttäuschung, denn er ist nicht dazu gekommen, »über die Köpfe der Leute hinwegzuschießen, sondern mit Gottes Gnade ihr Herz zu treffen«, weshalb er predige, »dass ihn jeder Neger verstehen könne«.[410] Finney bezeichnet es als das Wesen seiner Rede, dass er »einfach zu den Leuten spreche, so, als säße er mit ihnen in ihrem Zimmer und rede Auge in Auge mit ihnen«, unter Aufgabe jeder Predigthaltung, was ihm als durchreisenden Evangelisten möglich war. Er rede nicht nur so im Allgemeinen von Sünden und Sündern, sondern sage zuweilen rund heraus: »Ich meine dich und dich und dich, nicht diesen oder jenen.«[411] Moodys besondere Gabe ist sein »ernster und direkter Appell«; seine Ansprachen »waren der leidenschaftliche Appell seines eigenen Herzens und von Herz und Wille seiner Hörer sucht er Antwort«.[412] Er sagt dem Zuhörer, dass er nicht mit seinem Nachbar, sondern mit ihm selbst sprechen möchte, »mit einem jeden Einzelnen, als wäre sonst keine Seele hier in der Welt«.[413]

Die Ausdrucksform dieser *direkten Adresse* ist das *evangelistische Du*. Es ist bezeichnend, unkünstlich, ganz aus dem Stoff erwachsen und wirkungsmächtig. Undenkbar ohne die Kraft und Höhe der Stunde, stellt es *im allgemeinsten Angesprochensein die persönlichste Beziehung* her (S. 372). Es ist so gemeint und wird so verstanden und ist eine evangelistische Urform. Unter den mitgeteilten Beispielen evangelistischer Rede findet es sich sehr häufig.[414]

---

[410] Wf. S. 153.
[411] Fn. 1921, 46. 266.
[412] W. Md. 281. 437.
[413] Md. 12 Reden 109.
[414] Vgl. die Zitate S. 177-184. 235f. 259f. 249-316. 320-322. 328. 330.

Es entspricht diesem Tatbestand nur, dass die Form des »Wir« und »Man« zurücktritt. Nicht Betrachtung und Feststellung, sondern Forderung und Zusage gestaltet das rednerische Verhältnis. Der Selbsteinschluss des Redners in das Gesagte, sonst ein Ausdruck der Bescheidenheit und einer – nicht immer klaren und angebrachten – Gleichstellung mit den Hörern, greift hier weniger Platz, sei es, dass der Prediger in der ganzen Art seiner Verkündigung aus beauftragter oder prophetischer Wendung den Hörern *gegenübertritt* oder dass seine Person angesichts der Größe des Auftrags so sehr *zurücktritt*, wie bei Wesley, keine Erwähnung findet.

Für die Evangelisationsrede ist das *evangelistische* »*Ich*« ebenso typisch wie das entsprechende Du. Der Aktcharakter der Beziehung ist an deren Ausgangspunkt und Zielpunkt gleich lebhaft. Der Zuhörer wird persönlich angesprochen, aber auch der Prediger spricht persönlich. Dies ist nicht nur eine Folge der »Beteiligtheit« des Redners (S. 184 f.), sondern eine Auswirkung des der christlichen Rede innewohnenden Prinzips, »Zeugnis« zu sein. Die Selbstkundgebung kann unausgesprochen in den mit Glauben verkündigten Worten liegen, kann aber als solche auch ausdrücklich hervortreten. Die großen Evangelisten machen von ihr einen verhältnismäßig sparsamen Gebrauch, so weit die gedruckten Reden dies aufweisen. Von der Fülle ihrer großenteils selbst erlebten Illustrationen und Erzählungen muss hier abgesehen werden, da sie fremde und nicht eigene Glaubenserfahrung aussprechen. Am häufigsten gebraucht diese Art der Äußerung Keller, am seltensten Wesley.

Keller bringt grundsätzliche Ausführungen, wenn er den ihm öfters gemachten Vorwurf abwehrt, er sei in der Mitteilung seiner Erfahrungen wie in der Wendung an die Hörer zu persönlich. In Beziehung auf Letzteres beruft er sich auf das Wort Frommels: »Was nicht per Du ist, das ist perdu.« Der Evangelist muss nach ihm seine ganze Persönlichkeit einsetzen; dies und erst recht das eigentliche »Zeugen« ist aber unmöglich, ohne dass von den eigenen Erlebnissen gesprochen wird und die eigenen Erfahrungen benutzt werden. Ihm, dem viel beschäftigten und sich ganz hergebenden Redner, können wohl schon Geschmacklosigkeiten in Übertreibung des berechtigten und gesegneten »Persönlichen« vorgekommen sein, aber das Erzählen eines persönlichen Erlebnisses ist nicht notwendig Eitelkeit, Selbstbespiegelung und Vordrängen des eigenen Ich. Die Bedeutung der Wiedergabe der eigenen persönlichen religiösen Erfahrung für die seelische und geistliche Erweckung der Hörer ist groß. Sie trägt den »Silberklang der Wahrheit« in sich und hilft mehr als »langatmige theoretische und logische Begründungen«.[415] In der Ausdrucks- und auch in der Denkweise ist Keller hierbei das Kind des auf »Erlebnis« ausgehenden, sich selbst psychologisierenden Vorkriegszeitalters, aber der objektive Hintergrund dieser »Erlebnisse« und damit ihrer Bezeugung tritt noch deutlicher hervor.

Die im Übrigen nach dem Gefühlsgrad ziemlich zurückhaltenden Äußerungen der großen Evangelisten in der Ichform sollen deren Absicht nach gerade nicht ihr subjektives Erleben zum allgemeinen Schema machen, sondern vielmehr *Mut geben*, mit der Möglichkeit und Wirklichkeit des Hereintretens des Objektiven ins Leben zu rechnen. Diese persönlich-seelsorgerliche Zielsetzung der Selbstaussage über das zentrale Erlebnis wird von Keller ausdrücklich hervorgehoben.[416] Ob die Evangelisten von diesem ausführlich berichten

---

[415] Kl. Leben II 171. Die eigene persönliche Erfahrung ist gerade für die seelische und geistige Erweckung des anderen von so hervorragender Bedeutung, dass man auf ihre Anwendung in der Evangelisationsarbeit unmöglich verzichten kann. Der Silberklang der Wahrheit des Erzählten pflegt sich als Zeuge einzustellen und stützt dann die also illustrierte Schriftwahrheit in der wertvollsten Weise. Ich möchte das ein Echo des Wortes nennen; – was dann in der Brust des Hörers entsteht, ist das zweite Echo! Langatmige theoretische und logische Begründungen helfen nicht so viel als das unmittelbare Zeugnis: Das habe ich mit Jesus selbst erlebt! – Kl. Leben II 169 ff.

[416] Kl. Mod. Hdpr. Nr. 3, S. 9. Es geht ein Ewigkeitsernst durch unsere Bezeugung: Meine eigene Ewigkeit stand auf dem Spiel und heute steht deine auf dem Spiel. Seit mich die selige Gewissheit durchflutet, dass meine Ewigkeit für ihn entschieden und durch ihn gerettet ist, kann ich auch mit eigener Herzbewegung bitten: Gebt eure Ewigkeit auch her!

oder es nur erwähnen, immer geschieht es im Blick darauf, wie aus der entscheidenden Begegnung mit Jesus, der Überwindung der Hindernisse und dem darauf folgenden Leben eines Christen die Macht Gottes auch für die Hörer sichtbar werde. Den tiefsten Eindruck macht in dieser Richtung wohl stets ein Hinweis auf die Geschichte des eigenen Lebensumschwungs. Die Note ist ganz persönlich: Das Geschehen selbst, die Mitteilung als Anvertrauen, das Hören. Ob Whitefield die Tatsache erwähnt, wie Jesus ihn, den im Blute Liegenden, zum Leben rief,[417] oder Wesley, wie ihm die Gewissheit des Kindesstandes geschenkt wurde,[418] oder Moody, wie er vor den Schranken des Gerichts den Freispruch erfuhr (S. 272 f., Anm. 311), oder Keller, wie er aus tiefster Erschütterung von den Knien aufstand als ein anderer Mensch,[419] – dieses teilweise tief Bewegende ist das Persönlichste, was ein Mensch mitzuteilen hat.

Ein Blick in die Schwierigkeiten und Hindernisse des Kommens kann für andere Hilfe und Korrektur sein, so wenn Finney davon spricht, wie er die Heilstatsachen philosophischen Sätzen gleich achtete, sein Leben in Entschuldigungen als Haupthindernis der Bekehrung bezeichnet[420] und in dem Durchbruch durch Stolz und Men-

---

[417] Wf. S. 439. Ich kann an keinem einzigen von euch verzweifeln, wenn ich daran denke, dass Jesus Christus mit solch einem Elenden wie mir Erbarmen gehabt hat. Aber die freie Gnade Christi kam mir zuvor. Er sah mich in meinem Blute liegen, er ging an mir vorüber und sagte zu mir: Du sollst leben! Und die gleiche Gnade, die für mich ausreichte, genügt auch für dich.

[418] Wl. S. S. II 350; Nast I 378. Die Lehre der Schrift wird durch *eure* wie *meine* Erfahrung bestätigt. Der Geist selbst gab Zeugnis meinem Geist, dass ich ein Kind Gottes sei, er gab mir eine unmittelbare Gewissheit hierüber; und sogleich rief ich: »Abba, Vater!«

[419] Kl. N. Netze 251. Ich hab's durchgemacht, wie's mir zumute war nach jenem schweren inneren Selbstgericht, aufstehen zu können von den Knien als ein anderer Mensch, als einer, der jetzt seiner Sündenvergebung gewiss geworden ist. »Alle meine Strafe lag auf ihm, auf dass ich Frieden hätte.«

[420] Fn. G. Th. 101. Ich kann mich sehr wohl des Jahres erinnern, in dem ich von Entschuldigungen lebte, und wie lang es dauerte, bis ich sie aufgab. Ich hatte nie einen Geistlichen über diesen Gegenstand predigen hören. Ich fand jedoch durch meine

schenfurcht *den* Durchbruch seines Lebens erkennt.[421] Schrenks persönlichste Erfahrung ist es, wie ihn Gott aus Ehrbarkeit zum »Unterschreiben seines Verdammungsurteils auf Golgatha« brachte;[422] »arm, elend und unrein« kam er zu Jesus, und ihm ist die Stunde unvergesslich, da er aus dessen Munde das »Dir sind deine Sünden vergeben« hören durfte.[423] Auch Keller verschweigt nicht, dass er aus der Selbstzufriedenheit erst durch schmerzliche Selbsterkenntnis, durch Zeiten der Depression und des weinenden Am-Boden-Liegens zur persönlichen Begegnung mit Jesus kam. Erst so gelangte Gott zu seinem Recht ihm gegenüber und er zu seinem im Kreuz begründeten »Recht« Gott gegenüber.[424] Er kann den Opfertod Jesu als einzige wirkliche Hilfe gegen Gewissensnöte verkündigen und den nachdrücklichen Satz hinzufügen: *»Und so habe ich es mir selbst erfahren!«*[425]

---

eigene Erfahrung, dass meine Entschuldigungen und Lügen auf dem Weg meiner Bekehrung das Hindernis waren. Sobald ich sie gänzlich aufgab, fand ich das Tor der Gnade weit offen. Und so, Sünder, ginge es auch dir.

[421] Fn. G. Th. 11, 169.

[422] Schrk. Allein 63. Wem wird es denn am schwersten, auf Golgatha sein Todesurteil zu unterschreiben? Nicht dem Mörder, nicht dem Hurer und Ehebrecher, sondern dem Selbstgerechten. O, ich weiß es aus eigener Erfahrung: Ich war auch ein ehrbarer, rechtschaffener, selbstgerechter Mensch. Es hat meinen Gott viel gekostet, mich zu einem armen Sünder zu machen in meinen Augen. Seine Gnade hat es so weit mit mir gebracht, dass ich von Herzen, aus innerster Überzeugung mein Verdammungsurteil auf Golgatha unterschrieben habe. Seither schaue ich nicht mehr auf andere Sünder herab, sondern kann in Demut neben sie hinsitzen.

[423] Schrk. Allein 63. 22. 30.

[424] Kl. Furche 174. . . . Mir ist's wenigstens so gegangen; als das Kreuz Christi in meiner persönlichen Erfahrung Gestalt und Kraft gewann, kam Gott zu seinem Recht mir gegenüber, dass ich schaudernd vor Schmerz und Scham über meine Sünde mich als verlorener Sünder um alles in der Welt gern wollte retten lassen – und ich kam zu meinem Recht, dass ich Gnade und Hilfe und Leben im Glauben zu empfangen ein Recht habe, seit Jesus für mich gestorben! Seither hat das Leben und Leiden, das Denken und Arbeiten, das Beten und Hoffen einen neuen Anfang genommen, denn es ging Jesu Absicht in Erfüllung, soweit es meinem bewussten Personenwillen gilt: *»Auf dass ich sein Eigen sei!* . . .« Dazu bist auch du bestimmt! Nimm endlich, was dein ist, damit Jesus nehmen könne in deinem Leben, was sein ist von Gottes und Rechts wegen! Amen.

[425] Kl. Mod. Hdpr. Nr. 3, S. 5; N. Netze 311; Mod. Hdpr. Nr. 2, S. 13.

Dem um den Bekehrungsvorgang und dessen Vorgeschichte schwingenden Selbstzeugnis der Evangelisten treten nur wenige Beziehungen auf ihr späteres Leben zur Seite. Auf diesem Gebiet liegt ja auch nicht so sehr die Aufgabe der Evangelisationspredigt. Immerhin bringt Whitefield eine Reihe von biografischen Bemerkungen, so den Hinweis auf eine Zeit tiefer Selbsteinkehr während der Überfahrt nach Georgia 1739, Rückblicke in die Arbeit und den Vorblick auf das Grab.[426]

2. Die Nachdrücklichkeit

Der Intention der direkten Beziehung entspricht im Ausdruck eine *Energie der Sprechweise*, die gleich ihr in der aggressiven Haltung der Predigt begründet ist.

Die Evangelisten treten mit großer *Offenheit* ihren Zuhörern entgegen. Bei den letzten Maßstäben, die sie anlegen, bei der umfassenden Botschaft, die sie zu bringen haben, bei der Dringlichkeit des Auftrags, dessen sie sich bewusst sind, und bei der Unmittelbarkeit der Wendung, die sie verpflichtet, schrumpfen alle Hinderungen und Rücksichten der Konvention in nichts zusammen – weder Stand noch Bildung noch Vorbehalte der Zuhörer können sie veranlassen, nicht offen und deutlich ihre Meinung auszusprechen und damit bis zu Tiefenzonen vorzudringen, die dem durch örtliche und allgemeine Rücksichten gebundeneren Redner versagt sind (S. 133 f.); was diesem nicht verziehen würde, wird ihnen von vornherein zugestanden.
Gleich in seiner ersten Predigt wandte sich der eben ordinierte Whitefield unumwunden gegen die grob ausschweifenden wie gegen die so genannten »harmlosen«, aber mit wahrer Religion unvereinbaren Vergnügungen und Zusammenkünfte seiner Zeit und gegen das

---

[426] Wf. S. 647 f. 709. 778. 695. 713.

unangebrachte und missbräuchliche Sich-Verlassen auf die Tauf-
wiedergeburt. Tyerman bezeichnet dies für einen 21-Jährigen als
»plain speaking« (offenes Reden), aber auch als das von einem
»Oxford-Methodisten« genau zu Erwarten de, und wünscht dieselbe
»kompromisslose, kühne und gewissenhafte Treue« den Predigern
einer glatte Reden liebenden Gegenwart. »Ich muss ihnen die Wahrheit sagen oder ich bin kein treuer Diener Christi«, dies einige Stunden vorher an einen Freund gerichtete Wort drückt die Haltung aus,
der er lebenslang treu blieb.[427] Einen bewussten Bruch mit der
»Reserviertheit und allzu großen Knappheit« der Sprache zugunsten
»christlicher Offenheit und Deutlichkeit« vollzog Wesley, der sich
zwar hierin in Widerspruch mit der kirchlichen Praxis seiner Zeit
wusste, aber in dem neutestamentlichen Wort: »Was geht das dich
an? Folge du mir!«, die Bestätigung für seine Handlungsweise fand.[428]
Den um ihn versammelten Ladies von Bath erklärte er (1740), dass
die Reichen und Großen ihn höchstens zu sehen, aber wohl nicht zu
sprechen oder zu hören wünschten, da er offen die Wahrheit rede,
ein Ding, von dem sie wenig hörten und zu hören wünschten.[429]
Manchem erschien es als »eine große Beleidigung für jede wohlerzo-
gene Herrschaft, den Menschen von ihren Fehlern zu sprechen oder
derartige raue und furchtbar klingende Worte wie Hölle, Verdammnis, Teufel ohne eine zunftgemäße Umschreibung oder formelle Entschuldigung auch nur zu erwähnen.[430] Nach seinen eigenen Worten
bediente er sich »kühner und schneidender Ausdrücke« (keen and
cutting expressions).[431] Auch Keller konnte von einer »verblüffenden
Offenheit« sein.[432]

Einen gesteigerten Grad der Rede stellt die eigentliche *Nachdrücklichkeit* dar, die innere Dramatik, Schwungkraft und Energie des

---

[427]   Ty. Wf. I 53.
[428]   Wl. Jn. II 336.
[429]   Wl. Jn. II 213.
[430]   Ty. Wl. I 474.
[431]   Ty. Wl. II 276.
[432]   Weichert 145.

Herantretens, die den Zuhörern etwas aufs Angelegentlichste »ans Herz legt«. Auch hier ist Wesley der eindruckvollste Redner, der in der Unmittelbarkeit seines Temperaments, in der Größe seiner anfassenden Gabe, in der Kraft einer sofort hergestellten Nachbeziehung und »Ansprechlichkeit« noch unmittelbarer als der literarischere und mehr auf dem Umweg über den Gedanken angewiesene Finney »ernstlich einlädt«, »stark und ausdrücklich erklärt«, »nachdrücklich bekräftigt«, »starke Worte gebraucht«, »in der überzeugendsten Weise darlegt«.[433] Er liebt die Texte mit erhöhter innerer Spannung, z. B. »Wen da dürstet …«, da diese seinem Streben nach Intensivierung der Rede entgegenkommen.[434]

Selbst der Zug ins *Krasse* und Schneidende wird nicht vermieden, um starke Motive an den Hörer heranzubringen und diesem zu vermitteln. Sowohl ganze Zusammenhänge (vgl. die Zitate S. 305-308) als auch einzelne Ausdrücke (vgl. S. 229, Anm. 165 und S. 249 f., Anm. 239), besonders bei Finney, können denkbar drastisch sein. Keller hat krasse Schilderungen u. a. des Leidens Christi, etwa des Aktes der Geißelung und der Kreuzigung, wo ein Kriegsknecht auf die Handwurzel Jesu tritt, damit »nicht gleich anfangs zu viel Blut bei der Nagelung der Hand verloren ging«, oder seiner Qual am Kreuz, dies alles, um das Schwergewicht des durch ihn »in die Waagschale Geworfenen« zu verdeutlichen.[435] Grelle Bilder, wie der Ringkampf auf der Lokomotive des Schnellzugs, die »sinnbetörende Panik« im Zirkus, die sich »krallenspreizend als ein furchtbares Gespenst über die Menschenmassen senkt«,[436] zeigen ihn von dem Nervenreiz nicht fern, der in der modernen Evangelisation manches Mal als eine unerlaubte Erschleichung von Tiefenwirkungen an die Stelle echter Eindrücklichkeit trat.

---

[433] Wl. Jn. II 221. 184. 203. 341, III 429.
[434] Wl. Jn. II 176. 182. 198.
[435] Kl. Unter der Last 13 f.
[436] Kl. Furche 46; vgl. Z. Th. K. 1907, 261 ff. (Schian).

3. Die Einprägsamkeit

In dem Streben, dem Zuhörer bei der vertieften Aufnahme des Worts
wie bei der nachhaltigen Verarbeitung desselben eine Hilfe zu bieten,
kommen die Evangelisten bewusst und unbewusst zu einer Formung des Dargebotenen, die in gleicher Weise eindrücklich wie
behältlich sein soll. Wenn in Wiederholungen, Betonungen, Senten-
zen, Präzision des Ausdrucks, dichterischer Gestaltung, eindrucksvoller Verwendung des Bibelworts die Einprägsamkeit der Rede
gesucht wird, so geschieht dies nicht, um durch formelle »Mittel-
chen« eine rednerische – Bluff-»Wirkung« zu »erzielen«, sondern
aus den Erfordernissen der Arbeit selbst wächst nach echten Gesetzen der Rede und oft unter pneumatisch bedingter Diktion
(S. 198 f.) das Kernwort, der Kernsatz heraus, der anspricht, ausspricht und weiterspricht.

In regelmäßiger *Wiederholung* beantwortet Moody die Frage nach
dem Gewogenwerden gemäß den zehn Geboten (s. S. 238, Anm. 191)
mit einem »Tekel«, »Zu-leicht-befunden«, und nennt dies Wort ausdrücklich einen sehr kurzen Text, so kurz, dass ihn jeder zu behalten
vermöge, was ganz seinem Wunsch entspreche, die Leute dahin zu
bringen, dass sie Gottes Wort nicht wieder vergessen könnten.[437] Auf
diese Weise schließt er ein Band um die 13 Vorträge der Reihe und ver-
tieft den Eindruck des Erarbeiteten zunehmend. Ebenso wiederholt
er in seiner Predigt über Römer 3, 23 zunächst an gegebener Stelle
viermal die Feststellung: »Es hat dem Menschen gefehlt«, und bringt
dann äußerst wirkungsvoll in verschiedenster Wendung teils als
Stichwort, teils als Satz in die Rede eingestreut: »Es ist hier kein
Unterschied.«[438] Das Anschlagen der Sichel und das Hineinlegen
in die Waage (S. 209) stellen ähnliche zusammenfassende Einprä-

---

[437] Md. Weighed 10; Gewogen 8.
[438] Md. Sel. S. Nr. 2; 12 Reden Nr. 3.

gungen Kellers dar. In der Predigt über den »letzten Faden« verfolgt er den Gedanken der letzten Rettungsmöglichkeit unter stets erneutem Gebrauch dieses Bildes und Ausdrucks. Und das Symbol der Vergänglichkeit, das unter einem plötzlichen Schlag erlöschende Licht, wird auf die verschiedenen Lebensgebiete mit dem wörtlich wiederholten »Ein Schlag, ein Krach, ein Splittern und das Licht erlischt« bezogen.[439]

Finney verwendet weniger solche nach dichterischer Gestaltung aussehende, kunstlos-kunstvolle Ausbauten, hat dafür aber sehr energische *Betonungen*, die sich unter sich noch steigern und im Druck durch wachsend größere Lettern hervorgehoben sind.[440] Mit einem nachdrücklichen »*No!* NO!« (Nein, nein) oder »*Never!* NEVER!« (Nie, niemals) werden verkehrte, unhaltbare Gedanken und Entschuldigungen abgewiesen. Das »Wenn doch« (»If, if, if«) eines an der Heilsmöglichkeit für sich persönlich Zweifelnden wird schon durch die wiederholte Betonung charakterisiert.[441]

Im Englischen ist die Aneinanderreihung und Betonung kurzer Worte besonders wirkungsvoll. Moody ruft in echt amerikanischer Weise den einzelnen Sündern ein »Weiter!« zu, nachdem sie sich gewissermaßen vorgestellt haben, wie sie nach dem Tod des Sünders zu dessen Strafe auf ihn zukommen. »Tramp! Tramp! Tramp! Tramp!« – dies mit einem Aufstampfen des Fußes.[442] Dem logischen Wortsinn soll ein Moment unmittelbarer Veranlassung und Vergewisserung hinzugefügt werden, wenn er dem Hörer versichert, der Glaube hat (»hath – h-a-t-h, hath«) das ewige Leben, oder ihn auffordert, dieses zu nehmen (»take – t-a-k-e, take«). Der Einsatz des Evangelisten wie das Angesprochensein des Hörers kommt hier in gleicher Weise zur Geltung.

---

[439] Kl. Furche Nr. 11, S. 121-130; 36-38.
[440] Vgl. S. 311 f., Anm. 400; S. 313, Anm. 403; S. 314, Anm. 404.
[441] Fn. G. Th. 9, 75, 11.
[442] W. Md. 442.

Im Interesse der geistlichen und gedächtnismäßigen Behältlichkeit kommen die Evangelisten zur *Sentenzenprägung*. In knapper und treffender Weise werden Lebenserkenntnisse ausgesprochen oder Folgerungen gezogen.[443] Whitefield liebte es, die an die einzelnen Gruppen seiner Zuhörer gerichteten, im Unterredungsstil gehaltenen Ermahnungen in kurze, bildhafte Sätze zusammenzufassen.[444] Gleich ihm war Moody »ein Meister in kurzen Merksprüchen«.[445]

Außerordentlich viel zur Wirkung der Rede trägt deren *knappe, klare, präzise Fassung* bei, wie sie der besondere Vorzug der Wesley-'schen Predigt ist. Aus innerster Veranlagung und aus Mangel an Zeit verzichtet dieser auf jede Ausschmückung seiner Rede; seine Sätze marschieren daher wie die Soldaten, sind aus einem Guss gegossen und sagen genau das, was er sagen will. Der geborene Logiker, Theologe und Evangelist komprimiert sie aufs äußerst Mögliche und stellt Ausdruck neben Ausdruck, in ihrer scharfen Umrissenheit ebenso überraschend wie eindrücklich. Dies wird besonders im Englischen deutlich, wo eine gewisse Musik und der Gleich- und Ineinanderklang der Laute und des Rhythmus diese streng arithmetischen Gebilde durchtönt. »Kürze, wie sie mir nun zur zweiten Natur

---

[443] Ty. Wf. II 242. Ich liebe die Orthodoxie sehr. Aber was bedeutet ein orthodoxer Kopf mit einem heterodoxen Herzen? – Ty. Wf. II 512. Hütet euch davor, goldene Lehrlinge, silberne Gesellen und kupferne Meister zu werden! – Schrk. Allein 3. Elend ist die Frucht eigener Wege. – Schrk. Dein Wort 129. Welch ein Unterschied ist es doch zwischen einem Leben, dessen Ergebnis in das ewige Leben quillt, und einem Leben, dessen Ergebnis in einen Geldsack fließt! – Schrk. Allein 21. Wenn du deine neunundneunzig Bedenken hast, die dich hindern, zu deinem Heiland zu kommen, so weiß ich bestimmt, dass dir der Teufel noch eines hinzufügt, damit du hundert habest. – Kl. Furche 163. Man sündigte frech weiter und konnte dabei ein hohes Alter in Ruhe erleben. – Md. Lat. Serm. 107. Andere verharrten dabei, weiter in ihren Sünden zu leben, mit den Worten: »Wir wollen nicht die alten Wege (des Gesetzes) gehen.« Das Ergebnis war, dass sie in die Gefangenschaft gingen.

[444] Ty. Wf. II 512; s. A. 1.

[445] W. Md. 448 ff.

geworden ist, bringt quantum sufficit (soviel als nötig) an Kraft.«[446]
Die Treffsicherheit seiner theologischen Beobachtung und geschliffe-
nen Ausdrucksweise zeigt sich z. B. darin, wie er die gegen die
Methodisten erhobenen Vorwürfe an Hand der Seligpreisungen
ironisiert; genau das, was die Ansicht der »Welt« ist, wird zu deren
immanenten Verurteilung.[447] Ähnlich wird im »Jubel der Teufel« die
Überspitzung der doppelten Vorherbestimmung mit genialer
Anschaulichkeit und bei Wesley seltener dichterischer Kraft ad
absurdum geführt.[448]

Auf Höhepunkten ihrer Tätigkeit gelangen auch die andern Evangelisten zu dieser Prägnanz. Wie in Stein gemeißelt steht Wort neben
Wort, durchrollt von dem Tenor der erhobenen Rede oder eines
gewaltigen Abschlusses. Schrenk bringt am Ende einer Ansprache
den feierlichen Ausblick auf die ewige Verdammnis – am Wortlaut
wie am Inhalt lässt sich in gleicher Weise nichts abbrechen.[449]

Ein Gegenstück zur sauberen Fassung und Sageweise ist die *dichterische Gestaltung* der Rede. Sie entwächst wie eine Blüte besonders
bewegten oder zarten Stellen derselben und trägt das Moment des
Gefühls in sie hinein. In starker, biblischer, aber doch auch intuitiv-
geistlicher Schau zeigt Schrenk, dass der ewige Hohepriester, »wenn
er einmal eine Seele in seine Hand genommen«, nicht ruht, »bis sein
Name an ihrer Stirne steht«. Und auch die treulose sucht er noch, die
»dem Freund ihrer Seele ihre Liebe nicht bewahrte«.[450] Dem nach
Reinheit verlangenden Hörer sagt Keller, Jesus sei »rein wie der

---

[446] Ty. Wl. II 657; vgl. Rigg 133. 135.
[447] Wl. S. S. I 368; Nast II 37.
[448] Nuelsen, Wl. Pdgt. Nr. 2; Southey Krum. II 377 ff.
[449] Schrk. Dein Wort 76. Darum bleibt der Zorn Gottes über ihm. Welch furchtbar
       ernstes Wort! Was ist der Mensch, auf dem der Zorn Gottes bleibt? Er ist ein Kind
       des Verderbens. Was wartet seiner? Die äußerste Finsternis mit Heulen und Zäh-
       neklappern. Ja, Gott ist ein heiliger und gerechter Gott. Wer im Unglauben den
       verwirft, den Er gesandt hat, fällt hoffnungslos der Verdammnis anheim.
[450] Schrk. Allein 72, 43.

weiße Firn der Hochalpe«. Wo er das neue Leben hinbringt, wird »der dunkle Hof voller Licht. Es sprießt und grünt auf allen Wegen, der Lenz ist im Lande, die Turteltaube lässt sich hören und die Gärten triefen von Würze«.[451] Zachäus beobachtet auf seinem Baum den Zug der Vorübergehenden. »Endlich sieht er einen, der schöner ist als die übrigen Menschenkinder. ›Der ist es‹, so klingt es leise in seiner Seele.« Das hat Moody erlauscht[452] und Wesley fragt ernst: »Wer kann den Sand an der See, die Tropfen im Regen, wer deine Missetaten zählen?«[453]

Unbewusst fügen sich in solche Worte *Stabreime* und *sprachliche Wohllaute,* die den dichterischen Eindruck erhöhen. In jubelnden Worten feiert Whitefield die Begegnung Jesu mit Zachäus[454] – in der Ursprache ein Hymnus von klingenden Vokalen. Mit mehrfach gleichem Anlaut und Inlaut verkündigt er die Herrlichkeit ewigen Liebens und Lebens[455] und mahnt, um des Lebens willen zu fliehen.[456] Auch Keller verwendet den Stabreim des anlautenden »L« (»zu lieben ohne Lohn«) oder des »Schl«,[457] in letzterem Falle verbunden mit der fünffachen Wiederkehr desselben Vokals in der Wortmitte.

---

[451] Kl. N. Netze 313 f. mit Benutzung von Hohel. 2, 12; 4, 16.

[452] Md. 12 Reden 38.

[453] Wl. S. S. I 157.

[454] Wf. S. 404. But sing, O heavens, and rejoice, O earth! Praise, magnify, and adore sovereign, electing, free, preventing love: Jesus, the everlasting God, the Prince of peace, who saw Nathanael under the fig-tree, and Zacchäus from eternity, now sees him in the sycamore tree and calls him in time. – – – Aber singe, Himmel, und freue dich, Erde! Lobe, preise und bete an die höchste, erwählende, freie, zuvorkommende Liebe: Jesus, der ewige Gott und Friedefürst, der Nathanael unter dem Feigenbaum und Zachäus von Ewigkeit her sah, erblickt ihn nun auf dem Maulbeerbaum und ruft ihn zu seiner Zeit.

[455] Wf. S. 373. You shall live and reign, and reign and live, you shall love and live, and live and love, with this Jesus to all eternity.

[456] Wf. S. 451. Linger, O linger no longer. Fly, fly, for your lives! – – – Säumt, säumt nicht länger. Flieht, flieht um euer Leben!

[457] Kl. Unter der Last 13. Der schlingende Schlund der Schuld hat ihn fortgerissen wie ein Strudel um unseretwillen.

Finney schließt kurz und prägnant einen Abschnitt: »Think of this« (denk daran).[458]

Besondere Beachtung vedient die *Verwendung der Bibelsprache* und überhaupt *biblischer Stellen*. Erstere besitzt im Englischen eine altertümliche Form und wird von Wesley klug und mit natürlicher Meisterschaft gebraucht, um den feierlichen Eindruck eines Redeteils ungesucht zu erhöhen, eine Wahrheit besonders einzuprägen oder die Summe des Gesagten zu ziehen. Häufig wird auch in freier Rede die Du-Form »thou« statt »you« und die ältere Form des Zeitworts benutzt;[459] seine beliebtesten Texte haben diesen archaischen Anklang.[460] Auch im Deutschen kann ein Wort der Lutherbibel ähnliche Wirkungen hervorrufen. An den alten Wortlaut heftet sich das geistliche Geschick von Generationen und die Kernerfahrung auch des lebenden Geschlechtes. Komplexe sind daran »angereichert«, die bei Nennung im rechten Zusammenhang und Augenblick sich auslösen, mitschwingen und weitere Wege öffnen. Neben diesen historischen und persönlichen Unwägbarkeiten der sprachlichen Prägung ist es der Gehalt des Bibelwortes selbst, dem jene Imponderabilien noch stärker anhaften. Sein einzigartig geistlicher Charakter macht es zum besonderen Träger von Geisteswirkungen. Alle diese Momente gegen die Erklärung zu der von Gruehn festgestellten und als ein rational nicht deutbares Geheimnis der Religionspsychologie bezeichneten Tatsache, dass »die aus den heiligen Urkunden der Religion stammenden Inhalte besonders nachhaltige Erlebnisse hervorrufen«.[461] Das Wort »schneidet tiefer als irgendetwas anderes.«[462] So ist es nicht zu verwundern, dass die Evangelisten, die ein feines

---

[458] Fn. G. Th. 33.
[459] Wl. S. S. I 158 »Thou canst not«, 159 (vgl. S. 307, Anm. 391) »Thou dost repent.«
[460] Wl. Jn. II 176 »Ho! Every one that thirteth, come ye to the waters« (S. 181, Anm. 48); 177 »He that believeth on meß« (ebd.).
[461] W. Gruehn, »Religionspsychologie«, 1926, 95.
[462] Md. Secr. Pow. 38.

Gefühl für die Notwendigkeiten der Vermittlung haben, als Zusammenfassung einzelner Teile oder als Schluss der Predigt biblische Stellen anführen, die in lebendigem Kontakt und in klassischer Form das aussprechen, was besonders eindrucksvoll – altbekannt und doch neu bekannt – »ans Herz« greifen soll. Wesleys geniale Gabe, Bibelstellen aneinanderzureihen, ebenso der »einen Eindruck fürs ganze Leben« hinterlassende und aus dem altertümlichen Text Hohelied 4, 16 bestehende Schluss einer Rede Whitefields fanden schon Erwähnung (S. 200 f., S. 78 f.). Moody führt am Ende einer Predigt über das dritte Gebot mit dem Wort von den wahrhaftigen Anbetern (Joh 4, 21-14) nochmals in die Tiefe des Gesagten und vergegenwärtigt es in pneumatischer Reinheit und ebenso wirksam stellt Schrenk abschließend den geistlich Lauen die Überwinder entgegen, die »überwanden durch des Lammes Blut und das Wort ihres Zeugnisses«.[463]

Die älteren Evangelisten können die Anerkennung der Autorität der Bibel voraussetzen, weshalb sie dieselbe in reicherem Maße verwenden, während Keller erst vom Verständnis der Predigt aus an die Schrift heranführt und diese von einer neuen Seite aus zu erfassen sucht, um dann ihr Wort sich in dem Hörer verfestigen zu lassen. Später sah er auch hiervon ab und vermittelte im Allgemeinen nur das Wesentliche der Bibel in freier Umschreibung.

4. Die Anschaulichkeit

Eine oft bemerkte hervorstechende Eigenschaft der evangelistischen Rede ist zusammen mit deren Volkstümlichkeit die Anschaulichkeit. Auch diese wächst aus der Gesamthaltung des Evangelisten heraus und besteht keineswegs nur im Erzählen von »Geschichtchen«. Die aus Seelsorge und unmittelbarer Adresse folgende *Wirklichkeitsnähe*

---

[463] Md. Weighed 37; Gewogen 38; Schrk. Allein 46.

der Predigt verhindert Gedankenblässe und theoretische Auseinandersetzungen; auch wo keine Bilder verwendet bzw. Geschichten erzählt werden, ist die Predigt realistisch und anschauungsgetragen. Wenn Moody »in seinen Ansprachen alle abstrakten Überlegungen vermied, alle Züge von Verstandesmäßigkeit, alles, was die Aufmerksamkeit ermüden oder den Geist zu Fragen oder Widerspruch anreizen konnte«,[464] so handelte der Evangelist damit in Übereinstimmung mit den Gesetzen der Psychologie, die für das Entstehen eines religiösen Erlebnisses das diskursive Element als erlebnisfeindlich und unmittelbare Ichbezogenheit und Lebensnähe als fördernd bezeichnet.[465]

Außer dieser Ansprechlichkeit des Anschaulichen ist es dessen *Symbolkraft*, die es zu einem vorzüglichen Träger des durch das evangelistische Wort Vermittelten macht. Schneller und besser als langatmige Ausführungen vermag ein Geschehnis den Kern des Gemeinten zu verdeutlichen, das ja vielfach auch wieder Geschehnis darstellen soll. Moody leitet einen Gedankenfortschritt oft mit einem neuen Bild ein, das er dann deutet, oder verwendet ein solches auch als krönenden Abschluss, dem weiter nichts hinzuzufügen ist. Der *Tenor* des Wollens, Verkündigens und Handelns der Prediger wird in diesen bildlichen Mitteln besonders gestaltkräftig an die Zuhörer herangebracht. Die heimliche Aufforderung, der direkte Bezug, der der ganzen Rede eignet, wohnt diesem Erzählten inne – und das Symbolische wird in unmittelbarem erwecklichem Kontakt auf das Ich bezogen. Ohne diese Einordnung ins Ganze sinkt das Bildhafte zum bloßen Anekdotenerzählen herab. Zu bemerken ist, dass ein Geschehnis aus dem Leben, künstlerisch dargestellt, in hervorragendem Maße eine ganz unaussprechliche Gefühlsnote mit tiefster Nachwirkung enthalten kann. Moody ist Meister in solchen nicht sentimentalen, sondern Letztes und Göttliches in tiefem Gefühl aussprechenden Symbolisierungen durch schlichte Begebenheiten (s. S. 196, Anm. 90).[466]

---

[464] W. Md. 291.
[465] Vgl. Gruehn, »Religionspsychologie«, S. 94 f.
[466] Vgl. Md. Way Home 20.

Erst in letzter Linie kommt das *Spannungsmoment* am Illustrativen in Frage, das einem oberflächlichen Verständnis als die Hauptsache erscheinen könnte. Im Blick auf die echte Dramatik, die den biblischen Geschehnissen (S. 210 f.) und dem Leben zu eigen ist, ist es durchaus nicht abzulehnen, sondern als den Gesetzen der rednerischen Wiedergabe und dem psychologischen Aufbau des religiösen Vorgangs gemäß zu bejahen. Die Notwendigkeit der Belebung der Rede durch das anschauliche Moment und die Bedeutung der Illustration großen Stils für den Tiefeneindruck und die nachwirkende Kraft der Rede ist gegeben – dass hierbei die Grenze nach dem Sensationellen in der Nähe liegt und leicht überschritten wird, ist begreiflich. Volksart und persönliches Temperament sind hierbei von Einfluss.

Unter den Evangelisten ist Moody eine eigentlich illustrative Kraft. Natürlich sprudeln bei ihm die Erzählungen und Quellen hervor, aus denen das Volk seine Anschauungen schöpft. Die Erlebnisse des amerikanischen Bürgerkriegs, an dem er missionarisch tätig auf der Seite der Nordstaaten teilnahm, brachten ihm, ähnlich wie dem Kolonistenpfarrer Keller die Tätigkeit in den Steppen Südrusslands und der Krim, eine Fülle von neuartigen, interessanten und bezeichnenden Anekdoten, die er packend zu verwenden wusste (S. 338). Nicht umsonst sind aus seiner und Kellers Arbeit Geschichtensammlungen hervorgegangen[467] – etwas für Wesley und selbst Finney völlig Undenkbares. Auch Whitefield war »reich an Geschichten aus dem Leben«,[468] wenn diese auch in seinen gedruckten Predigten nahezu völlig fehlen.

---

[467] Moody's Stories; Short Talks; Md. Kassel II. Teil; Kl. Schleudersteine.
[468] Tholuck 27.

5. Die Volkstümlichkeit

Als Volksmänner, die fürs breite Volk reden müssen, befleißigen sich die Evangelisten einer *schlichten, einfachen, volksnahen Sprache*. Auch hier kommt ihnen die unmittelbare Wendung zugute, die sie Front zu Front mit »Masse« und nicht mit »Gemeinde« stellt, was die Voraussetzungen grundlegend verändert. Die Darlegungen gelten nicht schwierigen theologischen, auch von der Gemeinde zu verarbeitenden und bearbeitenden Fragen und Zusammenhängen der Bibel und des praktischen Gemeinschaftslebens; die Evangelisten können sich mit wenigen klar umrissenen Grundzügen begnügen und sich darin so anschaulich, verständlich, voraussetzungslos wie möglich an das Volk wenden. Die Forderung dieser Volkstümlichkeit ist also, obwohl erwünscht, doch nicht ohne weiteres auf jede Predigt zu übertragen, so wenig ein Paulus in diesem Sinne »volkstümlich« ist.

Die Volkstümlichkeit ist in dem zu erblicken, was in der Ausdrucksweise das Volk leicht anspricht und ihm entspricht. Insofern ist schon die Anschaulichkeit als volkstümlich zu bezeichnen. Hinzu kommt die *Einfachheit* der Sprechweise, die das Verstehen befördert und dem Volk vertraut und anziehend ist; sie wurde von allen Evangelisten geübt. Als Wesley nach zehnjähriger Tätigkeit an der Universität anfing, zu schlichtem Volk zu predigen, sah er sich gezwungen, »sofort seinen Stil zu ändern und ihre Sprache anzunehmen«, da er bemerkte, dass sie ihn »angafften und anstarrten«. In dieser Einfachheit fand er nun eine »Würde, die auch den Hochgestellten nicht unangenehm ist«.[469] Dies ist die Erfahrung aller Evangelisten: Was die Jüngsten und Ungebildetsten verstehen, ist auch bei den Vornehmen und Verwöhntesten willkommen und begehrt. – Moodys »merkwürdig einfacher Art, sich auszudrücken«, steht Schrenk in seiner »edlen, manchmal etwas derben Volkstümlichkeit und schlichten Einfachheit« nahe.[470] Whitefield wünscht nicht, »den

---

[469] Ty. Wl. II 183.
[470] Pape 56 (Sanken); Z. Th. K. 1897, 273 (Grünberg).

Redner zu spielen oder als Akademiker zu zählen, sondern so zu
sprechen, dass er des armen Volkes Herz erreicht«.[471] Dies alles
beweist für die Großen der Evangelisation eine *höhere Einfachheit*,
die nicht Simplizität, sondern Kunst ist, und, vereint mit der Geistes-
kraft der Rede und dem Reiz der Persönlichkeit, den Wohllaut der
schlichten Form und den reinen Fluss des Ausdrucks zum Erlebnis
macht.

In negativem Sinne ist diese Einfachheit und Volksgemäßheit ein
Abweichen von der Kunstsprache, sei es von der besonderen Ausdrucksweise der gebildeten Welt oder der Theologen oder der gläubigen Kreise. Eine hochgezüchtete Form wird sich stets ihren
adäquaten Ausdruck in einer treffsicheren, abgekürzten und den
Eingeweihten verständlichen und notwendigen Sondersprache
suchen. Wo aber die Voraussetzungen dieses erarbeiteten Kulturguts
fehlen, wird auch die Möglichkeit des Verständnisses dieser Fach-
sprache fehlen und muss zur Allgemeinverständlichkeit der breiten
Schicht zurückgekehrt werden.

Dies fassen die Evangelisten energisch an, zunächst und zumeist
unter bewusster Abkehr vom Kanzelton, da sie, streng genommen,
keine Kanzel, sondern einen Redeplatz haben. Auch hier zeigt sich
der Unterschied zwischen Gemeinde- und Massenpredigt. – Schon
bei Whitefield wird es als sehr ungewöhnlich empfunden, dass er
»eine Sprache verwendet, wie sie die Geistlichkeit in den Kirchen
nicht zu gebrauchen pflegt«.[472] Ein Journalist stellt nach dem ersten
Auftreten Moodys 1873 fest, dass der herkömmliche Gebrauch des
Wortes »predigen« nicht auf sein Sprechen passe. »Er ist Geschäfts-
mann und seine Arbeit ist ihm Geschäft«, wobei der Beobachter die
Parallele zum Zweck- und Zielbewussten des geschäftsmännischen
Handelns im Auge hat.[473] Schrenk erklärt einen Teil der Anziehungs-

---

[471] Wf. S. 276.
[472] Ty. Wf. I 221.
[473] W. Md. 150.

kraft der damals in Deutschland neuen Form der Evangelisation aus der populären, auf das Leben eingehenden Art der Predigt, während die sonntägliche Predigt oft zu unpraktisch, zu schulmäßig und – vielfach mangels Seelsorge – zu wenig seelsorgerlich sei.[474] Und Keller, der die Grundsätze seiner eigenen Predigtweise einer mehrfachen eindringenden Untersuchung unterzieht, spricht es klar aus, dass das Abgehen von der Kanzelsprache, besonders aber von dem materiellen Kanzelton für ihn unbedingte Voraussetzung sei, zu Gebildeten und überhaupt zu modernen Entfremdeten zu sprechen, selbst auf die Gefahr hin, deswegen von christlichen Kreisen verketzert zu werden. Er kennt den Schrecken der Gebildeten seiner Zeit vor »Theologie«, der allerdings den klaffenden Spalt nicht nur in der Ausdrucksweise, sondern auch in der Sache anzeigt. Aber bewusst versucht er, den Zunftanstrich zu vermeiden und die biblischen Begriffe in allgemein verständlichem, gutem Gesellschaftsdeutsch zu entwickeln.[475] Seine Sprache ist ganz und gar unkultisch, ja profan.

Er rückt daher nicht nur von der Kirchen- und Theologensprache, sondern von jeder »Sprache Kanaans«, auch der kirchlichen und Gemeinschaftskreise, ab. Er zeigt hierin eine gewisse Entwicklung. Während die aus der Zeit seines Pfarramts stammenden oder bald darauf herausgekommenen Predigtsammlungen im Ton viel kirchlicher sind und neben ihrer schon typisch Keller'schen Ausdrucksweise noch Wendungen wie »das Sündenelend armer Sünder« und den esoterischen Gebrauch des Wortes »Welt« (für die »draußen«) enthalten, streifen seine späteren Ausgaben diese pietistischen Anklänge bewusst ab und gehen im Wortschatz voraussetzungslos an die Menge heran. Der Begriff der »Bekehrung« kommt bei ihm sachlich, aber nicht im Ausdruck vor, und er warnt, als er dies feststellt, vor dem allzu leichten Gebrauch dieses und anderer biblischer Ausdrücke wie »das Blut Christi«, »der Herr« u. ä. Außenstehenden

---

474 Schrk. Pgl. 194.
475 Kl. Furche, Einleitung, S. 10 ff. 163 (bes. Anm.!). 176; Weichert 146 f.

gegenüber.[476] Anders steht Schrenk ganz in der Sprechweise und Gedankenwelt des Pietismus (S. 109 f.), durchbricht aber in der Wirkung seiner großen Persönlichkeit und in der zentralen Lagerung und Wucht seiner Predigt diese Grenzen und erreichte hierdurch gewiss auch Fernstehende.

Da sich in den früheren Jahrhunderten eine eigentliche moderne Ausdrucksweise im Unterschied zur Sprechweise enger kirchlicher Kreise noch nicht herausgebildet hatte, bzw. Letztere erst wie der Methodismus durch die Evangelisationstätigkeit entstanden, wird das Problem lediglich in der modernen Zeit brennend, und zwar je stärker das »Moderne« Ausdruck für »von Gott gelöst« wird. Daher empfindet Keller die hier vorliegende Aufgabe zusammen mit der apologetischen Notwendigkeit des Eingehens auf moderne Gedankengänge und Fragestellungen besonders stark[477] und das Streben, diesen Anforderungen gerecht zu werden, machte ihn für seine Zeit zum »Evangelisten der Gebildeten«.[478]

Er ist es deshalb auch, der unter den Klassikern der Evangelisation den Schritt zur *Profanität des Ausdrucks* am entschlossensten vollzieht. Aus dem bürgerlichen Leben herausgeholt, aus der Alltagswirklichkeit, muss der Ausdruck Symbol werden für das Christliche, wo dieses in seiner herkömmlichen Einkleidungsweise nicht mehr zugänglich ist. Solche Wendungen nebst den ihnen zugrunde liegenden biblischen oder religiösen Begriffen sind: »Eine Schwenkung auf Gott hin machen«, »sich zu Jesus kehren« (Bekehrung), »innere Verdorbenheit der Anlage« (Erbsünde), »sich außerhalb der (Heils)Grenze stellen« (Ablehnung), »Rehabilitation durch Jesus« (Rechtfertigung), die fehlende »Harmonie« (Friede), »blamiert, schonungslos bloßgestellt, ohne Beschönigung, Bemäntelung mehr sein« (Buße, Schulderkenntnis), »den großen Todesschnitt durch das

---

[476] Kl. Lebensstrom 205; Mschfrg. 200; Leben II 221.
[477] Kl. Leben II 168.
[478] Weichert 145.

Ich machen« (Selbstgericht), »die neue Geburt von oben« (Wiedergeburt).[479] Hinzu kommen neuzeitliche Satzwendungen wie der
»Gottesbohrer«, der »die Schale« des Animalisch-Sinnlichen
»durchbohrt« (Schicksalsschläge), »die Forschungsreise in unser
Inneres« (Selbstprüfung) – »das zweite (unser eigentliches) Ich«, »die
Innenseitigkeit«, das »eine Treppe höher wohnt« als das erste, dort,
»wo die Rolladen heruntergelassen sind«[480] (vgl. S. 265 f.).

Wie der Schritt vom Eindrücklichen ins Krasse (S. 319), so ist der
vom Profanen ins Banale für Keller eine Gefahr. Dort kann der Ausdruck zum Nervenpulver, hier zur Geschmacklosigkeit werden.
Immerhin sind die Maßstäbe des Zeitempfindens keine festen; was
vor 20 Jahren nicht geziert, sensationell, künstlich klang, sondern
Zeitausdruck war, mag einem nüchternen Zeitalter gesucht erscheinen. Wenn Keller von dem »vorüberbrausenden Ewigkeitszug«, von
Jesus als dem »Fachmann auf diesem Gebiet«, von dem »Eintritts-
geld«, das (in Form einer die Entscheidung verwirklichenden praktischen Einzelforderung) »zu zahlen ist«, dem »Entree«, ohne das
man nicht ins Reich Gottes kommt, spricht,[481] so ist die Gefahr der –
auch theologisch nicht ganz sauberen – Vermenschlichung des Heiligen gegeben. Dahinter aber ist das Streben nach originaler Fassung
des biblischen Heilsinhalts zu sehen, die ein ganz wesentliches Stück
originaler Erfassung durch den Hörer bedeutet.

6. Die Angemessenheit

Da die formelle Seite der Predigt für die Evangelisten gegenüber der
Aktseite zurücktritt (S. 310), suchen diese für sie lediglich eine
gewisse Angemessenheit, die im Einzelnen stark der Individualität
entspricht und auch nicht ohne Abhängigkeit von der zeitgenössi-

---

[479] Kl. Lebensstrom 184. 43; Furche 165. 173; N. Netze 161. 291. 295. 337. 346.
[480] Kl. Der Umgang mit mir selbst 5.6.1.
[481] Kl. Lebensstrom 201; N. Netze 297. 250.

schen Darstellungsweise ist. Bei der starken Zielsetzung der Predigt ist eine geheime Thematisierung derselben durchweg vorhanden, die Hinleitung und Mitführung auf den Hauptgedanken, der ihrem Tenor als Bekehrungs- und Erweckungspredigt entstammt und seine Einzelausprägung im besonderen Text und Teilgedanken erfährt. Ob diese einheitliche Strebung nun in textualer oder thematischer Behandlung in Erscheinung tritt, ist eine Frage zweiten Ranges, die persönlich verschieden beantwortet wird. Von einem formellen *Schema* der Evangelisationspredigt kann man nicht sprechen; die rednerische Darstellung ist frei.

Der *Aufbau* der Predigten ist logisch geordnet. Eine völlige Willkür herrscht nirgends, der Zufälligkeit wird in falschem Verständnis von Improvisation nichts überlassen (S. 199). Die logische Verbindung der Teile unter sich ist teils strenger, teils lockerer, mehr unter- oder beiordnend, wobei Wesley und Finney auf der einen, Whitefield, Moody, Schrenk und Keller auf der andern Seite stehen (S. 146 f.). Aber auch bei Wesley findet sich häufig eine, wohl der Predigtweise der Zeit entsprechende Aneinanderreihung von in sich getrennten thematischen Teilabschnitten jeweils unter gemeinsamen Obergesichtspunkten. Keller wurde der Vorwurf des »Feuilletonstils« gemacht,[482] wohl um die Buntheit und Vielseitigkeit seiner Teilgliederungen zu bezeichnen. Doch ist gerade ihm eine sehr einheitliche Durchführung seiner Grundgedanken unter einem allerdings manchmal sprunghaften, zur Aufrechterhaltung des Interesses bestimmten Reichtum von Einzelgedanken und Illustrationen nicht abzusprechen. Whitefield verliert sich in der Ausmalung seiner Teilzüge (S. 200 f.) öfters in abschweifenden Sonderdarstellungen, von denen er mit einem »to return« zu seinem Thema oder Gegenstand zurückkehren muss.[483] Moody rät nicht so sehr zu einer thematischen, als vielmehr homilienmäßigen Behandlung der Texte – der

---

[482]   Kl. Leben II 91; N. Netze 5.
[483]   Wf. S. 474.

junge Prediger soll nicht ein »text preacher«, sondern ein »expository preacher« werden. Die Weise, wie ein bekannter Zeitgenosse »seine Bibel öffnet und auslegt«, dünkt ihn wichtiger und fruchtbarer als die der an sich vollkommenen Spurgeon'schen Predigten.[484] Er selbst hat aber den Aufbau seiner Ansprachen wohl überlegt und behält das Thema streng bei, wenn auch, wie es seine illustrative Darstellungsweise schon bedingt, in frei gegliederter Form. Er gesteht selbst zu, dass er seine vorbereitenden »Studien mehr nach Gegenständen als nach Texten anstellt« und nach ihnen die Schriftworte und die Bilder auswählt.[485] Finney vermag die Dinge nicht so apodiktisch hinzustellen wie Moody, was eine strengere Auseinanderfolge der einzelnen Abschnitte bedingt.

Die *äußere Gliederung* ist die der Rede gemäße nach Einleitung, Hauptteil und Schluss. Als Beweis für die noch gegebene gemeinsame christliche Plattform zeigen die *Redeanfänge* aller unserer Evangelisten mit Ausnahme Kellers den christlichen Ausgangspunkt in Gestalt einer Anknüpfung an den Text, der bei ihnen gleichfalls überall zugrunde liegt, oder einer allgemeinen, an eine biblische Wahrheit oder ein christliches Problem anschließenden Bemerkung. Von hier geht man dann meist möglichst rasch zur Bezeichnung des Themas oder der Einteilung der Predigt über. Letztere wird von Wesley und Finney gelegentlich ohne weiteres an die Spitze gestellt. In ihrer scharfen Gliederung ist sie bei diesen dann eine das Interesse weckende, einleitende Übersicht. An etwas späterer Stelle gibt sie auch Whitefield und vereinzelt Moody. Nur Keller sucht sich, seiner allgemeinen Tendenz nach, ein außerhalb des christlichen Kreises liegendes Ausgangsgebiet in Form eines Problems von allgemeinerem Interesse, irgendeiner Zeitbeobachtung, Zeitnot oder Zeitkrankheit, leitet zu der dahinter liegenden tieferen Frage und behandelt dann diese. Gelingt es ihm so nicht, die Spannung der Hörer und damit »ihren Willen für die von ihm angeschlagene Tonrichtung« zu be-

---

[484] Md. Pleas. and Prof. 42; Gen. U. Gew. 48 f.
[485] Erdman 97.

kommen, so scheut er auch nicht, wie er ausführt, vor einer treffen-
den Geschichte, einem drastischen Vergleich oder selbst einem
Scherzwort zurück.[486]

Der *Hauptteil* der Predigt wird verschieden gestaltet. Gegenüber
der freieren Behandlung durch die Späteren ist das ältere Schema bei
Whitefield, Wesley und Finney das der Zweiteilung, bei der zuerst
die biblische und theologische Grundlegung und dann die Anwendung gegeben wird, beides mit Unterteilen. Das Grundsätzliche des
ersten Teils kann sich mehr an den Text und die Bibel anschließen
oder allgemeineren Inhalts sein (Wesley bzw. Finney). Von ihm geht
der Evangelist zur praktischen Beziehung auf die Hörer über, bei
Finney in der Form eines ganzen zweiten Teils, der »remarks«
(Bemerkungen), d. h. der mit weiteren Erläuterungen durchflochte-
nen persönlichen Folgerungen, bei Whitefield in Gestalt einer im
Übergang dazu oft ausdrücklich angekündigten[487] »exhortation«, der
»Ermahnung« und Nutzanwendung (S. 268 f., 279 f.). Zahlreiche im
ersten Teil mehr ruhig-betrachtende Predigten Whitefields zeigen in
ihrer zweiten Hälfte oder im Schluss diese meist evangelistisch gestaltete, mit hinreißendem Schwung und Feuer vollzogene, direkte
Wendung an den Hörer.[488] Nach dem Urteil eines Biografen hätte
Whitefield eher hinter jeden einzelnen Abschnitt eine »Anwendung«
gesetzt als darauf verzichtet, die praktischen Folgerungen zu ziehen.[489] – Gerade im Schlusssatz steigert sich die Kraft der Rede und
die ganze Eindringlichkeit der Evangelisten häufig zu einer letzten
Frage, einer zusammenfassenden Feststellung, einem hineinge-
schleuderten Anstoß, einer zarten, nachhallenden Einladung. Hier
offenbaren sie sich in gleicher Weise als Meister des Stils wie der die-
nenden Seelsorge, als »workers in souls«, Seelengewinner.[490]

---

[486] Kl. N. Netze 5.
[487] Wf. S. 527. 563.
[488] Wf. S. Nr. 5. 12. 14. 33. 34. 36. 38. 39. 40. 42. 62.
[489] Gledstone 347.
[490] G. Bradford, »D. L. Moody, A Worker in Souls«.

Hinsichtlich der *Methode der Ausarbeitung und Darbietung* ergibt sich das Bild, dass offenbar keiner unserer Evangelisten alle Predigten wörtlich vorher niederschreibt. Bei der Fülle der Gelegenheiten, bei denen sie zu sprechen haben, ist dies auch unmöglich. Jedoch ist gründliche Meditation (vgl. S. 194 f., Anm. 99 Kl.) und das Aufzeichnen von Stichworten wohl die Regel. Bei Vorträgen, die zum Druck gegeben werden, erfolgt eine sorgfältige Festlegung des Wortlauts wohl auch schon für die Rede oder Letztere wird während des Vortrags nachgeschrieben. – Die Quellen bieten über die Art der Vorbereitung einen verschiedenen Tatbestand. Cornelius Winter, während des letzten Aufenthalts Whitefields in England dessen Begleiter und der Beobachter seiner Lebensgewohnheiten, sieht den Evangelisten nur auf Schiffsreisen beim Ausarbeiten von Predigten; sonst zieht sich dieser eine oder zwei Stunden vor öffentlichem Reden in die Stille zurück. Am Sonntagmorgen leisten ihm zur Meditation Bibelerläuterungen und Konkordanz Hilfe. Häufig werden ihm in schlaflosen Nächten die Predigten des anderen Tages geschenkt, worauf er dann auch hinweisen kann. Den Aufriss einer Predigt findet Winter nie unter seinen Papieren und vermutet, dass der Evangelist so etwas nicht gekannt hat.[491] Finney übt gründliche Meditation (vgl. S. 194 f., Anm. 99); seine Texte, die er aus dem täglichen seelsorgerlichen Verkehr schöpft, begleiten ihn, werden durchstudiert und durchbetet, bis sie ihm ganz zu eigen und vertraut sind, und dann spricht er »aus vollem Herzen zu den Leuten«. In der Regel notiert er sich in aller Kürze die Hauptpunkte, die er hervorheben will, sowie die Reihenfolge der verschiedenen Abschnitte und die Schlüsse, die er aus dem Texte zieht.[492] In den gesperrt gedruckten Stichworten oder einleitenden Sätzen der einzelnen Abschnitte in manchen der »Gospel Themes« dürften diese Notizen wieder zu finden sein. Sein Eintreten für die Predigt ohne Konzept (S. 197) zugunsten der Entwicklung der

---

[491] Ty. Wf. II 510 f.
[492] Fn. 1921, 47.

Fähigkeit, frei über jedes Thema sprechen zu können,[493] geht für die Allgemeinheit der Prediger zu weit und macht eine Gabe und Notwendigkeit eigenen Wirkens, ähnlich wie den Erfolg bei Anwendung der rechten »Mittel« (S. 225 f.), zur Norm. – Whitefields, Finneys und zweifellos auch Wesleys Gabe zu extemporieren (S. 197) besitzt auch Moody. Er, der »nie einem Manuskript folgt«, nimmt nichts mit zum Redepunkt als die »Bagster Bibel«, in die er einen biegsamen Band mit den Redeaufrissen und Stichworten legt. Seine gedruckten, als Traktat gedachten Reden sind nachstenografiert. Sie entstammen außer dem Bibelstudium der fleißigen Beobachtung des täglichen Lebens und dem aufmerksamen Verfolgen der Literatur in dem Bestreben, stets neuen Anschauungsstoff und Gedankengehalt für die Predigten zu finden. Er sammelt diesen in seinem Notizbuch und dann in über 400 großen Umschlägen, welche die Themen und den Ort seiner Predigten zur Aufschrift haben (S. 134). Durch stete Überarbeitung und Änderung im Einzelnen hält er Letztere trotz häufiger Wiederholung »frisch«.[494]

Vollends unmöglich ist nach allem diesem den Evangelisten das in England und Amerika vielfach geübte Ablesen der Predigt (S. 198).

Eine besondere Frage bildet die *Wiederholung von Predigten.* Diese findet sich bei allen Evangelisten. Nicht nur, dass ihre unausgesetzte Reisetätigkeit und große Beanspruchung sie ermöglicht und fordert (S. 98 f.), sie bietet eine Gelegenheit, den Vortrag und den Inhalt bis aufs Letzte auszufeilen und zu einem vollkommenen Instrument zu machen. So wenigstens wird Whitefield von Benjamin Franklin verstanden, der im Lauf der Zeit wohl zwischen dessen neu entworfenen und oft gehaltenen Predigten zu unterscheiden lernt und Letztere besonders an der zur Vollendung gelangten Betonung und

---

[493]   Fn. 1921, 275 ff.
[494]   W. Md. 435 ff., Erdman 88 f.

Gebärde erkennt.[495] Auch die Schauspieler Foote und Garrick urteilen so und finden, dass die 40. (!) Wiedergabe der Predigt die beste sei. Alle ihre Schwächen sind dann beseitigt und die unwirksamen Teile ausgemerzt, die eindrücklichen Stellen dagegen beibehalten und aufs Äußerste verbessert; das untrügliche Gedächtnis des Evangelisten, das genau behält, was er zu sagen wünscht, und Ton, Blick und Stimme haben sich dann dem Inhalt mit vollkommener Kunst angepasst.[496] Moody macht die bemerkenswerte Äußerung: »Wenn ich finde, dass ein Schwert wirksam ist, warum sollte ich es nicht oft benützen?«[497] Für ihn handelt es sich also nicht um eine Frage der Form, sondern der Wirksamkeit – ein Beweis für das Überwiegen des aktualen und pneumatischen Moments der evangelistischen Predigt gegenüber dem ästhetischen. In unnachahmlicher Art kann er biblische Gestalten, besonders des Alten Testaments, deren vertieftes Verständnis er in jahrelangem Bemühen der Bibel abgewonnen hat, in wunderbarer, stets neuer Frische den Zuhörern hinstellen.[498] Selbst Wiederholungen bleiben hierdurch reizvoll, wie auch die Begleiter Whitefields von seinen glänzendsten Episoden stets neu gepackt werden (S. 191 f.). Hier leistet die Fantasie und die Kraft der dramatischen Vergegenwärtigung eine wesentliche Hilfe, da Fantasie im Gegensatz zu Ratio auch bei Wiederholung nicht ermüdet. So kann Moody seine Predigt über die Themen »Wiedergeburt«[499] 186-mal, »des Menschen Sohn ist gekommen …«[500] 142-mal, »Saat und Ernte«[501] 113-mal, »Glaube, Mut und Enthusiasmus«[502] 73-mal, »Daniel«[503] 70-mal halten.[504] Ein

---

[495] Ty. Wf. I 375.
[496] Gledstone 467.
[497] W. Md. 436.
[498] W. Md. 443; Md. Bible Char., Men of the Bible.
[499] Md. Way to God Nr. 2; Weg zu Gott Nr. 4.
[500] Md. Sel. S. Nr. 4; 12 Reden Nr. 2.
[501] Md. Sow. and Reap. Nr. 1?
[502] Md. Faithf. Say. Nr. 1 u. 2.
[503] Md. Bible Char. Nr. 1.
[504] W. Md. 435.

weniger großer Geist würde wohl diese Fülle von allerdings zum Teil über 20 Jahre verteilten Wiederholungen nicht ohne Schaden für sich und seine Zuhörer bewältigt haben!

Neben diesen Lieblingspredigten – auch Keller bietet Vorträge bis zu 20-mal[505] – finden sich *Lieblingstexte*, die den Prediger bezeichnen und wohl noch wechselnder gestaltet werden. Besonders Wesley verwendet in der ersten Zeit seines Umherwanderns mit Vorliebe Texte, die seine Theologie und seinen erwecklichen Ruf unmittelbar zum Ausdruck bringen (S. 318), und deren ohne näheren Zusatz erfolgende Anführung im Tagebuch die freie Art der Behandlung bei gleich bleibendem, zentralem Thema andeutet. Es sind dies die Worte »Christus, gemacht zur Weisheit, Gerechtigkeit, Heiligung und Erlösung«, die er selbst seinen »bevorzugten Gegenstand« (favourite subject) nennt,[506] ebenso die Einladung an die Dürstenden und der Ruf an die Totengebeine (S. 175, Anm. 48). Oft gebraucht wird von ihm auch: »Das Reich Gottes ist nicht Essen und Trinken, sondern Gerechtigkeit, Friede und Freude in dem heiligen Geist«; kann er an dem zuerst genannten Spruche das Heilsgut evangelistisch darlegen, so weiß er hieran den Seelenzustand der Hörer zu praktizieren.

D. Das evangelistische Wort und die Versammlung

Das so geschaffene Wort hat nun geschichtlich und prinzipiell ein bestimmtes *Geschehen* unter den Hörern zur Folge.

Bei der Darstellung dieser Beziehung ist der Blick vorwiegend auf die *Wirkungsweise des Worts selbst* zu richten und nicht auf die psychologischen Vorgänge für sich, also nicht auf die Bekehrungspsy-

---

[505] Kl. N. Netze 7.
[506] Wl. Jn. II 220.

chologie im Allgemeinen einzugehen. Immerhin wird sich gerade hierbei herausstellen, dass echter Glaube Wirkung des Worts und nicht eines mystischen Einflusses ist, und insofern werden die Hauptdaten der Glaubensbegründung in der Darstellung der Wirkung des gepredigten Worts mitenthalten sein. Die Rückbeziehung auf den *Inhalt* der Verkündigung (S. 210-310) ist unvermeidlich, da der Akt- und Sinngehalt die Anregungen und notwendigen Gestaltungsansätze in sich trägt. Die psychische Erscheinung der Geschehnisse unterm Wort ist zugänglicher als deren pneumatischer Kern; dies ergibt sich aus dem Wesen des religiösen Vorgangs selbst. Das Pneumatische, als das Veranlassende, ist unanschaulich; das Seelische, als das Gewirkte, ist fühlbar und dem Bewusstsein gegenwärtig. Doch ist das Psychische nicht nur »Außenseite«, sondern unabtrennbar mitgegeben, da dem geistlichen Geschehnis *notwendig* ein Vorrang im Innenbestand des Menschen, ja als *christlich*-pneumatischem Anstoß eine *bestimmte* Struktur des seelischen Vorgangs – bei aller Freiheit im Einzelnen – entspricht, also z. B. Buße und Glaube nie zu umgehen sein werden und Glaube etwas anderes ist als mystisches Erlebnis. Innerhalb dieser Struktur, in deutlichen seelischen Erscheinungen, tritt das Wirken des Pneuma hervor; wird es ins Auge gefasst, so muss die volle Ehrfurcht vor dem feierlichsten Geschehen innerhalb des Zeitlichen gewahrt bleiben und darf niemals eine kühl-objektive, sondern nur eine christlich-dienende und gerade *deshalb* scharf beobachtende Haltung bestimmend sein. Hierbei ist den Gesamtvorgängen wie dem Geschehen bei dem Einzelnen in der Hörergesamtheit die gleiche Aufmerksamkeit zu widmen.

Innerhalb des Einwirkungsvorgangs zeigen sich zwei verschiedene Schwerpunkte, die oft mehr einen Unterschied in der Blickrichtung als in der Sache bezeichnen: Das Überwiegen des aktiven Moments auf der Seite des Göttlichen, welches das Geschehen veranlasst, und das Sichtbarwerden des Prinzips der Tätigkeit auf der menschlichen Seite, das eine Haltung, eine Antwort, eine Stellungnahme bedeutet. Ist dort aber die innerste Beteiligung des Menschen notwendig, so ist hier alles Handeln erst recht nur durch Gott ermöglicht und gegeben.

Das aktiv-göttliche Prinzip ist zu sehen in der göttlichen Gnaden-gegenwart, die als himmlische Repräsentation sich der Versammlung selbst mitteilt und andererseits diese vor Gottes Angesicht stellt, also versammlungspsychologisch dasselbe bedeutet, was rednerpsycho-logisch die pneumatische »Nähe« (S. 163 ff.) bezeichnet; ferner in dem Eröffnen innerer Möglichkeiten durch die Gemeinsamkeit gesegneten Hörens und in dem Verwehren derselben und in der tie-fen Beeindruckung der Hörer durch Macht, Gewalt und Wahrheit des Worts, die sich in Gefangen-, Ergriffen-, Getroffen- und Beglei-tetwerden durch dasselbe äußert. Die Handlung aufseiten des Men-schen ist positiv: das Erfassen des Rufes im Jetzt und Hier und Mit-einander und doch Besonderen, oder negativ: das Verschieben bzw. Ablehnen dieses Hörens, das ein Gehorchen ist.

I. Die pneumatische Repräsentation

Nicht nur für die Wirkung der Rede prinzipiell (S. 160 f.), sondern auch für das Geschehen in der Versammlung ist das Wirken des Geis-tes, und zwar für beides in Einheit (S. 158 f.), das Wesentliche. Und dieses vollzieht sich *durch das Mittel der Rede*. Dieses »Besondere« ist in seiner Voraussetzung und Notwendigkeit den Evangelisten ein-sichtig. Von Schrenks Arbeit in den Burgvogtei-Versammlungen in Basel 1882 wird berichtet: »Der Geist Gottes waltete und wirkte da mit Macht.«[507] In dieselbe Richtung weist Schrenks Wort, das Chris-tentum sei »eine Geistesbewegung vom Himmel her«.[508] Finney gibt der Wichtigkeit dieses Geisteswirkens in der Versammlung stets von neuem Ausdruck und bezeichnet ohne direktes Eingreifen Gottes durch seinen Geist eine durchgreifende Arbeit auf religiösem Gebiet

---

[507] »Bethel« 1914, 58.
[508] »Frohe Botschaft« 1908, 267.

als unmöglich. Er selbst erwähnt aus seiner Tätigkeit in Bolton 1860, dass er bei der eröffnenden Gebetsversammlung sofort spürte, dass der Geist Gottes auf dem Plane und reicher Segen zu erwarten sei, und verzeichnet eine Reihe von Fällen vom Herabkommen des Geistes während seines Redens auf die Versammlung und von »Gottes wunderbarem Wirken« in derselben.[509]

Neben diesem Moment der tätigen Kraft offenbart sich das mehr beharrende, empfundene, pneumatisch-augenblickliche der *»Nähe Gottes«*, des *»numen praesens«*, in Gestalt einer heiligen Stille und tiefer, feierlicher Erfülltheit. Wie alles echt »Evangelische« ist diese Gnaden- und Herrlichkeitsgegenwart nicht zum Genuss und zur bloßen Erbauung gegeben, sondern zur Förderung der Wirksamkeit des Worts; die evangelistischen Berichte sprechen dies sehr gut aus. Whitefield kennt den Zusammenhang zwischen Gegenwart Gottes und Kraft des Wortes; er, der 1739 von einer Straßenpredigt berichtet: »All was hushed and silent; The Divine Presence was amongst us« (Alles war lautlos still; die göttliche Gegenwart war unter uns),[510] sieht in dieser Gegenwart die bekehrende Gnade wirksam.[511] Moody fand eines Abends seine Hörerschaft zu seinem Erstaunen in völliger Stille dem Wort geöffnet, nachdem der Morgen eine »tote Versammlung« gebracht hatte – »so, als ob das ganze Haus mit dem Geiste Gottes erfüllt gewesen wäre«. Er erfuhr, dass dies der Fürbitte einer alten Kranken zu verdanken war, die sein Kommen und seine Arbeit mit ihren Gebeten begleitet hatte; die Antwort, die ihr ward, war »wie mit Feuer vom Himmel«.[512] Wesley erlebte auf einem bisher »trockenen und unangenehmen« Platz (Birmingham) 1749 einen ähnlichen Umschwung. Bei vollster Aufmerksamkeit, und ohne durch einen Spötter gestört zu werden, vermochte er einer unge-

---

[509] Fn. 1921, 65; 165; 87. 161. 162. 71.
[510] Ty. Wf. I 256.
[511] Ty. Wf. II 405. Die göttliche Gegenwart ist unter uns und jede Woche bringt neue Beweise der Kraft der bekehrenden Gnade.
[512] Md. Kassel 62 ff.

wohnt großen Menge zu predigen und hatte »selten ein so tiefes, feierliches Gefühl von der Macht, Gegenwart und Liebe Gottes gehabt«; – die Einheit ist bezeichnend.[513] In einer Stadt, in der Finney 1826 wirkte, wurde ein zugereister Oberrichter bald von »einem heiligen Schauder ergriffen, als spüre er die Gegenwart Gottes«. Er bemerkte selbst im Verkehr mit den Angestellten im Gasthof die Atmosphäre »tiefen, feierlichen Ernstes«, die sich von den Versammlungen her auf die Stadt gelegt hatte; »die Leute waren sich der Gegenwart Gottes tief bewusst«.[514] Aus den Berichten über den Anfang der Erweckung 1905 in Deutschland spricht schon das stark Enthusiastische dieses Übergangs in die Zungenbewegung; doch ist das dort Empfundene, »die überwältigende Gegenwart und das Wirken Gottes in den Versammlungen«, anderwärts »das stille, sanfte Säuseln des Geistes«,[515] ein Kennzeichen echter Erweckungen. Maßgebend ist, dass die Erfahrung der Nähe Gottes unter einer gesunden Wortverkündigung erfolgt, während die Aufmerksamkeit dieser zugewendet und die Intention eindeutig ist. Die Grenze nach dem Ungesunden ist bei Gebets- und Singeversammlungen (Wales 1905) fließender, da hier die auch beim Wortempfang auf große, gemeinsame Eindrücke antwortende seelische Erregbarkeit stärker die Reinheit der religiösen Beziehung zu trüben und die Erfahrung wahrer Gottesnähe und Gottesmacht zu paralysieren oder vorzutäuschen vermag.

Eine begleitende Äußerung der so empfundenen göttlichen Realpräsenz ist die »*Stille vom Himmel*«, die unter dem Wort eintritt. Die Parallele im alltäglichen Leben ist das Auftreten einer plötzlichen Stille in einer Gesellschaft, während der es ist, »als ob Engel durch den Raum gingen«. Auf dem religiösen Gebiet ist es die »feierliche Stille«, die »Todesstille«, die »Stille wie bei einer Kommunion«,[516] die

513   Wl. Jn. III 444.
514   Fn. 1921, 73. 75.
515   Fleisch I 459. 457.
516   Wf. S. 294; W. Md. 444; »Bethel« 1914, 86. 88.

ganze Volksmassen im Augenblick verstummen lässt (S. 176 f.).
Schrenk fiel es auf, wie sie sich bei seiner ersten Versammlung in Bremen 1884 beherrschend ausbreitete: »Die Zigarren senkten sich bald und die Gesichter wurden ernst.«[517] Sie ist unabhängig von der Größe der Versammlung; Whitefield konnte 15 000, 30 000 Hörer vor sich stehen haben und es waltete doch eine Ruhe, »wie wenn nicht mehr als 50 Personen anwesend gewesen wären«. Ja, unter 50 000 konnte diese »awful silence« (heilige Stille) herrschen (1739).[518] Bei dem Gebet des Evangelisten während seiner »Regenbogenpredigt« (S. 264 f.) »durchdrang eine Stille wie in einem Grab das ganze Haus, so mächtig hatte er auch die Herzlosesten in seiner Hörerschaft ergriffen«.[519] Diese Stille vermag wie nichts das Innere zu erfassen und »gleichzurichten«, d. h. für das Erfassen des Worts empfänglich zu machen – sie ist zubereitend. Sie verscheucht den »Lärm« äußerer und innerer Art, d. h. die Unruhe und Zerstreutheit, die ausgesprochenen und unausgesprochenen Störungen, durch heilige Scheu, und ist offenbar an Voraussetzungen innerhalb der Hörerschaft gebunden, ohne die das Eintreten dieses letzten Friedens und Lauschens unmöglich wird. Sie »kommt«, »fällt«, »breitet sich aus« und hat verschiedene Stufen der Tiefe und der Färbung – etwa des Segens, des Friedens, des Schreckens. Sie ist von empfindlichen Personen in gewissen Druckverhältnissen der Luft bzw. des Raumes körperlich hörbar und wird als außerordentlich gegenüber dem sonstigen »Sich-ruhig-Verhalten« empfunden. Sie ist ebenso wohl Begleiterscheinung gespanntester Aufmerksamkeit wie tiefster Ergriffenheit.[520] Die Volksmenge, die »in atemloser Stille an White-

---

[517] »Bethel« 1914, 85.
[518] Ty. Wf. I 216. 214.
[519] Ty. Wf. I 419.
[520] Wf. S. 294. Eine feierliche Stille entsteht unter uns. Ich habe die gute Hoffnung, dass die Worte, die mich der Herr heute zu euren Ohren sprechen ließ, nicht ganz zur Erde gefallen sind. Eure Tränen und eure tiefe Aufmerksamkeit sind ein Beweis dafür, dass Gott der Herr in Wahrheit unter uns ist.

fields Lippen« hing (s. S. 77 f., Anm. 156), war nicht nur durch seine Beredsamkeit und das »Offenstehen« seines »Herzens« gebannt, sondern letzten Endes durch etwas Gewaltiges, das in der Rede sprach. Die *Erfülltheit* der Stille ist wesentlich; sie ist kein Aussetzen des äußerlichen Geräusches – selbst fesselnde Ansprachen können hierüber nicht hinauskommen –, sondern ein Einsetzen eines letzten Sprechens, das die Stille durchdringt und das Wort mit dem »Zeugnis des heiligen Geistes« begleitet.[521] Die Verbindung mit dem verkündigten Wort ist offenbar; der Evangelist wie der Beurteiler sehen sie und führen in eindrucksvollen Berichten diese »göttliche Stille« auf die Nähe Gottes und sein mächtiges Reden zurück.[522]

---

[521] W. Md. 411. – 1893, Chicago, Zirkus. Als die gewaltige Versammlung das Lied »Näher, mein Gott, zu dir« anstimmte, fiel sichtlich ein Gefühl heiliger Ehrfurcht auf die Menge. Als man eine Stunde gesungen und gebetet hatte, erhob sich Moody, um zu predigen. Sein Text war: »Des Menschen Sohn ist gekommen, zu suchen und selig zu machen, was verloren ist.« Der Geist Gottes war unter uns; die Stille vom Himmel lag über der Versammlung.

[522] Henrichs »Etliche zu Evangelisten« 1922, 240 (Gottlob Schrenk über Elias Schrenk). Was ihm im letzten Grunde Macht gab über viele Herzen als Buß- und Gnadenprediger, als barmherziger Berater von erquickender Natürlichkeit und gesundem Urteil, das war die innere Vollmacht des heiligen Geistes, die spürbare Nähe Gottes, in der er lebte. Wir haben von der großen, entscheidenden Frankfurter Arbeit von 1885 eine eindrucksvolle Schilderung des Geistes jener Versammlungen von Pastor Benemann (»Bethel« 1914, 86), wo die Rede ist von *»jenem intensiven Lauschen, das nur da erfahren wird, wo die Nähe Gottes des Heilands empfunden wird«.* Jenes tief hineingenommene Lauschen der Versammlung in heiliger Stille ist mir (dem Sohn) schon in der Kindheit aufgefallen und bleibt mir fürs Leben eine unvergängliche Erinnerung. Dies unbeschreibliche »Zur-Ruhe-Kommen« in dem »Gott ist gegenwärtig« ist das Merkmal des heiligen Geistes. Und darauf kommt in der Evangelisation alles an. Der Evangelist muss Gott ganz Platz machen, damit die Kraftwirkung des göttlichen Geistes voll und ganz zum Rechte kommt. – – Md. Ov. Life 42. Einige der machtvollsten Versammlungen, denen ich je beiwohnte, waren die, in denen eine Art heiliger Stille über die Leute kam und es schien, als ob eine unsichtbare Macht ihr Gewissen ergriffe. Ich erinnere mich an einen Mann, der in eine jener Versammlungen kam; in dem Augenblick da er eintrat, fühlte er, dass Gott da war. Da kam eine heilige Furcht über ihn, und in derselben Stunde ward er überführt und bekehrt. – – – Md. Lat. Serm. 122 f.; Md. 1899, East Northfield. Ein weiterer Umstand,

Ist der Erweis dieser Gegenwart so zwingend, so hat er umgekehrt eine *Repräsentation der Hörer* vor Gott zur Folge. Dem Herabneigen Gottes zu den Angeredeten geht zur Seite ein Hinaufgestelltwerden der Hörer vor Gottes Angesicht geistlicherweise, und zwar wiederum durch das Wort. Den beiden Repräsentationen entspricht theologisch-grundsätzlich die Hergabe des Geistes und des geisttragenden Worts und die Hinaufgabe des Sünders in die Gemeinschaft Gottes. Diese Letztere wird aktualisiert in der *Möglichkeit* der Stunde für den Zuhörer, wie sie deren Wort und Vorgänge in sich schließen.

Wesley empfand selbst, wie die Hörer »mit dem himmlischen Meister von Angesicht zu Angesicht gebracht«, »vor den großen, weißen Thron gestellt wurden«; »die Menge sah aus, als sähen sie den Richter aller und hörten Ihn sprechen vom Himmel«.[523] Keller weist dem Wort die Aufgabe zu, »die Seelen gefesselt hinzuführen vor den Thron des unsichtbaren Zeugen aller unserer Predigten, Jesu Christi«.[524] Das bevollmächtigte Zeugnis kann den Hörer »in unmittelbarer Nähe mit dem lebendigen Gott« bringen (s. S. 180, Anm. 57).

---

der mich im Glauben bestärkt, dass hoffnungsvolle Anzeichen einer Erweckung da sind, ist der, dass während der letzten sechs Monate eine Stille über die Versammlungen gekommen ist, wie ich sie seit Jahren nicht gekannt habe. – Ich predigte letzten Sonntag in Dr. Storrs Kirche in Brooklyn. Ich komme seit 20 oder 30 Jahren nach Brooklyn und New York; Herr Sankey war in verschiedenen Versammlungen bei mir. Ich wage zu behaupten, dass er nicht aufstehen und mir widersprechen kann, wenn ich feststelle, dass in jener Versammlung eine Stille herrschte und eine Kraft zu spüren war, wie wir sie in den letzten 20 oder 30 Jahren selten hatten, von der Zeit an, wo wir begannen, bis zu der, wo wir durchdrangen. Es war ein heißer Julitag, von dem die Leute sonst meinen, man könne an ihm nichts anfangen; aber es war gerade, als ob diese Versammlung von einer unsichtbaren Macht gehalten würde, und es schien, als ob Gott der Allmächtige selbst zu den Leuten spräche.

[523] Rigg 129; Wl. Jn. III 432. 373.
[524] Kl. Furche 9.

Dieser »Begegnung« mit Gott im Wort wohnt eine niederbeu-
gende, enthüllende wie erhebende Kraft inne. Sie soll den Hörer zu
einer Erkenntnis der überwältigenden Wirklichkeit, Macht und
Wahrheit Gottes und seines richtenden und rettenden Tuns und entsprechend der menschlichen Kleinheit der Sünde führen. Sie stellt
keine mystische Erfahrung mit eigenem Gefühls- und Erregungs-
wert dar. Angesichts der im Hervortreten der »Hundert und eins«
(One Hundred and One) überwältigend zum Ausdruck kommenden Wirksamkeit Gottes in der Jungmänner-Versammlung in Glasgow 1874 (S. 384 f.) musste ähnlich Jesaja ein Beobachter die Hände
vors Gesicht schlagen.[525] Dies ist das Gefühl, mit dem die Hörer Wesleys unter seiner Rede der Offenbarung einer bisher ungesehenen
göttlichen Welt gegenüberstanden, wenn ihnen in einer nahen Verbindung des gegenwärtigen Geistes und des mächtig einschlagenden
Wortes der Ausblick auf Himmel und Hölle eröffnet wurde[526] (vgl.
S. 164, Anm. 22).

---

[525] W. Md. 179; Md. 1874, Glasgow. Als die Versammlung weiter vorgeschritten war,
wurde die geistliche Kraft so stark, wie ich es noch bei keiner Gelegenheit vorher
erfahren hatte. Und als Herr Moody am Schluss anordnete, dass die ersten Sitz-
reihen frei gemacht würden, und diejenigen einlud, die freien Sitze einzunehmen,
die wünschten, dass man für sie bete, kamen hundert und einer vor. Während der
Evangelist sich bittend an sie wandte und der feierliche Strom begann, sich aus
allen Ecken der Kirche zu sammeln, wurde das Gefühl der göttlichen Macht
überwältigend; und ich erinnere mich sehr gut, wie ich mich auf der Plattform
umwandte und mein Gesicht in den Händen verbarg, unfähig, noch weiter auf
das Ereignis zu blicken.

[526] Rigg 136. Menschen, überführt von der gleichen plötzlichen geistlichen Offenbarung ihrer eigenen traurigen Sünde gegen ihren Gott und von der liebenden
Güte dieses Gottes gegen sie, wie sie sich besonders in der Gabe und Sendung, in
dem Leben und Sterben Jesu Christi, des Sohnes Gottes, offenbart, waren überwältigt durch den überraschenden Anblick dieser neuen Welt geistlicher Wahrheit
und Bedeutsamkeit. Es war, wie wenn ihnen auf einen Schlag der Blick geöffnet
worden wäre für den Himmel über ihnen und die Hölle unter ihnen.

II. »Tote« und »offene« Versammlungen

Es ist eine bekannte Erscheinung, dass Versammlungen dem Wort gegenüber ein verschiedenes Verhalten zeigen können. Dieses kann in der einen bereitwillig »abgenommen« werden und in der andern durchaus nicht durchdringen, wenigstens nach dem Gefühl des Evangelisten, der die Resonanz spürt. Hierbei handelt es sich nicht um die Wirkung des Worts auf Einzelne – diese kann sehr wohl vorhanden sein –, sondern um das Gesamtverhalten der Hörer, das positiv oder negativ bestimmt ist. Das Wort »fähet unter ihnen«,[527] es »*läuft*«[528] oder es scheint anderwärts auf die Prediger »zurückzuprallen«.[529] In Bristol stieß Wesley 1739 auf eine einzigartige »Willigkeit, sich lehren zu lassen«;[530] das Volk nahm das Wort an »mit ganzer Bereitschaft seines Herzens« (with all readiness of mind), sie empfingen das Gesprochene »wie Gottes Wort« – im Norden Englands konnte er dagegen u. a. auf eine »so tote, gefühllose, unberührte Versammlung« treffen, wie er ihr selten begegnet war, und eine andere zeigte sich »gleich entfernt von Zorn, Furcht und Liebe«. Doch wurde in ersterem Falle John Brown erweckt.[531] Whitefield traf 1749 in acht Grafschaften von Wales »nicht eine trockene Versamm-

---

[527] Kl. N. Netze 6. Während wir reden, gibt es Augenblicke lautloser Spannung, geheimnisvoller Einwirkung auf Fantasie, Gewissen, Willen der Hörer – hier schlägt einer die Hände vors Gesicht, dort wischt sich jemand verstohlen die Augen oder wird rot vor Scham oder strahlt vor großer zustimmender Bewegung – »es fähet unter ihnen«.

[528] Ty. Wf. I 411. O, wie das Wort lief! Ich konnte mich kaum enthalten, auszurufen: Hier ist nichts anderes denn Gottes Haus und die Pforte des Himmels!

[529] Ty. Wl. III 86. Sie fühlten einen Druck auf ihrem Geist, sie hatten nicht die gewohnte Freiheit zu sprechen und das Wort, das sie sprachen, schien auf sie zurückzuprallen und nicht in die Herzen der Hörer zu sinken.

[530] Wl. Jn. II 216; Wl. 1739, Priestdown. Ich habe in England nirgends solche Liebe gefunden, noch eine solch kindliche, ungekünstelte, zum Lernen bereite Geistesart, wie Er sie diesen Leuten gegeben hat.

[531] Wl. Jn. III 131. 305. 53. 95.

lung«.[532] Im Allgemeinen kennt der Evangelist »erstklassige« Gegenden oder Plätze, was die Aufnahme seiner Arbeit anbelangt; nach
ihnen kehrt er meist regelmäßig wieder, so Keller nach Hannover,
Breslau, Dresden, Leipzig und Zürich im Gegensatz etwa zu Hamburg, und ebenso gab Finney offenbar Rochester einen besonderen
Vorzug, das unter ihm drei Erweckungen sah (1830, 1842, 1855).[533]

Neben der persönlichen oder nationalen Eigenart der Evangelisten
und der Hörer sind es wohl, ähnlich wie bei der Entstehungsmög-
lichkeit der »Stille« (S. 344), die inneren Voraussetzungen einer
Bevölkerung oder Versammlung, die solche Erscheinungen bedingen. Schrenk findet die Ursache des so häufigen Mangels an der
»offenen Tür« trotz des vielfach vorhandenen religiösen Verlangens
in der ungenügenden Reinigung der »Luft um uns her« von der
»Macht der Finsternis«, im weit gehenden Fehlen der Gegenwart des
heiligen Geistes in den Versammlungen und in der dem entsprechenden, ungenügenden Ausrüstung der Werkzeuge von oben mit geistlicher Zeugungskraft.[534] Auch Keller weiß, »wie viel Hemmungen die
Leute selber mitbringen, wie viel geistige und geistliche Riegel es
wegzuschieben gilt, ehe das Wort wirklich fängt«. Erst wenn ein auf-
richtiges Verlangen der höheren Kraft begegnet, kann sich diese »mit
der niederen verbinden« und das neue »Licht der Überzeugung«
schaffen. Der »elektrische Strom des Seeleninteresses« muss dem
Prediger entgegenkommen.[535]

So wird gesagt werden können, dass Gott sich an keine Voraussetzungen bindet, aber über fehlende Voraussetzungen nicht einfach

---

[532]   Ty. Wf. II 226; Wf. 1749, Bristol. Ich bin in acht Wales'schen Grafschaften gewe-
        sen und ich denke, wir haben nicht eine trockene Versammlung gehabt. Das Werk
        in Wales ist sehr im Fortschreiten und dazu angetan, täglich zu wachsen. Hätte
        mein lieber Herr Hervey hier sein können, um die Einfalt der Leute zu beobach-
        ten, ich bin überzeugt, er hätte gesagt: »Sit anima mea cum Methodistis« (meine
        Seele sei mit den Methodisten).
[533]   Kl. Leben II 60; Fn. 1921, 101. 129. 156.
[534]   Schrk. Wen dürstet 104 f.
[535]   Kl. Leben II 231; Furche 102, 12.

hinweggeht und widerstrebenden Menschen das Evangelium nicht aufdrängt. Die Summe der Einzelverhalten bedingt das Gesamtverhalten der Versammlung (S. 154), ihre Geöffnetheit oder Verschlossenheit. Darüber hinaus gibt es aber doch eine *Gnade der Stunde*, eine Gnade der »akoe«, die ein *besonderes* Sich-Neigen, eine besondere Gabe im Hier und Jetzt, und zwar an die Versammlung als gesamte, bedeutet, »Segenstage« oder »Segensstunden« heraufführt und es auch da, wo sonst Widerstände waren, offene Türen gibt (s. S. 60, Anm. 111). Umgekehrt kann eine Versammlung trotz vorhandener pneumatischer Träger »dürre« werden, wenn Gott den Segen verweigert, als Gericht vielleicht über ein ungekanntes oder offenes Ärgernis, und dann »die Schleusen des Himmels« (S. 153 f.) sich nicht öffnen. *So ist eine in sich selbst entzweite Gemeinde oder Kirche als Gesamtkörper durchaus nicht missionskräftig.* Besonders Finney betont dies wiederholt.[536] – Zu beachten ist, dass eine ungewohnte »Offenheit« der Versammlungen mit ein Kennzeichen und eine Folge mächtiger geistlicher Bewegungen und deren seelischer Gesamtlage ist, sodass sie in der Zeit »geringer Dinge« fehlen kann, ohne dass der Glaube an die Wirksamkeit des schlichten Worts dadurch beeinträchtigt werden müsste.

III. Die Tiefenwirkung des Wortes

Der Begriff der »*Tiefe*« umschreibt in vielfältiger Beziehung das, was als Raum der Wirkung des Wortes, namentlich des großen evangelistischen Wortes, bezeichnet werden muss. Es werden Schichten der Persönlichkeit erreicht, die tiefer und anders als der Intellekt gelagert sind, so notwendig der Letztere für die Aufnahme des Wortes ist. Die Rede geht nicht nur aus dem »Herzen« als Zentralpunkt der Persönlichkeit (S. 182 f.), sie geht auch »zu Herzen« (S. 183). Die

---

[536] Fn. 1921, 101. 299 f.

Totalität und Größe der Botschaft und die Totalität und Größe der Beanspruchtheit entsprechen sich: Es sind Ganzheitsvorgänge, die sich aus Wucht, Kraft, Wahrheit und Ewigkeitsschwere der Botschaft ergeben und über rationales Für-Richtig-Erklären, Billigen, Zustimmen und Aneignen[537] hinaus weit ins Zentrum der Persönlichkeit vorstoßen. Es sind die Sphären des so genannten »Gefühls« (S. 257), des »Gewissens« (S. 232 f.), der Totalergriffenheit und der Totalentscheidung (S. 217 f., 261, 276 ff.), die mit Bezug auf die ganze Existenz des Hörenden getroffen werden. Dass diese Tiefenwirkungen zunächst in der Richtung der abwertenden und beugenden Selbstbeurteilung und in der Erfahrung der unbedingten Obmacht und erschreckenden Herrlichkeit der göttlichen Realität (S. 347) und damit des Wortes gehen, somit also die alte dogmatische Setzung der Buße als Forderung in der Wirkung echter Wortverkündigung gerechtfertigt ist, ergibt sich aus dem Wesen echter Begegnung mit dem Numen,[538] die nicht oberflächlich-optimistisch in einer Anerkennung des »Vater-Gottes«, sondern in der Erfahrung der Position der Gnade aus der Negation des Sünders heraus besteht. Ausdrücklich sei festgestellt, dass diese Wirkung des Wortes nicht eintreten muss – die verschiedensten Verhalten finden sich daneben –, dass die Wirkung in die Tiefe aber sich aus dem Wort heraus ergeben *kann* und in der Tat dessen adäquate Erfüllung und geradlinige Fortsetzung in Psyche, Willen und Existenz des Hörers hinein darstellt und als solche *normal* zu nennen ist. Die Inhalte des Worts und die Inhalte der Vorgänge entsprechen sich (S. 340. 362).

Eine *gewisse* Erreichtheit fast aller Zuhörer lässt sich von sehr eindrucksvollen und geistesmächtigen Versammlungen großer Evangelisten wohl aussagen. Es ergibt sich die eigentümliche Beobachtung, dass die Inhalte der Rede bis zu einem bestimmten Grade *zwingend*

---

[537] Vgl. Gruehn, »Religionspsychologie« 65.
[538] Vgl. R. Otto, »Das Heilige«.

werden können und eine seelische Parallelhaltung und psychische Gleichschaltung den Forderungen des Worts gegenüber eintritt, die jedoch an sich noch keine *Eigenhaltung* zu bedeuten braucht und deren Wert sich aus der sittlichen Beziehung der fundamentalen Entscheidung und aus der Bewährung in der *Zeit nach* der »großen Stunde« ergibt. Letztere ist also sowohl Hülle vorübergehenden Eindrucks wie bleibenden Schicksals. Am deutlichsten ist dieser allgemein-bezwingende Charakter großer Ereignisse in der *Obmacht* des Wortes zu sehen, wie sie sich in »Furcht« und »Bann«, aber auch im tiefen Getroffensein der Hörer bis zu körperlichen Folgen hin auswirkt.

1. Furcht und Bann

Eine Vorstufe des tiefsten In-Beschlag-Genommen-Werdens ist die tiefengebundene *Aufmerksamkeit* und Gefesseltheit der Hörer (S. 82 ff.). Sie ist eine der pneumatischen und psychologischen *Einzelwirkungen* des Wortes, die den Gesamtphänomenen der »Macht« des Redners und des Wortes (S. 72 ff.) zugrunde liegen. Die *innere Beanspruchung* lässt den Hörern keine Gelegenheit zum Ausweichen oder Abschweifen. So empfanden es Leute aus der Hörerschaft Whitefields als merkwürdig, dass ihnen, entgegen ihrer sonstigen Beschäftigung während der Sonntagspredigt, unter der Verkündigung dieses Evangelisten keine Zeit blieb, auch nur einen einzigen Baum zu setzen oder eine Schiffsplanke zu legen.[539]
Sichtbarer aber wird diese in die Tiefe wirkende Macht des Worts in der besonders bei Wesley zutage tretenden Erscheinung der »*Bezähmung*«. Große Volksmassen, die in das Haus, wo sich dieser Evangelist aufhielt, eindrangen oder es umringten, wurden durch ihn zum Verstummen und tiefen Lauschen gebracht. »Mit einem Mund

---

[539] Ty. Wf. I 525; Gledstone 488.

voller Argumente« stillte er »die Winde«[540] und konnte sich noch lakonisch äußern: »Ich hoffe, dieser Mob kam nicht umsonst zusammen.« Störenfriede vermochten 1740 in der Foundery noch die Textverlesung zu übertönen; aber dann »schlug der Hammer des Worts die Felsen in Stücke« und ruhig hörten alle »die frohe Botschaft der Errettung«. Wesley ist sich dessen bewusst, dass in solchen Fällen »Gott über die Tollheit des Volkes Herr wurde«, und überzeugt, dass die »Macht dessen gefühlt wurde«, der »größer ist, als der in der Welt ist«.[541]

---

[540] Wl. Jn. III 442; Wl. 1749, Rochdale.-Believing the time was now come, I walded down into the thikest of them. They had now filled all the rooms below. I called for a chair. The winds were hushed, and all was calm and still. My heart was filled with love, my eyes with tears, and my mouth with arguments. They were amazed, they were ashamed, they were melted down, they devoured every word. What a turn was this! O how did God charge the counsel of the old Ahitophel into foolishness; and bring all the drunkards, Sabbath-breakers, and mere sinners in the place, to hear of His plentous redemption! – – – Als ich glaubte, es sei Zeit, ging ich unter den dichtesten Haufen. Sie hatten nun alle Zimmer im Erdgeschoss gefüllt. Ich rief nach einem Stuhl. Die Winde hatten sich gelegt, alles war ruhig und still. Mein Herz war voll Liebe, meine Augen voll Tränen und mein Mund voller Argumente. Sie waren erstaunt, sie waren beschämt, sie waren ergriffen, sie verschlangen jedes Wort. Welch eine Wandlung war dies! O, wie wandte Gott den Rat des alten Ahitophel in Torheit und brachte alle die Trinker, Schwörer, Sabbatbrecher und großen Sünder zu Stelle, um von Seiner reichen Erlösung zu hören!
– Wl. Jn. II 388; Wl. 1740, London. Als ich nach Hause kam, fand ich einen zahllosen Pöbel um die Tür versammelt, die alle einen Augenblick lang ihren Schlund öffneten, als sie mich sahen. Ich bat meine Freunde, in das Haus zu gehen, ging mitten unter die Leute und verkündigte »den Namen des Herrn, gnädig und barmherzig, und reut ihn die Strafe«. Sie standen da, einer starrte den andern an. Ich sagte zu ihnen, sie könnten nicht vor dem Angesicht dieses großen Gottes fliehen, und bat sie, wir möchten uns deshalb alle darin vereinen, zu Ihm um Gnade zu flehen. Dem stimmten sie bereitwillig zu; ich empfahl sie also Seiner Gnade und ging unbelästigt zu der kleinen Gesellschaft ins Haus.
[541] Wl. Jn. III 142; II 386. 389. – Wl. Jn. III 98; Wl. 1743, Wednesbury. Ich glaube, jeder, der anwesend war, fühlte die Macht Gottes und kein Lebewesen machte Miene, uns zu belästigen, weder beim Kommen noch beim Gehen, sondern der Herr stritt für uns und wir blieben im Frieden.

Der erste Eindruck, den solch kühnes Auftreten machte, war
»Starren und Staunen«. »Gaping an staring«, »Mund und Nase offen«,
»im Tiefsten erstaunt« standen die Massen nach dem Auftreten Whitefields auf den Moorfields[542] und Wesleys in Newcastle 1742.[543] Dies
Erstaunen galt der ungewohnten Predigt im Freien, aber auch der
Botschaft, wie eine Bemerkung Wesleys vermuten lässt, nach der ihm
seine Hörer zwar »nicht gerade überführt, aber wie betäubt, vor den
Kopf geschlagen« erschienen.[544] Dies bringt den Zustand der ersten
tieferen Verwunderung zum Ausdruck.

Eine Stufe mehr ist es schon, wenn das Volk »zitterte und
stand«.[545] Hier zeigt sich wohl die Auswirkung eines Vorgangs, den
Wesley mit »die *Furcht Gottes* fiel auf uns«, »war unter ihnen«
umschreibt.[546] Im ersten Falle wurde dem Redner selbst das Reden
schwer, im zweiten tat trotz einer fragwürdigen Zuhörerschaft »niemand den Mund auf«. Diese eine Art »Bann« bezeichnete Erscheinung ist als einheitliche Auswirkung eines Einflusses aus der geistlichen Welt und des gepredigten Worts, etwa der Gerichtsverkündigung zu betrachen; die »terrors of the Lord« (S. 242) schaffen solche
»Furcht«.

---

[542] Ty. Wf. I 555; Wf. 1742, Moorfields. – I was glad to find that, for once, I had, as it
were, got the start of the devil. I mounted my field pulpit and almost all flocked
immediately around it. I preached on these words: »As Moses lifted up the serpent in the wilderness« etc. They gazed, they listened, they wept. All was hushed
an solemn; an I believe many felt themselves stung with deep conviction of their
past sins. – – – Es freute mich, dass ich einmal sozusagen des Teufels Aufbruch
erwischt hatte. Ich bestieg meine Feldkanzel und fast alle umringten mich
sogleich. Ich predigte über die Worte: »Gleichwie Mose eine Schlange in der
Wüste erhöht hat ...« Sie gafften, sie lauschten, sie weinten. Alles war still und
feierlich und ich glaube, viele fühlten sich tief und schmerzlich ihrer früheren
Sünden überführt.
[543] Wl. Jn. III 14.
[544] Wl. Jn. III 59.
[545] Wl. Jn. III 91.
[546] Wl. Jn. III 91. 253.

Ihr nahe steht der Ernst, den die Evangelisten oft auf den Gesichtern ihrer Zuhörer geschrieben sahen. Er ist wortbedingt,[547] stammt aus dem Naherücken absoluter Kategorien, letzter Wahrheit und letzter Entscheidung und ist eine Voraussetzung jeder wahren Gewissensentscheidung. Deshalb freute es Wesley, als er »einer kleinen, aber tief ernsten Gruppe den einen Mittler verkündigen« konnte – er war selbst ernst, ebenso Whitefield, und eine Atmosphäre von Ernst ging von ihm aus.[548]

2. Die Ergriffenheit

Die »*Ergriffenheit*« *durchs Wort* umschreibt einen ganzen Kreis von Resonanzen, die keineswegs billige Antworten flüchtiger Stunde, sondern Tiefenerscheinungen sind, welche dem Eingang des Worts den Boden bereiten und unter Umständen mächtig Entgegenstehendes drunten – und den Weg für größere Eindrücke offen halten können (S. 50 f., 257). Sich ihrer »nicht erwehren können«, heißt Übermächtiges zugeben, und zwar nicht nur in seiner Gewalt, sondern – im Grunde – auch in seinem Recht. Es ist Gottes Sprache, die man vernimmt, und *einmal* wenigstens darf und soll heiliges Schweigen herrschen, wo sonst Widerspruch und Alltagslärm war. Die *tiefe Bewegtheit* der Seele ist, in gesunden Fällen, ein Anzeichen der nahe tretenden Errettung und des Gerufenseins. Die Sphäre des »Ge-

---

[547] Wl. Jn. III 286; Wl. 1747. Blanchland. Die ganze Versammlung trank jedes Wort in sich, mit solchem Ernst im Blick, dass ich nur hoffen konnte, dass Gott diese Wüste noch vor Freude singen mache. – Wl. Jn. III 288; Wl. 1747, Hexham. Eine Menge Leute lief sogleich zusammen, der größere Teil war toll wie ungezähmte Füllen. Viele hatten geäußert, sie würden gewaltige Dinge tun, aber der Zaum war in ihrem Gebiss. Ich schrie laut: »Der Gottlose lasse von seinem Wege und der Übeltäter seine Gedanken.« Sie fühlten die Schärfe des zweischneidigen Schwerts und wurden rings umher tief ernst, sodass ich kein einziges unfreundliches oder unhöfliches Wort zu hören bekam, bis wir sie verließen, während sie noch dastanden und einer auf den andern starrte.

[548] Wl. Jn. II 325; Tholuck 34. 54.

fühls« ist in einer Tiefenlockerung und Neuempfänglichkeit der innersten, »ganzen« Seele und des »ganzen« Gemüts getroffen. So ist es gemeint, wenn das Volk als »powerfully affected«, mächtig ergriffen, »melted down«, tief gerührt bezeichnet wird.[549] Mögen die Tränen der Rührung unter Whitefields Predigt in manchem dem Eindruck seiner dramatischen Darstellungskunst zuzuschreiben sein – daneben war es eine *tiefe Erschütterung*, die als eine Wirkung des Worts auf der Gefühlsseite eben das bezeichnet, was das tiefe *Getroffensein* (s. u.) auf der Seite des Sittlichen und der Personentscheidung ausmacht.

3. Die Penetranz des Wortes

Die *Durchschlagskraft des Wortes* umfasst Phänomene, die einer nur mit menschlichen Maßstäben rechnenden Psychologie unzugänglich sind oder von ihr notwendig missdeutet werden. Wer nur den »Redner« und seine psychische Macht und seinen Willen sieht, wer nur Wortinhalte und die darin zu übertragenden Impulse, nur Massenversammlungen und die Gesetze der »Massenpsychologie« – etwa, wie Dimond, im Le Bon'schen Sinne[550] –, nur seelische Abläufe, womöglich als Auswirkung von Zwang und »Ansteckung«, kennt, der wird ausschließlich von »Suggestion« des Redners, des Worts, der Masse und des Selbst reden, wo jene echte Penetranz des Worts das Wesentliche ausmacht. Die Mitbedingtheit der Wirkung durch solche psychologischen Begleitvorgänge und Dispositionen soll gar nicht verkannt werden, aber anders als durch die Blickrichtung, die nur *Menschliches* sah, muss dem verkündigten Wort viel größere, und zwar einzig entscheidende Bedeutung beigemessen werden, neben, in, mit und *unabhängig* von jenen bloß-seelischen Komponenten.

---

[549] Ty. Wf. I 222. 239.
[550] Le Bon, »Psychologie des foules«, deutsch von R. Eisler, 1908[12].

Die geschichtlich erwiesenen Wirkungen des evangelistischen Worts werden auch durch ein *allzu starkes* Hervortreten jenes nur-menschlichen Anteils aufseiten des Evangelisten oder des Hörers in ihrer Tatsächlichkeit nicht grundsätzlich aufgehoben, *wie es ja für Wort und Geist eine reine Wirkung und ein reines Wirken unter Menschen gar nie gibt.* Hiermit wird einer grundsätzlichen Relativierung nicht das Wort geredet.

Die Persönlichkeit der Evangelisten, ihre Wucht, ihr Format, die Intensität ihres Temperaments, die Folgerichtigkeit ihrer Logik, kurz die *Energie* ihres Wesens hat an diesem *Durchfahrenden* des Worts einen gewichtigen Anteil, ebenso die Neuheit, das Überraschende, das nie Gesehene und nie Gehörte, das für viele »Plötzliche« ihres Auftretens und ihrer Lehre. Ein Letztes, Andersartiges aber macht die menschlichen Worte zu einem »zweischneidigen Schwert«,[551] zu einem »Hammer«[552] und einer »Flamme«,[553] zu einem scharfen »Dreschschlitten«,[554] zu »Dynamit«[555] – es sind die »Pfeile des *Allmächtigen*«,[556] die »*himmlische* Artillerie«,[557] die auf die Zuhörer abgeschossen werden und sie »wie vom Donner gerührt«[558] stehen lassen, eine Verkündigung, die »sich mit Blitzesgewalt den Weg in die Herzen der Hörer bahnt«.[559]

---

[551] Ty. Wf. I 73.

[552] Wl. Jn. II 386.

[553] Wl. Jn. II 512.

[554] Wl. Jn. III 492; Wl. 1750, St. Ives. Gott gab mir gleichsam »einen scharfen Dreschwagen, der Zacken hat«, so dass die Mutigen vor Ihm zitterten. Sein Wort hatte volle Gewalt über ihre Herzen.

[555] Kl. Furche 110.

[556] Wl. Jn. III 281.

[557] Wf. S. 796.

[558] Wl. Jn. II 184.

[559] Ty. Wf. I 73; Wf. 1737, Bristol. Das Wort war durch die mächtige Kraft Gottes schärfer als ein zweischneidiges Schwert. Die Lehre von der Wiedergeburt und der Rechtfertigung durch Glauben an Jesus Christus bahnte sich wie ein Blitz ihren Weg in das Gewissen der Hörer. Die Pfeile der Überführung staken fest.

Aus diesen kennzeichnenden Vergleichen wird das Starke, Stoß-
mäßige wie das Unwiderstehliche des Vorgangs deutlich; die lebendige Bewegung, die Gerichtetheit der Aktion tritt heraus. Andere, in
Zeitwortform gefasste Schilderungen zeigen das Ziel derselben: Die
Worte »cut to the heart« (schneiden ins Herz), »strike through the
heart« (fahren durchs Herz), machen »pricked at the heart« (im Herzen durchbohrt), »gehen tief«, »schneiden tief«, »dringen ins Innerste der Seele« (pierce to the very soul), vermögen »Herz und Nieren
zu durchbohren«, »bis ins innerste Mark zu erschüttern«, haben
»durchschlagende Wirkung«,[560] die Zuhörer sind »bis ins Innerste
getroffen.«[561]

Wesley und Finney sind diejenigen, bei denen diese Penetranz des
Wortes am stärksten in Erscheinung tritt. Hier darf nicht von vornherein von »Terrorismus« gesprochen werden. Ein solcher läge vor,
wenn bewusst mit Schreck- und Druckmitteln, mit geistiger Überwältigung und suggestiver Willensübertragung gearbeitet würde.
Einer solchen Ausdrucksweise waren sich die Evangelisten aber mindestens nicht bewusst. Die Quellen zeigen in der eigentümlichen
Färbung der seelischen Phänomene jenes »Getroffensein« durch das
Wort, das nicht in der Hand eines Menschen liegt.

Von hier fällt auch ein deutendes Licht auf die viel bemerkten und
besonders in Wesleys Tagebüchern häufig erwähnten »scenes«
(Auftritte). Neben den von Dimond herangezogenen Gesetzen der
Psychologie der Primitiven und der Massen finden sie eine Erklärung besonders in dieser Durchschlagskraft des Wortes. Unter den

---

560 Wl. Jn. II 185. 267. 203; Schrk. Dein Wort 43; W. Md. 277; Wf. S. 378; Fn. 1921, 72.
319. 21.

561 Fn. 1921, 34; Fn. 1824, Evans' Mills. Der Geist Gottes kam mit solcher Gewalt über
mich, dass es mir war, als eröffne ich ein mächtiges Geschützfeuer auf meine
Zuhörer. Das Wort strömte von meinen Lippen gleich einer unaufhaltsamen Flut,
die alles vor sich niederwarf. Es wurde in Wahrheit zum Hammer, der Felsen zer-
schmeißt, und zum zweischneidigen Schwert, das durch Mark und Bein dringt.
Es dauerte nicht lange, so sah ich, dass die Mehrzahl der Anwesenden bis ins
Innerste getroffen war.

Zuhörern in England und Amerika, besonders in keltischen Gebieten[562] und in Gegenden niederen Kulturstandes (Kolonien, Kohlen-
bezirke),[563] fanden sich Menschen, die besonders lebhaft empfanden,
in ihren Äußerungen kindlich-primitiv unbeherrscht und ihrer ner-
vösen Struktur nach vielleicht nicht gefestigt waren. Bei ihnen konnte
die durchfahrende Wucht des Wortes zu jenen körperlichen Vorfällen, Schreien, Ohnmachten, Zuckungen, stunden- oder tagelang
währenden Depressionen und sie ablösender, höchster Freude führen, die in ihrem Ausmaß gewiss befremdlich und unnormal sind,
aber in der extremen Zuspitzung des einen Falls das für die Allgemeinheit ernst zu nehmende Moment der Tiefenwirkung kenntlich
machen. Die evangelistische Verkündigung brach in der Zeit des
Anfangs der Bewegung (1739-1743), als diese »scenes« hauptsächlich
auftraten, wie ein Sturm mit unerhörten Inhalten und mit erschütternden Wirkungen selbst bei Beherrschten über großenteils unvor-
bereitete Menschen herein. Besonders Wesleys Predigtweise traf mit
einem »direct impact« (direkten Stoß), nicht selten mit einem »sud-
den and startling shock« (plötzlichen und erschreckenden Schlag)
»das innerste Herz und Gewissen des erweckten Sünders«.[564] Die in
solcher Weise Betroffenen erscheinen Whitefield wie durch die
Trompeten des Jüngsten Gerichts aus den Gräbern gerufen;[565] ihr
innerer Zustand kennzeichnet sich als Zerstücktheit.[566] Nachdem

---

562 U.
563 Dimond 128.
564 Rigg 136.
565 Ty. Wf. I 386; Wf. 1740, Philadelphia. Die meisten Leute waren in Tränen gebadet.
     Das Wort war schärfer als ein zweischneidiges Schwert. Die bitteren Schreie und
     Seufzer genügten, um das härteste Herz zu durchbohren. Einige Leute waren so
     fahl wie der Tod; andere rangen ihre Hände, andere lagen am Boden, wieder
     andere sanken in die Arme ihrer Freunde und die meisten erhoben ihre Augen
     zum Himmel und schrien um Gnade zu Gott. Sie glichen Leuten, die von der
     letzten Trompete aufgeweckt worden sind und aus ihren Gräbern zum Gericht
     kommen.
566 Wl. Jn. III 69. – 1743. Nach der Aussage einiger war es ihnen gerade, als ob ein
     Schwert durch sie hindurchführe; anderen, als ob ein schweres Gewicht auf
     ihnen liege, das sie in den Erdboden drücken wollte. Einige berichteten, dass

Wesley in den körperlichen Vorfällen zuerst das Wort begleitende »Zeichen« erblickt hatte, schrieb er sie schließlich dem unreinen Geist zu;[567] in Wirklichkeit handelte es sich um die Parallelerscheinungen der seelischen Getroffenheit, wie sie namentlich eine Folge der Repräsentation von Himmel und Hölle war (S. 304).[568]

Auch Finney begegneten in seiner Tätigkeit Fälle plötzlicher Ohnmacht und starker Gefühlsausbrüche. Er achtete jedoch darauf, dass die »furchtbare Erregung«, die allgemeine große »innere Bewegung« nicht zu unnüchternen Auftritten führte.[569] Bei Moody und den Deutschen finden sich diese Vorkommnisse weniger, zum Teil weil deren ablehnende Stellung sie von vornherein verhinderte.[570] – Jenen Erscheinungen entspricht in der ausgeglicheneren Wirkung des Worts die echte Buße.

4. Die Buße

Betraf die »Penetranz« die mehr formale Gegebenheit der Durchschlagskraft und der Getroffenheit, so ist die *Buße* unter *inhaltlichem* Gesichtspunkt als wortbedingter und worterfüllter Vorgang zu betrachten.

---

ihnen die Kehle ganz zugeschnürt war, sodass sie kaum atmen konnten; andere, dass ihnen das Herz zum Bersten anschwoll; und wieder anderen war es, als ob ihr Herz, ihr Inneres, ihr ganzer Körper in Stücke gerissen würde.

[567] Wl. Jn. II 180. 184. 202; Ty. Wl. II 502.

[568] Wl. Jn. III 60. – 1742. Einer von ihnen sagte mir: »Es war mir gerade, als ob ich von dem höchsten Punkt, an dem ich je war, hinunterfiele. Ich dachte, der Teufel stieße mich fort und Gott habe mich verlassen.« Ein anderer sagte: »Ich fühlte das Feuer der Hölle selbst in meiner Brust entzündet; mein ganzer Leib war in solcher Pein, als ob ich in einem brennenden Ofen gewesen wäre.«

[569] Fn. 1921, 52. 63. 74 f. – Fn. 1921, 73; Fn. 1826, Rom (Am.). Ich musste bald aufhören, da die Leute vor innerer Bewegung nicht mehr imstande waren, meinen Worten zu folgen. Nach einem kurzen Gebet schloss ich daher die Versammlung mit der Ermahnung: »Geht nun alle heim, ohne miteinander zu sprechen, und wacht über eure Gefühle, dass sie euch nicht übermannen.« Daraufhin ging die Versammlung auseinander, die meisten unter Schluchzen und heißen Tränen.

[570] W. Md. 139. 224.

In der Auffassung der Buße wurde in einseitiger Anlehnung an die Deutung von »metanoia« als »Umsinnung« schon allzu leicht unter Abkehr von jedem Gefühlsgehalt zu ihrer Umschreibung als einem tatsächlich dann oft recht formalen Erkenntnis- und Willensvorgang geschritten. Man lehnte die Tiefenbewegtheit als *Voraussetzung* der Gnade ab, sei es im Sinne einer dogmatisch-schematischen Setzung oder eines verdienstlichen Werkes, ohne ihrer Bedeutung als psychologische Grundlage gerecht zu werden. Dem seelischen Tiefenvorgang kann freilich bei der Tiefe der Selbstabwertung ebenso wenig wie bei der pneumatischen Repräsentation (S. 342) und der Ergriffenheit (S. 356) ein Eigenwert zugesprochen noch kann er zur unerlässlichen Norm der Wortwirkung gemacht werden. Diese ist vielfältig und subjektiv verschieden. Aber es liegt kein Anlass vor, eine tief gehende seelische Beanspruchtheit von vornherein als verdächtig zu betrachten oder nie vom Wort zu erwarten; im Gegenteil wird ein totaler Umbruch – und ein solcher wird doch erhofft – immer von Gefühlsentwicklungen tief greifendster Art begleitet sein (S. 257).

Und zwar handelt es sich hier um durchaus *wortbezogene* Vorgänge (S. 340): Im echten Erlebnis wird hier bei aller Tiefe des Gefühls die reine Beziehung zum gewissenweckenden, das Gesetz, die Verfehlung und das Gericht vor Augen stellenden, die Selbstvorenthaltung und Selbstrechtfertigung aufdeckenden und der Schuld überführenden Wort (S. 231-254) hergestellt. Ohne diesen objektiven Bezug ist Buße sinnlos und als hysterischer Aufregungszustand (»Büßen«) eine Entartung des Christlichen.

Von der Notwendigkeit aufrichtiger Buße ist Moody auch für die moderne Zeit tief überzeugt.[571] Als »Reue« trennt sie das Innerste des

---

[571] Md. Ov. Life 42; Überw. 55. Was Gott verlangt, ist Reue, und wo keine wahre Reue ist, ist auch keine volle Buße. »Der Herr ist nahe denen, die zerbrochenen Herzens sind, und hilft denen, die ein zerschlagen Gemüt haben.« »Ein geängstet und zerschlagen Herz wirst du, o Gott, nicht verachten.« Viele Sünder sind

Menschen von der Sünde. Eine nur oberflächliche Überzeugung von der Sündhaftigkeit im Allgemeinen ohne Buße über einzelne Sünden wird bald wieder in das alte Sündenleben zurückführen.[572] Wesley nennt die wahre Buße den »forerunner«, den Vorläufer des Reiches Gottes,[573] und auch Schrenk sieht für den Hörer ohne ernstlichen Bankrott an sich selbst keine Möglichkeit, der Gnadenerfahrung in Christus teilhaftig zu werden.[574]

Aus der Beobachtung der Wirkung seiner Predigt heraus beschreibt Wesley den Zustand des »verwundeten Geistes« (wounded spirit)[575] und kommt damit auf die psychologischen Einzelzüge, in

---

traurig über ihre Sünden, traurig, dass sie mit ihren Sünden nicht fortfahren können, aber wenn sie Buße tun, ist ihr Herz nicht zerbrochen. Ich glaube nicht, dass wir heutzutage wissen, was Buße ist. Wir brauchen einen Johannes den Täufer, der mit dem Ruf durch das Land zieht: »Tut Buße! Tut Buße!«

[572] Md. Ov. Life 45. 38; Überw. 58. 49.

[573] Wl. S. S. I 158.

[574] »Frohe Botschaft« 1909, 404 f.

[575] Wl. S. S. I 188; Nast I 35. Jetzt, wo sich der Dunst dieser Schlafmittel zerstreut hat, fühlt er die Angst eines verwundeten Geistes. Er findet, dass die Sünde, wenn sie sich der Seele bemächtigt – sei es nun Stolz, Zorn oder böse Begierde, Eigenwille, Feindseligkeit, Neid, Rachsucht oder sonst etwas –, vollkommenes Elend bedeutet; in seinem Herzen fühlt er: Leid über die Segnungen, die ihm verloren gingen, und über den Fluch, der auf ihn kam; Gewissensbisse, weil er sich selbst so zerstört und sein eigenes Heil verachtet hat; Furcht, aus einem lebendigen Gefühl für den Zorn Gottes und die Folgen dieses Zornes, die Verdammnis, die er mit Recht verdient hat und die er über seinem Haupte schweben sieht; Furcht vor dem Tode, der für ihn die Pforte der Hölle, den Eingang zum ewigen Tode bedeutet; Furcht vor dem Teufel, dem Vollstrecker des Zornes und der gerechten Rache Gottes; Furcht vor Menschen, die, wenn sie es fertig brächten, seinen Leib zu töten, hierbei Leib und Seele in die Hölle stürzten; – Furcht, die sich bisweilen so steigert, dass die arme, sündige, schuldige Seele vor allem erschrickt, selbst vor dem Nichts, vor einem Schatten, vor einem Blatt, das sich im Wind bewegt. Ja, manchmal mag sein Zustand an Wahnsinn grenzen, indem er den Menschen »trunken macht, aber nicht mit Wein«, und den Gebrauch des Gedächtnisses, der Vernunft und aller natürlichen Fähigkeiten außer Tätigkeit setzt. Manchmal kann er ihn sogar bis dicht an den Rand der Verzweiflung bringen, sodass er, der beim bloßen Gedanken an den Tod erzittert, dennoch bereit ist, sich jeden Augenblick hinabzustürzen und »sich lieber erwürgen ließe, als weiterzuleben«. Mit Recht

denen sich die Inhalte des Worts ausprägen. Dieser in den Rahmen
einer Darstellung der seelischen Entwicklung vom schlafenden über
den erweckten zum begnadigten Menschen hineingestellte Abschnitt
zeigt nicht die moralische, sondern einer letzten Begegnung mit dem
Heiligen entsprungene Bestimmtheit des Schuld- und Verlorenheits-
bewusstseins (S. 241 f.). Das gezeichnete Bild ist gewiss schematisch
und grenzt im Einzelnen an das für die seelische Fassungskraft des
Hörers gerade noch Erträgliche; aber Buße ist Furcht und Trauer,
nicht nur Reue, über einen verlorenen Zustand; sie entspringt der
Offenbarung und nicht nur moralischer Bedenken. Hier hat Wesley
richtig gesehen, was den Kern des Tiefenerlebnisses anlangt. Buße ist
»Sinnesänderung in Bezug auf die Sünde selbst«,[576] eben aus der
wortbedingten Erkenntnis über deren absolute Ungöttlichkeit heraus, und daher praktisch von den Gefühlen des Abscheus, der Verwerfung, der Reue, der Beugung begleitet. *Die göttliche Ansicht wird
die unsere – das ist die große Wendung.*

5. Die Nachwirkung des Wortes

Der Tiefe des Eindrucks entspricht ein lang andauerndes Ausschwin-
gen und Nachhallen der Wirkung des Wortes. Aber nicht nur die
psychische Kurve, sondern auch der Wortinhalt veranlasst dies
»Begleiten« und »Nachgehen« des Gesagten bei den Hörern, das
neben dem Anstoß in der Versammlung das eigentlich Fruchtbare ist
und das Verarbeiten und Vertiefen desselben bedeutet. Ist der Grad
der seelischen Intensität geringer, so ist doch die Verfestigung im
Selbst von Wichtigkeit.

---

wird ein solcher Mensch über all der Unruhe seines Herzens heulen wie vor alters.
Mit Recht wird er ausrufen: »Der Geist eines Menschen kann dessen Gebrechen
ertragen; aber einen verwundeten Geist, wer kann den ertragen?«

[576] Fn. 1921, 321.

Als besonders wirksam erweisen sich ausgesprochen starke Eindrücke etwa eines Einzelnen, vielleicht noch öfter wiederholten Wortes oder Bildes (S. 317-326) oder eine Äußerung, die den Hörer persönlich traf. Alles dies »hakt sich fest« und »lässt den Hörer nicht mehr los«. So wurde ein Teilnehmer einer Whitefield'schen Versammlung durch Geste und Ton des Redners (S. 191 f.) beim Aussprechen der Warnung: »O my hearers, the wrath to come! The wrath to come! The wrath to come!« (O meine Hörer, der künftige Zorn!), aufs Tiefste getroffen; die Worte »sanken in sein Herz« und verfolgten ihn tage- und wochenlang, bis der Wandel vollzogen war.[577] Ähnlich ging einem Besucher der Moody'schen Vorträge der Kehrreim eines Liedes »Come! O come to me!« (Komm, o komm zu mir) in Wort und Melodie nach und führte bei dem zuerst Widerstrebenden zum Wiederkommen und zur Umkehr. Dies »Haften« ist sicherlich dem akustisch-rhetorischen Eindruck wesentlich mit zu verdanken; in ihm kommt aber doch auch ein Wirken des Geistes zum Ausdruck, wie Moody meint, der zu diesem Falle sagt: »Wenn der Geist Gottes einen Menschen ergreift, so tut dieser manches, was er zu tun nicht beabsichtigt hatte.«[578]

IV. Der positive Akt

Im weiteren Sinne umschließt das rettende Handeln Gottes unter dem Wort auch die Tiefenwirkung des Worts, da alles, auch das *beugende* Wirken Gottes, Offenbarung seiner Wahrheit und damit rettendes Handeln ist. Im engeren Sinne stellt das heilschaffende Wirken die positive Setzung im Verhältnis zur abwertenden, Hindernisse aus dem Weg räumenden *Entgegensetzung* dar und *ist als rettender Akt der Kern des Erlebnisses.*

---

[577]   Gledstone 519.
[578]   Md. Sov. Grace 75 ff.

In unscheidbarem Ineinander liegt hier Wirken Gottes und Wirken und Verhalten des Menschen beschlossen. In dem Wirken unter dem Worte lässt sich dies am deutlichsten feststellen, da hier alles lebendige Aktion ist und die Einheit sowohl des Geschehens wie die Getrenntheit der Handelnden sichtbar wird (S. 157 f.). So entscheidet sich die alte Streitfrage nach dem Anteil Gottes und dem Anteil des Menschen an der Bekehrung *aktual.* In derselben Weise löst sich teilweise die Frage nach der zeitlichen Festlegbarkeit derselben: Wo die Bekehrung unter dem Wort oder in engstem Zusammenhange mit dem Wort geschieht, ist sie gleich diesem zeitlich fixierbar und enthält dessen klare Gestaltungen. Das Auftreten der Evangelisten bedeutete für viele Menschen einen deutlichen Einschnitt, *den* Einschnitt in ihrem Leben, und es liegt kein Grund vor, den Bekehrungsberichten, die diese enge Verbindung mit dem gepredigten Wort zeigen, im Ganzen oder im Einzelnen zu misstrauen.

Das Gesamtphänomen der Bekehrung als menschlicher Seite des Totaleingriffs Gottes in ein Menschenleben birgt die Einzelweisen des enthüllenden, zueignenden und vergewissernden Wirkens Gottes im Wort in sich, dem im Verhalten des Menschen reflektorisch Erleuchtung, Glaube und Ichbeziehung entsprechen. Der Ton wird hier absichtlich auf das Aktuale und nicht auf das Inhaltliche gelegt, da der Offenbarungs-, Glaubens- und Vergewisserungsvorgang das Eigentümliche *lebendiger* Zueignung im Gegensatz zu toter Buchstabengläubigkeit als Wirkung des gepredigten Worts, allerdings des *Evangeliums*, aufweist und herausstellt.

1. Das enthüllende Handeln: Die Erleuchtung

Das begleitende Wirken des Geistes enthüllt unter dem Wort Dinge, die man bisher »nicht sah« (S. 348 ff.), von denen man sich »nichts träumen ließ«. Vielleicht war trotz äußerer Kenntnis ihr wahrer Sinngehalt noch nicht erkannt, vielleicht waren sie auch ganz unbekannt. Diese Wirkung könnte »Offenbarung« in weiterem Sinne genannt

werden; sie hat mit der biblischen Offenbarung dies innere Enthüllen
gemeinsam, besitzt aber nicht dessen absolute Einmaligkeit und Einzigartigkeit, ist vielmehr dessen Ausfolgerung. In ihrer ganzen Realität und mit dem echten Glanz geistlichen Geschehens erscheint die
biblische Welt und Botschaft vor den Augen des Zuhörers und
erweist sich in ihrer »Ent-deckung« (discovery) als »neu«, »von Gott
gegeben«, »völlig wahr« und deshalb »absolut überführend«. Dieses
In-sich-selbst-sich-Beweisen (self-evidence) ist das charakteristische
Merkmal wahrer Enthüllung, die Tür zu Tiefeneindrücken, der
Sporn der Bekehrung. Es geschieht ein absolutes Bloßlegen, eine Ein-
sichtnahme in die tiefsten Tiefen der Erlösung wie des eigenen Selbst;
der Zuhörer ist »entzweigespalten wie ein Opfer«, sich und andern
einsichtig.[579] Es liegt nahe, diesen Vorgang mit einem »Öffnen der
Augen« und einem »Licht« zu vergleichen, das den Stand der Dunkelheit ablöst. Ein Hörer Moodys, dem die Frage »Wer will Ihn jetzt
annehmen?« »ins Herz sank« (S. 364 f.), erhielt auf sein inneres Ja die
Erkenntnis Christi als geistliches Sehen;[580] Letzteres wird von
Schrenk als Wirkung des heiligen Geistes unter dem Wort bezeichnet.[581] – Wesley hat den Vorgängen des Gläubigwerdens besondere
Aufmerksamkeit geschenkt. Im Zusammenhang mit der Darstellung des »verwundeten Geistes« (S. 363 f.) schildert er das einbre-

---

[579] Ty. Wf. II 393. Ich lauschte verwundert und überrascht und hatte eine solche
       Offenbarung des Heilsplans, wie ich sie zuvor nie gekannt hatte. Ich hatte eine
       Offenbarung über die unergründlichen Reichtümer der Gnade Gottes in Chris-
       tus Jesus und ebenso auch davon, wie ein verlorener Sünder zu Gott kommen
       und Gnade durch den Erlöser erlangen kann. – Wl. S. S. I 187. Er sieht sich nun
       wie die Opfer des Altertums »tetra-chelismenos«, sozusagen entzweigespalten
       vom Nacken niederwärts, sodass all sein Inneres offen daliegt.
[580] Md. Way Home 27. »Ich lauschte gestern Abend ihrer Predigt und als sie fragen:
       ›Wer will Ihn jetzt annehmen?‹, gab es mir Gott ins Herz, zu sagen: ›Ich will‹, und
       Er hat mir nun die Augen geöffnet, dass ich Seinen Sohn sehen kann.« – Ich weiß
       nicht, weshalb nicht Tausende heute Abend hier das Gleiche tun sollten. Wenn du
       je gerettet werden kannst, warum nicht jetzt?
[581] Schrk. Allein 40. Die Augensalbe zum Sehen ist der heilige Geist, der sein Licht in
       begnadigten Herzen leuchten lassen kann, sodass man, frei von Selbstbetrug, sich
       und seine Umgebung wieder im Licht göttlicher Wahrheit ansehen lernt.

chende Licht der Erkenntnis, das all dieser Qual ein Ende macht[582] und »die Augen unserer Seele sowohl öffnet wie erleuchtet«; »wir sehen die geistliche Welt, welche uns rings umgibt«.[583]

Mit der von Wesley genannten »*Stimme* in der innersten Seele« (s. unten Anm. 582) sind wir bei jenen Vorgängen angelangt, die eine *Bestätigung der Worte*, und zwar der Schrift- wie der Predigtworte, *durch den heiligen Geist* bedeuten. Die Dreieinheit des Gotteswortes der Vergangenheit (Schrift), der Gegenwart (Gotteswort im Menschenwort der Predigt) und des inwendigen Zeugnisses (Sprechen in der Seele) wird zu dem Wort an den Hörer, in dem er Gottes Stimme vernimmt. Es liegt beim Hörer, diesen Tatbestand anzuerkennen.[584]

Psychologisch zeigt sich dies so, dass mitten in der Rede längst gekannte Worte eine originale Beleuchtung bekommen und »flammend wie ein Bote Jehovas vor die Seele treten« (s. S. 180, Anm. 57),

---

[582] Wl. S. S. I 192. Er rief zum Herrn in seiner Not und nun »errettet ihn Gott aus seinen Ängsten«. Seine Augen werden geöffnet, auf eine ganz andere Weise als zuvor, und er sieht nun einen liebenden, gnädigen Gott. Während er ruft: »Ich bitte dich, lass mich deine Herrlichkeit sehen«, hört er eine Stimme im Innersten der Seele: »Ich will vor dir alle meine Güte vorüberziehen lassen und will den Namen des Herrn ausrufen. Ich will gnädig sein, wem ich gnädig bin, und will Barmherzigkeit erzeigen, wem ich barmherzig bin.« Und es währt nicht lange, und »der Herr kommt hernieder in einer Wolke und ruft aus des Herrn Name«. Dann sieht er, aber nicht mit Augen von Fleisch und Blut »den Herrn Gott, barmherzig und gnädig und geduldig und von großer Gnade und Treue; der da bewahrt Gnade in tausend Gliedern und vergibt Missetat, Übertretung und Sünde«. – Himmlisches, heilendes Licht bricht nun über seine Seele herein. Er »schaut« auf den, welchen er durchbohrt hat, und »Gott, der da hieß das Licht aus der Finsternis hervorleuchten, gibt einen hellen Schein in sein Herz«. Er sieht das Licht der glorreichen Liebe Gottes auf dem Angesichte Jesu Christi. Er hat eine göttliche »gewisse Zuversicht des, das man nicht sieht mit Sinnen«, selbst der »Tiefen der Gottheit« – besonders der Liebe Gottes, dieser vergebenden Liebe zu dem, der des Glaubens an Jesus. Überwältigt von diesem Anblick ruft er aus tiefster Seele aus: »Mein Herr und mein Gott!«

[583] Wl. S. S. II 449.

[584] Kl. Mod. Hdpr. Nr. 3, S. 4. Es wird nur darauf ankommen, ob der Hörer beim Bezeugen der Erfahrung des Predigers innerlich auch ein Zeugnis des Geistes empfängt und willens ist, solchem unmittelbaren Eindruck mit seiner ganzen Persönlichkeit nachzugeben.

oder sie erhalten »auf einmal einen metallischen Klang, wie ihn nur die Wahrheit hat«[585]; mit diesem »Licht«, das darauf fällt, mit diesem »Klang«, der daraus spricht, ist jenes eigentümliche Plus gegenüber dem logischen Inhalt und akustischen Klang genannt, das für den Hörer das Gehörte zu *Gottes* Wort *unmittelbar jetzt* macht.

Dadurch, dass diese »Stimme« als *Jesu Stimme* bezeichnet wird, erfährt das Ganze noch eine persönlichere Wendung; der Schwerpunkt rückt vom Bibelwort noch mehr ins innere Erlebnis des Vernehmens des pneumatischen Christus.[586] Was die Evangelisten aussprechen: »Jesus kommt herab und spricht mit dir« (s. S. 368, Anm. 582), kann Ereignis in der Seele manches Zuhörers werden,[587] und wenn Schrenk diese Aussage auch indirekt macht,[588] spricht doch

---

[585] Kl. Furche 103.

[586] »Bethel« 1914, 86 (Benemann) – Schrk. 1884, Frankfurt a. M. Seine Rede floss im Anfang ruhig, fesselte aber sofort durch praktisches Eingehen auf das Leben, besonders auf das innere Gemüts- und Gewissensleben der Leute. Da zogen altbekannte Gestalten im neuen Licht mit neuem Eindruck vorüber: der reiche Mann und der arme Lazarus, der barmherzige Samariter, der Gichtbrüchige, Zachäus, die große Sünderin, Johannes der Täufer, Joseph mit den Brüdern, der verlorene Sohn, der Schächer am Kreuz und andere und über alle strahlte dann doch zuletzt die ergreifende Gestalt des Heilandes mit den durchgrabenen Händen und den ausgebreiteten Armen und seine Stimme war es, die aus den Erfahrungen des teuren Bruders zu reden schien und die, als zum Ende hin seine Stimme andringender, mächtiger, zur Entscheidung drängender wurde, den erschreckten und tief gebeugten Sünder mit süßer Lieblichkeit rief: »Komm, komm heute! Willst du?« Hin und wieder folgte ein stilles Gebet, während dessen Totenstille in der Versammlung herrschte.

[587] Md. Ov. Life 107; Überw. 134. Der Sohn Gottes kommt herab und spricht: »Ich will deinen Aussatz von dir nehmen und dir Gesundheit geben an seiner statt. Ich will dies schreckliche Leiden, das dir Leib und Seele zugrunde richtet, von dir nehmen und dir Gerechtigkeit geben an seiner statt. Ich will dich kleiden mit den Kleidern des Heils.« Ist das nicht herrlich? Das meint er, wenn er spricht: »Ich will.« O erfasse dies »Ich will«!

[588] Schrk. Allein 31. Du darfst des Heilands Wort, zur Sünderin gesprochen: »Dir sind deine Sünden vergeben«, auch für dich nehmen, gerade wie wenn er heute vor dir stünde und es zu dir spräche. Nimm es im Glauben für dich an und zweifle nicht. Möge der heilige Geist diesen Trost in manchen Herzen versiegeln …

daraus die Zuversicht eines Predigers, der sein Wort vielfach in dieser Richtung legitimiert fand.

2. Das zueignende Handeln: Der Glaube

Im Vernehmen der Stimme Jesu, eines Wortes Gottes, ist bereits das Moment der *Zueignung* durch das Wort enthalten. Angesprochensein heißt Gemeintsein; Gemeintsein bedeutet im echten Erlebnis das Glaubensgut empfangen, ja der Glaube selbst ist nichts als *der dem Empfangen entsprechende Vorgang im Glaubenden*. Im Glauben ist kein Aufschwung, keine Leistung, kein Sich-Verstehen-zu zu erblicken, sondern der Beweis der empfangenen Gabe, die im *Akt der Zueignung* unterm Wort oder nach dem Wort übermittelt wird. Denn wir setzen: Glauben muß *bewusstes* Erlebnis sein und Empfangen muss *bewusstes* Empfangen sein. Mit jedem Menschen, der glaubend wird, vollzieht Gott einen Akt: Ob sich dieser über einen längeren Zeitraum erstreckt oder in einem Moment geschieht: Die »huiothesia«, das Sohnesverhältnis, ist das Ergebnis, der Inhalt, der einen Vollzug erfordert, und auch von Gott aus nicht lediglich im Vorhandensein eines objektiven Heilsguts besteht. Der *Eintritt* in die Sohnesstellung ist notwendig und *Glaubenkönnen* heißt dieser Sohnesstellung teilhaftig werden. Es öffnet sich etwas: Gott öffnet die Tür. Das ist der Vorgang in der Predigt, wenn das Wort Glauben findet. *Der gegenwärtig rechtfertigende Gott ist der Inhalt des Worts, sein Träger und seine Erfahrung.*

Die dialektischen Vorbehalte zu dem Hörer, zu dem Prediger, zu dem ausgesprochenen Wort sind auch hier zu machen (S. 170 f.). Sie verhindern nicht die *Fülle* in ihrem Tatbestand, wo solcher vorhanden ist.

Innerhalb der – ebenso sehr auf ihrer Predigererfahrung wie auf ihrer Auffassung von der biblischen Wahrheit beruhenden – Aussagen der Evangelisten über den Glauben lässt sich der aktuale Charakter des Zueignens auf der einen und des Empfangens auf der andern

Seite wohl beobachten. Whitefield spricht von der »Anwendung«
(application), der Übertragung der »Gerechtigkeit Christi auf unser
Herz«,[589] die ebenso wohl ein Mitteilen als ein Erfassen ist. Wesley
sieht im Glauben ein Wirken Gottes im Menschen, das ebenso sehr
Geneigtheit (disposition) wie Zuversicht zum Heilsgut und seinem
Empfang hervorruft.[590] Das »Versetztwerden« in den neuen Lebensstand ist nach ihm und Schrenk[591] mit dem Glauben gegeben und
stellt ein Herabkommen wie Aneignen der neuen Lebensrealität dar.
Wenn Finney seine unter der Nachwirkung der Gale'schen Predigt
geschehende Bekehrung beschreibt, so wird das in ihr zum Ausdruck kommende wunderbare Ineinander und Einseits-Andererseits
des göttlichen Geschehens und des menschlichen Anteils im
Geschenkterhalten und Erfassen der göttlichen Verheißung besonders deutlich;[592] das Ganze[593] ergibt in seinem Verlauf unter diesem
Gesichtspunkt eine lehrreiche psychologische Studie. Die Verbindung von Bibelwort, Einsprechen des Geistes und Übereignen des im
Bibelwort Zugesagten tritt hier klar hervor. – Selbst der hysterisch

---

589   Wf. S. 243. Ich verstehe unter christlicher Religion, dass wir Christi ganze und
        persönliche Gerechtigkeit im Glauben anwenden.
590   Wl. S. S. II 380; Nast I 58. Im Glauben empfangen wir das Reich (Gottes), nämlich
        »Gerechtigkeit und Friede und Freude im heiligen Geist«. – Wl. S. S. I 284; Nast I
        90. Der wahre, lebendige und christliche Glaube ist eine Verfassung des Herzens,
        die Gott in diesem gewirkt hat, und eine »gewisse Zuversicht und ein Vertrauen
        auf Gott, dass ihm durch das Verdienst Christi die Sünden vergeben sind und er
        wieder in die Gnade Gottes versetzt ist«.
591   Schrk. Allein 135. Wir sind (in das Reich des Sohnes seiner Liebe) versetzt, sobald
        wir uns im Glauben unter Jesus stellen. Diese Versetzung ist nichts Unbewusstes,
        sondern eine jedem geretteten Sünder klar bewusste Tatsache, durch die sein
        ganzes inneres und äußeres Leben verändert wird.
592   Fn. 1921, 15; Fn. 1821, Adams. Alsbald fiel mir wie ein Lichtstrahl das Wort ins
        Herz ... (Jer 29, 12-14). Ich erfasste die Verheißung sofort mit meinem innersten
        Wesen als geltend und erfuhr zum erstenmal in meinem Leben, was Glauben
        heißt ... Daraufhin bekam ich eine Verheißung nach der andern, von denen sich
        die meisten auf den Herrn Christus bezogen. Ich erfasste sie nicht mit dem Ver-
        stand, sondern sie sanken mir tief ins Herz, und ich hielt mich daran fest als an
        den untrüglichen Aussprüchen des Gottes der Wahrheit.
593   Fn. 1921, 12-18; Thimme 189 ff.

anmutende Aufschrei eines Zuhörers Whitefields »Er ist gekommen«[594] ist doch prinzipiell geeignet, das Erlebnis des sich nähernden und damit sich schenkenden Christus unter dem Wort (»manifestation«) anzudeuten.

3. Das vergewissernde Handeln: Die Ichbeziehung

Die Zueignung schließt schon eine *Vergewisserung* in sich. Es ist nicht möglich, sich etwas wirklich anzueignen, ohne es sich *selbst* und in aller *Gewissheit* (S. 219 f.) anzueignen. Das Ansprechen durch die direkte Adresse (S. 311 f.), das Angesprochensein hierdurch kann zu einem persönlichen Angesprochensein *durch Gott* führen, zu einer Gewissheit: *»Ich bin gemeint.«* In jenem wird ein Ruf vernommen, der das Ich in voller Existenz an Gott bindet – die tiefste Beziehung, die totale Ichbeziehung wird hergestellt. Es ist wichtig, diese direkte Linie vom Redeakt zu der persönlichen Berufung aufzuzeigen – der einzelne Mensch erfährt die Fundamentierung seines geschlossenen und ganzen Verhältnisses zu Gott aus dem gepredigten Wort. Das Schwanken, die Heils- und Lebensunsicherheit, die letztlich der fehlenden Beziehung zu Gott entstammt, wird durchs *Wort* als den Träger der Liebe verwandelt in ein Hineingeordnetsein in diese Liebe wie in die Vergewisserung des Geliebtseins.

Aus Tausenden heraus fühlt sich der Einzelne angesprochen. Unter verschiedenen Beispielen ist die Bekehrung des John Nelson das bezeichnendste. Nachdem er längere Zeit Whitefield mit Wohlgefallen, aber ohne Verständnis gehört hatte, kam er auf die Moorfields, um der Predigt Wesleys beizuwohnen. Gleich zu deren Anfang war es ihm, als ob der Redner nur auf ihn sähe und seine ganze Ansprache nur an ihn richtete, so »als wisse er alle Geheimnisse seines Herzens«. Hierin erkannte er »ein Anzeichen, dass Gott

---

[594] Ty. Wf. I 434; 1740, Baskinridge. Es rief einer aus: »Er ist gekommen, Er ist gekommen!«, und konnte kaum die Offenbarung Jesu an seine Seele ertragen.

auch seine Seele retten wolle«.[595] Der tiefe Trost und die Hoffnung, mit denen er die Versammlung verließ, machen die ihm gewordene Ichbeziehung sichtbar. Southeys Kritik trifft nicht das Richtige, wenn er diese eigentümliche Wirkung einer Art Kunstkniff Wesleys zuschreibt, in seiner Rede häuft so zu sprechen, als wende er sich an einen Einzelnen, in dem Wissen, dass immer einige da seien, auf die der geschilderte Zustand gerade passte und die sich dann vor allen anderen bezeichnet fühlen mussten. Er verkennt das Wesen des evangelistischen Du (S. 311 f.), die allgemein-menschliche Übereinstimmung der Grundtatsachen der Seelenlage und vor allen Dingen die Möglichkeit, dass ein durch Führung zu der Versammlung gelangter Mensch, wie in diesem Falle der spätere Prediger Nelson, sich tatsächlich angesprochen fühlt wie nie zuvor und es zu einer ersten, folgenreichen Begegnung mit Gott kommt.

Die höchst eindrücklich wirkende »geheime Mitwisserschaft« des Evangelisten[596] selbst mit ihm ganz unbekannten Vorgängen in der Versammlung zeigt der Vorfall mit den beiden jungen Zuhörern Whitefields, die zu einer Predigt über »die verschlossene Tür« spöttische Bemerkungen machten, diese unvermutet von Whitefield aufgenommen und in ihrer Haltlosigkeit aufgewiesen fanden und darin einen Ruf Gottes an sie selbst erblickten, dem sie Folge leisteten.[597] – Diese persönliche Beziehung wurde auch hergestellt, als Whitefield während einer Predigt über die Mörder Christi auf den unter der Menge stehenden nachmaligen Prediger Tanner blickte und rief: »Du bist der Mann!« Aus innerem Ja und der Erkenntnis seiner Sünden heraus antwortete derselbe von seinem Platze her: »Gott sei mir Sünder gnädig.«[598] Bei solchen – national gefärbten (S. 411 f.) – Begebenheiten bleibt es offen, ob die unmittelbare Beziehung zum

---

[595] Southey-Krum. I 386; Rigg 131.
[596] Ty. Wf. II 381. Herr Whitefield sprach so, als ob er der geheime Mitwisser aller meiner Gedanken, Worte und Taten seit dem zehnten Jahr meines Lebens gewesen wäre.
[597] Witt, »Der ewig reiche Gott« II 739.
[598] Tholuck 197 f.; Ty. Wf. II 104.

Hörer auch tatsächlich von dem Redner so gemeint war oder ob sie
nur aus dem inneren Getroffensein gefolgert wurde. Wenigstens von
Whitefield wird ein solches intuitives Erfassen der Seelenlage eines
einzelnen Hörers und ein Sich-Wenden an diesen berichtet.[599] Im
Verhalten Tanners kommt die Übertragung der biblischen Gegebenheiten auf die Gegenwart der Hörer gut zum Ausdruck.

Die Herstellung der Ichbeziehung bezeichnet Schrenk als die Aufgabe der persönlichen Seelsorge;[600] sie ist der Kern der Einrichtung
der »Bußbank« (S. 286) und des Singenlassens von Teilgruppen der
Versammlung. Moody versinnbildlicht dieses Persönlich-Angehen,
dieses Gemeintsein und Gerufenwerden des Zuhörers in dem
ungläubigen Staunen Reuben Jonsons, des Insassen einer Strafan-
stalt, der bei der Bekanntgabe seiner Begnadigung sich umblickte, ob
nicht unter den Sträflingen noch ein anderer seines Namens sei.
Ebenso schauten die Menschen bei der Verkündigung des Evangeliums über die Achsel nach ihrem Nachbarn, und doch: »Du bist der
Mann!«[601]

4. Einzelgeschehen und Gesamtgeschehen

Für die echte Ichbeziehung ist es charakteristisch, dass *in der allge-
meinen Berufung die persönliche Berufung erfasst wird.* Gerade *weil* der
Ruf an alle ergeht (S. 216), kann ihn jeder auf sich beziehen, und es
bedarf keines Einzelnachweises, sondern des »Siegels« des heiligen
Geistes, dass er erfasst wird. Ebenso bilden die vielen, die zugegen
sind, für den unter dem Wort Stehenden und Glaubenden keine
Hinderung, sondern eher eine Förderung, da ja sie alle vom gleichen
Wort angesprochen sind und vom gleichen Wort geführt werden.
Käme es bei dem, was Glaube ist, auf eine selbstschöpferische Aktion

---

[599] Tholuck 27.
[600] Schrk. Pgl. 39.
[601] Md. Sel. S. 55 f.; 12 Reden 106.

hinaus, so wäre es allerdings unerfindlich, wie Glaube gleichzeitig in vielen entstehen kann; ja, es wäre das größte Misstrauen berechtigt, ob es sich hier nicht um Fremd- und Selbstsuggestion handelte. Da aber Glaube Wirkung des *Worts* ist, so ist (vgl. Pfingsten) *gemeinsame* Wirkung des Wortes zu erwarten und zu bejahen. Auch ergibt sich aus der objektiven Möglichkeit des »Jetzt« (S. 293 f.) und dem Eingeordnetsein in das Große der Bewegung (S. 50 f. 69. 291 f.) die subjektive Erfüllung des Jetzt in Erweckungszeiten für viele zugleich. So distinktiv die Zuneigung an den Einzelnen ist – »Gott redet ›in particular‹ (besonders) mit jedem Einzelnen«[602] –, so kraftverbunden ist sie in das Ganze des Geschehens hineingestellt – kein Massenprodukt, und doch Gesamterscheinung. In diesen Zusammenhängen ist mit eine Ursache der so genannten »plötzlichen«, in allgemeinen Erweckungen häufigeren Bekehrungen zu erblicken. Mit der Gemeinsamkeit des Geschehens wird selbstredend keine Bekehrung ganzer Hörerschaften ausgesagt; nur ein Teilkreis wird erfasst werden.

Die Evangelisten, die als Träger des Worts in nahem Kontakt mit der Wirkung desselben standen und diese in der Seelsorge vielfältig beobachteten, sind der Gemeinschaftswirkung der Predigt gegenüber nicht so spröde wie manche Kritiker, die diesen »Massenbekehrungen« als solchen von vornherein bleibenden Wert absprechen. Moody kann aus der Stunde heraus ernsthaft die Frage stellen, warum nicht »Tausende heute Abend« dem Beispiel eines jungen Mannes folgen sollten, der unter dem Wort zur Annahme desselben kam (s. S. 367, Anm. 579). Er hält es für durchaus nicht ungesund, wenn »eine große Zahl zu gleicher Zeit in die Gemeinde aufgenommen wird«, also in der Erweckung gewonnen wurden, und erwartet, dass sie in jener den Erweis ihrer Bekehrung erbringen.[603] Aus den aus der Geschichte der Evangelisation mitgeteilten Zahlen (S. 388 ff.) geht hervor, dass bei der kurzen, zur Verfügung stehenden Zeit

---

[602]   Wf. S. 38.
[603]   Md. Lat. S. 115.

in den Versammlungen der großen Evangelisten oft Dutzende, ja
Hunderte oder gar Tausende von Menschen vom Wort ergriffen
worden sein und den entscheidenden Anstoß ihres Lebens erhalten
haben müssen.[604]

V. Der negative Ausgang

Eine notwendige Entgegensetzung zur Zahl und Art der Bekehrungen, die die evangelistische Bewegung im Gefolge hatte, ist das Verhalten derer, die durch das Wort wohl angesprochen, aber nicht
ergriffen wurden. Sie erst stellen die Eigenständigkeit und Besonder-
heit des den andern Geschenkten ans Licht; ein undifferenziertes
Gesamtbild widerspräche jeder Freiheit und Wahrscheinlichkeit.
Den Evangelisten war es nicht fraglich, dass weite Kreise in ihrer
Zuhörerschaft besonders in den Zeiten des Anfangs der Bewegung
ihrer Verkündigung kalt oder ablehnend gegenüberstanden, als das
Wort neu und unbekannt war und ganz unorganische Volksmassen
sich herbeidrängten. Nicht immer war die »Bezähmung« derselben
möglich (S. 353 f.), öfters artete ihr Widerstand in ausgesprochene
Verfolgungen aus (S. 96 f.). Und auch wo es nicht zu öffentlichen
Störungen kam, ja, wo eine begeisterte Aufnahme zutage trat, war
deshalb die Wirkung noch lange nicht gesichert. Wesley musste im
leicht beweglichen Irland angesichts der Breite des Stromes dessen
Tiefe infrage stellen.[605] Besonders hinsichtlich der Nachhaltigkeit der
Wirkung hatte er Zweifel; er sah dort, dass trotz »klaren Angebots
des ewigen Lebens« nur wenige »diese guten Eindrücke auch

---

[604] Vgl. Ty. Wf. I 258; Fn. 1921, 148; Schneider, Kirchliches Jahrbuch, 1909, 235.
[605] Wl. Jn. III 341; Wl. 1748, Athlone, Irland. Ein großer Teil der Versammlung hatte
Tränen in den Augen. Ja, beinahe die ganze Stadt schien zu breit, um tief zu sein.
Ich fand nicht einen, der kräftiger überführt gewesen wäre, noch weniger hatte
irgendeiner Heilserkenntnis erlangt, und das nach dem Anhören von 30 Predigten, sodass für den Augenblick kein Urteil über die Zukunft des Werkes Gottes an
diesem Ort gefällt werden kann.

nur eine Woche lang behielten oder wirklich zu dem kommen wollten, der ihnen ewiges Leben geben könnte«.[606]

Besonders die psychologisch nahe liegende Gegebenheit eines *Erregungszustandes* unter den Hörern mahnt zur Vorsicht in der Beurteilung der Ergebnisse einer Erweckungsversammlung. Keller bemisst den Kreis der Nur-Erregten bei einer Erweckung als den größten. Bei der Macht der Eindrücke und der die Gesamtheit durchlaufenden Bewegungen ist diese Erscheinung nicht verwunderlich. Keller kennt die Gattung von Menschen, die von den Schwingungen der Erweckungsbewegung nur mit ergriffen werden – zum Teil, weil sie jeder stärkeren persönlichen oder kollektiven Macht verfallen – und sich und anderen ein echtes Erlebnis vortäuschen, das aufhört, wenn der Anreiz verschwunden ist. Ebenso fällt es ihm nicht schwer, nach einer einschlagenden Gewissenrede in der Versammlung tausend Personen zu einem Bekenntnis oder irgendeinem Gelübde zu veranlassen. Ist aber eine Nacht vergangen, so sind alle jene Gefühlserregungen verklungen; »man schämt sich des im Morgenrot«. Einige Personen, die andern Tags in die Sprechstunde kommen, sind ihm deshalb lieber als die Hunderte von Besuchern in den so genannten »Nachversammlungen«, welche Letztere er – im Gegensatz zu Schrenk[607] – für sich persönlich und für Deutschland allgemein aus seiner praktischen Erfahrung heraus als Arbeitsmethode ablehnt.[608]

Dies Urteil ist ernsthaft zu werten und von da aus kritisch Stellung zu nehmen, wenn in amerikanischen Erweckungsberichten von der Bekehrung ganzer Städte, der Mehrzahl der Einwohner einer Stadt, eines Dorfes, eines ganzen Straßenzuges »bis auf einen Menschen«, der dann auch noch bekehrt wird, oder der gesamten Schuljugend einer Gemeinde gesprochen wird.[609] Eine tief gehende Bewegung ist

---

[606] Wl. Jn. III 339.
[607] Schrk. Pgl. 214.
[608] Kl. Leben I 129 f.
[609] Vgl. S. 36, A. 1 Beardsley 227; Fn. 1921, 82; Pape 36.

hier wohl mit allgemeiner Bekehrung verwechselt. Immerhin ist des Bleibenden noch genug.

Keller unterscheidet von dem obigen, größten Kreis einen zweiten, bei dem wohl eine wirkliche Erweckung vorliegt, aber der innere Umschwung nicht tief genug geht und unter den Hemmungen der Umgebung und des eigenen Selbst wieder erliegt, sodass von diesen »Nur-Erweckten« der frühere Durchschnittsstandpunkt bald wieder erreicht wird. Erst ein dritter Kreis macht nach der Bekehrung auch mit dem sittlichen Leben ernst und wächst in der Erkenntnis. Diese nennt er »die wirklich bekehrten Christen.«[610] Mit Recht macht er demnach die nachfolgende Bewährung (S. 384 ff.) zum Maßstab der Beurteilung.

Neben diesen halben Wirkungen sind es die *negativen Entscheidungen*, die als Antwort auf das Wort zukommen. Sie sind meist existenziell begründet – der Totalanspruch wird abgewiesen; Stolz, Selbstgerechtigkeit, Selbstwille, die geheime Rebellion und Unbußfertigkeit (S. 243 ff.) verbieten das Glauben, bestärkt durch kritische Einstellung, Klassen- und Standesvorurteile. Von dem zwar »sympathischen Jesus« zieht man sich doch zurück, weil er die totale Abwertung, die Lösung von den Sünden und die totale Bindung an ihn nicht erspart[611] (vgl. S. 264, Anm. 282). Die Gnade, obwohl gesucht, findet keine Annahme. Das sind innerliche, sachliche, durchs Evangelium gegebene Gründe, die bei einer so umfassenden und anspruchsvollen Botschaft die in dem Anspruch liegende Verheißung ausschlagen und bewusst oder unbewusst, verhüllt oder klar die Gegenentscheidung treffen lassen (S. 308 f.); diese wird dann durch äußere Entschuldigungen oder Beschuldigungen gedeckt.

Eine negative Stellungnahme liegt auch vor, wo ein *Hinausschieben* der Entscheidung scheinbar eine vorläufige indifferente Lösung bringt. In Wahrheit wird nicht die Begrenzung der Zeit, sondern die

---

[610] Kl. Leben I 128.
[611] Kl. N. Netze 411. 159; Furche 96.

Schwere des Evangeliums zum Beziehungspunkt und Anlass des Nichtbejahens gemacht. Gewiss ist das Angebot der Gnade nicht auf diese Stunde beschränkt; aber in wie vielen Fällen werden dieselben sachlichen Gründe auch später vorliegen und zu demselben Entschluss führen. So war die Verschiebung nur eine Verbrämung.

Nicht ausgeschlossen ist, dass eine negative oder aufschiebende Entscheidung später doch noch der positiven weicht. Doch ändert dies nichts am negativen Charakter der zunächst gegebenen.

Sechster Teil: Abschlussfragen

I. Die Kritik an der Evangelisation

Die Evangelisation als erweckliche Massenpredigt fand in Wesen und Arbeitsweise häufig Kritik. Schon in den Anfängen des Methodismus erhob sich stürmischer Widerspruch und der Pamphlete war kein Ende. Das Nichtverstehen der geistlichen Wurzel und das Suchen des Wesentlichen im Formalen und Menschlichen führte letzten Endes zum Ausscheiden des Methodismus aus der anglikanischen Staatskirche. Es wurden schon damals alle wesentlichen Punkte gesehen,[1] die auch später als Einwände gegen die breite, durch die Jahrhunderte in immer neuen Pulsschlägen sich erhebende Bewegung geltend gemacht wurden: »Enthusiasmus«, Schwärmerei, Übertriebenheit bis zur Verrücktheit; Anmaßung eines nicht Anmaßlichen, der Gewissheit der Vergebung der Sünden und des Heils; Überheblichkeit in der Aburteilung aller »Nicht-Bekehrten«; Inanspruchnahme eines höheren Auftrags und des »Geistes« für die Predigt; »Terrorismus«, Treiberei, »Seelenmassage«[2]; Schablone und »Methode« bei der »Bearbeitung« der Menschen; Vergewaltigung der seelischen Wirklichkeit und Freiheit; Verklemmungen und Komplexe der Nicht-Erreichten und Doch-Beeinflussten. Die Wörter »Methodismus« – in geschichtlich falscher Beziehung auf die »Methode« der Bekehrung (S. 298 f.) – und »Methodist« erfuhren deshalb in Deutschland in maßgebenden Kreisen eine unverdiente, allerdings von Loofs und Köhler[3], nicht geteilte Abwertung.

---

[1] Ty. Wl. I 245. 456, III 35; Wl. S. S. II 84 f; Ty. Wf. II 14. 288. 292.
[2] Kl. Leben I 130, II 213. 239; Mschfr. 237; Furche 107; Bruckner 183.
[3] RE3 XII 747 ff.; RGG1 IV 336 ff.

Im Vorstehenden sollte von den geistlichen Urgründen her das Wesentliche der Bewegung zum Verständnis gebracht werden. Auf die hauptsächlichen Einwände wurde teils in ausdrücklicher Erwähnung,[4] teils in stiller Auseinandersetzung und Beantwortung durch die positive Darstellung eingegangen und Grenzüberschreitungen entgegengetreten. Eine weitere Behandlung wird die Würdigung der nationalen Bedingtheiten bringen (S. 400 f.).

Bei der Darstellung und Beurteilung wurde eine wohlwollende und nicht in erster Linie kritische Haltung eingenommen in der Gewissheit, dadurch den Zugang zu dem Kern der Phänomene und deren Verständnis zu erhalten (S. 416 f.), wie er einer betont kritischen Stellungnahme versagt bleibt. Von dieser aus werden die bisher gebräuchlichen Abstriche an den Phänomenen und ihrer Darstellung und Deutung auch weiter zu erwarten sein, während es einer gleichgerichteten Beurteilung des geschichtlich mächtig Herausgebildeten überlassen bleibt, die verständnisvolle Beziehung zur evangelistischen und kirchlichen Praxis im Einzelnen zu finden und sich vor einer bloßen Übertragung und überschwänglichen »Anwendung« der so starken Dinge ebenso zu hüten wie vor kaltherziger Verständigkeit, besonders aber *der Zeit- und Bewegungsbezogenheit der Phänomene* eingedenk zu sein (S. 101). Die Stellungnahme zum geschichtlichen evangelistischen Werk wird sich an der Auffassung vom Pneumatischen und seinem engen Eingehen in die seelischen und aktualen Gegebenheiten, wie es in der Einzelstruktur der Bewegungs- und Redevorgänge in so überraschend reichem Maße hervortrat, scheiden und entscheiden.

Rückblickend wird sich so aus der Geschichte der Kern von der Schale lösen und selbst in den Verzerrungen noch das Wesentliche zu sehen sein. Es wird zugegeben werden, dass bei dem engen Ineinander von Pneumatischem und Seelischem in der Hochflut der Ereignisse auch manches Menschliche und allzu Menschliche einfloss und unter Umständen die Vorhand gewann. Der Schwung der Bewegung

---

[4] S. 107. 176 f. 231 ff. 294. 297 ff. 363 f.

ließ leicht ins Seelische abgleiten, die Erhöhung durch Zeit und Geist
konnte zur Selbsterhöhung, der Beistand des Geistes zu einem
Zuweitgreifen und Verfügen über Gott, die Entscheidungssprache
zum Herbeizwingen der Entscheidung, die Mitgerissenheit und der
Großglaube zu einem Anstreben auch des objektiv Unmöglichen,
der Erfolg neuer Wege zur Mechanisierung der Mittel führen (s.
S. 227). Doch wo liegt eine solche Gefahr nicht den Höhen menschlichen Tuns nahe? Das Wertvolle an dem Vorbilde der Großen in der
Evangelisation ist, dass sie aus natürlicher Meisterschaft und geistlicher Begabung über den engeren Rahmen geschichtlicher Begriffe
und Grenzen wie Pietismus, Methodismus und kirchlicher Arbeit
emporwuchsen und in klarer Verkörperung das eigentliche evangelistische Prinzip bis in die Einzelheiten hinein darstellten, sodass aus
der Prüfung ihrer Arbeit Maßstäbe und Regeln auch für die Praxis
kleinerer Männer zu entnehmen sind, in deren Hand manches
Große und Ursprünglich-Gewachsene sich in das Gegenteil verkehrte und schädlich wurde, ohne dass hiermit Evangelisation als
Ereignis bestritten würde. Und Evangelisation *war* Ereignis.

Dies zeigt sich außer in der geistlichen Einsichtigkeit ihres Kerns in
der kirchen- und weltgeschichtlichen Auswirkung und Bewährung.
Wo die absoluten Maßstäbe fehlen oder noch keine Übereinstimmung im Urteil erzielt wurde, ist die geschichtliche Bewertung einer
so folgenreichen Bewegung von Wichtigkeit. Neben ihr ist noch der
Einfluss des nationalen Moments zu berücksichtigen, da auch hierdurch eine gewisse Richtschnur der Bemessung, eine Korrektur und
Aufhellung mancher Missverständnisse in der Praxis und in der
Beurteilung gegeben sein wird. Und schließlich ist noch zur Prüfung
und Wertung und auch ganz allgemein die Frage nach dem zeitlosen
Ergebnis der Evangelisationsbewegung und nach dem zu stellen, was
sie, abgesehen von ihren geschichtlichen und wechselbaren Formen,
als bleibende Voraussetzung jedes geistlichen, erwecklichen Wirkens
aufweist.

II. Die Bewährung

Das Phänomen der Nur-Erregten in der Versammlung (S. 376 f.)
trug wohl zu dem Urteil bei, die Evangelisation verursache nur vorü-
bergehende Nervenwirkungen und keine bleibende Frucht. Dem
widerspricht die geschichtliche Bewährung im persönlichen und
öffentlichen Leben. Die Nachweise hierfür entstammen meist der
Bewegung selbst, da die Einzelzüge der Erscheinungen vielfach der
Aufmerksamkeit und dem Verständnis der Außenstehenden entgingen; immerhin wird durch sie ein in seinen kirchengeschichtlichen
Umrissen nicht umstrittenes Gesamtbild ermöglicht.

1. Rückfällige und Bewährte

Dass eine Anzahl Erweckter wieder abfallen, ist eine durchgängig
beobachtete Erscheinung. Diese »Rückfälle« sind ernsterer Art als
das Abflauen des Interesses bei nur Angeregten. Sie betreffen Menschen mit einem Tiefenerlebnis, unter Umständen mit echter Heilser-
fahrung, die aus der Bahn geworfen werden oder im Lauf der Zeit
nachlassen. Die »backsliders« (Rückfälligen) erfahren in der Predigt
Whitefields und Wesleys als Gruppe der Zuhörer manchmal geson-
derte Beachtung. Ihre Zahl ist jedoch nicht so groß wie die der Nur-
Erregten und deckt sich vielfach mit der der Nur-Erweckten; auf
englisch-amerikanischem Boden werden auch aus der ersten Kategorie manche ihr zugerechnet werden. Moody weist darauf hin, dass
im Sämanns-Gleichnis nur ein Viertel der Aussaat wirkliche Früchte
bringe, dass »viele der Jünger« auch bei Jesus »hinter sich gingen«
und dass im bürgerlichen Leben 90 % (?) der Geschäftsleute zu keinem Erfolg kommen und viele neugeborene Kinder sterben, ohne
dass dies vom Geschäftetreiben oder Leben abschrecken müsste.[5]

---

[5]   Md. Lat. S. 110.

Die überwiegende Mehrzahl der zu echtem Glaubensleben Erwachten bewährte sich aber nach seiner und der andern Evangelisten Aussage durchaus, was sich sowohl im Festhalten und Vertiefen des geistlichen Lebens wie in den sittlichen Auswirkungen und in der christlichen Tätigkeit zeigte. Selbst die durch »scenes« Hindurchgegangen bewiesen nach Wesleys Beobachtung durch die veränderte Richtung ihres Lebens, dass eine ernsthafte Wandlung mit ihnen vorgegangen war. Dass bei manchen von ihnen »aus dem Löwen ein Lamm, aus dem Trunkenbold ein mustergültig Mäßiger, aus dem Unzüchtigen ein jeder Unreinheit Abholder wurde, das sind die lebendigen Beweismittel« für die Tatsächlichkeit des Geschehens.[6] Auch die Finney'schen Erweckten, und zwar gerade die schnell und gründlich Erweckten wie die aus der Anfangszeit seines Wirkens, zeigten durch jahrelange Zuverlässigkeit ihres sittlichen Wandels, dass die Bekehrung echt war, wovon er sich bei späterem Wiederkommen durch Nachfragen ausdrücklich überzeugte.[7] Beardsley bestätigt dies im Blick auf die ganze Lebensarbeit des Evangelisten.[8] Moody widmete der bleibenden Wirkung seiner Tätigkeit eine ähnliche Aufmerksamkeit und kam zu gleichem Ergebnis. Von den nach seiner Evangelisation in eine bestimmte Gemeinde Aufgenommenen waren nach Verlauf von fünf Jahren aus einer Gesamtzahl von 100 noch 97 treu geblieben.[9] Nicht nur, dass er in Boston, New York und London Gewonnene in späteren Jahren im Westen der Staaten zum Teil an wichtigen Stellen und Arbeiten wieder fand, er macht die bedeutsame Feststellung, dass wohl in ganz Amerika nach seinen Nachfragen *vier Fünftel der Bekehrten (Gemeindeglieder) in einer Erweckung bekehrt wurden«*.[10] Die Wirkung der Erweckung 1857 in Glasgow zeigte 50 Jahre später (1907), dass noch 80 »Söhne« Moodys

---

[6] Wl. Jn. II 202.
[7] Fn. 1921, 58. 62. 76. 81. 88. 109.
[8] Beardsley 150.
[9] Md. Lat. S. 114.
[10] Md. Lat. S. 115. 122.

vorhanden waren, dass der Arbeit der aus jenem Aufenthalt heraus-
gewachsenen »Evangelischen Gesellschaft«, dem Mittelpunkt des
sozialen und missionarischen Werkes Glasgows, etwa weitere tausend »Enkel« ihr geistliches Leben verdankten und dass aus den
Reihen der »101« jungen Männer (S. 348) eine Anzahl der hervor-
ragendsten christlichen Mitarbeiter der Stadt hervorgegangen waren
und andere durch die ganze Welt bis nach Australien zerstreut ihre
Treue zu Christus festhielten. Ein Werk der äußeren Mission und
eine Bibelschule waren weiter die mittelbare Folge jener Tage. In ähnlicher Weise führten Temperenzlokale, Speisehäuser, Gebets- und
Evangelisationskreise in ganz England ihren Ursprung auf jene
Anwesenheit Moodys und ihre Auswirkungen zurück, ein Zeichen,
dass es unter den Hörern nicht bei einer flüchtigen Rührung geblieben, sondern zu tatkräftiger Bewährung gekommen war. Gleich-
artige Versammlungen in New York, Philadelphia, Baltimore,
Brooklyn und Boston 1925 und 1927 führten zu ähnlichen Feststellungen.[11]

2. Männer und Beziehungen

Eine besondere Bedeutung kommt der *Gewinnung von einzelnen
Männern* zu, die dann später wieder öffentlich hervortraten. Moody
war es geschenkt, dem Leben von vier so hervorragenden Menschen
wie W. Grenfell, des Arztes und Wohltäters Labradors (S. 407), D. E.
Hoste, des Direktors der China-Inland-Mission, Dan. Crawford, des
Afrikamissionars, und J. W. Chapman, des amerikanischen Evangelisten, die entscheidende Wendung zu geben.[12] Der Arbeit der Evangelisten englischer und deutscher Zunge entsprang die Bekehrung
zahlreicher Geistlicher, Diakonen und Evangelisten, die damit den
Anstoß der Bewegung in weitere Kreise trugen und die kirch-

---

[11] Erdman 142 f.
[12] Erdman 147-150; W. Md. 365 f.

liche Auswirkung derselben anbahnten. Selbst *unter den großen Evangelisten* und ihren bedeutenden evangelistisch tätigen Zeitgenossen bestehen gegenseitige *Verbindungen* literarischer und persönlicher Art. Der Methodismus Wesleys und Whitefields führte über die Predigt eines Methodistenpredigers zur Bekehrung Spurgeons. Durch die Arbeit des bedeutenden amerikanischen methodistischen Evangelisten Caughey 1846 in Nottingham wurde ein nachhaltiger Einfluss auf den jungen erweckten W. Booth ausgeübt, ebenso durch die Schriften jener Gründer des Methodismus und die Finneys.[13] Des letzteren Lebenserinnerungen und »Lectures« führten Torrey zu den entscheidenden Einsichten und Auffassungen über die Predigertätigkeit.[14] Zwischen Wesley, Whitefield und Finney einerseits sowie Finney und Moody andererseits bestehen keine nachweisbaren Zusammenhänge. Der amerikanische Methodismus in weiterem Sinne, der Nährboden der Erweckungen und der evangelistischen Arbeit, bietet aber gemeinsame Grundlage genug. Er erreichte über den Kongregationalisten W. Kirk, einen Evangelisten der Bewegung von 1831, dessen Gemeindeglied, den jungen D. L. Moody wohl ebenso wie durch die Arbeit des Y.M.C.A. (Christl. Verein Junger Männer), dem Letzterer angehörte, und durch die Seelsorge seines Bibelklassenleiters, über den der entscheidende Ruf an ihn kam (S. 119).[15] Moody und auch Spurgeon gaben rein durch die Art ihres Wirkens dem 1875 in London anwesenden Elias Schrenk mächtige Antriebe, die von ihm schon früher als notwendig erkannte mehrtägige Evangelisation in Deutschland zu verwirklichen.[16] Torrey war scit 1889 der Leiter der Moody'schen »Chicago Bible Institute« (Bibelschule) und 1893 bei dem evangelistischen Werk während der Weltausstellung von Chicago Moodys rechte Hand.[17] Der junge

---

[13] Begbie 31. 53.
[14] Beardsley 312.
[15] Beardsley 156; W. Md. 30. 33.
[16] Schrk. Pgl. 146 f.; Henrichs, »Etliche zu Evangelisten« 1922, 227.
[17] Beardsley 313 f.

Pfarrer F. B. Meyer erhielt beim ersten Auftreten Moodys in England 1873 in York maßgebende Eindrücke und löste sich aus den Banden der starren Überlieferung.[18] Gleich Chapman erreichte er weit tragende Bedeutung für die Bewegung. – Keller ist selbstständig.

3. Zahlen

Zur Beleuchtung des erreichten Erfolgs sollten in der Geschichte der Evangelisation oft auch Zahlen dienen, denen man von anderer Seite natürlicherweise mit Skepsis begegnete. Gründe der Unmessbarkeit geistlichen Wirkens und der Ehrfurcht vor dem letzten Geschehen sprachen dagegen. Moody weiß sich »nicht berufen, das Buch des Lammes zu führen«.[19] Keller bekennt sich als »sehr vorsichtig geworden mit Zählen von Bekehrungen«, denn »Gott gibt seine Ehre keinem seiner Werkzeuge«.[20] Das Brüsten mit Zahlen und das Obenhinnehmen und Vergrößern wirklicher oder vermeinter Ansätze liegt als Gefahr nahe. Ein genaues »Ergebnis« festzustellen ist auch angesichts der psychologischen Verschiedenheit der Auswirkungen völlig unmöglich. Aber die Letzteren sind doch auch wieder nicht so greifbar, dass nicht da und dort das sonst Verborgene herausträte, so z. B. wenn Hörer dem Evangelisten in der Sprechstunde oder brieflich dankbar das unter dem Wort Empfangene zu erkennen geben. Viele von ihnen bleiben mit ihm auch weiter durch seelsorgerlichen Briefwechsel oder durch Blätter in Verbindung oder werden Besucher und Glieder von Versammlungen und Bibelstunden,[21] wodurch manches sichtbar wird. Und selbst das äußerliche Sich-Melden der Willigen oder Gewonnenen (S. 285 f.) ist doch ein ge-

---

[18] W. Md. 144 ff.
[19] Erdman 150.
[20] Kl. Leben II 92; vgl. Schrk. Pgl. 208.
[21] Kl. Leben II 92. 166. 81.

wisser, wenn auch sehr roher Maßstab. Schließlich bieten die Anschlüsse an die Gemeinden (in Amerika) oder an die Gemeinschaften (s. u.) einige zahlenmäßige Anhaltspunkte.

Einzelergebnisse, wo sie genannt werden, stellen im Rahmen des Ganzen eine oft zufällige Auswahl dar, da allgemeine Angaben meist noch bedeutungsvoller sind. Die Zahlen gehen von wenigen Gewonnenen bis in die Hunderte und Tausende. Dies wird in der persönlichen Art der Arbeit und dem jeweiligen Kurvenpunkt der Bewegung seinen Grund haben. In der Foundery, dem Hauptarbeitsplatz Wesleys in London, waren in 35 Jahren »Hunderte, vielleicht Tausende bekehrt worden«.[22] Die gleiche Wirkung spricht Tyerman dem ersten halben Jahr der Tätigkeit Whitefields in der englischen Erweckung 1739 vor dessen Abreise nach Amerika zu.[23] Aus Schottland werden für ihn 1741 die Zahlen 18, 60, 50 genannt.[24] Finney hörte 1826 in Rom durch die dortigen Pastoren von 500 und 1831 in Auburn von ebenso viel Neubekehrten.[25] Während des ersten Aufenthalts Moodys in England 1873-1875 bekannten nach der fünfwöchigen Anfangsarbeit in York etwa 250 Personen »ihren Glauben an Christus«, 1874 in Sheffield »nahezu 2 000 ihre Bekehrung«. Edinburgh 1873 sah 2 000, nach anderer Schätzung 3 000 Bekehrungen.[26] In Belfast (Irland) war 1874 der Zutritt zur Abschlussversammlung nur Neubekehrten gestattet; mehr als 2 000 Personen besuchten sie.[27] Aus dem anschließenden großen Werk in Amerika 1875 ff. werden für Brooklyn 2 000, Philadelphia 4 000, New York 3 500, Chicago 10-15 000 Bekehrungen mitgeteilt.[28] – Von den Besuchern der Ver-

[22] Ty. Wl. III 220.
[23] Ty. Wf. I 307.
[24] Ty. Wf. I 527 f.
[25] Fn. 1921, 75. 112.
[26] Erdman 46. 54; Fleisch I 18; Beardsley 266.
[27] Erdman 52.
[28] Beardsley 266 ff.

sammlungen Kellers im Zirkus Busch im Winter 1907/08 dankten
»einige hundert später für den entscheidenden Anstoß, den sie
während seiner Reden empfangen hatten«.[29] In einer Kleinstadt Ost-
preußens verlangten 1908 am Schluss seiner Arbeit »etwa 400 Seelen
Frischangeregter nach Pflege«; es wurden nach seinem Weggang dort
Versammlungen für solche in der Kirche abgehalten, die zunächst
von etwa 1000 Teilnehmern besucht waren, von denen 300 noch
jahrelang dieser Erbauungsstunden treu blieben. Keller bezeichnet
dies selbst als eine auffallende und für seine ganze Arbeit beispiellose
Tatsache.[30]

Häufig sind auf ähnliche Weise durch die Arbeit der Evangelisten
Gemeinschaftskreise entstanden oder vorhandene gewachsen. Keller
bezeugt ausdrücklich, dass einige *Gemeinschaftskreise* ihre Entstehung nur seiner Arbeit verdanken oder Bibelkränzchen zur weiteren
Aussprache und Förderung sich auf seine Anregung hin zusammen-
fanden. An besonderen Sammelabenden, deren Besucherzahl
»mehrmals das erste Hundert überstieg und einmal gegen 400
erreichte«, wurden von ihm öfters die bisher noch nirgends Ange-
schlossenen unter den Angeregten den Leitern der kirchlichen
Gemeinschaftsarbeiten zugeführt.[31] Auch Schrenk zählt die Gründung von Gemeinschaften, Vereinen und einer Stadtmission zu den
Früchten seiner Arbeit.[32] – Der Methodismus war ursprünglich eine
in vollem Maß aus der Evangelisationstätigkeit herausgewachsene
Gemeinschaftsbewegung. Wesley betrachtete die Gründung einer
örtlichen methodistischen Gemeinschaft als normale Frucht seines
Predigtwirkens,[33] während Whitefield dies unterließ bzw. dies seiner
ganzen Art nach nicht tun konnte und darum im Blick auf die

---

[29] Schneider, Kirchliches Jahrbuch, 1909, 235.
[30] Kl. Leben II 81.
[31] Kl. Leben II 166.
[32] Schrk. Pgl. 209.
[33] Ty. Wl. II 480; Southey Krum. II 242.

Beständigkeit der Arbeit Wesleys einmal klagen musste, seine Leute
seien »ein Seil von Sand«.[34] Doch bildeten sich aus den durch seine
Predigt Gewonnenen gleichfalls Gemeinschaften; so entstanden 1740
in Philadelphia verschiedene Societies, andere erfuhren Zuwachs und
350 in der Schlacht auf den Moorfields 1742 dem Feind entrissene
Glieder ergaben den Grundstock der Gemeinschaft in seinem Tabernacle.[35] – Beim ersten Aufenthalt Finneys in New York 1832 wurde
nach dreiwöchiger Arbeit aus einem Teil der etwa 500 Neubekehrten
eine neue Gemeinde mit eigener Versammlungsstätte gegründet; insgesamt verdankten jener Zeit sieben neue Gemeinden ihre Entstehung. In Hartford schlossen sich 1852 durch Finneys Dienst 600
Erweckte zu einer energisch missionskräftigen Gemeinschaft zusammen.[36] In der Grafschaft York hatte die auf Finneys Predigt vom
Hauptort Utika und von Rom ausgehende Erweckung 1826 bei den
presbyterianischen Gemeinden des Distrikts 3000 Neuaufnahmen
zur Folge.[37] Insgesamt schlossen sich im Jahre 1831 in Wirkung der
den Norden Amerikas durchziehenden Bewegung, deren Mittelpunkt Rochester mit dem Werk Finneys war, schätzungsweise
100000 Menschen den Kirchen an.[38] Ja, es wurde die Zahl der Erweckungen des Winters 1856/57 in den Nordstaaten eine Zeit lang auf
wöchentlich 50000, insgesamt auf 500000 geschätzt. Andere nahmen eine Gesamtzahl von 300000 bis 1 Million an.[39]

Für das Wachstum einer Bewegung, die durch Evangelisation und
Gemeinschaftsarbeit hervorgerufen ist, gibt der Methodismus ein
gutes Beispiel. Die erste Statistik desselben zeigt 1767 26105 Prediger
und eingeschriebene Mitglieder, im Todesjahr Wesleys 1791 für Großbritannien 78000 Mitglieder und etwa eine halbe Million »adher-

---

[34] Nuelsen 96.
[35] Ty. Wf. I 437. 376. 556.
[36] Fn. 1921, 116. 117. 153.
[37] Fn. 1921, 153, 81.
[38] Beardsley 142; Fn. 1879, 183.
[39] Beardsley 236; Fn. 1921, 159.

ents«, Anhänger im weiteren Sinne, für Britannien und Amerika zusammen 120 000 Mitglieder und etwa 800 000 Nahestehende. 1927 zählte der Weltmethodismus 12 022 293 Glieder und Probeglieder, außerdem 11 109 580 Teilnehmer der Sonntagsschulen, insgesamt etwa 30 Millionen Hörer unter der Kanzel.[40] Ein mächtiger Baum, erwachsen aus dem Samenkorn der Oxforder Freunde!

Für Deutschland berichtet Schrenk, dass durch das schlichte Wort vom Kreuz und großenteils durch Laiendienst eine »große, herrliche Erweckung im Rheinland« entstand, »durch die in Mühlheim a. d. Ruhr, Essen, Barmen und im Oberbergischen Tausende vom Tod zum Leben gekommen sind«. In Nachversammlungen, »in denen mit den Einzelnen seelsorgerlich geredet wurde, kamen Hunderte zum Ergreifen der Gnade Gottes«.[41] Gesamtzahlen zu geben, ist hier noch weniger möglich als in den englisch sprechenden Ländern; doch mag das rasche Wachsen der Gemeinschaftsbewegung während der Erweckung Ende des 19. Jahrhunderts ein Gradmesser für die Tiefe und Nachhaltigkeit der Wirkung des evangelistischen Wortes sein.

Die Angaben über den Umfang der *Lebensarbeit der einzelnen Evangelisten*, wie er sich in Zahlen von Gewonnenen widerspiegelt, sind noch mehr dem subjektiven Urteil unterworfen als die eben angeführten. Schrenk betont, dass sich der Erfolg der Predigten und der Seelsorge nicht in Zahlen fassen lässt; wir sehen ihn aber im selben Zusammenhang bei einem Rückblick auf seine Arbeit (1906) im Glauben, »es der Ehre Gottes und der Sache der Evangelisation schuldig zu sein, in Bescheidenheit darauf hinzuweisen, dass sich viele wundern würden, wenn ich die Schar von Menschen versammeln könnte, die in den letzten 29 Jahren durch meine Arbeit gesegnet wurden«. In den Sprechstunden hat er mit Tausenden unter vier

---

[40] Nuelsen 155. 194. 836; Townsend I 369. 280.
[41] Schrk. Pgl. 189. 214.

Augen geredet, vielen durfte er den Weg zum Frieden mit Gott
zeigen, Tausenden brieflich dienen und viele haben ihm schriftlich
gedankt.[42] Für Keller ist es ein Trost und eine Rechtfertigung angesichts seiner nach eigenem Urteil gewiss nicht fehlerfreien, aber ihm
allein so möglichen Art zu evangelisieren, dass »der Herr ihm Erfolg
während der zwei Jahrzehnte dieser Arbeit doch einige tausendmal durch wirklich bleibende Bekehrungen zu ihr bekannt hat«[43]
(vgl. S. 129, Anm. 71). Das ist gewiss erstaunlich! Vollends groß
erscheint aber die Wirkungskraft dieser einzigartigen Werkzeuge,
wenn wir von den Evangelisten des englischen Kulturkreises hören,
dass »nach sicherer Annahme einige hunderttausend von Bekehrungen sich aus Moodys Predigt in Großbritannien und Amerika ergaben«[44] und dass »die Zahl der durch die Mitwirkung Finneys Bekehrten auf 500 000 geschätzt wurde«, sodass dieser »wahrscheinlich
mehr Seelen zu Jesus führte als irgendein Mann des 19. Jahrhunderts«.[45] Vielleicht überhaupt als irgendein Mensch! Angesichts dieser Zahlen muss die Kritik schweigen; es verbirgt sich zu viel Realität
dahinter. –

Wesleys Lebensarbeit wird an der Zahl der bei seinem Tod vorhandenen Methodisten (S. 391 f.) sichtbar; sehr viele sind von ihm selbst
gewonnen.[46] Es gab bei seinem Tode (1791) kaum einen Ort in England, der nicht Bekehrte als Frucht seiner Reisen aufwies. Bei Whitefield konnten dieselben, über alle Welt verstreut, »nach Zehntausen-
den gezählt werden«[47] und bewiesen, dass von den »Tausenden, ja
Myriaden, die er zur Buße rief«,[48] nicht wenige diesem Ruf gefolgt
waren.

---

[42] Schrk. Pgl. 208.
[43] Kl. Leben II 169.
[44] Erdman 150.
[45] Beardsley 150.
[46] Rigg 143.
[47] Gledstone 518.
[48] Wl. S. S. II 521 (Wl.).

Ein gewisses Licht mag auch die Gesamtzahl der Hörer auf die Tätigkeit dieser Männer und ihre kirchengeschichtliche Wirkung werfen. Schätzungsweise hörten 1875 in London etwa 2 580 000 Menschen Moody; insgesamt erreichte er in seinen Vorträgen etwa 20 Millionen Hörer.[49] Keller errechnet für die Zeit seines Wirkens über 6 Millionen, die ihn hörten.[50] Häufig handelte es sich bei diesen Zählungen um dieselben Besucher der einzelnen aufeinander folgenden Veranstaltungen. Die nationale, ja ökumenische Reichweite dieser Prediger ergibt sich aber aus ihnen ohne weiteres!

4. Freie Werke des Reiches Gottes

Der Arbeit der Evangelisten entsprangen zunächst meist freie Reichsgotteswerke, die als solche dem pneumatischen und fließenden Charakter der erwecklichen Tätigkeit und Wirkung besser entsprachen als die statutarischen Verhältnisse der Kirche. Die Evangelisationsbewegung war ja eine freie Bewegung, nicht von der Kirche hervorgerufen noch organisiert, sondern von Männern unmittelbaren persönlichen Auftrags in neuer Form und in Unabhängigkeit von den Organen der Kirche aus den Erfordernissen der Lage und in Erkenntnis des Notwendigen begonnen und getragen. Es lag nahe, auch die von ihnen Gewonnenen zunächst in der freien Form des Vereins oder der Gemeinschaft zusammenzuschließen, da die Impulse, durch die sie gewonnen wurden, in Stil und Wesen der Arbeit auch weiterhin bestimmend sein mussten, sollte das Ergebnis nicht in Frage gestellt werden. Dem pneumatisch starken und zeitmäßig oft enthusiastischen Anstoß musste eine Form der Gemeinschaftsgestaltung und des christlichen Dienstes entsprechen, wie sie, ursprünglich und naturgemäß, meist als *Gemeinschaftsbewegung* (S. 390 ff.) aus der Evangelisation herauswuchs. Die schon erwähnte

---

[49] Erdmann 55; W. Md. 446.
[50] Kl. Leben II 235.

Neubildung von Gemeinschaften oder die Stärkung schon vorhandener – in Deutschland etwa der pietistischen – ist deshalb der hervorstechendste Zug der Evangelisationsarbeit und der Ertrag ihrer zahlenmäßigen Einzelergebnisse, da der Gewinnung Einzelner für den christlichen Glauben immer das Streben nach Gemeinschaft entspringt.

Weiter gab die Evangelisation der Gründung zahlreicher *Werke der freien Missions- und Liebestätigkeit* Anstoß und Förderung. Man hat nicht umsonst Wesley den »Vater der inneren Mission« genannt.[51] Das energisch-aggressive Prinzip, das die innere Erweckung und geistliche Indienststellung der schlafenden Menschen als dringlichste Aufgabe ansieht, veranlasste und trug Werke wie den Christlichen Verein Junger Männer, die christliche Studenten- und die Studentenmissionsbewegung (»Student Volunteer Movement« – Moody, J. Mott!)[52], die Stadtmissionen oder die Sonntagsschularbeit[53] (vgl. S. 384 f.). Die weit gehende soziale und karitative Arbeit namentlich der erweckten englischen und amerikanischen Kreise hat hier ihren Ursprung und ebenso verdankt der Ausbau der Jugend-, Standes- und Rettungsarbeit in Deutschland der Erweckung des ausgehenden 19. Jahrhunderts Entscheidendes. Die älteren Werke der Inneren und Äußeren Mission erhielten durch sie neuen Kräftezufluss.[54] Vor allen Dingen ist es aber die Arbeit der *Evangelisation* selbst, die mit immer neuem Eifer von größeren und kleineren Gruppen in Angriff genommen wurde und zur missionarischen Durcharbeitung doch weiter, bis dahin unerreichter Kreise auch in Deutschland führte, wenn auch hier insbesondere die Schicht der Arbeiter und der Gebildeten als solche nicht maßgebend beeinflusst werden konnte, bei aller Wirksamkeit der christlichen Gebildetenarbeit und etwa der Keller-'schen Predigt.

---

[51] RE2 IX 705 f. (Schoell).
[52] W. Md. 379 f.; B. Mathews, Ein Christ auf den Straßen der Welt, 1934, 49 ff.
[53] Erdman 152; Beardsley 237.
[54] Fleisch I 226 ff.

5. Die Auswirkungen auf die Kirche

Die Arbeit der Evangelisten wirkte sich, wie sich im Vorstehenden schon zeigte, sehr stark in die Kirche und ihr Werk hinein aus. Manches wurde von ihr rezipiert, was zuerst abgelehnt wurde. Der Gedanke der Evangelisation selbst wurde aufgenommen und in Deutschland besonders nach dem 1. Weltkrieg in der »kirchlichen Volksmission« verwirklicht (S. 100).

In England und Amerika brachte der Einfluss der Wesley'schen und Whitefield'schen Predigtweise eine große Änderung in der kirchlichen Auffassung von der Predigt in Richtung ihrer lebendigen Gestaltung und erwecklichen Wendung und Zielsetzung. Der evangelistische (»evangelical«) Charakter des amerikanischen Pfarrdienstes hat hier seine Wurzel; er wurde ihm durch Whitefield gegeben. »Zeal and ardour« (glühender Eifer), in gleicher Weise Whitefields persönlichste Gabe wie neu belebende Wirkung in den Kirchen der jungen Kolonien, starben seither nicht mehr aus in der amerikanischen Kirche.[55] Arbeit und theologische Auffassung Wesleys »vermittelten der Kirche eine neue Sicht des Reiches Gottes«.[56]

Der Einfluss der Evangelisten machte sich außer durch die Wirkung ihrer Arbeitsweise auch durch die von ihnen gewonnenen oder ausgebildeten Geistlichen weithin in den Kirchen geltend. Durch Finneys theologische Schule (Oberlin) gingen 20 000 Studenten; die Anstalten Moodys (Mount Hermon und Northfield Seminary) bildeten Hunderte von Predigern und 200 Missionare aus.[57] Die von theologischen Freunden Wesleys ausgehende Bewegung innerhalb der anglikanischen Kirche, »The Evangelical Movement« anfangs des 19. Jahrhunderts, verwandelte nach Leckys Urteil allmählich den ganzen Geist der »Church of England« und wurde »der unbestrittene

---

[55] Nuelsen 212; Ty. Wf. II 632; I 451.
[56] Simon 284.
[57] Ty. Wf. II 185; Fn. 1921, 104; Beardsley 151; Fn. 1921, 150; W. Md. 321.

Mittelpunkt der religiösen Tätigkeit in England bis 1833«.[58] – Die
»Church Army« der Gegenwart ist dort eine kirchliche Parallele zur
Heilsarmee.[59]

Selbst *neue Kirchen* entstanden aus der Tätigkeit Wesleys und Whitefields: die methodistische (wesleyanische) bzw. die kalvinistisch-
methodistische (in England), die presbyterianische Kirche Virginias
und die »Free Will Baptist Church« (in Nordamerika)[60] (S. 131). Hatten beide Evangelisten auch nicht die Absicht der Kirchengründung,
so war diese doch die unmittelbare oder mittelbare (Whitefield)
Frucht ihrer Arbeit. Wo die großen Prediger aber auch bewusst auf
Sammlung der durch sie Erweckten verzichteten und diesen den
Anschluss an vorhandene Gemeinschaften und Kirchen empfahlen,
war doch die unmittelbare Folge ihrer Tätigkeit so revolutionierend
und erneuernd für das kirchliche Leben der Länder, in denen sie
wirkten,[61] und im geschichtlichen Zusammenhang bis auf die Gegenwart so bedeutsam, dass das kirchliche Leben aller protestantischer
Länder ohne diese mächtigen Veranlasser nicht mehr zu denken ist.

6. Die Auswirkung auf den sittlich-sozialen Allgemeinzustand

Den Evangelisten und den durch sie ausgelösten Bewegungen verdankt auch das öffentliche sittliche und soziale Leben der Länder
bedeutsame Förderungen. *Der Pegelstand des sittlichen Durchschnitts-
niveaus erfuhr eine beträchtliche Hebung.* Dass dies von unberechen-
barem Segen in Millionen von Einzelfällen sein musste, liegt zutage.
Es handelt sich hier um *Breitenwirkungen* des religiösen Lebens, die,
vom Wort teilweise unabhängig, letzte Ausstrahlungen desselben

---

[58] Nuelsen 212.
[59] Clasen, »Der Salutismus«, 1913, 215.
[60] Ty. Wf. II 632; Gledstone 522.
[61] Erdman 56. 141-150.

bedeuten. Im allgemeinen Bewusstsein auch der kirchlich ganz Entfremdeten vollziehen sich Wandlungen, die auf eine Änderung der Urteilsweise hinzielen und einen ebenso mächtig übergreifenden Gesamtvorgang wie die Erweckung auf rein religiösem Gebiet darstellen, ein weiterer Gürtel nationalen Lebens, der sich um das religiöse Leben herumlegt, von diesem mitbedingt und mitgestaltet. Die Echtheit der Bewegung erweist sich hier am sichtbarsten.

Durch die amerikanische Erweckung, das »Great Awakening« um 1742, wurde das nationale Leben der jungen Kolonien »kultiviert«, aus der Rohheit der Anfänge herausgehoben und zu einer Einheit gestaltet, die durch ein Jahrhundert hindurch ihre religiös gleich geprägten Züge behielt. Aus ihr stammten die Hauptanstöße zur sittlichen und geistigen Hebung der rasch sich ausbreitenden Nation.[62] – Dem Wirken Moodys wird für seinen Zeitabschnitt in ähnlicher Weise ein großer Anteil an der Bildung und dem Fortschritt des amerikanischen Charakters zuerkannt; er »nahm die Dekadenz an der Kehle und reinigte die öffentliche Meinung der Nation«.[63] Sein Einfluss bezeichnete 1873-75 »eine deutliche Epoche im religiösen« und sozialen (S. 407) »Leben Großbritanniens«.[64]

Der geistlichen Bewegung des alten Methodismus in England kommt gleichfalls eine starke öffentliche Wirkung zu. Schon nach 10 Jahren Reisepredigt Wesleys und Whitefields trat Letztere im wachsenden religiösen Interesse weiter Volksschichten und in der deutlichen Hebung des sittlichen Zustands besonders der großen Industriezentren Bristol, Leeds und Newcastle, aber auch des gesamten Volkslebens hervor.[65] Dass England wie Amerika nicht den Schrecken und Ausschreitungen der Französischen Revolution verfielen, wird von Lecky und Beardsley der die Jahrzehnte vorher erfüllenden mächtigen religiösen Bewegung zugeschrieben.[66]

---

[62] Nuelsen 407 f.
[63] W. Md. 540 f.
[64] Erdman 146.
[65] Nuelsen 134.
[66] Nuelsen 211; Beardsley 69.

Durch solche Gesamtvorgänge wurde im Einzelnen »das Gesicht ganzer Städte oder Landstriche verändert«.[67] Ein Musterbeispiel hierfür ist Rochester, in dem 1831 besonders die gebildeten Schichten ergriffen wurden und sich die Erweckung im gesellschaftlichen und öffentlichen Leben kräftig auswirkte.[68] In einer auf das Dreifache gewachsenen Stadt zeigten noch nach Jahren die Kriminalprozesse eine Verminderung auf ein Drittel gegen früher.[69] Eine ähnliche Umgestaltung des religiösen und des Volkslebens konnte Jonathan Edwards für Neu-England nach der Erweckung 1734 ff. feststellen; besonders bei der Jugend und den Vornehmen war die – für Erweckungszeiten typische – Veränderung bemerkenswert.[70] Und auch

---

[67] Fn. 1921, 162.

[68] Fn. Köln 1879, 180 f.; Fn. 1830, Rochester (Dr. Busch). Rochester war eine junge aufblühende Stadt von etwa 10 000 Einwohnern und hatte der Sünde einen unendlich fruchtbaren Boden gegeben; nun aber waren Ordnung, Nüchternheit und Sittlichkeit, wenn nicht völlig, so doch vorwiegend herrschend geworden. Es ist nicht zu viel behauptet, dass sich in jener Erweckung der Charakter der ganzen Stadt verändert habe. Die meisten Männer von hervorragendem Einfluss waren bekehrt und benutzten nun ihre Stellung dazu, um das gesamte öffentliche Leben in christlichem Sinne zu gestalten. Lärm, Unordnung und Gesetzwidrigkeit wichen ruhiger Ordnung und wohltuender Stille. Das einzige Theater der Stadt wurde in eine Mietsstallung, der einzige Zirkus in eine Seifen- und Kerzenfabrik verwandelt. Branntweinschenken gingen ein; der Sonntag wurde geheiligt; die Kirchen waren gedrängt voll fröhlicher Anbeter; alle Bestrebungen der Menschenliebe hatten einen neuen Anstoß erhalten; alles freute sich, Gutes zu tun. Die Stadt ist seither immer bekannt gewesen wegen des sittlichen Charakters, den sie trägt, wegen der zahlreichen und festgeschlossenen Gemeinden, wegen ihrer evangelisch gesinnten und tätigen Geistlichkeit sowie wegen der oft wiederkehrenden mächtigen Erweckungen. Sie hat immer den Duft eines Feldes gehabt, welches der Herr gesegnet, und diejenigen, welche die Verhältnisse kennen, schreiben all das Gute jener ersten großen Bewegung zu. Die Leute von Rochester sind Finney zu großem Dank verpflichtet. Da die Gottseligkeit ebenso wohl für dieses als das zukünftige Leben Verheißung hat, so haben Tausende und Abertausende infolge der Erweckung reichen Segen auch an irdischen Gütern empfangen.

[69] Fn. 1879, 180 f.

[70] Beardsley 52 f.; 1734 - 1742, Neu-England (J. Edwards). Durch ganz Neu-England hindurch war eine bemerkenswerte Umwandlung bewirkt worden. Die jungen Leute waren dazu bewegt worden, von ihren ausgelassenen Zusammenkünften, nächtlichen Spaziergängen, unsauberen Reden und unzüchtigen Gesängen abzu-

am Ausgangspunkt der ganzen Evangelisationsbewegung, in Kingswood unter den Kohlenarbeitern, war der Wandel der Verhältnisse
augenfällig und setzte Whitefield in Erstaunen.[71] Trinker, Spieler und
andere verkommene Menschen beiderlei Geschlechts wurden durch
das Werk Moodys 1876 in Chicago einem geordneten Leben wieder-
gegeben und waren noch nach Jahren (1894) nicht, wie häufig sonst in
solchen Fällen, zu den alten Lastern zurückgekehrt.[72] Das sind Beispiele der unmittelbaren und der noch viel weiter greifenden mittelbaren Folgen der Evangelisationstätigkeit für die Verbesserung und
glückliche Veränderung der inneren und äußeren Lage breiter Kreise
durch die Kraft des Evangeliums.

III. Die nationale Frage

Unter den Problemen, die im Zusammenhang mit dem Werk der
Evangelisation viel erörtert wurden, findet sich die Bedeutung des
nationalen Moments mit an erster Stelle. Die Verhältnisse der einzelnen Kulturkreise und Länder hatten ihre Auswirkung auf die
Arbeitsweise und Aufnahme der Bewegung. Diese Tatsache trat im

---

lassen. Alte und Junge gleicherweise hatten Trinksitten, Kneipenbesuch, gemeine
Redensarten und den Luxus in der Kleidung aufgegeben. Die Lasterhaften hatten
sich gebessert und die eleganten, feinen Stutzer und vornehmen Damen hatten von
ihrer Eitelkeit gelassen. Die Bibel und die Erbauungsbücher hatten an Wertschät-
zung gewonnen, der Sonntag wurde gewissenhafter gehalten, alter Groll und Streit
war beiseite gelegt worden und es war eine allgemeine Neigung vorhanden, Sünden
zu bekennen und begangenes Unrecht wieder gutzumachen.

[71]   Ty. Wf. I 260; Wl. Jn. II 239; Wf. Juli 1739, Kingswood. Eine große und sichtbare
Veränderung ist im Benehmen der Kohlenarbeiter vor sich gegangen. Anstatt zu
fluchen und zu schwören, kann man sie nun in den Wäldern geistliche Lieder singen hören, und ich hoffe, das heranwachsende Geschlecht wird eine Generation
von Christen werden. Sie scheinen vom Wort sehr berührt zu sein und man kann
beobachten, dass sie die Kirchen und Gemeinschaften besuchen, wenn Herr
Wesley von ihnen abwesend ist.

[72]   Beardsley 271.

Bisherigen schon öfters hervor und ist nun in ihrem Gemeinsamen wie in ihrem Besonderen zu klären.

1. Der Bewegungstyp

Bei der Evangelisationsbewegung handelt es sich um eine *übernationale Erscheinung*. Und zwar um eine solche ausgeprägten Eigenwesens. Der Bewegungstyp ist vorherrschend, wohin er auch komme (S. 107 f.). Es ist damit das Eigenartige bezeichnet, dass geistige Bewegungen über die Völker wenigstens eines Kulturkreises, etwa des abendländischen, übergreifen können, ohne durch die nationale Eigenart mehr wie eine Abwandlung, keinesfalls eine Umwandlung, zu erfahren. Dies hängt mit dem Wesen jeder echten historischen Bewegung zusammen, in geschichtlicher Kontinuität, getragen durch einen vom Impuls erfüllten Menschenkreis, kraft des ihr innewohnenden Akkomodationsprinzips, in organischem Umsichgreifen stets gleiche Gestaltungen hervorzurufen und den ursprünglichen Typ nicht zu verlassen, außer um den Preis des Lebens der Bewegung. Solche übergreifende, pneumatische oder auch profane Organismen prägen die Gesamtgeschichte der Menschheit oder von Kulturkreisen in hervorragendem Maße. Die Treue zum Prinzip erklärt es, dass in den Ländern, die von der Bewegung erst erreicht werden, dieselbe nicht ohne weiteres national angeglichen werden kann, sondern dass zunächst entweder der geistige Impuls bejaht und als überragender Wert in reiner Gestaltung weitergetragen wird oder dass das geschichtlich Neue und historisch von außen Kommende als im Gegensatz zum nationalen Sondersein stehend angesehen wird, also die Schranken der Nation das Erfassen des Anstoßes verhindern. Jedenfalls erfordert das nationale Moment grundsätzlich und praktisch eine lebhafte Auseinandersetzung mit dem Bewegungsprinzip, die geschichtlich meist zu einer gewissen gegenseitigen Angleichung geführt hat. Die Ausbreitung des Christentums, der Reformation und auch der Evangelisationsbewegung sind hierfür Beispiele.

Dementsprechend verbreitete sich die evangelistische Bewegung der Neuzeit in ziemlich reiner Gestalt über eine ganze Anzahl von Ländern der Welt. Ihr frühmethodistischer Ansatz blieb ihr erhalten – vielfach hatte man nur die Wahl zur Annahme desselben oder zum Außerhalbbleiben der Bewegung gegenüber. Fleisch hat richtig erkannt, dass es sich beim Übergreifen der Bewegung auf Deutschland in Form der so genannten »modernen Gemeinschaftsbewegung« nicht in erster Linie um Dinge der Methode, etwa der Evangelisation und Gemeinschaftspflege und ihrer eventuellen Aufnahme in die Arbeitsweise der Kirche handelte, sondern »um eine bestimmte Geistesrichtung mit eigenartigem Verständnis der Wahrheit«,[73] die hier in intensivste Auseinandersetzung mit der überlieferten kirchlichen, lutherischen und pietistischen Form geraten musste. Das erklärt auch das Zusammenhalten der verschiedenen Richtungen dieser »neupietistischen« Bewegung in Deutschland bis zur langen Duldung der Pfingstleute in den eigenen Reihen – es geschah im »Bewusstsein der Einheit«, aus dem Zugehören zur geschichtlichen Bewegung, nicht so sehr, wie Fleisch meint, unter der Wirkung gemeinsamer donatistischer Neigungen zur Auswahlgemeinde.[74] Deshalb konnte auch das in außerdeutschen Ländern in einer langen Geschichte stark und eigenartig herausgebildete, tragende Moment der Bewegung als das primäre zunächst den Vorrang gewinnen und das vorhandene pietistische sich jenem nur angleichen oder vom geschichtlichen Vorgang ausschließen (z. B. Hahnsche Gemeinschaft in Süddeutschland und Kukatianer in Ostpreußen).[75] Erst das Auftreten der radikalen Heiligungsrichtung *innerhalb* der Stammbewegung brachte auch für Deutschland Kämpfe, Scheidungen und Neubildungen, die in Verbindung mit der neuen geschichtlichen Situation (Weltkrieg und Nachwirkungen) ein Wiedererstarken des deutschen Pietismus und Hervortreten des kirchlichen Bewusstseins,

---

[73] Fleisch I 286 f.
[74] Ebd. 290.
[75] Ebd. 288.

bei weiterer sehr starker Nachwirkung der »modernen Erweckung« in Personen, Ideen und Praxis, heraufführten. Die »Verschmelzung von Pietismus und Methodismus« (Letzterer in weiterem Sinne),[76] die Fleisch schon für die Bewegung von 1875 ff. als das Wesentliche sieht,[77] war in Wahrheit zunächst nur ein Begegnen beider Gestaltungen auf gemeinsamem biblischen Boden bei Durchschlagen des methodistischen Prinzips in Bewegung und Praxis und wurde erst in der Spätzeit zur geschichtlichen Tatsache.

Aus diesen Grundverhältnissen der Bewegungsvorgänge ergibt sich das Einzelne in der Auswirkung, z. B. das Einströmen der englisch-amerikanischen Literatur, der übersetzten Lieder, Predigten und Erbauungsbücher,[78] das nicht einer Schwäche des nationalen Gefühls, sondern der Stärke der Bewegung und den Gegebenheiten ihres Vorwärtsschreitens entsprang, ähnlich wie die deutsche Reformation entsprechende Erscheinungen gezeitigt hatte.

2. Die nationale Eigenart

Natürlicherweise stieß der Aufnahme- und Angleichungsprozeß in den Ländern englischer Zunge auf weniger Schwierigkeiten und Aufgaben als etwa auf dem rassisch und geschichtlich anders gestalteten Boden deutschen Volkstums mit seiner lutherisch-pietistisch-freidenkerischen Gegenwart. War es doch die gleiche Sprache, die durch diese gegebene gleiche Denkform und die gleiche Menschenart, welche dort die Ausbreitung erleichterte, und wohnt der evangelistischen Bewegung selbst doch ein typisch englisches Element inne, das zwar in starkem Maße gesamtgermanisch ist, aber in dem Methodismus und besonders in der Person Wesleys, diesem englischsten der Evangelisten, seine spezielle Ausprägung fand: Es ist

---

[76] Fleisch I 286.
[77] Ebd. 287.
[78] Ebd. 32 ff. 293.

die *Aktivität in Verbindung mit der Ungebrochenheit des Denkens*
(S. 406 ff.).

Für die Verarbeitung der evangelistischen Anregung in den einzelnen Ländern waren drei Faktoren mitbestimmend: die Volksart, die
Volksgeschichte und die Volksgegenwart. Erstere im Sinne der rasse-
und blutmäßig bedingten nationalen Prägung des Charakters und
besonders der seelischen Struktur in Aufnahme und Reaktion, die
zweite als Gestaltung der politischen und namentlich der kirchlichen
Geschichte des Volkes und die dritte als Inbegriff der öffentlichen
Verhältnisse und Lebensgewohnheiten und besonders der Stellung
des Christentums in der öffentlichen Meinung.

a) Der Volkscharakter

Die *Volksart* soll hier in ihrem *Verhalten dem Wort gegenüber* ins
Auge gefasst werden. Sie kann für dieses eine natürliche Förderung
oder Hemmung mit sich bringen, nicht von unbedingter Bedeutung
und auch nicht, ohne dass einem Vorzug meist ein Nachteil entsprä-
che.

Die *Offenheit oder Verschlossenheit* eines Volkes oder Stammes allem
Neuen, von außen als Anstoß Herantretenden gegenüber macht sich
auch in der Aufnahme des evangelistischen Worts bemerkbar. Keller
fand in seiner ganzen späteren Tätigkeit nicht mehr die kindliche, frische Begeisterung und Unmittelbarkeit der südrussischen deutschen
Bauern, die bei ihm, dem Missions- und Erweckungsprediger, große
Energien auslöste (s. S. 84, Anm. 170). Für den Fortschritt der Erweckungsbewegung vor 1900 wurde für das fränkische, allerdings
industrielle, Siegerland ein rascheres Zeitmaß festgestellt als für das
niedersächsische, bäuerliche und eine konservative Kirchlichkeit
pflegende Tecklenburger Land Westfalens, ebenso für den Höhen-
rücken Schleswig-Holsteins mehr als für die »schwerfälligen Dieth-
marsen« der Niederungen. Der Südwesten Sachsens bot innerhalb

des Landes mit seiner leicht erregbaren, religiös beweglichen Volksart
ein besonders günstiges Feld.[79] Insgesamt ist die deutsche Art in religiöser Beziehung zurückhaltender und kritischer als die englische,
diese wieder stärker als die amerikanische und alle diese als gesamt-
germanische mehr als die keltisch-irische, wallisische oder auch
schottische. Die leichtere Erregbarkeit der Kelten (S. 360) und der
Charakterzug bereitwilligen Mitgehens und liebender Hingabe
(S. 245) trat schon hervor (vgl. auch S. 73, Anm. 146 Wl.; S. 376,
Anm. 605); Bristol, Cambuslang und Newcastle, erste Höhepunkte
der Bewegung und zugleich des Enthusiasmus (1739-1742), liegen im
Westen und Norden der britischen Insel. Während seines zweiten
Aufenthalts auf Irland (1748) verwunderte sich Wesley immer wieder
über die Art dieses Volkes; er findet es »voll Eifers und guten
Willens« und doch bei näherem Zusehen »so tot und unerweckt, als
hätten sie ihn nie seinen Mund öffnen hören«; es ist bereit, »jedes
Wort zu verschlingen«, selbst die schärfste Gerichtspredigt, aber
scheint »auch nicht das Geringste davon zu verdauen« oder »sich
von den einfachsten Grundsätzen des Glaubens vernünftige Rechen-
schaft geben zu können«. Er sucht schließlich die Lösung darin, dass
Gott sein Werk dort »an dem Herzen beginnt« und dem das geistliche Verständnis nachfolgt.[80] Er beobachtet »die erstaunliche Wan-
kelmütigkeit dieses Volkes« an den zahlreichen begonnenen und
nicht ausgeführten Bauten[81] und trifft damit die Kehrseite der leichten
Aufnahmebereitschaft und Begeisterungsfähigkeit, einen Mangel an
nachhaltiger Zähigkeit und Vertiefung. Vielleicht ist die Wellenför-
migkeit des amerikanischen religiösen Lebens, der Wechsel zwischen
revivals und toter Zeit, diesem Erlahmen der Treue bei Nachlassen
der seelischen Energien und dem fehlenden Aufgefangenwerden
durch breite, kirchliche, geschichtliche Formen zum Teil zuzu-

---

[79] Fleisch I 156. 170. 185.
[80] Wl. Jn. III 344. 401.
[81] Wl. Jn. III 353.

schreiben. In Deutschland werden die Gebiete nicht so leicht erobert, aber hartnäckiger gehalten.

Das Maß der Zugänglichkeit hängt einerseits mit der *Schlichtheit des nationalen Denkens* und Empfindens, bzw. der Reflektiertheit und Gebrochenheit, desselben zusammen. Ein Anstoß, der die Sperre eines engen, kritischen Gedankens passiert, wird nicht so weit ins Innere treffen als der begierig ergriffene oder kindlich-naive hingenommene. Die epische Einfachheit und Durchsichtigkeit der Moody'schen Rede ist ein Ausdruck eben desselben Weltgefühls höherer Naivität, das diese frohgesagte, helle, eindringliche Botschaft in kindlichem Glauben nehmen ließ.[82] Vieles von der viel gerügten Unkompliziertheit des Denkens auf amerikanischem und englischem Gebiet entspringt der Unbelastetheit mit grüblerischem Problematismus und ist gesunde Kraft. Andererseits kann sowohl bei Redner wie Hörer diese Naivität zu einem Nichterkennen der Abgründe des Daseins, zu einem oberflächlichen Übersehen der wirklich vorhandenen Schwierigkeiten führen und allzu gerade und allzu einfach der reichen psychischen Wirklichkeit, den Bedingungen des Einzelnen und des wahren religiösen Werdens Gewalt antun. Kritiklose Hinnahme von Eindrücken und Anstößen führt zu deren mangelnder Verarbeitung und persönlicher Unselbständigkeit, im Verein mit der Massenhaftigkeit des seelischen Erlebens und der damit verbundenen Neigung zu Gleichförmigkeit eine Gefahr der historischen Evangelisation. Mit Recht legt daher die gesunde deutsche Evangelisation den Hauptwert auf die Arbeit nachfolgender biblischer Begründung und Vertiefung. Deutsche Bekehrungen sind – in ihrer Art – fester, weil begründeter.

Nicht nur die Schlichtheit des Denkens, sondern auch *des Entschlusses* ist ein hervorragendes Merkmal des englischen und amerikani-

---

[82] Vgl. auch Fn. 1921, 131.

schen Nationalcharakters. Es ist immer wieder erstaunlich, wie selbst
Gebildete ohne Hemmungen und Bedenken zu einem geraden Entschluss kommen, der über ihr Leben verfügt, *und zwar aus Einsicht.*
Diese Einsicht ist aber praktischer Art, sieht gerade das Ziel und geht
gerade darauf los. Ein Beispiel hierfür ist das Verhalten des jungen
Dr. Grenfell (S. 386 f.), der 1885 in London durch die praktische Art
der Handhabung der Versammlungsleitung vonseiten Moodys bei
der Ausschaltung eines allzu langen Gebetes für diesen gewonnen
und zu dem Entschluss bewogen wurde, Missionsarzt zu werden. In
einer späteren Versammlung gab ihm das mutige Vorbild eines jungen Mannes die Veranlassung, zum Zeichen seiner Bereitwilligkeit
gleichfalls aufzustehen. Damit hatte er »den Rubikon überschritten«.
Zum Besuch der Versammlungen hatte ihn nur der sportliche Ruf
einiger der Redner bewogen![83] – Eine »intelligente junge Dame«
konnte als Hörerin der Moody'schen Predigt und durch Aussprache
in der Nachversammlung und bei seelsorgerlichen Besuchen dafür
gewonnen werden, innerhalb einer Woche »ihren Skeptizismus fahren zu lassen und eine aktive Christin zu werden«.[84] Diese direkte
Entschlusskraft wird durch Finney an dem Handeln des Kerker-
meisters von Philippi illustriert: »Paulus äußerte einen einzigen Satz –
er nahm ihn an, er nahm ihn in sich auf und es war getan.«[85] Sie ist die
Grundlage für Vorkommnisse der Art, dass in einer Moody'schen
Versammlung für Freidenker und Atheisten (London 1875) auf die
Erklärung des Evangelisten über den Unterschied von »ich möchte«
und »ich will« (S. 281) und die entsprechende Frage 500 Besucher
»auf die Füße sprangen und riefen: ›Ich will, ich will‹«.[86] Der »Voluntarismus« Finneys (S. 280 f.) hat hier seine nationale Voraussetzung,
Ursache seiner Fruchtbarkeit und Grenze nach außen. Die Gefahr
ist aber auch im Heimatland die, dass der »einfache Willens-

---

[83] Erdman 147; W. Md. 365 f.
[84] Md. Way to God 63.
[85] Fn. G. Th. 189.
[86] W. Md. 362 f.

entschluss« nicht tief gehend und weit greifend ist, sondern der Erregung oder Überredung entspringt, zur Selbsttäuschung wird und gar nicht oder negativ wirkt. Die Bedenklichkeit und Bedächtigkeit des Deutschen, die kritische Überlegung und das Wägen der Tragweite, die in vielen Fällen zum Sich-Versagen führt, ist demgegenüber, wo es zu einem Entschluss kommt, eine Hilfe für die feste Begründung desselben.

Als sehr wichtig für das Geschick des evangelistischen Werkes erwies sich schließlich die *Aktivität der Veranlagung* der sie tragenden Völker. Nicht umsonst hat es seinen Ursprung und sein Hauptfeld in den Ländern jenseits des Kanals und des Ozeans.

So sehr die Evangelisation ein Handeln am Menschen ist, so sehr ist sie, wie sich zeigte, ein Handeln des Menschen; und nur wo überhaupt Fähigkeit und Wille zum Handeln ist, kann sie bestehen. Und zwar ist dies Handeln energisch realistisch. Die Religion wird aus der Sphäre der Weltanschauung, der Ideen, des Dogmatismus herausgehoben in die der Entscheidung und Stellungnahme (S. 210 f.). Der existenzielle Bezug ist zutiefst ein realistischer; der Wirklichkeitssinn für die himmlische und irdische Welt, die Wahrheit und Aufrichtigkeit des Denkens und Urteilens, die Entschlossenheit zu letzten Folgerungen ist bei Rednern und Hörern Voraussetzung und ebenso wie Gründlichkeit, Geradlinigkeit und Nüchternheit eine Sache auch des Charakters und damit in hervorragendem Maße auch der seelischen Stammesstruktur. Das Land der Reformation wie die Länder der Evangelisation haben es hieran nicht fehlen lassen. Die germanische Art der Wirklichkeitserfassung und Wirklichkeitsbearbeitung, der Tatendrang und die Taterfüllung, erhielt in der Evangelisation eine ganz tiefe Versichtbarung: *ein Werk, ein Werk ersten Ranges* entstieg ihm, als dem irdischen Ort der Herkunft, wie es andrerseits vor allem geistlichen Anstößen entsprang. Deshalb ist die Evangelisation in ihrer geschichtlichen Gestalt auch wesentlich auf die germanischen Länder beschränkt. In Deutschland empfing der Pietismus durch sie seine notwendige Ausweitung; der aufs Innere und die vollkommene

Ausgestaltung des Einzel- und Gemeinschaftslebens gerichteten
Bestrebung trat das missionarische und aktive Prinzip zur Seite und
die freudige und auswirkungsvolle Aufnahme zeigte, dass biblisch
und artgemäß das deutsche Christentum hierauf angelegt war.

Freilich konnte diese natürliche und geistliche Tätigkeit in Werke-
rei und Betrieb ausarten, wo die innerste Bindung fehlte oder die
glaubende, wartende und keusche Haltung aufgegeben wurde. Aber
was sich als das für die Bewegung wie für die Predigt Wesentliche
gezeigt hat, die *Kategorie des Handelns,* kam doch durch Wesley,
Methodismus, evangelistische Bewegung in Volksanlage, biblischem
Grund und Kraft des Pneuma zu einer einzigartigen Einheit.

b) Die völkisch-kirchliche Wesensart

Die eben gezeigten Grundzüge nationaler Charaktergestaltung im
Verhältnis zum religiösen Leben führten in der Geschichte zu einer
Formung der kirchlichen Art, die für die Aufnahme und Verarbeitung
jeder künftigen Anregung, so auch der evangelistischen, bestimmte
Linien im Voraus zog. Die Stellung zur Kirche und ihrer Tätigkeit in
dem Schwergewicht ihrer Bedeutung für das Volksleben ist deshalb
mit ein Ausdruck für die Erkenntnis der Tragweite der nationalen
und der geschichtlichen Voraussetzungen für eine religiös-christliche
Arbeit überhaupt. Umgekehrt bestimmte die Stellung der Kirche zu
der Bewegung weithin das Schicksal derselben. Beiderseits war das
Verständnis besonders bei einem Neuauftreten der Bewegung nicht
immer groß, doch führte das Gewicht der sachlichen Notwendigkeiten und Gegebenheiten meist zu einer gegenseitigen Anerkennung und fruchtbaren Durchbringung. – Neben der Stellungnahme
gegenüber und vonseiten der organisierten Kirche war es vor allem
und fast noch mehr der Einfluss der allgemeinen, geschichtlich
gewordenen kirchlichen Wesensart eines Landes, der Breite, Umfang
und Tiefe der evangelistischen Bewegung mitbestimmte. Das Festhalten an der einmal gefundenen kirchlichen Form brachte gegen-

über dem alten Methodismus in weiten Kreisen ein Heer von Vor-
urteilen und Ablehnungen, Kampf und Abschließung. Ebenso
wurde die Reichweite der deutschen Erweckung 1875 ff. ähnlich wie
die der altpietistischen durch die kirchliche Struktur und Auffassung
vom Amt und Gemeindeleben und von dem, was Christentum ist,
sehr stark auf die Gemeinschaftskreise und die von ihnen unmittelbar Berührten beschränkt. Dagegen machte es der freikirchliche
Charakter des amerikanischen öffentlichen Lebens mehr als hier
möglich, die Anstöße der Erweckung an weiteste Kreise heranzutra-
gen und die Ernte in brüderlichem Zusammenarbeiten, allerdings
auch teilweise in lästiger Konkurrenz, in die Scheunen zu bringen.
In England boten die Dissenters wieder ein besseres Feld für die Verbreitung der Erweckungen des 19. und 20. Jahrhunderts als die Kreise
der Staatskirche, obgleich auch diese keineswegs unberührt blieben
(S. 395 f.).

Im Einzelnen kann die kirchliche *Lehre* Schranken bieten. So stieß
Wesley in Schottland und Finney in Amerika auf erhebliche Widerstände vonseiten eines übersteigerten Kalvinismus (S. 31 f.). Wesley
kam den Schotten gegenüber von seinem Standpunkt aus zu dem
Urteil: »Sie hören viel, wissen alles und fühlen nichts«, und einer
seiner Prediger äußerte sich noch drastischer, »man könne ebenso
gut den Steinen predigen als den Schotten«.[87] Doch bekam der
Methodismus in Schottland Eingang und Einfluss, wenn auch nicht
in dem Maße wie in dem kirchlich nicht so durchgearbeiteten und
weniger in eine feste, begründete Form gebrachten England.[88]

Die verhältnismäßige *Gebundenheit* des deutschen persönlichen
und daher auch kirchlichen Lebens stellte für die Evangelisation vielfach ein ähnliches Hindernis dar. Sie äußert sich in einer Abneigung
gegen alle plötzlichen Aufschwünge und Änderungen, im Wertlegen
auf theoretische Erkenntnisse und Feststellungen und in der Beharr-

---

[87] Ty. Wl. III 167, II 18.
[88] Townsend II 50, Ty. Wl. II 119.

lichkeit auf dem Gebiet der kirchlichen Sitte oder der Arbeitsweise. Aus der dogmatischen Verhaltenheit heraus wird die Predigt fiktiv und gelehrt, eine Gemeinde vortäuschend oder voraussetzend und die Laienmitarbeit steht viel mehr auf dem Papier als in der kirchlichen Wirklichkeit. All dies stammt aus einem Teil der letzten Veranlagung und lässt eine aktive, mobile, freie Art der Arbeit als Störung oder ungemäß empfinden. »Was *tun* sie?«, die Antwort Booths auf alle kritischen Einwendungen,[89] bezeichnet den Abstand der Denkweisen. Die Bedenklichkeit im Gebrauch der Mittel oder der Hauptzweck der Tat der ersten Werte. – Die Unbesorgtheit in der Anwendung der »measures« ist wieder auf amerikanischer Seite, als dem gelockerteren Boden, größer als auf der englischen. Ein New Yorker Kenner hält in diesem Sinne die Predigt des amerikanischen Methodismus im Vergleich zu der des englischen für freier, kühner, energischer, aggressiver und aufregender, weniger methodisch, würdig, ehrfurchtsvoll und ruhig.[90] Dies zeigt den nationalen Unterschied an, ohne dass die eine oder die andere Art zum Maßstab gemacht würde. Ebenso bedeutet eine Bußbank in Amerika und in Deutschland Verschiedenes. Die Menschen sind verschieden. Auch die Freipredigt entwickelte sich zu einem Stück englischen Lebens und nicht des deutschen, dem sie bis heute im Ganzen ungewöhnlich ist (S. 36 f.).

c) Die Verhältnisse des öffentlichen Lebens

Von großer Bedeutung für die Gestaltung der evangelistischen Arbeit im Einzelnen und für die Auswirkungsmöglichkeit sind die Verhältnisse und Gewohnheiten des öffentlichen Lebens und die Art des allgemeinen gegenseitigen Verhältnisses der Menschen untereinander.

---

[89] Begbie 245. 288.
[90] RE2 IX 722 (Schaff).

Eine Tätigkeit, die so unmittelbar auf die Übertragung von Anstößen und Aufforderungen von Mensch zu Mensch sowohl im Ansprechen innerhalb der Versammlungen als in der Werbearbeit außerhalb derselben ausgeht, ist in hohem Maße abhängig von der Zugänglichkeit des nationalen Charakters für öffentliche Beeinflussung und durch das Vorhandensein oder Nicht-Vorhandensein eines ausgeprägten Öffentlichkeitslebens.

Das Maß des Kontaktes untereinander wird es dem Evangelisten erleichtern oder erschweren, rein menschlich und auch geistlich schnell die Beziehung zu den Hörern zu finden. Moodys unmittelbare Art z. B. hatte eine sehr starke Voraussetzung in dem Generalnenner des amerikanischen öffentlichen Lebens, der schlichten Menschlichkeit und nationalen Verbundenheit, der gesund demokratischen Gleichschichtung und in dem Absehen von Förmlichkeiten und Amtsmäßigkeiten. Unter diesen Umständen wächst die Hörerschaft viel schneller zu einem einheitlich empfindenden und teilnehmenden Körper zusammen, der dem Redner mit Sympathie gegenübertritt und eine Gemeinschaft gegenseitigen Austauschs herstellt. Die Neigung oder die Scheu, die Öffentlichkeit an persönlichsten Dingen des Religiösen teilhaben zu lassen, ist ein typisch nationaler Zug. Der homo publicus und der homo privatus erfährt hierin seine Bestimmtheit. Auf vieles für das kontinentale Empfinden Anstößige, das Sich-Melden, die Bußbank, das Zeugnisgeben, selbst die »scenes« und Gefühlsausbrüche stärkster Art in der Öffentlichkeit fällt hier durch ein Licht. Wenn in einer Moody'schen Versammlung ein junger Mensch sich das Wort erbat und in einer bis in die intimen Einzelheiten gehenden Ansprache seinen Altersgenossen sein kaltherziges Verhalten seiner Mutter gegenüber als abschreckendes Beispiel vor Augen stellte oder wenn in einer Finney'schen Veranstaltung der mitwirkende Pastor der Gemeinde aus der Hörerschaft heraus freimütig auf sein und seiner Familie nicht korrektes Verhalten aufmerksam gemacht wurde, sodann die Rede abbrach, sich wie ein Kind weinend setzte und seinem Beispiel bald die ganze Gemeinde folgte,

so ist das national bedingte Kameradschaftlichkeit des Religiösen.[91]
Eine ebensolche Freimütigkeit der religiösen Äußerung stellt die
Handlungsweise eines Appellationsgerichtsrats in Rochester 1842
dar, der Finney auf die Kanzel nachschlich, ihn während der Rede
von hinten zupfte und um seine öffentliche Fürbitte anging, während
er dann selbst unter der Kanzel an der Bußbank niederkniete. Dies
rief eine tiefe Bewegung unter seinen zahlreich anwesenden Kollegen
hervor und veranlasste sie, »wie ein Mann« vorzutreten und das Gleiche zu tun.[92] Ähnliches wäre in einer Versammlung von Juristen in
Deutschland undenkbar. Die amerikanischen Verhältnisse werden
hier sichtbar.

Nicht nur ein solches Fehlen konventioneller und charaktermäßiger
Hemmungen, sondern auch die stärkere *Stellung des Christentums in
der Öffentlichkeit* gab der evangelistischen Arbeit in Amerika und
England vielfach einen Vorsprung vor der deutschen. Es war manches möglich und selbstverständlich, was in Deutschland keinen
Boden gefunden hätte. In einem Theater Dublins konnte 1874 eine
Darstellung Moodys und Sankeys, die sie ins Lächerliche zog, durch
die Besucher der Galerie (!) mit Zischen und Absingen eines Sankey-
'schen Liedes beantwortet werden.[93] Diese öffentliche Parteinahme
ist bezeichnend. Finney wurde bei einer Durchreise in Auburn 1831
durch eine Bittschrift, die von »einer langen Liste unbekehrter Männer aus den gebildeten Kreisen der Stadt« unterschrieben war, gebe-
ten, den Antragstellern ihre Gegnerschaft von 1826 zu verzeihen und
Böses mit Gutem zu vergelten. Während der darauf folgenden
Arbeit trat das Haupt des damaligen Widerstandes auf die öffentliche
Aufforderung zum Zeichen der Entscheidung vor, dasselbe tat die
Mehrzahl der Unterzeichner jenes Gesuches. Dies erregte großes
Aufsehen in der Stadt, wurde aber doch offenbar als im Rahmen des

---

[91] Md. 12 Reden 45 ff.; Fn. 1921, 85.
[92] Fn. 1921, 130 f.
[93] W. Md. 188.

Gegebenen empfunden.[94] Die Geschäftsleute der City von New York
stellten ihren Angestellten während der Gebetsbewegung 1857
besondere Räume für stille Sammlung zur Verfügung.[95] Den Vorgängen auf religiösem Gebiet wurde in Amerika und England entsprechend dem religiös betonteren Charakter des Öffentlichkeitslebens
auch von der Presse vermehrte Aufmerksamkeit gewidmet (S. 62).
Demgegenüber war in der öffentlichen Meinung Deutschlands vor
und nach dem Kriege unter dem Einfluss einer freisinnigen Presse
und Geistigkeit eine weiter gehende Äußerung über religiöse Dinge
im Allgemeinen verpönt (S. 63).[96] So erwuchsen aus dieser Ablehnung oder freundlichen Förderung erweckten und lebendigen Christentums im geistigen Gesamtleben der Nation den Anschlusswilligen
wie überhaupt der Ausbreitung und Aufnahme des evangelistischen
Worts ernsthafte Hindernisse oder bedeutsame Erleichterungen, die
sich auch in der Arbeitsmethode auswirken mussten.

3. Das allgemein-christliche und das nationale Moment

Als *Ergebnis* der Einzeldurchführung der Bedeutung des nationalen
Moments stellt sich heraus, dass eine Betrachtung des Problems nur
vom nationalen Gesichtspunkt aus der Wirklichkeit nicht gerecht
wird. Es ist falsch, etwa alles als »englisches Christentum« abzutun,
was von England seinen Ausgang herleitet, sondern es gilt zu unterscheiden zwischen dem allgemein-christlichen Kern und der nationalen Prägung. Soweit das Vermittelte den *biblischen Maßstäben* entspricht und gut ist, ist es für jedes Volk von Bedeutung, auch wenn es
neu ist, und theologischer Partikularismus oder nationales Eigenge-
fühl haben sachlich nicht recht, es abzulehnen. Christlieb und auch

---

[94] Fn. 1921, 110.
[95] Beardsley 222.
[96] Christlieb 22.

Schrenk erkannten dies klar.[97] Die Fruchtbarkeit und Unentbehrlichkeit des allgemeinen *Bewegungsanstoßes* ist geschichtlich erwiesen (S. 400 ff.). Die Reichweite dieser gemein-biblischen und gesamtpneumatischen Momente ist größer als zumeist angenommen wird. Ihre Grenzen gegenüber der *nationalen Sonderung* sind fließend und haben zu mancherlei Mischformen geführt, in Deutschland von der Übernahme des reinen Allianzstandpunkts bis zur Behauptung altpietistischen Sonderguts[98] (S. 402). Das Allgemein-Christliche und das National-Besondere sind an den einzelnen Erscheinungen und Vorgängen schwer zu trennen, auch stellt die gemeinsame Rassengrundlage ein in starkem Maße verbindendes Element dar (S. 409 f.); schließlich sind die kirchlichen Verhältnisse auch innerhalb des gleichen Landes sehr verschieden. So kann die Frage der *Übernahme der Methode* nicht prinzipiell einheitlich beantwortet werden. Zweifellos ist die dem nationalen Eigenleben am sorgfältigsten angepasste Form der Evangelisation die bleibend wirkungsvollste und gesündeste. Eine mehr oder weniger große Verwendung der von außen kommenden Anregungen braucht aber weder ängstlich vermieden noch besonders gesucht zu werden – geschichtlich war sowohl die deutschstämmige Arbeit eines Schrenk und Keller als auch die der mehr nach amerikanisch-englischem Muster als der ihnen entsprechenden Form vorgehenden Evangelisten wie Vetter, Modersohn u. a.[99] gesegnet. Die Vermeidung des auf eigenem Volksboden direkt Anstößigen oder Schädlichen und das Auffinden des der Art Gemäßen bleibt wie das Anerkennen auch anderer Wege eine Sache des Taktes, des Mutes und der Liebe.

---

[97] Fleisch I 82 Anm.; Schrk. Pgl. 190.
[98] Vgl. Fleisch I 469 f.
[99] Schreiner, »Geist und Gestalt«, 1927², 201.

IV. Schlussfolgerungen

Bei der grundsätzlichen und geschichtlichen Darstellung des »evangelistischen Worts« sollte das für die Evangelisation *Wesentliche* aufgezeigt, bei allem Eingehen auf die Einzelheiten doch das die Vielheit des Geschehens Gestaltende herausgeschält werden und die Teilerscheinung aus einem letzten Zusammenhang und einer wirkenden Kraft heraus ihre Bezogenheit erhalten. Hierbei musste vieles der pneumatischen Divination, dem geistlichen Einblick und Erspüren vorbehalten bleiben. Jedoch war nur so jenem »Wesentlichen« nahe zu kommen (S. 382), das sich in dieser Richtung als *der pneumatische Charakter der evangelistischen Predigt und Arbeit* herausstellte.

Aus diesen allgemeinen Ergebnissen sind nun noch in Kürze die Folgerungen für die Theorie der Predigt und für die grundsätzlichen Voraussetzungen erwecklicher Arbeit zu ziehen.

1. Die Folgerungen für das Wesen der Predigt

Die *Predigt* ist ein *funktionelles Teilglied im Handeln der Kirche*, die Evangelisationspredigt ein solches im *Handeln der christlichen Kirche als Erweckungsbewegung*. Ohne diese Beziehung und Getragenheit erhält die Predigt in ihrer Sinngebung etwas Willkürliches und Schwankendes, muss sich orientieren am momentanen Bedürfnis und der Situation der Hörer. Es zeigte sich, wie wesentlich für die evangelistische Predigt dies Getragensein durch die Evangelisationspredigt, dies Herauswachsen aus der Erweckung ist. So ist auch die christliche Predigt überhaupt in das Geistesganze der Kirche als Erscheinungsform der durch die Jahrhunderte gehenden christlichen Bewegung hineinzustellen.

Für die Predigt allgemein wesentlich ist ferner ihr *pneumatischer Charakter*, das Herausgehobensein aus dem bloßen menschlichen Willen und Tun in die Verantwortung der Handlung als eines Werkes

für Gott und aus Gott. Als Ort des möglichen, ja wirklichen
Sprechens Gottes ist sie Hülle eines transzendenten Geschehens.

Predigt ist *beauftragte Verkündigung*. Der pneumatische Lebensstand und die Motive des Predigers (S. 116 ff. 125 ff.) wie die bevollmächtigte Stellung desselben während der Rede (S. 168 ff.) sind die
Voraussetzungen der Predigt überhaupt.

Der Begriff des *Handelns* in der Verkündigung des Evangeliums,
wie er an der Aktgestalt der evangelistischen Predigt durchgeführt
wurde (S. 224-310), ist ferner konstitutiv für die Predigt. Durch Handeln geschieht eine Veränderung der Situation. Und zwar hier nicht
in kausaler Folge als Ergebnis der eingesetzten Energien, sondern in
pneumatischem Verhältnis: In irgendeiner Weise geschieht immer
etwas, für den Prediger und für den Hörer, sei es positiv oder negativ,
und auch das Ausbleiben jeder Wirkung ist ein Geschehen, nämlich
die Vorenthaltung des göttlichen Ja zur Rede und zum Hören. Der
existenzielle Bezug, der *Entscheidungscharakter* der christlichen Rede
(S. 281 ff.) ist ihr also wesentlich.

Dieses Handeln der Predigt hat seine letzte Wurzel in dem Retter-
willen und demgemäß *Retterhandeln Gottes* (S. 293), dessen Träger
sie ist: In ihm werden Menschen gerettet – die höchste Würde der
Predigt.

Diese Rettung geschieht *in Christus*; die Verkündigung des Christus ist die *Substanz* der Predigt (S. 162 u. 262 ff.).

Weil der Wille Gottes nicht nur auf die Rettung des Einzelnen,
sondern auf die Auferbauung der *Gemeinde* und auf die Selbstdar-
stellung des Christus in ihr an die Welt gerichtet ist, schafft die Predigt
Gemeinde und wirkt auch durch das evangelistische Wort gemeinde-
weckend. Das Primäre in der Tatsache »Gemeinde« ist das *Wort* und
nicht die psychische Gemeinsamkeit. Insofern ist die Gemeinde aus-
gelebtes Wort.

Demnach ist das Wesen der christlichen Predigt folgendermaßen
festzustellen:

*Christliche Predigt ist ein Teilglied im geistlichen Handeln der Kir-
che. Sie ist die bevollmächtigte Verkündigung des Retterwillens Gottes*

in Christus. In ihr kommt dieser Rettungswille zur Rettung des Einzel-
nen und Auferbauung der Gemeinde zur Auswirkung. – Evangelistische
Predigt ist ausgesprochen erweckliche Predigt.

2. Die Folgerungen für die Grundlagen der erwecklichen Arbeit

Notwendig ist für jede erweckliche Arbeit der pneumatische Charakter
der Träger, der Rede und der Arbeitsweise.

Niemals kann diese nur von außen her gestaltet, organisiert oder
gemacht werden. Dass man über den Geist Gottes nicht verfügen
kann, das gibt jeder menschlichen Eingriffsmöglichkeit Grenze und
Selbstbescheidung; er teilt sich aber auch keiner Arbeit mit, die nicht
die pneumatische Voraussetzung hat – das macht eine solche so
gesucht und einzigartig. Erweckungen können weder von den
Frommen herbeigeführt noch von den Weltlichen usurpiert werden.

Außer dieser *geistlichen Voraussetzung* erscheint auch das Vorhandensein einer geistlichen Zelle (S. 47 f.) als Träger des erweck-
lich-missionarischen Anstoßes prinzipiell notwendig. Wie weit das
Entstehen einer weiter greifenden *Erweckungsbewegung* notwendige
Grundlage einer großzügigen und gelingenden missionarisch-evan-
gelistischen Tätigkeit ist, bleibt offen; in der Vergangenheit gab es ihr
Kraft und Größe, es ist jedoch denkbar, dass sie auch ohne eine solche örtlich oder in größerem Rahmen möglich sein wird. Das Span-
nungsverhältnis der Tiefe der Eindrücke und der Erhobenheit der
seelischen Erscheinungen und Gesamtvorgänge ist jedoch ursächlich
und wesentlich gegenseitig so stark bedingt und die Abhängigkeit
von der weiteren Umwelt und ihrem Mitgehen oder Sich-Versagen
für die Auswirkung der erwecklichen Arbeit so groß, dass diese in
größerem Maße meist mit einer allgemeineren Erweckung Hand in
Hand oder ihr doch zum Mindesten vorausgehen wird.

Dagegen ist *nicht notwendig* die Einheitlichkeit der Form und der
Vermittlung. Diese unterliegt dem Wandel der Zeiten und der Erfordernisse der Lage. Es scheint z. B., als ob die Zeit der evangelistischen

Massenversammlungen »vorbei« wäre. Das Aufhören der Erweckungsbewegung mit dem Kriege hat aber seine Ursache nicht in
einer Unangebrachtheit der Mittel, sondern in dem natürlichen Aus-
klingen derselben (S. 89 f. 100 f.). Es ist durchaus denkbar, dass bei
außerordentlicher Änderung der allgemeinen seelischen Lage sogar
die Zeit der Massenversammlungen wieder käme. Vorerst scheint die
Entwicklung der Arbeitsgestaltung andere Wege gehen zu wollen,
über die zu handeln hier nicht der Ort ist. Die zerbrochene Naivität des Nachkriegsmenschen, der eherne Charakter der Zeit, die
Disziplinierung der Massen und die grundsätzlich-weltanschauliche
Entfremdung weiter Kreise schaffen eine neue Situation, der die
Methoden angepasst werden müssen. Das Geschlecht der Entfremdeten vor dem Kriege besaß in seinem von der Evangelisationsbewegung erreichten Teile noch eine kirchliche Gemeingrundlage, wenn
auch aus zweiter Hand. Wo diese vorhanden ist, besonders aber auf
eigentlich-kirchlichem Boden, ist Evangelisation in der geschichtlichen oder weitergebildeten Form auch heute möglich, nötig und
fruchtbar.

Ebenso ist der evangelistische Auftrag ein wichtiger, wenn auch
nicht der einzige Faktor der kirchlichen Gemeindepredigt, da durch
die Gliederung der Gemeinde hinsichtlich des Näheverhältnisses
zum Zentrum der kirchlichen Tätigkeit und durch das Nachwachsen
der Generationen stets ein Boden für erweckliche Predigt gegeben
sein wird. Die Grundzüge der hier mitgeteilten Gestaltung werden
auch für sie gelten.

Unabtrennbar aber ist vom Wesen evangelistischen Wirkens das aggres-
sive Prinzip und die zentrale Botschaft von Jesus.

Nachwort
Ulrich Parzany

»Jesus verkündigen in einer pluralistischen Gesellschaft«

Die moderne pluralistische Gesellschaft, wie wir sie in Deutschland vorfinden, setzt den Prozess der Säkularisierung voraus. Säkularisierung bedeutet, dass Religion ihre öffentliche Geltung verliert. Das ist mit dem Christentum seit Anfang des 19. Jahrhunderts und vollends im 20. Jahrhundert in Europa geschehen. Religion ist Privatsache geworden. Das ist eine durchaus positive Entwicklung. Unter der Herrschaft der Staatskirchen gab es keine freie Glaubensentscheidung für die Einzelnen und deshalb auch keine wirklich freie Evangeliumsverkündigung. Es ist nicht von ungefähr, dass die moderne Evangelisationsbewegung parallel mit der Säkularisierung westlicher Gesellschaften beginnt.

Die Kirchen, die mit den Herrschaftssystemen eng verbunden waren, mögen die regierungsamtliche Unterstützung des christlichen Bekenntnisses als positiv erlebt haben. Aber ob es die Glaubwürdigkeit des Evangeliums nicht untergraben hat? Das Evangelium schien seine Autorität vom Staat geliehen zu haben. Die an der staatlichen Macht partizipierenden Kirchen fanden das bequem. Sie mussten sich nicht darum mühen, die Menschen einzeln für den Glauben an Jesus zu gewinnen. Darin aber liegt auch ein Grund für den radikalen Traditionsabbruch.

Die Kundgebung der EKD-Synode 1999 in Leipzig zum Thema Mission und Evangelisation sagt, die Menschen hätten die Kirchen massenweise verlassen, aber sie müssten einzeln zurückgewonnen werden.

Der Säkularisierung folgte die Demokratisierung der Gesellschaft. Die demokratische Gesellschaft ist nicht nur plural, sondern pluralistisch strukturiert. Was heißt »pluralistisch«?

Viele verschiedene, auch gegensätzliche Anschauungen bestehen prinzipiell gleichberechtigt nebeneinander. Der Staat hat nicht das Recht, über Wahrheit und Gültigkeit der verschiedenen Anschauungen zu entscheiden, sondern das möglichst friedliche Miteinander der Menschen mit verschiedenen Überzeugungen zu organisieren.

Ist diese Situation negativ zu bewerten?

Die Situation zur Zeit des Neuen Testaments war jedenfalls schwieriger. Die christliche Botschaft war damals nur eine unter vielen Heilsbotschaften. Sie war nicht dadurch bekannt, dass sie eine große Zahl von Anhängern hatte und gesellschaftlich einflussreich gewesen wäre. Sie wurde auch nicht durch staatliche Autorität gestützt. Im Gegenteil, sie wurde in den ersten drei Jahrhunderten oft bekämpft.

Das Römische Imperium hatte Grenzen geöffnet und einen wirtschaftlichen, kulturellen und religiösen Austausch in einem riesengroßen Gebiet zwischen Indien und Spanien, Nordafrika und England ermöglicht. Dagegen nimmt sich die Europäische Union heute verhältnismäßig provinziell aus. Aber wie in unserer Zeit der geöffneten Grenzen in Europa und der Globalisierung erzeugte die Unübersichtlichkeit auch Ängste. Die Menschen waren damals, wie sie es heute sind, für Lebenshilfeangebote aller Art offen. Die gab es entsprechend in Massen. Das Evangelium von Jesus hatte viel Konkurrenz.

Die neutestamentliche Situation ist also unserer Zeit in vielem ähnlich.

Was ergibt sich aus unserer gegenwärtigen Situation, die wir als pluralistisch beschreiben, für die Verkündigung von Jesus?

1. Angebot und Anspruch Jesu müssen begründet werden

Die Wahrheit und Autorität der Verkündigung von Jesus ergeben sich nicht aus einer Plausibilitätsstruktur. Das Evangelium wird nicht deshalb als wahr angenommen, weil eine Mehrheit der Gesellschaft das tut und das gesellschaftliche Leben durch das Evangelium geprägt ist. Religiöse und weltanschauliche Positionen müssen durch Begründung überzeugen und Akzeptanz gewinnen. Das ist eigentlich eine hervorragende Ausgangslage für uns Christen. Aber ich beobachte, dass die inhaltliche Argumentation in der Verkündigung des Evangeliums auf schwachen Beinen steht. Die Begründung der Einzigartigkeit Jesu aus der Bibel scheint nicht nur in den Gemeinden, sondern auch bei den Verkündigern defizitär zu sein.

Es mangelt an Kenntnis über den Zusammenhang und die Einheit von Altem und Neuem Testament. Es mangelt an gründlicher biblischer Lehre über Person und Werk des Jesus Christus. Insbesondere die Frage nach der Einzigartigkeit Jesu Christi, der Exklusivität seines Angebotes und Anspruchs trifft in der heutigen Gesellschaft auf breite Kritik. Da reicht es nicht aus, sie durch Zitierung von Johannes 14, 6 und Apostelgeschichte 4, 12 zu behaupten und sich im Übrigen auf die subjektive Glaubensüberzeugung oder gar auf das eigene Gefühl zurückzuziehen. Viele Christen sind zu schnell bereit, ihren Glauben an Jesus subjektiv und privat zu relativieren, um sich für Kritiker akzeptabel zu geben, weil sie eine stichhaltige biblische Begründung des Anspruchs Jesu nicht entfalten können.

Ich will die wichtigsten Teile einer solchen Begründung kurz nennen:

Drei biblische Linien müssen mindestens als zusammenführend verstanden werden: In Jesus erfüllen sich die Messiasverheißungen des Alten Testamentes und die Menschensohnankündigung (Daniel 7, 13 f.) und die Prophetie vom stellvertretend leidenden Gottesknecht (Jesaja 53).

Die häufige und regelmäßige Verwendung des Menschensohntitels durch Jesus selbst wird von vielen Christen kaum wahrgenommen bzw. nicht verstanden. »Menschensohn« wird nicht als Hoheitsaussage (Menschensohn bezeichnet den Weltherrn und Weltrichter nach Daniel 7, 13 f) verstanden, sondern im Gegenüber zum Gottessohn eher als etwas umständliche Bezeichnung seines Menschseins. Das dreifache Verständnis des Menschensohns im Neuen Testament ist aber der Kern und die Grundlage der Aussagen Jesu über sich selbst.

– Er ist **der gegenwärtige Menschensohn**, der schon jetzt in seinem irdischen Leben die Vollmacht Gottes, des Weltrichters, in Anspruch nimmt und Sünden vergibt (z. B. Mk 2, 3 - 12).
– Er ist **der leidende Menschensohn**. Die Kernaussage ist Markus 10, 45. Der Menschensohn dient und gibt sein Leben als Lösegeld für die Vielen. Hier läuft die Menschensohnankündigung mit der Prophetie vom Gottesknecht (Jes 53) zusammen. Bezeichnenderweise nimmt Jesus trotz seiner Bestätigung des Christusbekenntnisses der Jünger den Messias-Titel nicht auf, sondern kündigt sein Leiden an, indem er vom Menschensohn (Weltrichter) redet (Mk 8, 31 ff.).
– Die dritte Bedeutung redet vom zum Weltgericht **kommenden Menschensohn** (Mt 24 und 25). Auch und gerade in der Passionsgeschichte bezeichnet sich Jesus als der kommende Menschensohn. Das führt zu seiner Verurteilung als Gotteslästerer durch den Hohen Rat (Mk 14, 61 - 64).

Siebzigmal wird Jesus im Neuen Testament als Menschensohn bezeichnet. Meistens bezeichnet er sich selbst so. Sein Absolutheitsanspruch ergibt sich also nicht nur aus einigen wenigen Stellen. Er muss auch nicht umständlich indirekt abgeleitet werden. Schon gar nicht kann man behaupten, Jesus habe für sich keinen besonderen Anspruch erhoben, der sei ihm erst von seinen Nachfolgern angedichtet worden.

Diese Hauptlinie in der Verkündigung Jesu wird in der Gemeindepredigt kaum aufgenommen. Folge ist, dass die meisten Christen nichts davon wissen. Oder nur so wenig, dass es für sie kein aktives biblisches Wissen ist, das sie auch im Gespräch mit Nicht-Glauben-den einsetzen könnten.

Weil diese Selbstaussage Jesu nicht verstanden wird, fällt es den Christen auch schwer, die versöhnende Stellvertretung durch Jesus zu verstehen und zu erklären. Die **Wer-Frage** entscheidet über die Bedeutung des Kreuzes. Nicht so sehr die **Wie-Frage**. Wer stirbt am Kreuz? Der Weltrichter selber. Nur er kann sich mit seinen Geschöpfen identifizieren (2. Kor 5, 21; Gal 2, 19 f.) Nur er kann das Urteil stellvertretend tragen.

Vielen Christen ist auch die Bedeutung der **Auferweckung Jesu** für seinen Anspruch und für die Gültigkeit seines Versöhnungs-werkes nicht klar. Die klare, radikale Art der Argumentation von 1. Korinther 15 müsste eigentlich zum aktiven Kernwissen jedes Christen gehören, der in der pluralistischen Gesellschaft kommuni-zieren will.

Darum ist **biblische Lehre** die **notwendige Voraussetzung für evangelistische Verkündigung** heute.

2. Die Beziehungsstruktur des Lebens ist heute bewusster denn je. Das erleichtert die verständliche Vermittlung des Evangeliums

Ein intensives Bibelstudium macht die Beziehungsstruktur alles Lebens und auch der Gottesgeschichte deutlich. Bundesschlüsse bestimmen die Geschichte Gottes mit der Welt (Schöpfung, Noah-bund, Abrahambund, Sinaibund, Davidbund, neuer Bund). Das Leben ist durch Beziehungen bestimmt, die gelingen oder gestört sind, die deshalb erneuert und geheilt werden müssen: Es sind die Beziehungen Gott-Mensch, Mensch-Selbst, Mensch-Menschen, Mensch-sonstige Mitschöpfung. Das biblische Grundthema ist die Versöhnung mit Gott und die daraus folgende Versöhnung der verschiedenen Beziehungen, in denen Menschen leben.

Kaum je in einer Zeit war so vielen Menschen bewusst, dass die Beziehungen für das Gelingen des Lebens von grundlegend wichtiger Bedeutung sind wie heute. Was früher nur von Philosophen gedacht wurde, wird heute von vielen praktisch erlebt. Die Lebenswichtigkeit von Beziehungen wird dadurch bewusst, dass diese Beziehungen in Krisen geraten sind und immer weniger gelingen. Wenn etwas nicht mehr selbstverständlich vorhanden ist, entdeckt man erst, wie wichtig es ist.

- Wer bin ich? Was bin ich wert? Wir haben Probleme, uns selbst anzunehmen. Wir erleben **Identitätskrisen**.
- Je mehr Vereinzelung, desto mehr Sehnsucht nach vertrauensvollen Liebesbeziehungen. Aber allein auf Emotionen gegründet haben sie immer seltener Bestand. Wir erleben **Krisen der Liebesbeziehungen**.
- Seit etwa einem Vierteljahrhundert wird immer mehr Menschen bewusst, dass der falsche Umgang mit der Natur (Wasser, Nahrungsmitteln, Rohstoffen, Atmosphäre) zur Bedrohung für unser Leben wird. Wir erleben eine **ökologische Krise**.

Dass also das Gelingen unseres Lebens unmittelbar vom Gelingen der verschiedenen Beziehungen abhängt, ist den meisten bekannt. Die Beziehungsfrage ist die Überlebensfrage Nummer 1 geworden. Das bietet den Verkündigern des Evangeliums die Möglichkeit, unmittelbar am Erleben der Menschen anzuknüpfen.

Versöhnung mit Gott ist die Quelle der Heilung aller anderen Beziehungen. Die Botschaft vom Kreuz trifft unmittelbar auf die den heutigen Menschen bewusste Hauptproblematik ihres Lebens. Die Störung der Beziehungen schlägt auf allen Ebenen durch. Feindschaft zwischen Menschen blockiert die Gottesbeziehung und auch die Beziehung des Menschen zu sich selbst und zur Umwelt. Sünde ist im biblischen Sinn vor allem ein Beziehungsbegriff, d. h. sie ist Zerstörung der Beziehungen. Das kann man heute aktuell und anschaulich erklären.

Offenkundig aber besteht heute keine allgemeine Übereinstim-
mung darüber, dass die Beziehung des Menschen und der Welt zu
Gott die grundlegende Beziehung in diesem Beziehungsgeflecht ist.
Die Strittigkeit der Gottesbeziehung muss also thematisiert werden.
Das ist nichts Neues. Paulus muss in Athen die Gottesfrage zuerst
behandeln (Apg 17).
Unsere heutige Situation ist mit der von Athen näher verwandt, als
wir meist annehmen. Wir leben heute viel mehr in einem multireli-
giösen als in einem atheistischen Kontext. Wir müssen die religiösen
Dimensionen aufdecken, die auch im materialistischen Lebensvoll-
zug stecken. Dort wird zwar kein religiöses Vokabular gebraucht,
aber der Sache nach wird Religion praktiziert.
Klassischer Fall: Geld ist nicht nur ein Zahlungsmittel, sondern
nimmt die Rolle Gottes ein (Mt 6). Wir brauchen Sicherheit und
Anerkennung zum Leben. Wer oder was gibt uns Sicherheit und
Anerkennung? Geld bietet uns beides. Das ist unser Gott. Wem ver-
traue ich letzten Endes? Der Glaube »macht« Gott und Abgott
(Luthers Großer Katechismus).
Wir müssen und können plausibel machen, dass die Gottesfrage
immer berechtigt ist und beantwortet wird. Wir präsentieren den
Menschen die biblische Botschaft von der Selbstoffenbarung Gottes
in der Geschichte Israels und endgültig in Jesus Christus.
Die Korrelation von Bilderverbot und Gottesoffenbarung muss
deutlich gelehrt werden. Sie muss in Bezug zur modernen Religions-
kritik (Feuerbach, Freud) gesetzt werden. Die Selbstoffenbarung
Gottes ist der einzige Ausweg aus dem Selbstbetrug durch selbstge-
machte Gottesbilder, Illusionen, Projektionen. Ohne Offenbarung
Gottes bleibt konsequenterweise nur das Verharren im Agnostizismus. (Ich kann von mir aus nicht wissen, ob es Gott gibt oder nicht.
Ich gehe aber praktisch davon aus, dass es ihn nicht gibt, weil ich ja
nicht weiß, ob es ihn gibt.) Auf Grund der Offenbarung Gottes aber
ist der Agnostizismus allerdings eine überholte Position.
Die Frage nach der Gottesgewissheit wird verbunden mit der
Frage nach den gelingenden Beziehungen des Lebens. So wird die

Gottesfrage praktisch relevant und nicht in die bloße Theorie abgeschoben. Das wiederum entspricht der biblischen Botschaft. Erkenntnis ist in der Bibel nicht nur ein gedanklicher Vollzug, sondern in umfassender Lebensgemeinschaft gewonnene Erkenntnis, die sich unmittelbar auf die Lebensgestaltung auswirkt (Hos).

3. Wir erleben in der pluralistischen Gesellschaft nicht nur ein Nebeneinander von Meinungen, sondern auch ein Gegeneinander von Mächten

Nur oberflächliche Betrachtung lässt sich vom zur Schau getragenen Rationalismus unserer Zeit blenden. Der Aufschwung des Okkultismus weist auf ein existenzielles Vakuum und ein Quantum von Lebensangst hin, das mit dem Instrumentarium des Rationalismus nicht zu bewältigen ist.

Biblisches Wirklichkeitsverständnis und der vollmächtige Umgang mit den dämonischen Mächten nach neutestamentlicher Anleitung werden immer wichtiger.

Karl Heim hat in seinen Erinnerungen bereits 1957 geschrieben, was wir heute erleben (»Ich gedenke der vorigen Zeiten«, 1957, S. 303):

»Soweit ich sehen kann, wird der Materialismus nicht durch die Quantenphysik des heutigen Atomzeitalters den Todesstoß erhalten, weil diese den meisten Menschen nicht zugänglich ist. Ich glaube, der Todesstoß wird von einer ganz anderen Seite kommen, von der man ihn gar nicht erwartet hätte, nämlich vom Okkultismus und der Fülle von unleugbaren Tatsachen, die dieser uns erschließt ... Wir wissen ja als Christen, dass die Bibel uns den Verkehr mit der Geisterwelt verbietet. Ich würde deshalb auch niemals an einer spiritistischen Sitzung teilnehmen. Aber obwohl wir selbst niemals Mittel anwenden, um in Verkehr mit Geistern zu kommen, müssen wir doch davon Kenntnis nehmen, dass es diese Erscheinungen gibt. Im Kampf mit dem heutigen Materialismus sind wir genötigt, auf diese Tatsachen

Bezug zu nehmen.« Er bezieht sich dann auf das brasilianische Medium Carlos Mirabelli, über das 1927 ein Buch in Santos, Brasilien, erschienen ist.

Wir verkündigen Jesus einerseits in Auseinandersetzung mit nach wie vor rationalistischen und materialistischen Weltsichten. Diese Anschauungen sind aber mehr und mehr notdürftige Fassaden vor religiösen, pseudoreligiösen bis okkulten Lebenspraktiken.

Wo es zu okkulten Praktiken etwa des Satanismus kommt, zeigt sich, wie notdürftig und unzureichend das theoretische Konzept des Pluralismus in der demokratischen Gesellschaft ist. Die Anerkennung auch einander widersprechender Anschauungen muss ja ihre Grenze dort haben, wo das Leben von Menschen verletzt und bedroht wird. Wie drastisch muss diese Verletzung und Bedrohung sein, damit die Freiheit der Meinung und der Religionsausübung eingeschränkt wird? Die Frage ist verzwickt.

Wir wissen, dass auch Feinde des christlichen Glaubens gern mit Vorwürfen dieser Art arbeiten. Der Gebrauch des Begriffs »Fundamentalismus« in der öffentlichen Debatte lässt das erkennen.

Wir müssen uns auf jeden Fall die Freiheit nehmen, im Lichte der Bibel die dämonischen Mächte zu demaskieren und in der Vollmacht, die Jesus gibt, befreiend zu verkündigen und zu handeln.

4. Persönliche und öffentliche Kommunikation des Evangeliums sind nötig und geboten

Der Pluralismus der Postmoderne versucht die Weltanschauungen subjektivistisch zu relativieren. Jeder hat seine Ansicht, die nur für ihn selbst gültig ist.

Zugleich ist die postmoderne Gesellschaft aber durch die Massenmedien bestimmt. Wirklichkeit ist nach Auffassung der Zeitgenossen das, was in den Massenmedien vorkommt. Was in den Massenmedien nicht vorkommt, ist eigentlich nicht wirklich und damit auch in der persönlichen Kommunikation kein wesentliches Thema.

In der Verkündigung der Botschaft von Jesus Christus gehen wir einerseits davon aus, dass die wirksamste Form in der persönlichen Kommunikation besteht. Das entspricht dem Evangelium, das die einzelne Person vor Gott ernst nimmt. Andererseits bemühen wir uns darum, das Evangelium dadurch zu einem öffentlichen Thema zu machen, dass es in den Massenmedien vorkommt. Das entspricht dem Charakter des Evangeliums als öffentliche Wahrheit. Jesus ist der Herr aller Herren. In ihm offenbart sich der Schöpfer, Erhalter und Vollender der Welt.

Wir müssen also das Evangelium persönlich vermitteln und können zugleich auf die öffentliche Proklamation des Evangeliums nicht verzichten. Diese »Doppelstrategie« entspricht dem Evangelium und der postmodernen Mediengesellschaft zugleich.

Leider denken viele Gemeinden noch in einem unsachgemäßen Entweder-Oder zwischen persönlicher und öffentlicher Vermittlung der Botschaft. Allzu gern geben sie dem gesellschaftlichen Druck nach, der den öffentlichen Anspruch des Evangeliums ablehnt. Man kann die Öffentlichkeit umso leichteren Herzens preisgeben, als man postmodern meint, die persönliche Kommunikation sei sowieso die einzig wirkungsvolle. Verkannt wird dabei, wie die öffentliche Kommunikation die persönliche beeinflusst. Was in den Massenmedien vorkommt, ist Thema in den persönlichen Gesprächen in der Alltagswelt. Die persönliche Weitergabe des Evangeliums im Alltag kann also vor allem dadurch gefördert werden, dass es mehr gelingt, das Evangelium in den Massenmedium zum Thema zu machen.

5. Lebendige Gemeinden sind nötig zur Veranschaulichung des Evangeliums und zum Einüben des Glaubens

Die pluralistische Gesellschaft der Gegenwart ist zugleich durch radikale Individualisierung bestimmt. Damit ist die ganze Last der Wahl zwischen verschiedenen Optionen den Einzelnen aufgebürdet. Das öffnet einerseits die Möglichkeit der einladenden Verkündigung.

Andererseits braucht der Einzelne gemeinschaftliche Rahmenbedingungen, in denen er bei Umsetzung von Erkenntnissen und Entschlüssen sowie beim Einüben neuer Verhaltensweisen Schutz und Unterstützung erfährt.

Er braucht Bereiche, in denen er die Lebensgestaltung in der Nachfolge Jesu anschaulich und überzeugend erlebt. Diese Räume gemeinsamen Lebens machen ihm die Wahrheit des Evangeliums plausibel. Soziologisch redet man deshalb von Plausibilitätsstrukturen.

Da durch die radikale Individualisierung der Lebensführung auch die Verbindlichkeit des Lebens in der Gemeinde unterhöhlt wird, muss die Gestaltung solcher Lebensgemeinschaft bewusst gegen den Trend der Zeit betrieben werden. Diese Bemühung ist die notwendige Voraussetzung und Begleitung der Verkündigung in der pluralistischen Gesellschaft.

Eine solche sozialpsychologische Argumentation ist allerdings nur als Oberflächenbetrachtung zu werten. Die eigentliche Wirklichkeit wird durch das Wirken des Heiligen Geistes bestimmt, der Menschen durch Jesus im Leib des Jesus Christus, also in der gelebten Gemeinschaft, verbindet. So wie sich der Heilige Geist des Wortes der Verkündigung bedient, um Glauben zu schaffen und zu stärken, bedient er sich auch der Gemeinschaft des Leibes Christi (Röm 12; 1. Kor 12).

6. Jesus verkündigen nach innen und nach außen

Angesichts der destruktiven Tendenzen des Pluralismus muss die biblische Lehre von Jesus in den Gemeinden intensiviert werden. Nichts versteht sich mehr von selbst. Die Gemeindepredigt und Seelsorge muss wieder verstärkt durch Anleitung zum persönlichen Bibellesen der einzelnen Christen ergänzt werden. Der Glaube ist nicht nur Haltung, Einstellung und Gefühl, also subjektives Vertrauen (fides qua creditur), sondern hat auch einen Inhalt, der mit Sätzen zu beschreiben ist (fides quae creditur).

Je mehr Menschen ohne Sozialisation in bewusst christlichen
Familien aufwachsen, fehlt ihnen nach ihrer Bekehrung die inhaltliche Kenntnis der biblischen Botschaft. Je weniger sie aber die biblischen Inhalte kennen, desto unsicherer, schwankender und situati-
onsabhängiger wird ihr Vertrauen zu Jesus. Die biblische Lehre über
Jesus wird immer wichtiger.

Gemeinden brauchen eine gesunde Balance zwischen Jesus-Ver-
kündigung nach innen und nach außen. Die Weitergabe des Evangeliums an Menschen, die Jesus noch nicht kennen und folgen, ist keine
bloße Option, sondern Wesensmerkmal der christlichen Gemeinde.

In der pluralistischen Gesellschaft stehen die Gemeinden in der
Gefahr, sich defensiv zu verhalten und sich selbstgenügsam abzu-
kapseln. Der Außendruck und die Kritik am christlichen Glauben
führen zur Bunkermentalität. Eine Gemeinde, die Jesus nicht für ihre
Umwelt verkündigt, verkümmert und erstickt.

Die Aufgabe der Evangelisation in den verschiedensten Formen
muss durch jede Gemeinde bewusst in Angriff genommen werden.

Dazu ist es nötig, sich der Gabe der Evangelisten, die Gott jeder
Gemeinde gibt, bewusst zu werden (Eph 4, 2). Diese Gaben müssen
entdeckt und gefördert werden. Die Evangelistengabe besteht nicht
vor allem in der Gabe zur öffentlichen evangelistischen Verkündigung. Das ist nur eine Ausprägung dieser Gabe. In jeder Gemeinde
gibt es Christen, die in besonderer Weise das Verlangen nach Kommunikation mit Noch-nicht-Glaubenden und die Fähigkeit zur
Kommunikation mit solchen Menschen haben. Jeder Christ ist ein
Zeuge Jesu, aber nicht jeder hat die Gabe des Evangelisten bzw. der
Evangelistin. Neben den Gaben der Leitung, der Lehre, der Seelsorge, der Barmherzigkeitsdienste muss die Gabe der Evangelisation
profiliert werden.

Zur Verkündigung Jesu nach außen sind die Gemeinden auf die
Zusammenarbeit miteinander angewiesen. Die Kommunikations-
möglichkeiten (Verkehr, Printmedien und elektronische Medien)
sind in unserer Zeit hervorragend entwickelt und bieten Möglichkeiten zur Weitergabe des Evangeliums von Jesus nach außen wie

nie zuvor. Gott hat uns offene Türen gegeben. Die Blockierungen und Lähmungen innerhalb der Gemeinden müssen überwunden werden.

7. Klassische Formen der Mission sind öffentliche Verkündigung, Missionsunterricht und geheiligte Lebensführung

Prof. Peter Stuhlmacher hat vor kurzem auf einer Tagung für Studierende der Theologie über Mission und Evangelisation äußerst interessante Thesen vorgetragen. Eine der Thesen lautete: **»Die drei klassischen Weisen der missionarischen Ausrichtung des einen apostolischen Evangeliums sind die öffentliche Predigt, die einprägsame Lehre und der überzeugende Wandel nach Jesu Gebot.«**
Über die öffentliche Verkündigung haben wir gesprochen. Er versteht unter der »einprägsamen Lehre« den länger andauernden Missionsunterricht, den Barnabas und Paulus z. B. in Antiochien ein ganzes Jahr (Apg 2, 26) halten und Paulus in Ephesus zunächst drei Monate (Apg 9, 8) und dann zwei Jahre lang (Apg 9, 10: »Und das geschah zwei Jahre lang, sodass alle, die in der Provinz Asien wohnten, das Wort des Herrn hörten, Juden und Griechen«).
Wir haben heute die hervorragende Form der Glaubenskurse, in der über längere Zeit solch ein missionarischer Unterricht geschieht. Aber wir müssen diese Form auch intensiv nutzen.
Nicht zu unterschätzen ist »der überzeugende Wandel nach Jesu Gebot«. Aus lauter Angst vor Gesetzlichkeit und Werkgerechtigkeit ist das Thema »Heiligung« in den Gemeinden äußerst unterentwickelt. Der Abbau der verbindlichen Lebensgemeinschaft hat zu einem Schwund von Gemeindezucht (Mt 18, 15-20) geführt. Es ist kein Geheimnis, dass in den Gemeinden im Blick auf den Umgang mit Geld und Vermögen, Sex, Partnerschaft und Ehe, im Blick auf die Lebensgestaltung nach den Geboten Gottes insgesamt wenig

Bereitschaft besteht, miteinander verbindlich zu leben und entsprechend zu lehren. In ethischen Fragen sind die christlichen Gemeinden mehr Spiegelbild der gesellschaftlichen Verhältnisse als Kontrastgemeinschaft. Eine Gemeinde, die nicht in der Heiligung lebt, wird in der pluralistischen Gesellschaft Jesus nicht überzeugend verkündigen können.

Stuhlmacher wies auch darauf hin, dass die Mission im Neuen Testament von kleinen Gruppen von Christen getragen wurden, meist von Hausgemeinden. Zahlenmäßig seien sie eine verschwindende Minderheit im Römischen Reich gewesen. Das habe die Kraft zur Mission nicht beeinträchtigt.

Welche Ermutigung leitet sich daraus für unsere Minderheitensituation als missionarische Christen in einer pluralistischen Gesellschaft ab! Jesus verkündigen in einer pluralistischen Gesellschaft – nur zu!

Pfarrer Ulrich Parzany, Kassel, ist Generalsekretär des CVJM-Gesamtverbandes in Deutschland und Leiter von ProChrist.
Der Artikel wurde mit freundlicher Genehmigung entnommen aus: Idea Dokumentation 02/2001 (Idea e. V., Postfach 1820, 35528 Wetzlar, Tel.: 0 64 41/915-0)

hänssler

Neal Pirolo

Berufen zum Senden

Pb., ca. 200 S.
Nr. 393.646, ISBN 3-7751-3646-0

»Bei einem wichtigen Einsatz kommt es niemals nur auf die Person in der ersten Reihe an. Was wäre ein guter Showmaster ohne seine technische Crew? So ist es auch mit den Missionaren. Gott beauftragt keine Einzelkämpfer – er beauftragt immer eine Gruppe, die sich gegenseitig unterstützt.« (Neal Pirolo)
Dieses Buch ist eines der bedeutendsten Missionsbücher für das neue Jahrtausend, denn immer mehr Gemeinden und einzelne Christen unterstützen Missionare weltweit oder planen es zu tun. Doch: Wie macht man es richtig? Welche Bedeutung hat dieser Schritt für die Gemeinden selbst? Dieses ganz aus der Praxis geschriebene Buch zeigt in acht konkreten Schritten, wie jeder Christ und jede Gemeinde Missionare effektiver aussenden und betreuen können.

Bitte fragen Sie in Ihrer Buchhandlung nach diesen Büchern!
Oder schreiben Sie an den Hänssler-Verlag, D-71087 Holzgerlingen.

hänssler

H. Kasdorf & F. Walldorf (Hrsg.)

Werdet meine Zeugen

Pb., 296 S.

Nr. 392.627, ISBN 3-7751-2627-9

Mission, Theologie und Gemeinde bilden einen Dreiklang, denn
»ohne Mission hat die Theologie keine Triebkraft, ohne Theologie
die Mission keinen Kompass; ohne Gemeinde haben beide keine
Existenzberechtigung.« (H. Kasdorf)
    Dies stellt eine immense Herausforderung an die Theologie und
die theologische Ausbildung dar. Um dem missiologischen Wesen
und der missionarischen Herausforderung der Theologie Ausdruck
zu verleihen, wurden in 13 Beiträgen verschiedene Aspekte der Mission aus der je eigenen fachlichen Perspektive der Autoren erarbeitet.
Die Leser sollen über Schwerpunkte in Geschichte und Gegenwart
des missionarischen Auftrages informiert und zu einem Urteil und
Engagement angeregt werden. Der Band stellt eine Fundgrube dar
für Theologiestudenten, Bibelschüler, Missionare und Missions-
leiter.

Bitte fragen Sie in Ihrer Buchhandlung nach diesen Büchern!
Oder schreiben Sie an den Hänssler Verlag, D-71087 Holzgerlingen.